在中国共产党倡导建立的抗日民族统一战线旗帜下，

"四万万人齐蹈厉，同心同德一戎衣"，

中国人民以血肉之躯筑起拯救民族危亡、

捍卫民族尊严的钢铁长城，

用生命和鲜血谱写了中华民族历史上抵御外侮的伟大篇章。

—— 习近平

（在纪念中国人民抗日战争暨世界反法西斯战争胜利70周年招待会上的讲话）

蹈厉戎衣

易继苍　屈胜飞　杨菁　著

抗日战争时期党的宣传工作与传播媒介

清华大学出版社
北京

图书在版编目（CIP）数据

蹈厉戎衣 ：抗日战争时期党的宣传工作与传播媒介 /
易继苍，屈胜飞，杨菁著 . -- 北京 ：清华大学出版社，
2025. 6. -- ISBN 978-7-302-68782-5

Ⅰ . D261.5

中国国家版本馆 CIP 数据核字第 2025M4H735 号

责任编辑：周　菁　徐学军
封面设计：彩奇风
责任校对：王荣静
责任印制：丛怀宇

出版发行：清华大学出版社
　　　　　网　　　址：https://www.tup.com.cn，https://www.wqxuetang.com
　　　　　地　　　址：北京清华大学学研大厦 A 座　　　　邮　　编：100084
　　　　　社 总 机：010-83470000　　　　　　　　　　邮　　购：010-62786544
　　　　　投稿与读者服务：010-62776969，c-service@tup.tsinghua.edu.cn
　　　　　质 量 反 馈：010-62772015，zhiliang@tup.tsinghua.edu.cn
印 装 者：小森印刷（天津）有限公司
经　　销：全国新华书店
开　　本：170mm×240mm　　印　　张：22.5　　插　　页：2　　字　　数：354 千字
版　　次：2025 年 8 月第 1 版　　　　　　　　　印　　次：2025 年 8 月第 1 次印刷
定　　价：98.00 元

产品编号：105424-01

序

在即将迎来抗日战争胜利 80 周年之际，回望中国共产党领导中国人民进行艰苦卓绝的十四年抗战历程是具有特别的意义的。其中，抗日战争时期党的宣传工作，对于推动抗日战争的胜利起了重要的作用。抗日战争时期，中国共产党充分运用报刊、标语口号、漫画、戏剧、歌曲、广播电影等多元化的媒介手段有效地宣传了我党的路线、方针和政策，在动员组织群众、巩固扩大抗日民族统一战线、打击瓦解敌人等方面厥功甚伟，从而加速了抗日战争胜利的进程。浙江工业大学马克思主义学院几位专家学者，以习近平新时代中国特色社会主义思想为根本遵循，在对抗日战争时期中国共产党的宣传媒介类型、特点、功能等方面进行深入分析的基础上，以抗日战争时期党所运用的主要宣传媒介为经，以党的宣传工作任务为纬，完成了关于党的主要宣传媒介发生、发展的初步研究，可喜可贺。

目前关于中国共产党抗日战争时期宣传工作的研究主要具有以下特点：一是绝大多数成果局限于某一方面，且相关成果散见于党史、政治史、新闻传播史等著作和论文中，专门研究的学术成果较少；二是缺乏从一脉相承、与时俱进的马克思主义新闻理论中国化的角度进行比较研究；三是研究方法相对单一，缺乏多学科研究方法综合运用。尽管当前的研究成果已不在少数，但系统、全面地反映抗日战争时期党的宣传媒介发展的成果却屈指可数。因此，浙江工业大学几位专家学者的研究成果具有高度的前沿性和创新性。

纵览全书，令我印象最深刻之处在于他们能够基于传播学视角，聚焦与分析宣传媒介在抗日战争时期所发挥的作用、特点、宣传内容及效果，展现跨学科研究之魅力。他们通过梳理、分析抗日战争时期党所运用的报刊、抗战歌曲、标语口号、美术作品、戏剧歌谣、广播电影等媒介的特点、作用等，进而认识党的宣传媒介发展规律，揭示党的宣传媒介在抗日战争时期的意义和存在价值。总体来看，这样的安排既能够梳理清楚中国共产党宣传媒介发展进程，理解宣传媒介在党宣传工作中的重要地位，又能打破学科间壁垒，这也是本研究的创新之所在。

总而言之，中国共产党抗日战争时期宣传媒介的研究仍是一个较宏大的课题，浙江工业大学几位专家学者能够在该方面做出新的探索，开展深入研究，值得鼓励与钦佩。但白璧微瑕，本书也尚存在一些不足，如个别内容的论述尚不充分，或许与其研究时间较紧有关。无论如何，瑕不掩瑜。由衷地祝贺易继苍等几位专家学者，也希望他们未来修订时能进一步完善内容。

金普森

2024 年 5 月 15 日于杭州（是年 93 岁）

前　言

　　2015 年 9 月 3 日，习近平总书记在纪念中国人民抗日战争暨世界反法西斯战争胜利 70 周年招待会上说："'四万万人齐蹈厉，同心同德一戎衣'，中国人民以血肉之躯筑起拯救民族危亡、捍卫民族尊严的钢铁长城，用生命和鲜血谱写了中华民族历史上抵御外侮的伟大篇章。"① "四万万人齐蹈厉，同心同德一戎衣"源自郭沫若的《归国杂吟》。本书用"蹈厉戎衣"来表达中国人民在抗日战争中同心同德，浴血奋战，抵御外侮的坚定决心和必胜信念。

　　抗日战争是近代以降中国人民反抗外来侵略持续时间最长、规模最大、牺牲最多的民族解放战争。中国人民率先打响了世界反法西斯战争的第一枪，直到 1939 年 9 月第二次世界大战在欧洲爆发前，中国军民始终是孤军奋战。"在列强中，日本是给中国带来灾难最重的国家。"② 在民族存亡的危急关头，中华儿女表现了空前的民族觉醒和民族团结，以自己的血肉之躯，筑成了捍卫祖国的钢铁长城。经过长达 14 年的浴血奋战，日本"在第二次世界大战中不仅败于美国，而且更惨地败给了中国。正确地说，败给了中国人民"③。中国人民彻底粉碎了日本军国主义殖民奴役中国的图谋，有力捍卫了国家主权、领土完整和民族尊严，彻底终结了近代以来国家蒙辱、人民蒙难、文明蒙尘的屈辱历史，洗刷了抗击外敌入侵屡败屡战的民族耻辱，"重新确立了中国在世界上的

---

① 习近平：《在纪念中国人民抗日战争暨世界反法西斯战争胜利 70 周年招待会上的讲话》，《人民日报》，2015 年 9 月 4 日。

② 《发展中日关系必须正确处理历史问题和台湾问题》（1998 年 11 月 26 日），载《江泽民文选》（第二卷），北京，人民出版社，2006 年，第 241 页。

③ [日]井上清：《日本军国主义》（第三册），马黎明译，北京，商务印书馆，1985 年，第 280 页。

大国地位"，并"开辟了中华民族伟大复兴的光明前景"①。

抗日战争的胜利是全体中华儿女勠力同心、浴血奋战的胜利，是国际反法西斯力量鼎力支持的胜利，更是"中国共产党发挥中流砥柱作用的伟大胜利"②。面临空前的浩劫，挽救民族于危亡，就必须进行充分的社会动员，团结一切可以团结的力量共赴国难，中国共产党"成为全民族抗战的中流砥柱，直到取得中国人民抗日战争最后胜利"③。在伟大的民族解放战争中，宣传思想文化工作始终是中国共产党中流砥柱作用发挥的重要基础，始终是中国共产党发动群众、唤醒民众、组织群众、瓦解与打击敌人的战斗号角、有力喉舌和锐利的思想武器。在敌强我弱的被动局面下，"反对日本帝国主义侵略的战争而不带群众性，是决然不能胜利的"④。抗日战争是场"政治与军事搅在一起的战争"⑤，是中日双方物质力量的角逐，更是精神力量的对决，"如果不注意最大限度运用自己的政治武器，想单纯地拿刀矛对抗敌人的飞机、坦克，没有不被消灭的"⑥。中国人民欲取得抗日战争的胜利就必须实行"全国军队的总动员""全国人民总动员"，严格执行"全面的民族抗战""群众战争"和"人民的全面的战争"的路线。抗日战争时期，党始终把宣传工作摆在极为重要的位置，作为发动群众、组织群众、武装群众的开路先锋，积极探索完善宣传工作的思想理念、方针原则、政策策略、阵地队伍建设等，与国内外一切反动势力进行艰苦卓绝的思想舆论斗争。党的宣传思想文化工作始终高擎思想之旗、加强理论武装，激荡爱党爱国深情、汇聚磅礴力量，围绕中心工作、营造良好氛围，擦亮

---

① 习近平：《在纪念中国人民抗日战争暨世界反法西斯战争胜利70周年大会上的讲话》，《人民日报》，2015年9月4日。

② 习近平：《在纪念中国人民抗日战争暨世界反法西斯战争胜利75周年座谈会上的讲话》，《共产党员》，2020年10月3日第19期。

③《中共中央关于党的百年奋斗重大成就和历史经验的决议》，《人民日报》，2021年11月17日，第1版。

④《和英国记者贝特兰的谈话》（1937年10月25日），载《毛泽东选集》（第二卷），北京，人民出版社，1991年，第375页。

⑤ [日]石岛纪之：《第二次世界大战末期的中国战线》，彤宇译，载中国社会科学院近代史研究所，《国外中国近代史研究》编辑部编：《国外中国近代史研究》（第1辑），北京，中国社会科学出版社，1980年，第251页。

⑥ 中共中央文献研究室编辑委员会编：《朱德选集》，北京，人民出版社，1983年，第30页。

中国名片、展现中国形象。与此同时，抗日战争时期也是党的宣传思想文化工作理论、组织、机制日臻成熟的时期，为抗日战争的最终胜利以及后来的解放战争的胜利做出了不可磨灭的贡献。

　　抗日战争时期，中国共产党为广泛向社会各界传播党的声音、宣传党的主张，搭建了诸多宣传媒介。这些种类繁多、内容丰富、形式多样的宣传媒介，对不同类别的受众都起到了显著的宣传效果，其作为舆论宣传的物质载体对动员人民群众积极参与革命、党的意识形态建设、党的良好形象塑造等方面的工作都发挥了重要作用。抗日战争时期党的宣传媒介以书面、口语、视听三大媒介系统为主。书面媒介系统可分为印刷媒介与文字媒介，其中印刷媒介包括报纸、期刊、书籍等，文字媒介包括标语、传单、壁报等。口语媒介系统可分为谈话、演说类媒介与表演类媒介，谈话、演说类常见的形式有谈话、演讲、口号、讲故事等，表演类常见形式有歌曲、歌谣、戏剧等。视听媒介系统主要分为广播与电影两个类别。不同类型的媒介虽然形态各异，但都在宣传战线上发挥了作用，大放异彩。抗日战争期间，中国共产党以宣传媒介为"经线"，以党在各个时期宣传工作的主要内容和方式为"纬线"，串联起一幅波澜壮阔的抗战宣传历史画卷。以抗战歌曲为例：1931年九一八事变至1937年七七事变期间，中国共产党歌曲创作主要以抗日救亡为主题；1937年全面抗战爆发至1945年抗战胜利期间，中国共产党则以动员民众齐心抗战、坚定抗战信念及塑造党的形象为歌曲主题。总之，在革命实践中，中国共产党充分运用各类媒介，动员人民群众，领导全民族抗战，揭露了日本帝国主义的罪行，唤醒了勇敢的中国人民，唱响了抗日救国的主旋律，激励了中华儿女为中华民族的自由和解放而拼搏奋斗。

　　抗日战争的胜利是中华民族历史上光辉的一页，"将永远铭刻在中华民族史册上！永远铭刻在人类正义事业史册上！"①本书尝试挖掘抗战时党的宣传思想文化工作史料，力图对党的宣传媒介予以系统性梳理，还原党的宣传工作场景，展示出抗战期间中国共产党在宣传方面对发动群众、组织群众、武装群众、打击敌人工作做出的有益探索，为新时代使党的宣传思想文化工作不断强起来提供历史借鉴。

---

① 习近平：《在纪念中国人民抗日战争暨世界反法西斯战争胜利75周年座谈会上的讲话》，《人民日报》，2020年9月4日。

目　录

第一章

"信使"与"通道"：
党对媒介的认知与实践

一部抗日战争史本身就是一部如何动员、组织民众共同参与对敌斗争的宣传史，"要把运输文化食粮看得比运输被服弹药还重要"①，战胜敌人首先"要依靠手里拿枪的军队"，但仅此还不够，还要有"文化的军队"②，需要"左手拿传单，右手拿枪弹"③。抗日战争时期是党的宣传思想文化工作快速发展的时期，也是党的宣传思想文化工作理论、组织、机制为抗日战争的最终胜利做出贡献，走向成熟的重要历史阶段。但宣传思想文化不可能在"真空"中进行，必须借助"介质"把思想传播给受众。而"媒介"，作为一种人体"感官器官和神经器官"的"延伸"④，便成为了宣传工作的"中介空间"，承担起"一个信使""一条通道"⑤的作用，向受众传播宣传者的声音。在抗日战争时期，中国共产党及其宣传工作者凭借其对宣传工作的朴素认知而践行的具体工作，后都被学者总结上升到理论层面。主要包括：具备媒介感知偏向理念、构建媒介内生态系统、开展媒介批评活动等方面，并借助丰富的传播载体、不断创新话语表达、不断优化宣传内容，使党的政策和理论得到广大人民群众的广泛支持和响应，取得积极的宣传效果。

---

① 中央档案馆编：《中共中央文件选集》（第12册），北京，中共中央党校出版社，1991年，第487页。

② 中共中央文献研究室编：《毛泽东文艺论集》，北京，中央文献出版社，2002年，第48页。

③ 井冈山革命博物馆等编：《井冈山革命根据地》（上），北京，中共党史资料出版社，1987年，第192页。

④ [加拿大]马歇尔·麦克卢汉：《理解媒介：论人的延伸》，何道宽译，北京，商务印书馆，2000年，第20页。

⑤ 胡泳：《理解麦克卢汉》，载[加拿大]马歇尔·麦克卢汉：《理解媒介：论人的延伸》，何道宽译，南京，译林出版社，2019年，第7页。

第一节 | 媒介感知偏向：
万物皆媒、媒尽其用的泛媒介观

在 1941 年 6 月 20 日党中央颁布的《中央宣传部关于党的宣传鼓动工作提纲》中将宣传总结为："你要讲什么？""对什么人讲？""要达到什么目的？""怎样讲？""随时留心群众的反映""以便随时改变你的宣传鼓动的内容与方法"等 7 个方面[①]，提出的这几个问题，其实是现代传播学理论[②]的雏形。可以说，党的宣传工作，早已对现代传播学的基本理论有所探索。尤其是在"通过什么渠道"（即媒介）进行宣传，"媒介是一股解放的力量，因为它们能打破距离和孤立的藩篱，把人们从传统社会传送到'伟大社会'中"[③]。抗日战争时期党及各级宣传主体已具备媒介感知偏向，并认识到"不同的媒介导致不同的感知偏向"[④]，即"书面媒介影响视觉，使人的感知呈线状结构；视听媒介影响触觉，使人的感知呈三维结构"[⑤]。概而言之，抗战时期，党的宣传思想文化工作逐步形成了书面、口语、视听三大媒介系统。

一、书面媒介系统

一般而言，书面媒介系统可分为印刷媒介与文字媒介两大类。作为第二次传播革命产物的文字，自其诞生就成为人们之间相互联系、沟通、交流的重要媒介。文字媒介是以各种书写或印刷材料或符号为信息载体的传播媒介。因

[①] 中国社会科学院新闻研究所编：《中国共产党新闻工作文件汇编》（上），北京，新华出版社，1980年，第103～107页。
[②] 即拉斯韦尔传播结构的五要素：谁（who）、说什么（say what）、通过什么渠道（in which channel）、对谁说（to whom）、取得什么效果（with what effect）。
[③] [美] 施拉姆：《大众传播媒介与社会发展》，金燕宁等译，北京，华夏出版社，1990年，第134页。
[④] 李昕揆：《印刷媒介的视觉偏向及其美学后果》，《烟台大学学报（哲学社会科学版）》，2015年5月15日第3期。
[⑤] [加拿大] 马歇尔·麦克卢汉：《理解媒介：论人的延伸》，何道宽译，南京，译林出版社，2019年，第421页。

此，广义上所有的印刷媒介都是文字媒介，但文字媒介不全是印刷媒介，双方区分的标准在于是否运用了印刷这一技术手段。据此，抗日战争时期党创办或出版的报纸、期刊、书籍、各类宣传小册子等属于主要的印刷媒介的范畴，各类标语、传单、壁报、黑板报等属于文字媒介的范畴。从媒介功能看，党所创办的报刊、书籍、标语等书面媒介发挥着"去塞求通"①，充当"耳目喉舌"的作用。"耳目"是"以新闻为本位"，"喉舌"是"以宣传为本位"②。

具体而言，"报纸不仅是集体的宣传员和集体的鼓动员，而且是集体的组织者"③，是进行"党的宣传鼓动工作的一个最重要的公开喉舌"④"千百万工农劳苦群众的喉舌"⑤，必须"把报纸看作自己极重要武器"⑥。报纸的主要任务就是"充实群众的知识"，为群众提供"文化食粮的供给与输送""以解决文化食粮恐慌的问题"⑦，扩其眼界，启其觉悟，教导、组织民众，而且"要成为他们的反映者、喉舌、与他们共患难的朋友"，同时报纸理应"成为实现党的一切政策，一切号召的尖兵、倡导者"⑧。因此，"应该把报纸拿在自己手里，作为组织一切工作的一个武器"⑨"把报纸办好，是党的一个中心工作"⑩，尤其是"中央同志要善于利用报纸，要有一半的时间用在报纸上"⑪。

---

① 梁启超：《论报馆有益于国事》，载复旦大学新闻系新闻史教研室编：《中国新闻史文集》，上海，上海人民出版社，1987年，第24页。

② 黄旦：《"耳目"与"喉舌"的历史性变化：中国百年新闻思想主潮论》，《新闻记者》，1998年10月15日，第10期。

③ 中共中央马克思恩格斯列宁斯大林著作编译局：《列宁全集》（第五卷），北京，人民出版社，2013年，第8页。

④ 中共中央马克思恩格斯列宁斯大林著作编译局：《列宁全集》（第二十一卷），北京，人民出版社，2017年，第453页。

⑤ 洛甫：《使"红中"更变为群众的报纸》，《红色中华》，1933年8月10日第1版。

⑥ 中共中央文献研究室等编：《毛泽东新闻工作文选》，北京，新华出版社，1983年，第99页。

⑦ 第二战区民族革命战争战地总动员委员会汇编：《战地总动员——民族革命战争战地总动员委员会斗争史实》（下），太原，山西人民出版社，1986年，第690～692页。

⑧ 《致读者——〈解放日报〉改版社论》，载张之华主编：《中国新闻事业史文选：公元724年—1995年》，北京，中国人民大学出版社，1999年，第443页。

⑨ 中共中央文献研究室编：《毛泽东文集》（第三卷），北京，人民出版社，1996年，第111页。

⑩ 《中共中央宣传部为改造党报的通知》，《解放日报》，1942年4月1日。

⑪ 中共中央文献研究室编：《毛泽东文集》（第三卷），北京，人民出版社，1996年，第11页。

报纸所呈现的功能定位是刊登不同主题的新闻、消息、评论等内容，"反映抗战情况，指示工作，开展民运"①，能够"使党的纲领路线，方针政策，工作任务和工作方法，最迅速最广泛地同群众见面"②。而期刊、书籍等媒介则是围绕某一特定主题而展开的经验交流、工作总结，尤其是围绕抗战理论的研究与探讨，其侧重于理论性。形式多样、主题丰富的期刊、书籍以宣传抗日救亡为主要栏目或内容，"在政府领导之下尽其所能去做唤起民众、鼓励士气、巩固后方、发扬民族抗战精神与增加对日认识的理论探讨工作"③，以唤醒民众、动员民众达成全国总动员的局面，从不同角度解读抗日民族统一战线的目的、意义、内涵与实践路径，详细分析抗战的任务、依靠力量、国内外局势、抗战阶段及前景等系列理论与实践问题，为使"全国同胞精诚团结起来，一致对外抗战，以求国家民族之生存"④ 发挥了重要作用。

各类标语、传单、壁报、小报、布告等文字媒介是党创建的书面媒介系统的重要载体，这些文字媒介形式灵活多样，主题突出，数量巨大，宣传效果显著，"每一个抵得红军一军"⑤。需要说明的是，标语与口号在本质上具有同质性，口号是"供口头呼喊的有纲领性和鼓动作用的简短句子"⑥，标语则是宣传主体在任意载体上"用简短文字写出的有宣传鼓动作用的口号"⑦。从二者定义上看都具有内容简洁明了、起着宣传鼓动作用的共同特征。但二者并非完全同一，标语的表达方式侧重于"写"，可以书写在木板、石头、墙壁、横幅等任何载体上，强调字形和语句的对仗工整，从而突破时间和空间的限制。口号则侧重于"说"，采用口口相传的方式，主要依靠人的听觉，相较于标语传播载体的多样性，口号具有一定的使用场景的局限性，多用于街头游行、集体会议

---

① 第二战区民族革命战争战地总动员委员会汇编：《战地总动员——民族革命战争战地总动员委员会斗争史实》（下），太原，山西人民出版社，1986年，第696页。
②《对晋绥日报编辑人员的谈话》（1948年4月2日），载《毛泽东选集》（第四卷），北京，人民出版社，1991年，第1318页。
③《发刊辞》，《抗敌呼声》，1937年第1期。
④ 以明：《巩固统一战线应有的认识》，《统一战线》，1938年第4期。
⑤ 江西省宁都县博物馆编：《历史的足迹》，南昌，江西人民出版社，1988年，第135页。
⑥《现代汉语词典》（第6版），北京，商务印书馆，2012年，第745页。
⑦《现代汉语词典》（第6版），北京，商务印书馆，2012年，第84页。

等场所，强调的是语句的朗朗上口。标语属于书面媒介系统，而口号属于口头媒介系统，但由于其本质的高度同一性，即标语是无声的口号，口号则是有声的标语，因此，为了研究的便利，本书将标语与口号结合起来作为一个整体加以考察。

二、口语媒介系统

书面媒介系统主要在于影响人的认知，改变人的知识，在信息传递过程中强化宣传内容的理论性、逻辑性，这一特征决定了受众必须具备初步文字的阅读与理解能力。但抗战时期广大民众"因为教育的不普及"，广大农村地区知识分子凤毛麟角，识字者亦寥寥无几。如拥有23个县近200万人口的陕甘宁边区在1937年前只有各类学校120所，每百人入学者不到两人，文盲占99%。①诸如报纸等文字媒介的发行"仅仅是都市地方，或者是大的县村镇地方"，中国的报纸"根本不能侵入到广大的农民层去"②。虽文字能打通一切壁垒，但在处于文化荒漠的广袤农村，文字就成为党开展宣传工作在短时间内无法跨越的知识鸿沟。因此，相较于书面媒介，口口相传或口语化表达就更加符合受众文化程度较低的实际。

口语媒介的诞生标志着人类文明和传播史的开端，是人类基于相互间交往的迫切需要通过声音符号来表达思想和情感，进行信息、情感交流的工具。需要说明的是，口语媒介与书面媒介并不是非此即彼的严格划分。纵观人类媒介发展史，虽各个时期的主流媒介主导着各时期传播的主旋律，但媒介的演进从来就不是一个推陈出新的历程，而是一个相互叠加、相互融合的过程。从媒介感知偏向看，党的宣传人员已经认识到在文化程度较低的群体中进行宣传工作，口语媒介相较于书面媒介更具有优势，效果更加显著：其一，口语媒介以声音为工具，无须辅助手段，绝大多数人都能使用这一工具自由说话、交流，

---

① 王鹏、罗嗣炬：《从政治社会化角度论抗战时期陕甘宁边区的教育》，《党史研究与教学》，1995年6月15日第3期。
② 蒋建国：《抗战时期报刊的地理分布、发行范围与时代特色》，《东岳论丛》，2023年5月25日第5期。

自由表达信息，具有非垄断性，从而突破文化的壁垒；其二，由于声音本身的易逝性和传播范围的局限性，口语媒介需要一种围炉而坐、传者与受者面对面的互动式使用场景，传者与受者处于一个平等的地位且角色可以随时互换，这样就拉近了二者间的距离，消除了二者的陌生感，增强了二者间的熟悉程度与亲切感，形成你说我说大家说，你说的我也想说的温馨、平等、互动，人人参与的交流场景，达到了良好的宣传效果；其三，口语传播的内容更加贴近生活、贴近实际，必须是承载着共同生活经验和共有记忆，传受者双方共同感兴趣、熟悉的议题才不至于传播中止。口语媒介更易改变人的情绪，达成情感的共鸣形成群体归属感，受者能在群体中找到一种自我确认。因此，抗日战争时期，党充分认识到利用口语媒介，注重在与民众的情感互动的平等交流中实现凝聚民心、共同战斗的宣传旨趣。"在文盲遍地、文化落后的晋北察绥，要使宣传深入民间"，就必须"要经常地对群众解释说服，文字的宣传，收不到大的效果。而且过去的文字宣传，又不能适合老百姓的口味。今后必须尽量以漫画、演剧代替传单、标语，以谈话、说服代替文字"，在"演剧、化装宣传是最易吸引观众，同时又是最能感动而深入人心的宣传方式"。①

抗日战争时期，党所使用的口语媒介大致可以分为谈话、演说类和表演类两大类别。谈话、演说类常见的形式有谈话、演讲、座谈、报告会、口号、说书、讲故事等，各种各样的宣传队、突击队、工作团、演讲队、调查团是其重要组织形式。例如谈话又分为集体谈话与个别谈话。集体谈话包括各种各样的座谈会、讨论会、政治理论形势政策课、识字班等。如在延安文艺座谈会期间，毛泽东就曾多次以集体谈话的方式邀请鲁迅艺术文学院的党员文艺工作者就"作家立场、文艺政策、文体与作风、文艺对象、文艺题材等问题交换意见"②。个别谈话亦是党进行宣传思想工作的一大优良传统，"是口头宣传最轻便最有效的方式"，"能确实了解群众"，"对症下药，因势利导"③，"谈心者谈心里

① 第二战区民族革命战争战地总动员委员会汇编：《战地总动员——民族革命战争战地总动员委员会斗争史实》（下），太原，山西人民出版社，1986年，第731、733页。
② 中共中央党史和文献研究院编：《毛泽东年谱》（第二卷），北京，中央文献出版社，2023年，第375页。
③ 第二战区民族革命战争战地总动员委员会汇编：《战地总动员——民族革命战争战地总动员委员会斗争史实》（下），太原，山西人民出版社，1986年，第731页。

的话也。谈心一名扯谈，又叫拉话。从这扯到那，从无拉到有，是一种消遣，也是一种学习"①。在谈话演说类口语媒介中，在调动民众情绪、宣传鼓动革命方面，口号是使用最多的方式。

表演类常见的形式有歌曲、歌谣、歌剧，戏剧、话剧、戏曲，秧歌等。歌谣是人民的口头创作，最贴近生活，直接表达了人民的思想感情和意志愿望。抗战歌曲是抗日战争时期民众表达抗日救国愿望的文化产物，"中国是在发动一个空前的民族解放的伟大战斗，在这个时候自然而然地会出现最伟大的战斗的音乐与战斗的诗歌"②。歌剧、话剧、戏曲在表现内容上突出时代性、思想性、革命性的思想主题，在表现形式上坚持平民化、大众化、民族化的审美定位，在满足抗战时期观众情感表达和审美需要的同时，也对全国各族群众救亡的呼声作出了积极回应，顺应了新文艺发展的现实需要。戏剧不仅作为宣传的一种手段来进行政治动员，更是以民众直接参与的方式反映战时真实诉求。因此，中国共产党"运用戏剧这一武器来动员广大的民众力量，起来热烈地拥护抗战"③，以期"动员全民族的力量以争取民族抗战的胜利！"④抗战时期，秧歌在面向农村百姓进行政策宣传方面起到了重要作用。它唤起民众的抗战意识，鼓舞革命斗志，具有教化和改造功能。由于剧种之多、覆盖面广、内容多样化，因此深受百姓的喜爱。抗战初期，每逢秧歌演出，"老年人穿着新衣服，女青年擦粉戴花的，男女老少把剧场拥挤得满满的，群众非常欢迎这种形式"⑤。

三、视听媒介系统

口语媒介系统虽具有使用便捷、易于控制、使信息传递更加直接等优点，但仍然受到传播距离短、覆盖范围窄、信息保存时间短及传播过程中信息容易

---

① 陕西省档案馆、陕西省社会科学院编：《陕甘宁边区政府文件选编》（第9辑），北京，档案出版社，1990年，第367页。
② 陶行知：《从大众歌曲讲到民众歌咏团》，《生活日报星期增刊》，1936年6月28日第4期。
③ 阳翰笙：《抗战戏剧运动应做到的几件事》，《抗战戏剧》，1937年11月16日第1卷第1期。
④ 熊飞：《抗战戏剧的任务》，《抗战戏剧》，1937年12月1日第1卷第2期。
⑤ 艾克恩编：《延安文艺运动纪盛》，北京，文化艺术出版社，1987年，第77页。

失真等缺点的限制；同时，一段时间内宣传工作者往往"习惯于公式一套"，千篇一律，机械地将"抄印在本子上的标语口号，到处照写，却未能针对实际环境和要求"，所以宣传效果不佳，"而且战区群众有时也感到厌烦"。① 因此，相较于口语媒介，视听媒介具有更加丰富的内容和更高的传播效率，能够更好地吸引受众的目光、满足受众的需求。

视听媒介是通过视觉和听觉这两种感知方式传递信息和表达观点的媒介形式。视听媒介的发展对于信息传递和文化传承起到了重要的作用，它借助于视觉和听觉的特点，能够更加直观地向受众传递信息和情感，便于其直观地获取信息，加深对事物的理解和认识，具有更大的吸引力和影响力。从媒介风格看，广播和静止的文字相比是流动的，"广播营造的是一种想象的世界和空中的剧场"；电影相比报纸和广播是更生动而丰富的媒介形式，"由于同时诉诸听觉和视觉两种感官，能带来比广播更加栩栩如生的现场感"。② 从媒介感知偏向看，党的宣传工作者已经认识到在文化程度较低群体中进行宣传工作，视听媒介相较于口语媒介更具有优势，效果更加显著：其一，跨时空性——视听媒介能够突破时间、空间上的限制，把信息及时地传到四面八方。其二，即时性——视听媒介可以在突发性新闻事件发生时同步进行报道，具有强烈的现场感和过程感，因而较能适应各种文化程度的受众。其三，视听媒介具有较强的亲和力——广播是声音媒体，其主持人的音质、语气、谈吐以及播音风格往往会形成自身独特的风格，对受众产生独特的吸引力并使之在一定程度上产生参与感，因而更接近于面对面的人际交流；电影是视听合一的媒介，是能够进行动态演示的感性型媒体，通过声波和光波信号直接刺激人们的感官和心理，以取得受众感知经验上的认同，使受众感觉特别真实；视听媒介可以通过图像和声音直观地向人们传递信息和情感，能够让受众更好地了解和认识事物，增加其文化素养和审美能力，同时有助于信息的传递和文化的传承。因此，抗日战争时期，党克服物资和技术方面的重重困难开始建立和运用视听媒介，坚持向全世界展现、播出中国人民的抗战实情，宣扬中国共产党的抗日政策、主张

① 陶希晋：《论党在目前环境与任务下的宣传部门工作问题》，《共产党人》，1940年第7期。
② 胡正荣：《传播学概论》，北京，高等教育出版社，2017年，第194、197页。

与措施。"面对国民党的战时新闻统制和封锁政策，以及沦陷区日本的舆论管控"①，中国共产党一方面借助广播所具有的空间限制小、群众基础广泛、传播速度快等优点，寻求舆论战场上的新突破；另一方面，运用电影这一"最直观、最生动的媒介"②成立自己的电影制片组织，培养更多电影人才，更好地宣传抗日战争和革命思想，总体形成靠口头宣传、散发传单、报纸、书籍，进行戏剧、电影展演，向在学校、民间组织及机关的党员干部积极宣传，动员民众参与抗战。

抗日战争时期，中国共产党所使用的视听媒介大致可以分为广播与电影两个类别。在广播宣传方面，由于"广播使用声音作为基本要素来讲故事"，因此中国共产党建立广播电台，对内宣传抗日民族统一战线、根据地建设及瓦解敌军；对外宣传党的抗战政策，树立国际形象。广播宣传扩大了中国共产党在民众心中的政治影响力，成为"共同去反对日寇进攻中国"③"发展进步势力、争取中间势力、孤立反共顽固势力"④，并"激发、鼓励日军的思乡、厌战情绪"⑤的崭新的宣传利器。在电影宣传方面，中国共产党成立延安电影团，将陕甘宁边区的众多关键历史事件及抗日前线的战斗场景逐一记录下来，真实地展现了中国共产党领导抗日根据地军民进行轰轰烈烈革命斗争的成绩。延安电影团通过摄制大量纪录片、成立专业放映队、进行电影解说等方式，宣传了抗战政策，培养了大量电影人才，向广大人民群众传达了党的政策和理论，提高了群众的觉悟和组织能力。

---

① 赵聪、邱菊：《新中国成立前党的广播宣传特色与当代启示》，《传媒》，2022年10月25日。
② 褚童：《抗战时期的延安电影团研究（1938—1945）》，长春，吉林大学，2023年，第18页。
③ 《为加强中国工人阶级统一而斗争——新华广播电台播音》，《新华日报》（华北版），1941年5月9日。
④ 《放手发展抗日力量，抵抗反共顽固派的进攻》（1940年5月4日），载《毛泽东选集》（第二卷），北京，人民出版社，1991年，第755页。
⑤ 中国广播电视学会史学研究委员会、北京广播学院新闻传播学院新闻系编：《延安（陕北）新华广播电台回忆录新编》，北京，中国广播电视出版社，2000年，第119页。

第二节 | 媒介内生态：
党的宣传工作体制机制的完善与优化

党在抗日战争时期的宣传工作实践，为现代传播学理论的总结和提炼，提供了中国特色的实践佐证。媒介并非孤立存在，其存在与发展与政治、经济、文化等具有密切的关系，主要包括媒介与外部环境、媒介之间、媒介内部诸要素间的关系，这些关系的总和构成了媒介生态系统。媒介内生态指媒介内部诸要素间的相互关系，包括资源配置、内容产品、人才队伍、组织结构、生产流程、运营模式等，即媒介内部的运营与管理。抗日战争时期，党在宣传工作实践中注重媒介内生态的建设与优化，力图实现传者、内容、媒介、受众、效果五环节良性运行的最佳状态，为受众提供满意的精神产品，从而实现抗战动员与民主斗争两大主要目标，更好地服务于群众动员、党内教育、对敌斗争三大主要宣传任务。具体而言，党重视媒介内生态的建设主要体现在构建大宣传格局、健全宣传机构、完善运行机制三个方面。

一、大宣传工作格局的构建

习近平总书记指出，做好宣传工作必须"全党动手"，树立"大宣传"理念，必须"动员各条战线各个部门一起来做，把宣传思想工作同各个领域的行政管理、行业管理、社会管理更加紧密地结合起来"[①]。"大宣传"理念强调要做好党的宣传工作不能仅仅依靠宣传部门，而是要形成全党人人动手、全员参与、上下联动、部门协同、社会力量参与的工作格局。"大宣传"理念是对党在长期的宣传工作实践中所秉承的工作理念与经验的总结。党自建立伊始就十分重视宣传工作，在宣传实践中尤其强调宣传人员整合、各个部门协调推进、社会力量参与、形式手段立体多元的理念，最终实现其社会动员、自身建设、对敌斗争的宣传目标。尤其是在抗日战争时期，党的"大宣传"理念与实

---

① 习近平：《习近平谈治国理政》，北京，外文出版社，2014年，第156页。

践日趋走向成熟，"社会动员之广泛，民族觉醒之深刻，战斗意志之顽强，必胜信念之坚定"[1] 前所未有，呈现出"宣传主体的全员化，宣传触角与网络的遍在化、社会化，宣传形式与手段的多样化、多元化、立体化"[2] 的特征，构建了全党动手，奏好主题曲；全方位协调，演好交响乐；全员参与，唱好大合唱的"全员宣传、全域宣传与全媒宣传"[3] 的"大宣传"格局。

全员宣传是党在长期的宣传工作实践中得出的宝贵历史经验。建党初期，党就要求每一名党员都要投身到宣传工作中来，"共产党员人人都应是一个宣传者，平常口语之中须时时留意宣传"[4]。并在党的宣传工作文件中明确提出全员宣传的要求。早在1928年10月，毛泽东就强调共产党欲战胜强大的敌人就必须依靠"左手拿传单右手拿枪弹"[5]，首次将宣传工作上升到与"枪杆子"同等重要的高度。《古田会议决议》强调"宣传工作是红军第一个重大工作"，如果"单纯地为了打仗而打仗"，而忽视"宣传群众、组织群众、武装群众，并帮助群众建设革命政权"，那么就等于"失去了打仗的意义，也就是失去了红军存在的意义"[6]。党员"见群众不宣传，不鼓动，不演说，不调查，不询问，不关心其痛痒，漠然置之"，就"忘记了自己是一个共产党员"，就犯了自由主义的错误。[7] 因此，从大宣传认识论视角出发"每一名红军都是宣传员"，包括他们的一言一行、举手投足等都是宣传，"上门板、捆禾草、扫地、讲话和气、

---

① 习近平：《在纪念中国人民抗日战争暨世界反法西斯战争胜利75周年座谈会上的讲话》，《人民日报》，2020年9月4日，第2版。

② 樊亚平：《"弥漫的宣传"：延安时期"大宣传"管窥——以〈西行漫记〉为中心》，《出版发行研究》，2023年12月15日第12期。

③ 皇甫晓涛、王龙珺：《中国共产党大宣传工作理念的理论基础与历史实践》，《当代传播》，2022年7月15日第4期。

④ 《教育宣传问题议决案》（1923年11月），载中共中央文献研究室、中央档案馆编：《建党以来重要文献选编（1921—1949）》（第1册），北京，中央文献出版社，2011年，第354页。

⑤ 窦其文：《毛泽东新闻思想研究》，北京，中国新闻出版社，1986年，第61页。

⑥ 毛泽东：《中国共产党红军第四军第九次代表大会决议案》（1929年12月），载中共中央文献研究室、中央档案馆编：《建党以来重要文献选编（1921—1949）》（第6册），北京，中央文献出版社，2011年，第727页。

⑦ 《反对自由主义》（1937年9月7日），载《毛泽东选集》（第二卷），北京，人民出版社，1991年，第360页。

买卖公平、借东西照还、赔偿损失"①，都是宣传。全员宣传的理念在全党办报、群众办报的党报工作方针中体现得更加淋漓尽致。我们的报纸"要靠大家来办，靠全体人民群众来办，靠全党来办，而不能只靠少数人关起门来办"②。办好一家报纸，需要"大家来动手动脚"③，"不但是办的人的责任，也是看的人的责任。看的人提出意见，写短言短文寄去，表示喜欢什么、不喜欢什么，则是很重要的"。于是，党报要充分"吸收广大党外人员发表言论"，并尽可能吸纳他们参加"编辑委员会"，扩容宣传阵营，壮大宣传力量，达到"纤笔一枝谁与似？三千毛瑟精兵"④的作用；登载群众来稿、来信，"给人民来信以恰当的处理"以强化报纸与读者的互动；壮大工农通讯员队伍，加强报纸与人民的联系等，使党报真正成为"天下人的报，成为一切愿意消灭民族敌人建立民族国家的人底共同的喉舌"⑤。

全域宣传至少包含两层含义，一指宣传工作的覆盖面要渗透到党的工作的方方面面，实现"党的宣传部，应该帮助党委来管整个的思想战线"的目标；二是指宣传工作在各个部门、各条战线应有必要的协调与配合，共同发力推进宣传工作的展开。抗日战争时期党在全域宣传理念的指导下形成了"党政军民一体化"宣传格局，即宣传工作"不单是宣传部门少数人的事，党、政、军、民一体去做。那时党、政、军、民常开宣传工作联席会，书记、首长、各级干部和党员都来做"⑥。尤其强调宣传工作应与其他各项工作实际相结合，拓展宣传领域，突破宣传工作部门的局限，打破宣传思想工作领域各方面的壁垒，打通宣传思想工作与各方面工作的内在关联，"要利用一切公开的可能扩

---

① 中共中央文献研究室、新华通讯社编：《毛泽东新闻工作文选》，北京，新华出版社，1983年，第17页。

② 《对晋绥日报编辑人员的谈话》（1948年4月2日），载《毛泽东选集》（第四卷），北京，人民出版社，1991年，第1319页。

③ 《胡乔木传》编写组编：《胡乔木谈新闻出版》，北京，人民出版社，2015年，第6页。

④ 中共中央党史和文献研究院编：《毛泽东年谱》（第一卷），北京，中央文献出版社，2023年，第635页。

⑤ 《致读者》，《解放日报》，1942年4月1日第1版。

⑥ 姜思毅：《冀鲁豫边区的宣教工作》，载李运亨：《冀鲁豫边区群众运动宣教工作资料选编》（增订本），石家庄，河北人民出版社，1994年，第324页。

大宣传"①，基本形成了党委领导、政工搭台、全员参与、上下联动、内外协同的"大宣传"工作格局。

全媒宣传是党的宣传工作在抗日战争时期走向成熟的重要标志之一，其重要特征就是宣传形式与手段的多样化、多元化、立体化。"怎样去动员？靠口说，靠传单布告，靠报纸书册，靠戏剧电影，靠学校，靠民众团体，靠干部人员。"②在物质条件极端困苦的条件下，"进行宣传工作要运用好各种宣传工具，如宣传员网、报纸、刊物、出版、戏剧、电影、美术、音乐、广播、学校等，要把这些宣传工具都搞好，都加强，统统动员起来，运用起来。"③党认识到只要能够传播党的主张、动员社会大众，万物皆可为宣传的媒介，从而打破了近代以来社会精英或政治团体进行社会动员以报刊为媒介的窠臼，突破了进行宣传思想工作的文盲半文盲的知识壁垒，克服了边远落后地区的媒介荒漠。党的宣传工作"动员了全国的老百姓，就造成了陷敌于灭顶之灾的汪洋大海，造成了弥补武器等等缺陷的补救条件，造成了克服一切困难的前提"④。据不完全统计，在新民主主义革命时期，党采用过六十多种宣传方法⑤，使用各种媒介例如报刊、壁报、标语、山川、石头、门板、歌曲、话剧、小册子，报告会、演讲会、读书会、秧歌队、街头诗、慰问信、纪念品、毛巾等都可以成为宣传的媒介。如在对日军的宣传中"各旅至少要做一种以樱花为主题的信和一种宣传品"，"可折些桃花杏花，交群众送给日军长官"，日军把桃花、杏花用水供养起来，"有的喟然长叹，有的暗暗落泪"⑥，宣传成效显著，就连日本方面在反思其宣传工作时也认为："日本虽然也在进行思想战，但在组织、手段、方法等方

① 《宣传工作决议案》（1929年6月25日），载中共中央宣传部办公厅、中央档案馆编研部编：《中国共产党宣传工作文献选编（1915—1937）》，北京，学习出版社，1996年，第886页。

② 《论持久战》（1938年5月），载《毛泽东选集》（第二卷），北京，人民出版社，1991年，第481页。

③ 刘少奇：《要运用好各种宣传工具》，载《毛泽东周恩来刘少奇朱德论党的宣传工作》，北京，中共中央党校出版社，1989年，第35页。

④ 《论持久战》（1938年5月），载《毛泽东选集》（第二卷），北京，人民出版社，1991年，第480～481页。

⑤ 林之达主编：《中国共产党宣传史》，成都，四川人民出版社，1990年，第4～5页。

⑥ 李达：《抗日战争中的八路军一二九师》，北京，人民出版社，1985年，第316页。

面远不如中国"，坦承"共产党及其军队巧妙地争取民众，更对日军不断实施思想瓦解工作，实为堪忧之事"。①

二、宣传机构日趋健全

宣传与组织于党的工作而言如鸟之两翼、车之两轮，"宣传是组织的开路先锋，组织是巩固宣传的成果"②。宣传机构是党的宣传工作的组织者与实施者，"自建党伊始，宣传工作就是党的核心工作，宣传部门始终是党的常设关键机构"③。但直至党的六大召开前，党"没有建立起经常的系统的宣传鼓动工作"，尤其是大革命时期党的宣传机构遭到极大破坏，"从省委起一直到区委止，大多数是没有宣传工作的系统，所谓宣传部，顶多不过一二人，甚至有的地方根本一个人也没有"，中共六大决定"建立并强健各级党部的宣传机关"。④

党的六届二中全会专门针对宣传工作的决议决定除完善中央宣传部内设机构设置外，还要求各省委宣传部依照中央宣传部完善内设机构，并要求各地方党部、区委也要设立宣传部。由此，从中央到地方，党的宣传机构基本得以恢复，"使党中央的宣传任务，能够从中央宣传部一直落实到基层，变为全党的群众性宣传"⑤。至 1935 年 8 月，中央宣传工作部门基本形成"以宣传委员会、宣传部、党报委员会为主体的'三驾马车'的架构"⑥。此后根据形势需要和主要任务的变化对宣传机构进行了进一步调整优化，1940 年 10 月中央宣传部作

① 赵新利：《日本有关中共抗战时期宣传工作档案评介》，《中共党史研究》，2022 年 4 月 5 日第 2 期。

② 王中：《论宣传》，《新闻大学》，1982 年第 3 期。

③ 易继苍、李雅静：《中国共产党宣传机构设置百年回眸》，《浙江工业大学学报》（社会科学版），2021 年 3 月 25 日第 1 期。

④ 《中央通告第四号——关于宣传鼓动工作》（1928 年 10 月 1 日）、《转变我们的宣传鼓动工作》（1933 年 2 月），载中共中央宣传部办公厅、中央档案馆编研部编：《中国共产党宣传工作文献选编（1915—1937）》，北京，学习出版社，1996 年，第 840、1097 页。

⑤ 董兴杰、才华：《中共宣传思想工作机构建设的历史考察——以宣传部系统为例》，《河北师范大学学报（哲学社会科学版）》，2012 年第 1 期。

⑥ 易继苍、李雅静：《中国共产党宣传机构设置百年回眸》，《浙江工业大学学报》（社会科学版），2021 年 3 月 25 日第 1 期。

出《关于充实和健全各级宣传部门的组织及工作的决定》，对各地各级党组织建立宣传部组织机构提出了明确的原则和标准，并明确划定各级宣传部的组织内容、职责范围、主要任务、上下级关系等。党的宣传部门"按照组织原则与组织系统，由上而下的按级领导"①并接受同级党委的领导，各级党部对同级政府、军队和民众团体通过政治领导的方式对其进行具体的指导与帮助，这就奠定了宣传机构统一领导、分级管理、条块结合、以块为主的领导体制，标志着真正完善的、系统的宣传工作部门得以确立。

第一，党委员会与宣传部门。抗日战争时期，党在根据地的组织系统按层级分别为中央委员会、省委员会、特别区委员会、县或市委员会、区委员会、支部委员会 6 个层级的"正式而稳定的组织网络"②，宣传系统以党的组织系统为依托，以中央宣传部为最高领导机构，"在各级党的组织内"设立了宣传部（科或股），"统一同级党的一切宣传鼓动工作"③。宣传部系列的"上级宣传部对于下级必须经常有工作指示，下级宣传部对于上级必须经常有报告"④，而同级党委对宣传部具有领导与指导职责。

第二，军队委员会政治机关。在军队中的宣传工作由各级政治部负责，下以连支部为基本单位，其最高领导机关为总政治部。军队虽是相对独立的系统但须接受党委的领导，"中央代表机关及区党委地委的决议、决定或指示，下级党委及同级政府党团，军队军政委员会，军队政治部及民众团体党团及党员，均须无条件地执行"，"上级军事领导的命令，训令"，"不仅下级政府、军队、民众团体必须无条件执行，下级党委也必须无条件执行"⑤。在上述原则下，

① 晋冀鲁豫边区财政经济史编辑组等编：《抗日战争时期晋冀鲁豫边区财政经济史资料选编》（第1辑），北京，中国财政经济出版社，1990年，第479～480页。
② 翁有为：《土地革命战争时期中共省委的创设与运用》，《中共党史研究》，2020年第5期。
③ 《中央宣传部关于党的宣传鼓动工作提纲》（1941年6月20日），载中共中央宣传部办公厅、中央档案馆编研部编：《中国共产党宣传工作文献选编（1937—1949）》，北京，学习出版社，1996年，第259～260页。
④ 江西省文化厅革命文化史料征集工作委员会等编：《闽浙赣苏区革命文化史料汇编》，南昌，江西人民出版社，1997年，第27页。
⑤ 《中共中央关于统一抗日根据地党的领导及调整各组织间关系的决定》（1942年9月1日中共中央政治局通过），载中共中央文献研究室、中央档案馆编：《建党以来重要文献选编（1921—1949）》（第19册），北京，中央文献出版社，2011年，第423～424页。

军队各级政治部的宣传机构逐步完善。如为对敌宣传工作取得实质性成效，1937年始总政治部下设敌军工作科，1940年后，在《中央关于敌伪军伪组织的工作决定》等文件中多次强调"必须健全军队中的敌军工作部和地方党的敌伪军工作委员会"①，敌军工作机构在八路军各级政治机关中日渐完善。师级以上的政治部设敌军工作部，旅团级设敌军工作科、股，连级设敌军工作干事。如冀南军区就设"日军工作科、伪军工作科、敌军工作队"，建立了从上到下"一个完整严密的组织系统"，"做敌军工作的专职人员就达1100多人"。各军分区设"有敌工科，团有敌工股，地方县有敌工站，下设分站，小站，延伸到敌人主要据点附近"②。仅一二九师从1941年到1945年夏就以小股武装"深入敌占区向日伪军进行广泛的反战宣传活动"，先后发动了"11次政治攻势"③，其主要意图"对日本官兵，重在动摇其信心，达到反战目的"④。以至于日伪军"最怕喊话，一喊话大家一夜难眠，因你们所喊的均是我们家里的事"⑤。

第三，政府机关与群众团体。政府机关、群众团体是根据地建设的群众基础和柱石⑥，也是党的宣传工作开花结果的支撑力量，是党的政治声音的传播者，如同齿轮般保障着人民政权稳定有序地运行。由于群众团体组织的覆盖面广以及与广大社会民众天然联系的紧密性，党高度重视广泛建立工人、农民、青年、妇女、儿童及抗日团体的各界群众组织，有的"村庄百分之八十以上

① 《中央关于瓦解敌军工作的指示》（1940年4月6日），载中央档案馆编：《中共中央文件选集》（第12册），北京，中共中央党校出版社，1991年，第358页。
② 《中国抗日战争军事史料丛书》编审委员会：《冀南平原最艰难时期的武工队和瓦解敌军工作》，《中国抗日战争军事史料丛书·八路军·回忆史料（6）》，北京，解放军出版社，2015年，第231页。
③ 《中国抗日战争军事史料丛书》编审委员会：《中国抗日战争军事史料丛书·八路军·回忆史料（6）》，北京，解放军出版社，2015年，第116页。
④ 《总政治部对于新四军政治工作的指示》（1940年5月6日），载《新四军和华中抗日根据地史料选》（第1辑），上海，上海人民出版社，1982年，第59页。
⑤ 中共冀鲁豫边区党史工作组办公室、中共河南省委党史工作委员会编：《冀鲁豫区党委关于敌伪军工作讨论记录》，载《中共冀鲁豫边区党史资料选编（第二辑）文献部分》（中），郑州，河南人民出版社，1987年，第359页。
⑥ 刘少奇：《抗日游击战争中各种基本政策问题》，载中共中央书记处编：《六大以来》（上册），北京，人民出版社，1981年第1版，第883页。

的人都参加了群众组织"①。各地方党组织通过对群众团体的政治领导，使其在"瓦解敌伪、揭破谣言、提高群众的政治认识与抗战信心上"发挥了重大作用，"凡有民众组织的地方，动员就更快"②，不断拓展党的宣传工作广度、深度与力度，强化了党对宣传工作系统的掌控力，与国民党的"一切政令一到县级或区级往往'寿终正寝'变成了废纸"③形成了鲜明对比。败退台湾后蒋介石反思道：中共宣传之优长在于将自己的各项主张"向社会上及政府中普遍散布。而我们的宣传不能主动，理论亦缺少战斗性"，最终造成反共宣传的失败④。

三、运行机制顺畅高效

党的宣传工作以解决实际问题为最终归宿，如何保证其始终围绕抗日救亡、民主斗争、自身建设等中心任务而展开，将党的意志转化为全党、全军和人民大众的自觉行动，将宣传嵌入社会生活的各个领域、各条战线、各个阶层，就必须通过建章立制顺畅宣传的各个环节，以提升宣传的效能，达到宣传的预期效果，真正做到时时有宣传，处处有宣传，不断增进人民大众对党的政治认同、思想认同、理论认同、情感认同。为了加强和规范党的宣传工作，提升宣传效能，抗日战争时期党先后出台了《关于宣传教育工作的指示》《中央宣传部关于充实和健全各级宣传部门的组织及工作的决定》《关于党的宣传鼓动工作提纲》等系列文件，明确了宣传鼓动的基本原则、方法和目标任务，各级党组织宣传机构建设、人员和资源配置、宣传工作开展等，推动了党的宣传工作向着规范化、精准化发展，为宣传工作运行机制顺畅高效提供了根本的制度遵循，正如蒋介石所言中共宣传工作扎实有效的关键在于"一、组织严密。

---

① 黄知真、缪敏等：《漫谈闽浙赣老根据地》，载方志敏、邵式平等：《回忆闽浙皖赣区》，南昌，江西人民出版社，1983年，第146页。

② 项英：《本军抗战一年来的经验与教训》（1939年1月1日），载《新四军和华中抗日根据地史料选（1937—1940）》（第2辑），上海，上海人民出版社，1984年，第129页。

③ 彭真：《关于晋察冀边区党的工作和具体政策报告》，北京，中共中央党校出版社，1997年，第28页。

④ 蒋介石：《苏俄在中国：中国与俄共三十年经历纪要》，台北，"中央文物供应社"，1957年，第187～188页。

二、纪律严厉。三、精神紧张。四、争斗彻底"[①]。

第一，确立了党管宣传的基本原则。自建党以来，党就不断强化"一元化"领导体制，并在党章中明确规定"下级机关须完全执行上级机关之命令"[②]，党的方针政策一经决议，全党"即须服从，并须无条件地执行"[③]，确保全党上下"意志一致，行动一致"[④]。为确保党的宣传工作运转高效顺畅有力，党确立了党管宣传的基本原则确保党对宣传工作的绝对领导，在《中央关于统一各根据地内对外宣传的指示》中明确强调"一切对外宣传均应服从党的政策与中央决定"，"一切对外宣传工作的领导，应统一于宣传部"[⑤]。党管宣传主要体现在：必须确保党对宣传工作的"一元化"领导，"全党的宣传鼓动工作必须统一在中央总的宣传政策领导之下"，如果都各自为政，"不履行中央统一的宣传政策的方针，这是非常危险的"；党的宣传工作必须无条件地宣传党的路线、方针、政策，必须增加宣传的党性，这是决定宣传工作成败的关键，"不根据党的政策的宣传鼓动工作是一定要闹乱子的，而且一定是收不到效果的"[⑥]。

第二，制定了一套严格的工作制度。抗日战争时期党的宣传工作呈现出涉及面广、政治性强、影响力大的特点，如何在根据地、国统区、敌占区各区域确保党的宣传工作高效顺畅运转，达到预期效果、实现宣传目标是一项具有

---

① 《1949年春节课程表》，载《蒋介石日记》，斯坦福大学胡佛研究所档案馆藏。

② 中共中央党校党章研究课题组：《中国共产党章程汇编（一大—十八大）》，北京，中央党校出版社，2013年，第7页。

③ 《中国共产党党章》（1945年6月11日中国共产党第七次全国代表大会通过），载中共中央文献研究室、中央档案馆编：《建党以来重要文献选编（1921—1949）》（第22册），北京，中央文献出版社，2011年，第540页。

④ 《中国共产党党章》（1945年6月11日中国共产党第七次全国代表大会通过），载中共中央文献研究室、中央档案馆编：《建党以来重要文献选编（1921—1949）》（第22册），北京，中央文献出版社，2011年，第535页。

⑤ 《中央关于统一各根据地内对外宣传的指示》（1941年5月25日），载中共中央宣传部办公厅、中央档案馆编研部编：《中国共产党宣传工作文献选编（1937—1949）》，北京，学习出版社，1996年，第236页。

⑥ 《中央宣传部关于党的宣传鼓动工作提纲》（1941年6月20日），载中共中央宣传部办公厅、中央档案馆编研部编：《中国共产党宣传工作文献选编（1937—1949）》，北京，学习出版社，1996年，第252、260页。

挑战性的任务。因此，就"必须有一套严格的工作制度"规制各级宣传主体的行为，获取宣传工作得失的反馈加以归纳、提炼、总结再应用于宣传工作的实践，"特别是检查、巡视、总结制度"的制定与实行，从而得出宣传工作中的"成绩缺点，经验教训，教育全党"①。早在1926年中央就要求在宣传工作中建立经常的报告制度，其后该制度在苏区各地逐渐确立下来。1940年中央宣传部颁发《关于充实和健全各级宣传部门的组织及工作的决定》再次强化"下级宣传部必须利用各种可能向上级宣传部作定期的各方面专门的工作报告，而上级宣传部也必须及时地提出一般的和具体的指示"②；检查是检视党的宣传工作是否真正转化为实际行动的关键环节，建立经常的检查制度要求各级组织在宣传工作中既要"检查自己执行上级指示的程度"，也要"检查自己的领导是否正确"③，"不但要通过决议发下决议，而且应该采取具体行动的计划来实现决议与检查监视决议的执行"④。为了确保宣传工作的顺利开展，党还颁布一系列文件建立巡视制度，如中共山东分局宣传部发文要求"建立巡视制度，区党委（及独立地委）设巡视团，地委以下设巡视员"，定期分区巡视，并对本地区内宣传工作的巡视情况"逐一做出结论，提出意见，给以指示"⑤。其目的在于传达上级党委意见⑥，并将下面的情形报告给上级党委，促使各级党的委员能够了解下面情况，进行正确的工作指导。建立起巡视工作"传达—监督—执行"和"指导—反馈—再指导"的运行模式。

---

① 中共中央北方局资料丛书编审委员会编：《中共中央北方局对冀南工作的指示信》，载《中共中央北方局·抗日战争时期》（上），北京，中共党史出版社，1999年，第314页。

② 《中央宣传部关于充实和健全各级宣传部门的组织及工作的决定》（1940年10月14日），载中共中央宣传部办公厅、中央档案馆研究部编：《中国共产党宣传工作文献选编（1937—1949）》，北京，学习出版社，1996年，第170页。

③ 邓小平：《在中共中央太行分局高干会议上的结论》，载中共中央北方局资料丛书编审委员会编：《中共中央北方局·抗日战争时期》（上），北京，中共党史出版社，1999年，第509页。

④ 《苏区中央局关于湘赣省委的决议》，载中共江西省委党史研究室等编：《中央革命根据地历史资料文库·党的系统》（第4卷），南昌，江西人民出版社，2011年，第2547页。

⑤ 常连霆主编，中共山东省委党史研究室、山东省中共党史学会编：《山东党史资料文库》（第9卷），济南，山东人民出版社，2015年，第191页。

⑥ 《中共扩大的六中全会关于各级党部工作规则与纪律的决定》（1938年11月6日），载《中共中央文件选集》（第10册），北京，中共中央党校出版社，1985年，第712页。

第三，锻造了一支凝魂聚力敢于担当的宣传队伍。宣传队伍是党开展宣传工作的基础、关键，事关党的宣传工作的成败，是保证革命是否胜利的重要骨干力量。在长期艰苦卓绝的革命斗争实践中，党十分重视宣传工作的队伍建设并积累了丰富的经验。全民族抗战爆发后，为适应战争形势，党迫切需要培养大批宣传干部。首先，从思想上认识宣传工作的重要地位和作用，不断提升宣传工作人员荣誉感，极大改变了过去把"政治上不可靠的干部或工作中表现不好的干部送到宣传部去'考验'的现象"①，纠正了宣传人员为"不成器""闲杂人"，宣传队是"收容所"的偏见②。其次，选优配强宣传干部并相对固定。把选拔培养"掌握马列主义而又富于实际工作经验的""宣传家"看作是党的一项"严重的和长期旳任务"③。由于宣传工作使命、任务、工作内容与方式的特殊性，具有一定业务能力和工作经验的宣传工作人员"不应轻易调动"④，应该相对固定化。再次，强化宣传工作人员的教育培训与学习。《中央宣传部关于充实和健全各级宣传部门的组织及工作的决定》明确要求各级党校和地方党委应加强宣传部干部队伍建设、培养和教育工作，"在高级党校内设立专门培养宣传鼓动工作者，报纸编辑，及新闻记者的科系"⑤。建立党内在职干部平均每日学习两小时制度、党内小组学习制度及指导和考核制度等。最后，提出了一个合格的宣传员所具备的品质素养要求。1941 年，中央宣传部制定的《党的

---

① 《中央宣传部关于充实和健全各级宣传部门的组织及工作的决定》（1940年10月14日），载中共中央宣传部办公厅、中央档案馆编研部编：《中国共产党宣传工作文献选编（1937—1949）》，北京，学习出版社，1996年，第168页。

② 《中国共产党红军第四军第九次代表大会决议案（节选）》（1929年12月闽西古田会议），载中共中央宣传部办公厅、中央档案馆编研部编：《中国共产党宣传工作文献选编（1915—1937）》，北京，学习出版社，1996年，第948页。

③ 《中央宣传部关于党的宣传鼓动工作提纲》（1941年6月20日），载中共中央宣传部办公厅、中央档案馆编研部编：《中国共产党宣传工作文献选编（1937—1949）》，北京，学习出版社，1996年，第258～259页。

④ 《中央宣传部关于反敌伪宣传工作的指示》（1941年3月20日），载中共中央宣传部办公厅、中央档案馆编研部编：《中国共产党宣传工作文献选编（1937—1949）》，北京，学习出版社，1996年，第212页。

⑤ 《中央宣传部关于党的宣传鼓动工作提纲》（1941年6月20日），载中共中央宣传部办公厅、中央档案馆编研部编：《中国共产党宣传工作文献选编（1937—1949）》，北京，学习出版社，1996年，第259页。

宣传鼓动工作提纲》提出一个宣传家、一个鼓动家应具备的品质和素养：一是理论程度和政治文化水平要高，"必须掌握党的路线与党的政策，这是决定宣传鼓动工作成败的中心关键"①；二是业务能力要强，理论素养要高，"必须善于使用一切宣传鼓动的方式"②，并且宣传语言需具备"准确性、鲜明性、生动性"③；三是要端正工作态度和坚持正确的工作作风，在宣传工作中既不能妄自菲薄也不能高高在上，不能"太严峻""太武断""太特别""太操切"④。总而言之，我们的"教员""新闻记者""文艺作者"等"我们的一切干部"都要成为"宣传家"⑤。

第三节｜媒介批评：宣传工作的自我检视

媒介批评是指代表一定社会或阶级的利益或理想的主体，依据一定的标准对传播媒介及产品所作的价值评判、理论反思、得失检视等。其在本质上是"一种意见生产和传达方式，属于社会舆论监督范畴，是社会批判和政治斗争在文化和新闻领域内的一种表现"⑥。勇于批评与自我批评是我们党的优良传

---

① 《中央宣传部关于党的宣传鼓动工作提纲》（1941年6月20日），载中共中央宣传部办公厅、中央档案馆编研部编：《中国共产党宣传工作文献选编（1937—1949）》，北京，学习出版社，1996年，第252页。
② 《中央宣传部关于党的宣传鼓动工作提纲》（1941年6月20日），载中共中央宣传部办公厅、中央档案馆编研部编：《中国共产党宣传工作文献选编（1937—1949）》，北京，学习出版社，1996年，第253页。
③ 中共中央宣传部：《毛泽东周恩来刘少奇朱德论党的宣传工作》，北京，中共中央党校出版社，1989年，第335页。
④ 《我们今后应该怎样工作》（1926年4月15日），载中共中央宣传部办公厅、中央档案馆编研部编：《中国共产党宣传工作文献选编（1915—1937）》，北京，学习出版社，1996年，第722页。
⑤ 《反对党八股》（1942年2月8日），载《毛泽东选集》（第三卷），北京，人民出版社，1991年，第838页。
⑥ 胡正强：《毛泽东媒介批评实践与思想论略》，《南京理工大学学报（社会科学版）》，2010年第5期。

统和作风，是共产党人自我净化、自我完善、自我革新、自我提高，永葆党的
先进性和纯洁性的锐利武器。在党长期血与火的革命实践中，宣传思想工作与
党同向同行，始终发挥着"集体的宣传员和集体的鼓动员""集体的组织者"[①]
的巨大作用。为了确保党的宣传思想工作切实完成动员群众、革命斗争、自身
建设等使命任务，党拿起媒介批评的武器来检视自身宣传思想工作的弱点，并
"公开批评这些弱点"，以便更迅速、更彻底地"克服它们"[②]，以便更好地为党
的宣传思想工作服务，实现宣传效果的最大化。

党的媒介批评实践源于建党前后的一批马克思主义者与各种非马克思主义
思潮的论战，源于反对封建军阀侵犯人民言论出版自由的言论与政策，源于对
帝国主义国家对中国进行新闻侵略的批判等。建党伊始，党虽十分重视宣传思
想工作，但由于党还处于幼年时期以及残酷的斗争环境，党的宣传思想工作存
在不少缺点并严重迟滞了宣传思想工作的开展，如思想上不重视，尤其是"一
般同志对党报作用的忽视"[③]等。因此，在1925年党的四大通过的《对于宣传
工作之议决案》中，党就拿起媒介批评的武器对建党以来党的宣传思想工作的
三大缺点进行了批评，并提出了12条改进措施。抗日战争时期党的宣传工作
组织建设不断完善、理论走向成熟、体制机制顺畅高效，是党的宣传事业空前
发展的历史时期。但党的宣传工作也有诸多缺陷，如存在各种资产阶级新闻
观、宣传工作的内容和形式脱离广大人民群众等。因此，在很大程度上，对宣
传工作各种缺陷的媒介批评为党的宣传事业的大发展提供不竭动力和正确方
向。抗战时期，媒介批评主要围绕对资产阶级新闻观的批判，宣传工作中对党
的路线、方针、政策的执行不力和在宣传工作中偏离群众路线等方面展开。

---

① 中共中央马克思恩格斯列宁斯大林著作编译局：《列宁全集》（第五卷），北京，人民出版
　社，1986年，第8页。
② 中共中央马克思恩格斯列宁斯大林著作编译局：《列宁全集》（第三十九卷），北京，人民
　出版社，1986年，第180页。
③《提高我们党报的作用》（1930年3月16日），载中国社会科学院新闻研究所编：《中国共产
　党新闻工作文件汇编》（下），北京，新华出版社，1980年，第36页。

一、对资产阶级新闻观的"否思"

在残酷的抗日战争局势下，各个阶级阶层和一切政党团体都要服从和服务于民族解放战争的总体战略，顺之者昌，逆之者亡。对于各政党而言，是否真抗日就成为检验政党成色的试金石。在民族存亡的关键时刻，中国共产党用艰苦卓绝的奋斗和巨大的牺牲赢得了全国人民的广泛支持和坚定拥护而不断走向强大。在这一波澜壮阔的进程中，党的宣传事业获得了长足发展并吸引了全国各地的优秀分子加入其中，包括许多知识分子参加宣传工作。随着党的宣传队伍迅速壮大，"有人带来了旧社会的一套思想意识和一套新闻学理论"就在所难免。对于旧的思想意识和新闻学理论，如果"不加以改造，不加以教育，就会不但无益，而且有害，就无法把党的新闻事业做好"。[1]

第一，反对唯心主义的新闻观，坚持辩证唯物主义的新闻观。1943年9月1日，陆定一在《解放日报》发表了《我们对于新闻学的基本观点》一文，对新闻的本源、什么是新闻等基本新闻理论问题作了唯物主义的回答，从哲学观点上根本划清了唯物主义新闻观和唯心主义新闻观的界限。陆定一认为："新闻的定义，就是新近发生的事实的报道。"他进一步解释说："新闻的本源就是事实，新闻是事实的报道，事实是第一性的，新闻是第二性的，事实在先，新闻（报道）在后，这是唯物论者的观点。"该文的初衷就是为了"批判资产阶级新闻学观点"，在对西方"资产阶级新闻理论中的性质说"批判的基础上提出"我们自己的关于新闻学的实践和理论"[2]。

第二，反对"同人办报"的观点，确立"全党办报"的思想。所谓"同人办报"就是由兴趣、爱好、志向基本一致的群体以自愿的方式结合在一起所创办的报刊。报刊的发行、编辑都由其成员担任，办刊方向及刊载内容由成员共同讨论决定。办报同人标榜自由结合，言论独立，不受政府与党派限制。中国

---

① 陆定一：《我们对于新闻学的基本观点》（1943年9月1日），载中国社会科学院新闻研究所编：《中国共产党新闻工作文件汇编》（下），北京，新华出版社，1980年，第188页。

② 陆定一：《我们对于新闻学的基本观点》（1943年9月1日），载中国社会科学院新闻研究所编：《中国共产党新闻工作文件汇编》（下），北京，新华出版社，1980年，第188页。

的"同人办报"源于 19 世纪末 20 世纪初的旅日留学生群体，他们通过兴办报刊倡导革命。在"五四"运动时期，"同人办报"更是风靡一时，其多为民办报刊性质。抗日战争时期，党所创办的报刊都属于党的机关报，分别隶属于党的各级组织和不同部门，因而不具备真正意义上的"同人报"的基本属性。对"同人办报"的批判主要是指党报党性不强、闹独立性、缺乏组织纪律性等自由主义、个人主义工作倾向和作风，而不能使我们的党报成为真正意义上的完全党报。如果按照"同人办报"的理论与实践逻辑，"报馆同人可以自己依照自己的好恶、兴趣来选择稿件，依照自己的意见来写社论、专论。""一切按照报馆同人或工作人员个人办事，不必顾忌党的意志，一切都按照自己的高兴不高兴办事，不必顾忌党的影响。"如果报纸办成那样，"那就一定党性不强，一定闹独立性，出乱子"①。如何"进一步提高报纸的质量"，摒弃资产阶级"同人办报"理念，确立全党办报的无产阶级报刊理论，就"一定要全党来努力，万万不可以只有少数人努力"②。

第三，反对"无冕之王"观点，树立"人民公仆"理念。《泰晤士报》被公认为是英国的第一大主流报纸和舆论领袖，其主笔辞职后，常被内阁吸收为阁员，社会地位极高，虽无官爵之名，实有官爵之权。自 19 世纪始，这些主笔们常被称为"无冕之王"，后西方社会将记者冠以此称谓，意指记者影响力巨大、无所不能，享有凌驾于一般社会之上的地位和权力。这种资产阶级新闻思想在中国新闻工作者中具有一定的影响力，当时在根据地的新闻宣传工作者中亦有一定市场。《解放日报》社论以及毛泽东、张闻天、陆定一等领导人对该种思想进行了批判，无情揭露了"无冕之王"的虚伪性及其危害，指出其实质就是使新闻记者脱离人民群众、脱离现实，"而还自以为是，惟我独尊"③，明确要求新闻宣传工作者必须抛弃"无冕之王"的虚幻意识，树立人民公仆意识和服务意识。尤其是我们的党报与人民生活实际严重脱节的问题必须下大力

---

① 《党与党报》，《解放日报》，1942 年 9 月 22 日。
② 《本报创刊一千期》，《解放日报》，1944 年 2 月 16 日。
③ 《我们对于新闻学的基本观点》（1943 年 9 月 1 日），载中国社会科学院新闻研究所编：《中国共产党新闻工作文件汇编》（下），北京，新华出版社，1980 年，第 195 页。

气解决，以前的报刊"许多是不准备给人看的"①，存在很多没有"根据人民的利益，根据革命的实践"开展宣传工作的现象②。因此，宣传工作首先必须解决"为什么人的问题"，这"是一个根本的问题，原则的问题"③，我们党的"宣传鼓动工作就是为着全民族与全国人民的利益而服务"④，党的宣传工作必须深入群众生活实际、关注群众切身利益。

二、对宣传工作政治执行不力的批评

党以各种文件、指示、训令等来规制宣传政策的执行，基本形成了以下三项基本原则：上级组织负责领导与指导下级；下级组织对上级组织负责；各级组织要以中央政策的原则性规定形成在地化、具体化的执行方案，体现原则性与灵活性的结合。但由于党的宣传工作的复杂性、宣传工作者的理论与能力不足、执行机制的僵化等因素的影响，党的宣传政策的执行往往容易出现偏差。因此，从党的宣传政策的执行角度对宣传内容与形式进行批评就成为了抗日战争时期党的媒介批评的主要内容之一。

第一，反对"立场模糊"，树立"明确的政治方向"。毛泽东强调"政策和策略是党的生命"⑤。党的宣传工作必须以配合党的政策方针为主要任务，这是政治性的重要体现。抗日战争时期，党中央一贯强调宣传工作中的政治原则。1942年10月28日，中央书记处向各中央局、各分局下发有关报纸通讯社工作

① 谢觉哉：《谢觉哉日记》（上），北京，人民出版社，1984年，第347页。
② 《在中国共产党第七次全国代表大会上的发言》（1945年5月2日），载中央党史研究室张闻天选集传记组编：《张闻天文集》（第三卷），北京，中共党史出版社，2012年，第257页。
③ 《在延安文艺座谈会上的讲话》（1942年5月），载《毛泽东选集》（第三卷），北京，人民出版社，1991年，第857页。
④ 《中央宣传部关于党的宣传鼓动工作提纲》（1941年6月20日），载中共中央宣传部办公厅、中央档案馆编研部：《中国共产党宣传工作文献选编（1937—1949）》，北京，学习出版社，1996年，第251页。
⑤ 《关于情况的通报》（1948年3月20日），载《毛泽东选集》（第四卷），北京，人民出版社，1991年，第1298页。

的指示，针对各地宣传工作中对曾发生的"若干不适合目前党的政策的事件"①
展开批评。此后，1943年11月22日中宣部关于《新华日报》《群众》杂志中
存在的工作问题向董必武致电，明确指出《新华日报》中存在的问题：七月至
九月时党严厉反击国民党蓄意制造的"反共高潮"，而《新华日报》却对国民
政府林森等人的"一县一机""两年实行宪政"大为赞扬；平时里经常人云亦
云地大面积报道与蒋介石、国民党有关内容，这种宣传方式导致群众认为国共
两党"无所区别"。中央认为此类事件的根本原因在于：《新华日报》在处理材
料时政治立场模糊，对"反革命私货"警惕度不够，对报刊宣传没有"养成清
醒严肃态度"②。党的宣传工作必须适应于党的政策路线，要"丝毫也不能一刻
放松"地揭发其他派别的"欺骗宣传"和"代表敌对阶级利益的主张"③。做到
这一点，就要提高宣传人员的"政治警觉性"，加强党性教育，开展思想整风，
"深刻研究毛主席文件和思想"④。

第二，反对"各自为政"，坚持"一元化领导体制"。1941年5月25日发
布的《中共中央关于统一各根据地内对外宣传的指示》对我党当时对外宣传工
作中的问题进行了批判，揭露了各根据地在广播和战报中存在的"独立无政
府状态"，要求必须立即停止、迅速纠正这种"全世界任何国家政党"都没有
的"极端严重的现象"。在《指示》中中央郑重指出，我党在举国和世界上占
据"重要地位"，党的领导同志及领导机关言行在举国和世界上也有着"巨大
影响"，而当下政治形势紧张，敌我矛盾尖锐，党派斗争激烈，这种复杂的形

---

① 《中共中央关于报纸通讯社工作的指示》（1942年10月28日），载中国社会科学院新闻研究
所编：《中国共产党新闻工作文件汇编》（上），北京，新华出版社，1980年，第121页。
② 《中宣部关于〈新华日报〉、〈群众〉杂志的工作问题致董必武电》（1943年11月22日），
载中国社会科学院新闻研究所编：《中国共产党新闻工作文件汇编》（上），北京，新华出
版社，1980年，第137页。
③ 《中共中央为转变目前宣传工作给各级党部的信》（1936年1月27日），载中国社会科学院
新闻研究所编：《中国共产党新闻工作文件汇编》（上），北京，新华出版社，1980年，第
84页。
④ 《附：董必武关于检查〈新华日报〉、〈群众〉、〈中原〉刊物错误的问题致周恩来和中宣
部电》（1943年12月16日），载中国社会科学院新闻研究所编：《中国共产党新闻工作文件
汇编》（上），北京，新华出版社，1980年，第140页。

势要求我党要"统一对外宣传"和"采取慎重处事的态度"①。因此，党中央要求宣传工作要根据党中央的决策决议展开，始终坚持"领导的统一与一元化"，由党统一"领导一切"②，各种宣传组织应当密切配合，保持"政治步调的齐一"③，避免"各自为政"④的宣传方式。据此，1942 年 4 月 1 日，中央书记处发布的两个指示中进一步明确提出：凡与"全国、全党、全八路军、全新四军"有关的文件电文等，在发表和广播前须"征得中央同意"，望各地负责人"严加约束"⑤其下通讯社和报纸。

第三，反对"教条主义"，采取"灵活"的宣传策略。抗日战争时期，党中央发起了一场意在解决党内"思想路线问题"⑥的整风运动，以反对"主观主义""宗派主义"和"党八股"。教条主义是主观主义的主要表现之一，严重阻碍着党的工作的正常开展，其中也包括阻碍党的宣传工作的有序推进。因此在宣传工作中开展"整风运动"也尤为重要。1942 年 3 月 13 日王实味创作的《野百合花》在《解放日报》发表，言辞激烈地揭示了当时延安存在的某些问题，但其内容过于偏激，引发了延安的震动。这篇文章引起了国民党的关注，尔后被国民党利用，作为"反共工具"广为宣传，甚至出版了《关于〈野百合花〉及其他——延安新文字狱真相》一书，成为"当时中统印行的"最畅销的"反共宣传小册

---

① 《中共中央关于统一各根据地内对外宣传的指示》（1941年5月25日），载中国社会科学院新闻研究所编：《中国共产党新闻工作文件汇编》（上），北京，新华出版社，1980年，第98页。

② 《中共中央关于统一抗日根据地党的领导及调整各组织间关系的决定》（1942年9月1日），载中共中央文献研究室、中央档案馆编：《建党以来重要文献选编（1921—1949）》（第19册），北京，中央文献出版社，2011年，第423页。

③ 《中共中央关于根据地统一对外宣传的第二次指示》（1942年4月1日），载中国社会科学院新闻研究所编：《中国共产党新闻工作文件汇编》（上），北京，新华出版社，1980年，第120页。

④ 《中央宣传部关于党的宣传鼓动工作提纲》（1941年6月20日），载中国社会科学院新闻研究所编：《中国共产党新闻工作文件汇编》（上），北京，新华出版社，1980年，第113页。

⑤ 《中共中央关于根据地统一对外宣传的第二次指示》（1942年4月1日），载中国社会科学院新闻研究所编：《中国共产党新闻工作文件汇编》（上），北京，新华出版社，1980年，第120页。

⑥ 杜忠明：《延安文艺座谈会纪实》，北京，中央文献出版社，2012年，第257～259页。

子"之一。① 这一事件对中国共产党的形象造成了重大负面影响。为避免此类事件再次发生，中宣部在致电董必武时专门批评了《解放日报》在宣传策略上存在教条主义：《解放日报》先是发表了王实味内容偏激的《野百合花》，随后又多次发表《读〈野百合花〉有感》《论王实味的思想意识》等文章对王实味的文章及王实味本人进行批判，只教条式地注重"党的自我批评"，缺乏应对实际情况的灵活性。在对大后方的思想斗争中过多地发表了与党的自我批评相关内容，而忽视了对在大后方的思想斗争中的"中心任务"——"反对大资产阶级反动派"思想的引导，导致根据地在意识形态上的争论。在致电里中宣部对宣传工作作出进一步指示：在政治宣传上应侧重于对"德日及附庸国家法西斯的反动"，苏联人民等的"反法西斯的斗争与言论"，"边区、华北、华中的战争与生产"和"孙中山的进步方面"的宣传；在思想上应侧重对"唯物论、唯物史观"以及"为群众服务的人生观"② 的宣传。

第四，反对"脱离实际"，把握"群众性"宣传工作。抗日战争时期，党中央注意到一些报刊工作者拘泥于旧有的宣传方式，在宣传中脱离实际，脱离群众，不注重解决群众的实际问题，只会用干瘪无力的言语来宣传党的方针政策。这就导致一些地方的群众对党并不买账，党的宣传工作难以推进，其效果也大打折扣。因此，党中央特别强调宣传工作者要把握宣传工作中的"群众性"，例如：1932 年 11 月 18 日，张闻天在《论我们的宣传鼓动工作》中指出"群众的宣传鼓动"工作的重要性，并在宣传鼓动的形式、内容及与组织工作的关系方面，引导宣传鼓动工作打破"传统的藩篱"，"采取与创造新的宣传鼓动方式"。首先，在宣传鼓动工作的重要性方面，张闻天认为党的宣传工作是"使我们党深入到群众中去的最主要的条件之一"，因此要提高宣传工作在群众工作中的重视程度，让"我们群众的宣传鼓动"成为"组织群众的主要武器"。其次，在宣传鼓动工作的形式方面，张闻天强调要利用"图画、唱歌以及戏剧"等一切更具"煽动性与群众性"的宣传鼓动方法，把"政治影响"传达到

① 卢毅：《国民党与〈野百合花〉事件》，《党史博览》，2016 年第 11 期。
② 《中宣部关于〈新华日报〉、〈群众〉杂志的工作问题致董必武电》（1943 年 11 月 22 日），载中国社会科学院新闻研究所编：《中国共产党新闻工作文件汇编》（上），北京，新华出版社，1980 年，第 137～138 页。

"广大的群众中去"，借以动员更多群众。最后，在宣传鼓动工作的内容方面，张闻天在 1942 年担任中宣部部长时领导出台的《中共中央宣传部关于进行反主观主义反教条主义反宗派主义反党八股给各级宣传部的指示》中指出，如果脱离"当时当地的实际问题"展开"空空洞洞的宣传"工作，或者只进行"空空洞洞"的宣传，不"切切实实的检查反映"，[①] 是会与实际相脱节的，达不到宣传效果。因此，中宣部指出宣传思想工作要抓住"群众在某一具体问题上的迫切要求"[②]，选择"适合于群众目前斗争的要求"来动员"最大多数的群众"[③]参加革命运动。

三、对宣传工作中偏离群众路线问题的批判

群众路线是我们党的生命线与根本工作路线，是党永葆青春、奋勇向前的传家宝。"新闻工作就是群众工作，新闻工作者就是群众工作者。"[④] 在宣传工作中如何贯彻群众路线，贴近群众实际、回应群众关切、尊重群众创造，使党的理论、路线、方针政策为广大群众所认同并转化为其行动自觉，不断提升媒介宣传的效果，就成为党的宣传工作成败的生命线。媒介宣传的效果是一切宣传工作的出发点和归宿点。毛泽东在论述报纸的作用时在强调"它能使党的纲领路线、方针政策、工作任务和工作方法，最迅速、最广泛地同群众见面"的同时，明确指出报纸作用的好坏归根结底在于其能否推动工作，"要看效果，自

---

① 《中共中央宣传部关于进行反主观主义反教条主义反宗派主义反党八股给各级宣传部的指示》（1942年2月11日），载中共中央文献研究室、中央档案馆编：《建党以来重要文献选编》（1921—1949）（第19册），北京，中央文献出版社，2011年，第83页。

② 张闻天：《论我们的宣传鼓动工作》（1932年11月18日），载中共中央宣传部办公厅、中央档案馆编研部编：《中国共产党宣传工作文献选编（1915—1937）》，北京，学习出版社，1996年，第1091~1093页。

③ 张闻天：《论我们的宣传鼓动工作》（1932年11月18日），载中共中央宣传部办公厅、中央档案馆编研部编：《中国共产党宣传工作文献选编（1915—1937）》，北京，学习出版社，1996年，第1093页。

④ 《新闻工作就是群众工作》（1951年3月），载《习仲勋文选》，北京，中央文献出版社，1995年，第154页。

古以来都是看效果作结论的"。①抗日战争时期，党利用媒介批评的武器对宣传工作中践行群众路线存在的主要问题进行批判，不断创新话语表达、优化宣传内容、丰富传播载体，取得了积极的宣传效果。正如一位战争亲历者所言"中国的老百姓""确实是觉悟高"，"老百姓就是个大供给部，老百姓就是个大后方，什么都是靠老百姓"。②

第一，对脱离人民群众生活实际的批评。宣传工作离不开人民群众，宣传工作的基础也在人民群众之中。但我们的宣传工作存在忽略人民群众的生活实际，不了解中国社会的实际情况的现象，"很少踏着人生社会的实际说话"③，因而难以获得群众的情感认同，就难以获得群众的响应。毛泽东1931年在指导创办《时事简报》时就强调新闻要与人民生活息息相关，"如牛瘟、禾死、米荒……都是与群众生活密切关联的。群众一定喜欢看。凡是不关紧急的事不登载"，只有这样"才能引动士兵和群众看报的兴趣，取得我们所需取得的效果"。并且指出刊载新闻的顺序应该"由近及远"，首先刊登"本乡的、本区的、本县的"，其次是"本省的、本国的"，最后是"外国的"。其内容要求"国内国际消息要少，只占十分之三，本军、本地、近地消息要多，要占十分之七"。④然而在相当长的一段时间里，我们的报纸成天报道一些与群众毫无关联的内容，根本无法引起读者的兴趣，自然也就达不到预期的宣传效果。例如《解放日报》在改版之前，占用大量的版面和重要位置刊载国际新闻（一、二版）、三版刊载国内新闻，而与百姓密切相关的边区新闻只占第四版半个版面。毛泽东对此种排版予以了严肃的批评，严格要求报纸排版新闻应以本地新闻为主，国内次之，国际再次之的顺序，本地消息至少排两版，多至四版，"否则就是脱离群众，失掉地方性的指导意义"⑤。党还在各种文件、指示中强调要克

---

① 中共中央文献研究室等编：《毛泽东新闻工作文选》，北京，新华出版社，1983年，第149、191页。

② 张成德、孙丽萍：《山西抗战口述史》（第一部），太原，山西人民出版社，2005年，第13页。

③ 毛泽东：《健学会之成立及进行》，《湘江评论》，1919年，临时增刊第1号。

④ 中共中央文献研究室等编：《毛泽东新闻工作文选》，北京，新华出版社，1983年，第29~32页。

⑤ 中共中央文献研究室等编：《毛泽东新闻工作文选》，北京，新华出版社，1983年，第120页。

服宣传脱离群众实际的情况，如1940年陕甘宁边区党委在《关于提高党的宣传工作的质量问题》中特别指出，在日常的宣传教育中侧重于一般化的抗战内容，但忽视了与群众生活实际相关的问题，如儿童和母亲弱势群体的保护、疾病的预防、识字读书的益处、求神拜佛的荒谬、婚丧嫁娶的正确观念、生产技术的提高等，这些都是群众所迫切需要解决的问题。《解放日报》的改版吹响了党报"从各方面反映人民的呼声和要求"[1]的整改号角，使我们的"新闻工作者要全心全意为人民服务，三心二意不行，半心半意也不行，一定要做到全心全意"[2]。

第二，反对党八股，树立生动活泼、新鲜有力的马列主义文风。文风就是党风，体现党的宗旨与性质。党八股是指党在宣传工作中种种"假、大、空"现象，脱离群众、偏离实际的种种主观主义、教条主义表现。1932年张闻天就在《斗争》杂志发表《论我们的宣传鼓动工作》一文先后9次使用"党八股"一词来检讨宣传工作中存在的"左"倾问题，并详细分析了"党八股"的产生原因、表现形式及其危害，提出必须克服"死板的、千篇一律的、笼统武断的"宣传鼓动内容以及"缺乏具体性、时间性，缺乏忍耐的解释与具体的证明的工作"的"党八股"倾向，否则"就没有法子争取到广大的群众"[3]。但由于残酷的"反围剿"军事斗争，党在宣传领域纠正党八股文风的努力未能持续。

毛泽东对党八股进行了系统深入的批判，积极倡导"新鲜活泼、为中国老百姓所喜闻乐见的中国作风和中国气派"[4]的文风。1937年6月，毛泽东在批评历史上宣传教育中存在的党八股不良风气时就指出"表现在宣传教育上的高傲态度、不深刻与普遍地联结于实际、党八股等等的作风上"[5]。其后1941年8月他在《鲁忠才长征记》新闻按语中明确指出"现在必须把那些'下笔千言、离题万里'的作风扫掉，把那些'夸夸其谈'扫掉，把那些主观主义、形式主

---

① 社论：《为本报革新敬告读者》，《新华日报》，1942年9月18日。

② 吴冷西：《回忆领袖与战友》，北京，新华出版社，2006年，第15页。

③ 歌特：《论我们的宣传鼓动工作》，《斗争》，1932年第31期。

④ 《中国共产党在民族战争中的地位》（1938年10月14日），载《毛泽东选集》（第二卷），北京，人民出版社，1991年，第534页。

⑤ 《关于十五年来党的路线和传统问题》（1937年6月3日），载中共中央文献研究室、中央档案馆编：《建党以来重要文献选编（1921—1949）》（第14册），北京，中央文献出版社，2011年，第269～270页。

义扫掉"。①1942 年 2 月 1 日，毛泽东在中央党校开学典礼上所作的《整顿党的作风》报告中进一步将改进文风和改造学风提升到整顿党风的高度，将"党八股"定性"是藏垢纳污的东西，是主观主义和宗派主义的一种表现形式"②，必须坚决予以肃清。对党八股进行了全面、系统、彻底的揭批是 1942 年 2 月 8 日毛泽东在延安干部大会上所作的《反对党八股》报告，该报告论述了党八股产生的历史根源、阶级根源及存在形式，并详列了党八股的八大罪状及其表现：空话连篇，言之无物；装腔作势，借以吓人；无的放矢，不看对象；语言无味，像个瘪三；甲乙丙丁，开中药铺；不负责任，到处害人；流毒全党，妨害革命；传播出去，祸国殃民。

随着整风运动的不断推进，宣传工作的文风整顿取得长足进展，逐渐树立真实实在、简洁明了、尖锐泼辣、生动活泼的健康清新文风③，"文字须坚决废除党八股""多载些生动的文字，切忌死板、老套，令人看不懂，没味道，不起劲"④，文字简洁的标准"就是要使那些识字不多而稍有政治知识的人们听了别人读报后，也能够懂得其意思"⑤。如陕甘宁边区政府机关报《边区群众报》请炊事员、勤务兵来"审稿"，先对他们念一遍稿件，看他们能否听懂，对哪些内容感兴趣，征求他们的意见。为了改变语言不通俗、句式过长、文白夹杂、拗口难懂的问题，改版后的党报还大胆使用了陕北方言、口头语。如"美得太""婆姨""咋、怎"等。

第三，杜绝假话，忠实地报道事实。真实是新闻的生命，同时也是宣传的首要原则。真实性原则是无产阶级开展新闻宣传工作的优良传统，也是党开展媒介批评的基本理论出发点。党的宣传工作之所以能够深入人心，得到广大人民群众的广泛支持和响应，取得积极的宣传效果，就在于其宣传、报道内容的

---

① 新华社：《毛泽东论新闻宣传》，北京，新华出版社，2000年，第41页。

②《整顿党的作风》（1942年2月1日），载中共中央文献研究室、中央档案馆编：《建党以来重要文献选编（1921—1949）》（第19册），北京，中央文献出版社，2011年，第44页。

③《报纸和新的文风》，《解放日报》，1942年8月4日。

④《〈中国工人〉发刊词》（1940年2月7日），载《毛泽东选集》（第二卷），北京，人民出版社，1991年，第728页。

⑤《中宣部为改造党报的通知》（1942年3月16日），载中国社会科学院新闻研究所编：《中国共产党新闻工作文件汇编》（上），北京，新华出版社，1980年，第127页。

真实性，把真理、真相告诉群众，而不是蒙蔽真理，歪曲真相，用事实说话，以理服人。

在长期的革命实践中，毛泽东多次对宣传报道失真的现象进行批评，多次强调和重申宣传的真实性原则，严禁撒谎，"例如红军缴枪一千说有一万，白军本有一万说只一千。这种离事实太远的说法，是有害的"。1945 年 4 月 24 日，毛泽东在党的"七大"会议上要求全党"要讲真话"，做到"不偷、不装、不吹"。"偷就是偷东西"，"人家写的整本小册子，给调换上几个名词，就说是自己写的，把自己的名字安上就出版了"，"这个事情不好，这是不诚实"；"装就是装样子"，就是不懂装懂，不装就是要"知之为知之，不知为不知"；"吹就是吹牛皮"，不要吹，"就是报实数"，"实报实销"。①

---

① 中共中央文献研究室、新华通讯社编：《毛泽东新闻工作文选》，北京，新华出版社，1983年，第127页。

第二章

舆论喉舌：

抗日报刊与党的宣传工作

所谓报刊，是报纸和杂志的总称，是传统媒介的重要组成部分，承载着新闻报道、社论评论、专栏文章、图片、广告等诸多宣传手段，具有信息传播、宣传思想、舆论引导等诸多功能，能够全面、立体地传达信息。中国共产党始终重视报刊的宣传作用，把"通讯社及报纸"视为"革命政策与革命工作的宣传者组织者"①，通过"报纸的作用和力量"，使得"党的纲领路线，方针政策，工作任务和工作方法，最迅速最广泛地同群众见面"②。在十四年抗战期间，尤其是全面抗战时期，中国共产党出版发行的报刊在质与量两个方面都取得了前所未有的成就，报刊"以通俗的言语解释许多道理给工人群众听，报道工人阶级抗日斗争的实际，总结其经验"，积极宣传党的抗日主张，宣传抗日民族统一战线，把全国抗日救亡运动逐步推向高潮，"为完成自己的任务而努力"③。

第一节 ｜抗日的先声：掀起抗日救亡运动宣传的高潮

1931 年 9 月 18 日夜，根据不平等条约驻扎在中国东北的日本关东军向中国军队驻地北大营和沈阳城发动进攻。19 日，日军占领沈阳，中国十四年的抗战由此开始。面对日本的侵略行径，中国共产党率先举起了抗日的大旗，在协助和组织抗日义勇军开展武装斗争的同时，通过《红旗周报》《斗争》《红色中华》等报刊积极宣传中国共产党的抗日主张，将全国抗日救亡运动逐步推向高潮。

---

① 《通讯社和报纸的宣传应符合党的政策》（1942年10月28日），载中共中央文献研究室编：《毛泽东文集》（第二卷），北京，人民出版社，1993年，第454页。
② 《对晋绥日报编辑人员的谈话》（1948年4月2日），载《毛泽东选集》（第四卷），北京，人民出版社，1991年，第1318页。
③ 《〈中国工人〉发刊词》（1940年2月7日），载《毛泽东选集》（第二卷），北京，人民出版社，1991年，第727～728页。

一、武装起来：反对日本帝国主义强占东三省

当九一八事变的枪声响起时，中共满洲省委宣传部部长赵毅敏敏锐地意识到日本人发动了蓄谋已久的侵略，于是连夜起草了《中共满洲省委为日本帝国主义武装占领满洲宣言》。9月19日，中共满洲省委召开紧急会议，决定以省委的名义发表一个宣言。这与赵毅敏的想法不谋而合，他就提出了自己草拟的宣言。省委经研究修改后，通过了这个宣言①。当天，该宣言由共产党员、青年团员和进步学生在街头热闹的地方散发，或带到学校往同学的书桌里一塞，这样就使基层组织、共产党员和广大群众很快知道了中国共产党的态度。②该宣言直斥日本发动九一八事变的借口"完全是骗人的造谣"，称这一事件的发生是"日本帝国主义者为实现其'大陆政策'、'满蒙政策'所必然采取的行动"，是"国民党军阀投降帝国主义的结果"；号召工农兵劳苦群众"反对帝国主义占据满洲"，"驱逐日本帝国主义与一切帝国主义的海陆空军"。③

有研究者指出，这份宣言的发表，打破了以往党的重要文件发表的程序，是在情势紧急状态下的一个特例，但它使中国共产党牢牢把握住了率先发表抗日宣言的最佳时机，使广大民众在九一八事变发生后第二天就听到了中国共产党的声音。④更为关键的是，该宣言与中共中央随后通过的相关决议和发表的宣言的基本精神相吻合。

9月20日，中共中央发表了《中国共产党为日本帝国主义强暴占领东三省

---

① 赵俊清：《谁写了九一八事变后中共第一篇反日〈宣言〉？》，《党史纵横》，2005年第9期。另有文献记载：9月19日中共满洲省委紧急会议决定，针对日本发动战争强占满洲一事，给中央写一个报告，发表一个总的宣言，通过一个总的决议。其中宣言初稿责成宣传部秘书杨先泽起草，经赵毅敏修改后，由省委常委讨论并最终定稿。参见刘贵田、郭化光、王恩宝：《中共满洲省委史研究》，沈阳，沈阳出版社，2001年，第267页。有学者认为，该宣言的形成有一个时间过程，可能是9月19日由满洲省委研究决定起草，经过后期情况收集整理和修改于20日或更晚些形成并发表的。参见王锐：《九一八事变后中共第一篇抗日宣言形成时间辨疑》，《党史纵横》，2015年第5期。

② 刘贵田、郭化光、王恩宝：《中共满洲省委史研究》，沈阳，沈阳出版社，2001年，第269页。

③《中共满洲省委为日本帝国主义武装占领满洲宣言》(1931年9月19日)，载中央档案馆、辽宁省档案馆、吉林省档案馆、黑龙江省档案馆编：《东北地区革命历史文件汇集》(1931年7月—1932年1月)，1988年印刷，第47~50页。

④ 赵俊清：《谁写了九一八事变后中共第一篇反日〈宣言〉？》，《党史纵横》，2005年第9期。

事件宣言》。该宣言向国人犀利地指出，日本的目的显然是"掠夺中国，压迫中国工农革命，使中国完全变成它的殖民地"；谴责国民党政府的"无抵抗主义与和平镇静的忍耐外交"，是"无耻屈服"；号召全国工农兵劳苦民众"一致反对日本强暴占领东三省"。[①] 同一天，中共中央还以中华苏维埃共和国中央工农革命委员会名义发表了《中华苏维埃共和国中央工农革命委员会宣言》[②]，以中国共产党名义和日本共产党联合发表了《为日本强占东三省宣言》。

中国共产党不仅发表了上述三个宣言，而且在 9 月 20 日和 22 日连续通过了两个决议，分别是《由于工农红军冲破第三次"围剿"及革命危机逐渐成熟而产生的党的紧急任务》和《中央关于日本帝国主义强占满洲事变的决议》。决议认为，此次事变是日本"殖民地政策"之产物，是日本"武装占领整个满洲及东蒙的企图最露骨的表现"；决议分析了日本采取军事侵略政策的国际国内原因，提出党的任务是扩大苏区、巩固和扩大红军、召开苏区工农兵苏维埃全国第一次代表大会，以及警醒、组织、发动群众反抗日本帝国主义的侵略等。[③]

9 月 25 日，中共中央以赣西南省苏维埃政府、闽粤赣省苏维埃政府、湘鄂西省苏维埃政府、鄂豫皖省苏维埃政府、湘东南区苏维埃政府、鄂豫边区苏维埃政府、湘鄂赣区苏维埃政府、晋绥边区苏维埃政府驻沪代表的名义发表了《中国各地苏维埃政府为日本帝国主义强占东三省宣言》，指出"能彻底反对帝国主义，为了打倒帝国主义而斗争的，只有工农兵的苏维埃政府"，呼吁全国工农兵等劳苦民众团结起来，用罢工、罢课、罢操、罢市的方法，坚决地同日

---

① 《中国共产党为日本帝国主义强暴占领东三省事件宣言》（1931年9月20日），载中共中央文献研究室、中央档案馆编：《建党以来重要文献选编（1921—1949）》（第8册），北京，中央文献出版社，2011年，第547～550页。

② 有学者认为，当时中华苏维埃共和国第一次全国代表大会并没有召开，该宣言应是中共中央起草。参见王新生：《试探九一八事变后联共（布）、共产国际的对策及对中国共产党的影响》，载中共中央党史研究室第一研究部编：《抗日战争新论》，北京，中共党史出版社，2016年，第273页。

③ 《由于工农红军冲破第三次"围剿"及革命危机逐渐成熟而产生的党的紧急任务》（1931年9月20日），载中央档案馆编：《中共中央文件选集》（第7册），北京，中共中央党校出版社，1991年，第401～415页。《中央关于日本帝国主义强占满洲事变的决议》（1931年9月22日），载中央档案馆编：《中共中央文件选集》（第7册），北京，中共中央党校出版社，1991年，第416～424页。

本帝国主义做斗争，打倒帝国主义国民党的统治，建立自己的苏维埃政权！ ①

9 月 30 日，中共中央发表了《中国共产党为日帝国主义强占东三省第二次宣言》。中国共产党在该宣言中指出，事变发生两周以来，日本非但没有撤军，反而扩大了占领区，其并吞东三省的野心昭然若揭；宣言严厉指责国民党希望国际联盟、美国来主持"正义"与"公道"，无异于与虎谋皮、引狼入室；宣言再次呼吁全国工农兵学及一切劳苦群众，罢工、罢课、罢操、罢市，反对日本帝国主义。②

九一八事变后，从中共满洲省委打破常规第一时间发表宣言，到中共中央在短时间内连续通过和发表两个决议、五篇宣言，可见中国共产党面对民族危机时反应之迅速。上述中共中央两个决议和五篇宣言，除《由于工农红军冲破第三次"围剿"及革命危机逐渐成熟而产生的党的紧急任务》后来刊载于 11 月 10 日发行的中共中央机关理论刊物《布尔塞维克》第四卷第六期外，余者均载于 10 月 18 日发行的中共中央机关报《红旗

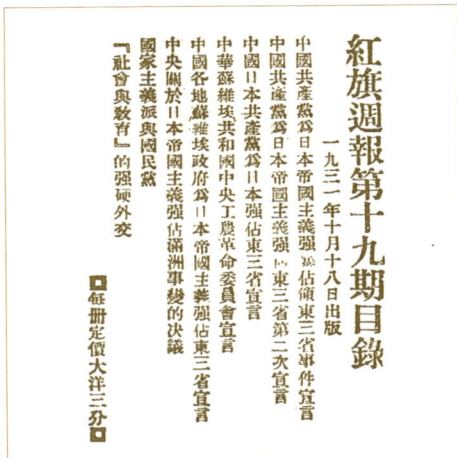

图2-1　《红旗周报》③

周报》第 19 期（见图 2–1），从而使中国共产党的抗日主张得到了有效传播。综上而言，中国共产党在上述决议和宣言中，彻底揭露了日本侵华之阴谋，严厉谴责了国民党政府"无抵抗主义与和平镇静的忍耐外交"，强烈反对依靠国际联盟和美国，真诚呼吁全国民众团结起来，武装反抗日本侵略，将一切帝国主

---

①《中国各地苏维埃政府为日本帝国主义强占东三省宣言》（1931年9月25日），《红旗周报》，1931年第19期，第18～21页。《红旗周报》目录与正文中所载该文件的名称不完全一致，正文中的名称为《中国各地苏维埃政府为日本帝国主义强占东三省告全国民众书》，谨此说明。

②《中国共产党为日帝国主义强占东三省第二次宣言》（1931年9月30日），载中央档案馆编：《中共中央文件选集》（第7册），北京，中共中央党校出版社，1991年，第425～430页。

③《红藏：进步期刊总汇（1915—1949）》，湘潭，湘潭大学出版社，2014年。

义势力驱逐出中国。因此，中国共产党的迅速反应及其旗帜鲜明的抗日主张，借助报刊媒介等的宣传，使其在纷乱复杂的国内外局势中抢占了舆论先机，为赢得民众的广泛支持和拥护奠定了良好基础。

二、对日宣战：声援"一·二八"抗战

1932 年 1 月 18 日，日本驻上海特务机关长田中隆吉指使川岛芳子制造了所谓"日僧事件"，企图进一步挑动中日之间本已严重的对立情绪，并转移国际社会视线，以利日本扶植伪满傀儡政权之成立。川岛芳子，原名爱新觉罗·显玗，汉名金碧辉，清朝末代肃亲王善耆之女，后沦为日本间谍。在日本特务推波助澜之下，中日在上海的军事冲突犹如弦上之箭，已达临界之点。国民党政府为了避免中日冲突，选择了妥协退让。1 月 28 日，上海市长吴铁城答应了日本驻沪总领事村井仓松提出的惩凶、道歉、赔偿、取缔抗日团体四项要求。然而，日军对此不以为然，按计划于当晚向上海发动了进攻；中国守军第十九路军在总指挥蒋光鼐、军长蔡廷锴指挥下奋起抵抗，"一·二八"淞沪抗战由此开始。

当"日僧事件"发生后，中国共产党敏锐地意识到，上海已处于生死关头。因此，1 月 27 日，中共中央发出紧急通知，指示各级党组织在"总同盟罢工反对日本帝国主义占领上海""民众自动武装保卫上海的劳苦群众与革命运动，反对日本帝国主义，反对国民党""反对帝国主义国民党共同压迫革命运动"的口号之下，开展最广大的斗争。[①] 同日，中共中央发表《中国共产党中央委员会为武装保卫中国革命告全国民众》，呼吁全国民众一致团结起来，毫不迟疑地罢工、罢课、罢操、罢岗，组织成立义勇军和纠察队，自动武装起来反对日本帝国主义占领上海，以革命的民族战争争取中国民族的独立解放。[②]

---

① 《中央紧急通知》（1932年1月27日），载中央档案馆编：《中共中央文件选集》（第8册），北京，中共中央党校出版社，1991年，第90～93页。

② 《中国共产党中央委员会为武装保卫中国革命告全国民众》（1932年1月27日），载中央档案馆编：《中共中央文件选集》（第8册），北京，中共中央党校出版社，1991年，第94～95页。

　　1月31日，中共中央发表《中国共产党中央为上海事变第二次宣言》。该宣言指出："日本帝国主义的炮火轰炸着上海，全上海的劳苦群众在日本帝国主义的炮火之下，流血，死亡，伤残，饥饿，冷冻！帝国主义强盗的暴行，国民党军阀及资产阶级的出卖中国，使几百万上海劳苦群众受着非人的残暴与空前的灾难。"宣言指出，挽救中国的唯一道路是共产党所指出的道路，即在无产阶级领导之下，推翻国民党统治，建立民众自己的政权，与日本帝国主义及一切帝国主义进行坚决的革命战争。中国共产党再次呼吁上海的工友们及一切劳苦民众，在无产阶级领导之下组织起来，武装起来，成立义勇军纠察队，举行总同盟罢工，反对日本帝国主义占领上海。①

　　2月2日，中共中央发表《中国共产党关于上海事件的斗争纲领》，除重申上述党的抗日主张与精神外，首次呼吁革命士兵和武装民众联合起来，这表明中国共产党开始重视正与日军激战的第十九路军士兵的工作。② 2月15日，中共中央在致各地方党组织的信中，再次强调当前党的中心任务是，号召与组织反日群众大会，公开成立民众反日会与民众反日联合会，公开领导反日斗争；立即组织义勇军，武装工人、农民与革命学生；掌握抵制日货的领导权，坚决执行抵制日货的工作；在已有军事力量的地方，创立革命军事委员会；在目前的形势下，加紧宣传苏维埃与红军；等等。除此之外，还明确提出利用一切方法争取反日士兵，尤其是第十九路军的士兵，在反日军队中组织士兵反日会或士兵委员会。其方法包括大规模公开地组织慰劳队、看护队、运输队、交通队等接近前线作战的士兵，动员妇女慰劳、看护伤兵等。③ 由此可见，中国共产党此时提出的中心任务，虽然最终落脚点是发展壮大党领导的革命力量，但实际上也有力地配合和支持了第十九路军的抗战。

　　在此背景下，中国共产党加强了报刊宣传力度，从舆论上动员群众，声援第十九路军。如1932年1月31日，中共中央出版发行的《斗争》刊载了负

① 《中国共产党中央为上海事变第二次宣言》（1932年1月31日），载中央档案馆编：《中共中央文件选集》（第8册），北京，中共中央党校出版社，1991年，第96～99页。
② 《中国共产党关于上海事件的斗争纲领》（1932年2月2日），载中央档案馆编：《中共中央文件选集》（第8册），北京，中共中央党校出版社，1991年，第100～102页。
③ 《中央为上海事变给各地党部的信》（1932年2月15日），载中央档案馆编：《中共中央文件选集》（第8册），北京，中共中央党校出版社，1991年，第110～124页。

责编辑该刊和《红旗周报》的张闻天的《大炮声中我们的工作》和《士兵的反日战争与我们的策略》两篇文章，另有两篇署名文章《加紧街头马路上的宣传鼓动工作》和《我们为什么要参加慰劳士兵的工作？》。文章称颂了第十九路军士兵的英勇抗战，认为"不但要在口头上拥护士兵的反日战争，而且要在实际上动员革命的民众去帮助他们"，主张动员群众参加慰劳队，支援第十九路军。①

2月15日，《红旗周报》刊发了《总同盟罢工反对日本军队占领上海》《革命的士兵与民众联合起来》《怎样取得民族革命战争的彻底胜利》等文章。文章认为，第十九路军士兵反日的热情，同日本帝国主义的军队奋勇作战，是值得拥护的；但若要取得民族革命战争的胜利，全国民众还须与革命的士兵联合起来，团结起来，武装起来，建立并坚持苏维埃政权的领导。文章还呼吁上海工人罢工，参加反日的民族革命战争，续写上海工人三次起义的光辉历史。②

2月26日，中共中央通过了关于"一·二八"事变的决议，该决议的主旨内容随后以《革命的民族战争怎样才能够胜利？》为题刊载于3月31日发行的《红旗周报》第31期。中国共产党在决议中认为当前阶段反日战争的胜利，是由于革命士兵的英勇斗争与革命民众的热烈拥护而取得的，但在国民党军阀的领导之下取得民族革命战争的彻底胜利，则完全是幻想。因此，中国共产党主张：第十九路军士兵坚决追击日军到租界内，消灭日军的根据地；组织民众义勇军与游击队，保护自己的革命组织，并参加前线作战；组织士兵委员会，加入民众革命组织；武装的工农兵成立革命军事委员会，领导民族革命战争，没收日本帝国主义的银行、工厂、商店、交通工具、建筑等；召集工农兵及一切劳苦民众的代表会议。③

此后，中共中央又发表了多篇决议、告全国民众书以及致各级党组织指示信等，其内容都遵循了上述各项宣言、决议与纲领的基本精神。中国共产党强调指出，在第十九路军与日军血战期间，愤怒万分的工农红军虽远在苏区，但

---

① 洛甫：《士兵的反日战争与我们的策略》，《斗争》，1932年第2期。
② 《红旗周报》，1932年第30期。
③ 《请看！！！反日战争如何能够得到胜利？》（1932年2月26日），载中央档案馆编：《中共中央文件选集》（第8册），北京，中共中央党校出版社，1991年，第142～145页。

亦准备到上海"联合全中国革命的民众与革命的士兵，与日帝国主义的军队血战到胜利"。尤有进者，1932 年 4 月 21 日，《红色中华》发布了中华苏维埃共和国临时中央政府于 4 月 15 日发表的《对日战争宣言》和《为对日宣战向全世界无产阶级和被压迫民族宣言》。中国共产党在宣言中号召全国工农兵及一切劳苦群众，联合全世界无产阶级和被压迫民族，以民族革命战争驱逐日本帝国主义出中国，以求中华民族彻底的解放和独立。[①] 这不仅表达了中国共产党对第十九路军英勇抗战的坚定支持和声援，而且标志着中国共产党正式宣布对日作战。

对此，有评论认为："中国共产党的抗日主张顺应了广大民众的意愿，指导和推动了民众抗日救亡运动的蓬勃发展，有力地支援了部队抗战，成为十九路军抗日的坚强后盾。"[②] 蒋光鼐等后来回忆时，也肯定了中国共产党对十九路军淞沪抗战的支持与援助，说："淞沪抗战爆发后，中国共产党在上海的地下组织，通过工会、学生会及其他群众组织，展开了对十九路军的热烈支前工作。他们发动各界人民组织义勇军、敢死队、情报队、救护队、担架队、通信队、运输队等等，有的在前线配合作战，有的担任后方勤务的任务，对作战、供应等各方面，起了积极有效的作用。"[③] 中国共产党对"一·二八"淞沪抗战之声援于此可窥一斑，以报刊为媒介的宣传在其中发挥了积极作用。

三、长城告急：关于日本帝国主义侵占山海关、热河和进攻华北的宣言

1932 年 3 月，日本扶植清朝末代皇帝溥仪成立了伪满洲国，并对外宣称其疆域包括辽宁、吉林、黑龙江、热河及蒙古各旗盟等。[④] 4 月 4 日，日本关

---

① 《中华苏维埃共和国临时中央政府宣布对日战争宣言》，《红色中华》，1932 年 4 月 21 日。
② 邓一帆：《论中国共产党对一·二八淞沪抗战的贡献》，《中国纪念馆研究》，2016 年第 2 辑。
③ 蒋光鼐、蔡廷锴、戴戟：《十九路军淞沪抗战回忆》，载中国人民政治协商会议全国委员会文史资料研究委员会编：《文史资料选辑》（第三十七辑），北京，文史资料出版社，1963 年，第 9 页。
④ 《对外通告》（1932 年 3 月 12 日），《伪满洲国政府公报》，1932 年第 1 号。

东军司令部制定了"对热河政策"，把侵略的矛头直指热河以至长城一线。[1] 7月9日，日本陆军大臣荒木贞夫会见由国际联盟派遣赴远东调查九一八事变真相的李顿调查团时强硬地表示，"满洲"之国防，即日本之国防。[2] 荒木之语，实际上是为日军进攻热河进行造势，其侵略热河之野心昭然若揭，只是惮于国际社会之反应，日本暂未采取直接攻势罢了。

1932年10月，关于中日冲突之李顿调查团报告书公之于众，虽然中国对其内容并不十分满意，且多有批评，但世界舆论的天平开始向中国倾斜。12月6日，国联特别大会召开。在大会上，诸弱小国家对日多有责难，主张接受李顿调查团报告书之意见，并由国联宣布不承认伪满洲国。[3] 在这种背景之下，日本侵占山海关、热河之野心更加强烈。1933年1月1日，日军制造事端并借机向山海关发动进攻。1月3日，山海关沦陷。1月21日，日本外务大臣内田康哉在议会发表演说，妄言中国与"满蒙"之界线为长城，热河省属于"满洲国"之一部分毫无疑义。[4] 内田与荒木之言论如出一辙，实际上是向世人宣告，日本不再需要所谓伪装，而是直接扯下了进攻热河的遮羞布。

面对日军攻占山海关，磨刀霍霍又逼向热河，中国共产党及时做出了反应，利用报刊等媒介积极宣传中国共产党的纲领政策和抗日主张。1月7日，中共中央通过了《中央关于日本帝国主义进攻华北的决议》。决议指出："日本帝国主义的炮轰及占领山海关，开始了帝国主义残杀中国民众及瓜分中国的新阶段。"日本的目标是占领整个华北，并巩固其在东北及整个华北的统治，将东北及华北变成"进攻苏联的根据地"。为此，中共中央提出党的基本任务是：在苏区，巩固和扩大苏维埃区域，加强红军并反击国民党的进攻，加强反帝运动中的无产阶级领导权；在国民党区域，动员群众，开展一切形式的群众的反帝斗争，组织吸引并提高他们到反对日本及一切帝国主义的民族解放的革命战

① 《对热河政策》（1932年4月4日），载复旦大学历史系编译：《日本帝国主义对外侵略史料选编（1931—1945）》，上海，上海人民出版社，1983年，第139～140页。
② "Conversation with General Araki", July 9, 1932: Geneva, League of Nations and United Nations Archives, S29.
③ 《国联大会于紧张中开幕，颜代表痛斥日本侵略暴行，一切国际约章为日本破坏无余，中国因解决延缓所受损失惨巨，颜氏向大会正式提出四项要求》，《中央日报》，1932年12月7日。
④ 《内田荒木之演说及其反响》，《国闻周报》，1933年第5期。

争中去。同时还指出了下列紧急任务：一是广大的群众的宣传鼓动，指出日本进攻华北的严重及其意义等；二是加强在工人中的活动，不失时机地号召与进行反日总同盟罢工；三是动员工人及劳苦群众组织反日义勇军或参加东北与热河的义勇军；四是加强在白军部队中的工作，建立士兵委员会，自动进行反日战争；五是广大地进行拥护红军苏维埃运动等。①

同一天，中共中央、共青团中央发表了《为日本帝国主义占领山海关和进攻华北告全国民众书》。该宣言向人们指出了日本占领山海关和侵入热河的严重危害，揭露了英法美等列强纵容日本侵略的阴谋，批判了国民党屠杀反日群众、出卖民族利益的政策，号召全国民众联合起来，建立群众的统一战线，进行民族革命战争，反对日本帝国主义。②1933年1月28日，《红旗周报》临时附刊全文刊登了该宣言。

1月17日，中共驻共产国际代表团以中华苏维埃共和国临时中央政府主席毛泽东，副主席项英、张国焘和中国工农红军革命军事委员会主席朱德的名义发表了《中华苏维埃临时中央政府、中国工农红军革命军事委员会宣言》。③该宣言随后刊载于1月28日出版的《红色中华》第48期。中国共产党在宣言中表示，为反对日本帝国主义侵入华北，愿在以下三个条件下与全国任何武装部队订立停战协定："（一）立即停止进攻苏维埃区域，（二）立即保证民众的民主权利（集会、结社、言论、罢工、出版之自由等），（三）立即武装民众创立武装的义勇军，以保卫中国及争取中国的独立统一与领土的完整。"④有评论认为，该宣言的发表，标志着中国共产党开始突破下层统一战线的框框，有了向建立

①《中央关于日本帝国主义进攻华北的决议》（1933年1月7日），载中央档案馆编：《中共中央文件选集》（第9册），北京，中共中央党校出版社，1991年，第1～5页。
②《中共中央、共青团中央为日本帝国主义占领山海关和进攻华北告全国民众书》（1933年1月7日），载中央档案馆编：《中共中央文件选集》（第9册），北京，中共中央党校出版社，1991年，第6～11页。
③中共中央党史和文献研究院编：《毛泽东年谱》（第一卷），北京，中央文献出版社，2023年，第391页。
④《中华苏维埃临时中央政府、中国工农红军革命军事委员会宣言》（1933年1月17日），载中共中央文献研究室、中央档案馆编：《建党以来重要文献选编（1921—1949）》（第10册），北京，中央文献出版社，2011年，第28页。

抗日反蒋统一战线转变的萌芽。①

　　1月26日，中共中央发表了《中央给满洲各级党部及全体党员的信》。中共中央在该信中分析了日本侵占中国东北后的一般状况、东北反日游击运动的性质和前途，提出党在东北的战斗任务之一是有策略地建立最宽广的反帝统一战线，并指出党政治上、组织上的巩固和发展是东北群众斗争胜利的保障。②当这封信刊载于6月10日在上海出版发行的《斗争》时，中共中央针对国民党政府与日本签订屈辱的《塘沽协定》，在该信末尾又加了一段话，说此时公布该信是必要的，希望一切组织，尤其是华北党组织，"把信中所指出的任务与策略适宜的应用于目前各地实际斗争环境中，去组织与开展反日反帝反国民党的斗争"③。这表明中共中央的上述指示对象并不仅仅限于东北地区的党组织，而且还包括了其他地区的党组织，尤其是华北地区，因为当时在日本的侵略步骤中首当其冲的是华北。

　　其实，早在1932年12月日军蠢蠢欲动之时，中共河北省委曾发出紧急通知称，日军的种种异动表明，其目标不只是为了吞并热河，不只是为了企图消灭义勇军，而且是为了武力侵占平津与整个华北，直接镇压中国革命，进一步吞并内蒙古，进攻外蒙古与苏联。中共河北省委提出，当前的紧急任务是"用总同盟罢工和民族革命战争反对日本帝国主义新的进攻"，具体工作包括：组织反日罢工，扩大反帝运动，加紧兵士工作，拥护苏联运动，加紧创造新苏区与红军，反对国民党的白色恐怖，吸收成千成万的工农兵加入共产党等。④因为中共河北省委已经有前期工作，所以当日军攻占山海关后，根据中共中央上述决议、宣言与指示精神，中共河北省委于1933年1月15日通过《关于目前河北战争形势与党的紧急任务的决议》。决议指出，日军攻占山海关扩大了中

① 郭德宏编：《王明年谱》，北京，社会科学文献出版社，2014年，第244页。
② 《中央给满洲各级党部及全体党员的信》（1933年1月26日），载中央档案馆编：《中共中央文件选集》（第9册），北京，中共中央党校出版社，1991年，第21～44页。
③ 《中央给满洲各级党部及全体党员的信》（1933年1月26日），载中央档案馆编：《中共中央文件选集》（第9册），北京，中共中央党校出版社，1991年，第44～45页。
④ 《河北省委为反对日本帝国主义进攻平津的紧急通知》（1932年12月15日），载中央档案馆、河北省档案馆编：《河北革命历史文件汇集》（甲第10册），1997年，第401～410页。

国民族革命战争的浪潮，在这一形势下，河北党的中心任务是加紧动员群众、组织群众、武装群众开展反日反帝运动，组织反日总同盟政治罢工，扩大领导并坚持民族革命战争，保卫平津与河北，建立新的工农红军与苏维埃政权。①

2月23日，日军向热河发动全面进攻。3月3日，日军进至承德附近。4日，日军先头分队骑兵第八联队128人不费一枪一弹占领承德。至21日日军占领兴隆时止，热河除热西少数地区外，全境沦于敌手。②此时，日军已兵抵长城一线，长城抗战由此爆发。面对如此局势，中共中央、共青团中央于3月3日发表了《为日本帝国主义进攻热河与华北告全国工农劳苦群众书》。中国共产党重申，只有实现了中华苏维埃共和国临时中央政府所提出的与全国任何武装部队订立停战协定的三个条件，才能有效地抵抗日本帝国主义。③该宣言随后刊载于3月5日《斗争》第三十五期。

该期《斗争》同时还发表了《热河大丰失守与华北危急中的反帝运动》一文，该文向各级党组织特别是江苏党组织提议：第一，动员全体支部、工会及其他群众组织，在各工厂、学校、机关召集援救热河及华北的群众大会。在大会上要求南京政府立即派遣百分之八十的军队和全数飞机北上抗日。第二，在各处组织热河及华北后援会，并开始征收援救热河及华北的民众义勇军的运动，动员群众要求政府发给武装，北上抗日。第三，动员群众特别是铁路和轮船工人反对派兵南下，主张挥师北上。第四，根据中央此次宣言，努力在广大群众面前揭破英法美等帝国主义和国民党之假面具，指出中国面临的空前危机及应有的准备。第五，执行中央关于加强反帝工作和"一·二六"指示信中所提出来的一切任务。④

4月21日，当中国军队在长城防线与日军激战正酣时，《斗争》第四十期

---

① 《河北省委关于目前河北战争形势与党的紧急任务的决议》（1933年1月15日），载中央档案馆、河北省档案馆编：《河北革命历史文件汇集》（甲第11册），1997年，第1～20页。
② 步平、王建朗主编：《中国抗日战争史》（第1卷），北京，社会科学文献出版社，2019年，第182～183页。
③ 《中共中央、共青团中央为日本帝国主义进攻热河与华北告全国工农劳苦群众书》（1933年3月3日），载中央档案馆编：《中共中央文件选集》（第9册），北京，中共中央党校出版社，1991年，第99页。
④ 《热河大丰失守与华北危急中的反帝运动》，上海，《斗争》，1933年第35期。

刊登了 4 月 15 日中国共产党发表的《中华苏维埃共和国临时中央政府、中国工农红军革命军事委员会宣言》。宣言指出，日本帝国主义的继续进攻，使中国被完全瓜分的危险空前增长，整个民族危机进一步加深，因此中国共产党不得不再作一次宣言。中国共产党重申了 1 月 17 日宣言，愿在三个条件下与任何武装队伍订立停战协定、共同抗日，号召一切劳动者与士兵在广大的群众中、军队中以及义勇军中加紧工作，使他们接受中国共产党的民族革命政策。[①]

然而，中国共产党的上述主张并没有立即得到国民党方面的积极回应，相反国民党政府却再次与日本妥协，于 5 月 31 日签订了《塘沽协定》，导致华北门户大开，便利了日本对华北的进一步侵略。5 月 25 日，中国共产党连续发表了紧急通知和告全国民众书，揭露国民党在中日秘密谈判中出卖平津、出卖华北，号召全党和全国民众团结武装起来反对日本反对帝国主义反对国民党。[②] 5 月 31 日，《斗争》第四十三期刊载了该紧急通知和告全国民众书。6 月 4 日，《红色中华》刊登了 5 月 30 日中国共产党发表的《中华苏维埃共和国中央政府为反对国民党出卖平津华北宣言》。该宣言指出，《塘沽协定》的签订，表明以蒋介石为罪魁的国民党南京政府，把平津、华北出卖给日本帝国主义了，其"一面抵抗一面交涉"的实质暴露无遗；而中国共产党一再提议，愿在三个条件之下订立停战协定，以反对日本的侵略，得到的却是国民党对苏区更大规模的进攻；两相对照，谁抗日，谁卖国，一目了然。中华苏维埃共和国中央政府号召全国民众，反对国民党出卖中国，为争取中华民族的独立解放而战斗。[③]

综上所述，中国共产党认为，日军攻占山海关、热河，进攻长城中国防

① 《中华苏维埃共和国临时中央政府、中国工农红军革命军事委员会宣言》（1933年4月15日），载中共中央文献研究室、中央档案馆编：《建党以来重要文献选编（1921—1949）》（第10册），北京，中共中央党校出版社，1991年，第163～166页。
② 《中共中央、共青团中央为反对国民党出卖华北平津告民众书》（1933年5月25日），载中央档案馆编：《中共中央文件选集》（第8册），北京，中共中央党校出版社，1991年，第603～607页。《中共中央紧急通知——关于中日秘密谈判与国民党出卖平津及华北的问题》（1933年5月25日），载中共中央文献研究室、中央档案馆编：《建党以来重要文献选编（1921—1949）》（第10册），北京，中央文献出版社，2011年，第214～216页。
③ 《中华苏维埃共和国中央政府为反对国民党出卖平津华北宣言》（1933年5月30日），载中共中央文献研究室、中央档案馆编：《建党以来重要文献选编（1921—1949）》（第10册），北京，中央文献出版社，2011年，第250～252页。

线，以图华北，实际上是九一八事变、"一·二八"事变之继续。面对日趋严重的民族危机，中国共产党没有等闲视之，而是积极组织、动员民众开展各种形式的抗日斗争，中国共产党通过报刊等媒介连续发表的决议、宣言、指示等即是其抗日决心之表征。在此期间，中国共产党存在一定程度的"左"倾思想，难免出现一些不合时宜的口号等，但中国共产党提出与一切武装队伍订立停战协定的三项条件，及其下层统一战线等主张，实际上预示着中国共产党政策的转变已处于萌芽状态。

四、华北危机："一二·九"运动的发动与宣传

1935 年，日本加大了对华北的侵略，前后策划制造了一系列事件，如察东事件、河北事件、张北事件等，迫使国民党政府不断地妥协退让。随后，日本积极策动"华北自治运动"，妄图使冀、察、绥、鲁、晋五省脱离中国，制造第二个伪满洲国。同年 11 月，国民政府实施币制改革，规定自 11 月 4 日起，以中央、中国、交通三银行所发行之钞票定为法币，所有完粮、纳税及一切公私款项之收付，概以法币为限，不得使用现金，违者全数没收，以防白银之偷漏。[①] 有评论认为："币制改革一定程度上削弱了日本对华北经济的渗透，对伪满洲国经济起到孤立作用。"[②] 因此，日本反对之声最为强烈，日本军部甚至认为这是对日本的公开挑战，日本或许要"被迫采取适当步骤"。[③] 在此背景下，日本不但策动汉奸暴动占领香河县城，唆使汉奸殷汝耕宣布成立傀儡政权"冀东防共自治政府"，而且不断向第二十九军军长宋哲元施加压力，迫其宣布"自治"。12 月，国民党政府被迫宣布成立"冀察政务委员会"，任命宋哲元为委员长。国民党政府虽没有使日本之阴谋完全得逞，但"冀察政务委员会"的

---

① 《财政部关于施行法币布告》（1935年11月3日），载中国第二历史档案馆编：《中华民国史档案资料汇编》（第五辑第一编），《财政经济》（四），南京，江苏古籍出版社，1994年，第314页。

② 步平、王建朗主编：《中国抗日战争史》（第1卷），北京，社会科学文献出版社，2019年，第182～183页。

③ [美] 阿瑟·恩·杨格：《一九二七至一九三七年中国财政经济情况》，陈泽、陈霞飞译，北京，中国社会科学出版社，1981年，第276页。

成立，客观上造成了华北政权的特殊化。[①]

面对空前的民族危机，中共中央于1935年11月13日发表了《为日本帝国主义并吞华北及蒋介石出卖华北出卖中国宣言》。该宣言指出，中国现在正处于亡国灭种的紧急关头，抗日反蒋是全国民众救国图存的唯一出路；宣言呼吁一切抗日反蒋的中国人民与武装队伍，无论党派、信仰、性别、职业、年龄，联合起来，为打倒日本帝国主义与蒋介石国民党而战，一切斗争方式，无论罢工、罢课、罢市、罢岗、农民暴动、士兵哗变、群众示威游行、游击战争，以至任何武装部队的反蒋战争，都应用来反对日本帝国主义与蒋介石。[②]

与此同时，曾在1934年遭国民党破坏而元气大伤的中共河北省委逐渐得到了恢复和发展。1935年春夏之交，中共河北省委特派员李常青到北平，建立了由彭涛等组成的中共北平临时工作委员会，加强了北平党组织的工作。[③]同年夏秋，黄河决口，水灾造成冀鲁两省无数灾民流落北平街头。中国共产党为救济灾民，团结教育青年，在学生中发起了黄河水灾赈济运动，成立了北平大中学校学生黄河水灾赈济联合会。[④]通过这次活动，中国共产党广泛地团结了群众，为党领导的"一二·九"运动打下了群众基础。[⑤]

这时，共产国际第七次代表大会的文件和《中国苏维埃政府、中国共产党中央为抗日救国告全体同胞书》（即《八一宣言》）陆续传到了国内，中共北平临时工委的彭涛、周小舟等看到后，觉得这些文件精神正符合广大学生群众的要求。于是，他们决定发动一次群众运动，提出抗日救国的要求。在此背景下，中共北平临时工委抓住时机，于11月18日在黄河水灾赈济会活动的基础

① 步平、王建朗主编：《中国抗日战争史》（第1卷），北京，社会科学文献出版社，2019年，第343页。

② 《中国共产党中央委员会为日本帝国主义并吞华北及蒋介石出卖华北出卖中国宣言》（1935年11月13日），载中央档案馆编：《中共中央文件选集》（第10册），北京，中共中央党校出版社，1991年，第572～576页。

③ 中共河北省委党史研究室：《中国共产党河北历史（1919—1949）》（第一卷），石家庄，河北人民出版社，2021年，第268页。

④ 中共中央党校党史研究班：《一二九运动史要》，北京，中共中央党校出版社，1986年，第13页。

⑤ 宋黎：《中国学生革命运动的来潮——回忆"一二·九"运动》，沈阳，辽宁人民出版社，1981年，第4～5页。

上，成立了北平学生联合会。①北平学联的成立，使"一二·九"运动的发动有了统一的组织领导机关。

12月9日，即"冀察政务委员会"原定成立的日子，在中国共产党领导下，北平大中学校学生走上街头，"一二·九"运动由此爆发。激于民族义愤的学生们高呼"打倒日本帝国主义""停止内战，一致对外""反对华北自治"等口号，受到广大市民的热烈拥护。②清华大学救国会在告全国民众书中悲愤地写道："华北之大，已经安放不得一张平静的书桌了！"他们呼吁全国民众联合起来，组织起来，实行武装自卫，"要以血肉和头颅换取我们的自由！"③

由北平爱国学生率先发起的"一二·九"运动，迅速席卷全国。12月中旬至月底，天津、上海、南京、武汉、开封、杭州、广州、西安、济南等全国各地爱国学生，为响应和声援北平"一二·九"运动，先后都举行了抗日救国的请愿示威游行。④在此期间，为了把运动引向深入，中共中央通过共青团中央于12月20日发表了《为抗日救国告全国各校学生和各界青年同胞宣言》，号召青年学生扩大抗日救国运动，巩固各地各校学生联合会，组织全国统一的学生救国会，并呼吁各界青年在抗日救国的义旗之下联合起来，为抗日救国自由而战，为打倒"华北自治"而战。⑤这样，在中国共产党的领导和组织下，经历了运动洗礼和教育的广大青年学生开始由自发转变为自觉斗争，从而使"一二·九"运动演变为了长期的抗日救亡运动，克服了过去历次学生运动一哄而起、一哄而散的缺点，全国抗日救亡运动也因此迎来了高潮时刻。⑥

---

① 中共中央党校党史研究班：《一二九运动史要》，北京，中共中央党校出版社，1986年，第13页。
② 中共中央党校党史研究班：《一二九运动史要》，北京，中共中央党校出版社，1986年，第21～25页。
③《清华大学救国会告全国民众书》(1935年12月9日)，《一二九运动资料》(第一辑)，北京，人民出版社，1981年，第97～99页。
④ 清华大学中共党史教研组《一二九运动史》编写组编：《一二九运动史》，北京，北京出版社，1980年，第82页。
⑤《中国共产主义青年团中央委员会为抗日救国告全国各校学生和各界青年同胞宣言》(1935年12月20日)，载中央档案馆编：《中共中央文件选集》(第10册)，北京，中共中央党校出版社，1991年，第803～805页。
⑥ 清华大学中共党史教研组《一二九运动史》编写组编：《一二九运动史》，北京，北京出版社，1980年，第60页。

12月25日，中共中央北方局发表了《为建立人民一致抗日反汉奸的统一阵线给全体华北人民信》。该信指出，中华民族危机已经到了最严重的紧急关头，只有全民族一致抗日才是唯一解救民族危机之良剂；呼吁华北民众建立抗日民族统一战线，反对内战，反对华北自治，驱逐日本强盗出华北，恢复东北四省失地等。[①] 该信后来刊于中共中央北方局机关报《火线》第51期，该刊同期还发表了《论平津学生之抗日反国民党汉奸斗争与平津党的任务》《为援助平津学生反对国民党——汉奸政府镇压抗日运动宣言》等，这些内容与"一二·九"运动遥相呼应，有力地声援了"一二·九"运动，同时宣传了中国共产党的抗日主张。

图2-2 红中社（现新华社）出版印刷的《红色中华》

对于全国各地此起彼伏的"一二·九"运动浪潮，中国共产党在中华苏维埃共和国的中央政府机关报《红色中华》（见图2-2）上及时给予了连续宣传报道，扩大了"一二·九"运动的影响。如1935年12月16日《红色中华》以《北平学生举行大示威》为题报道了12月9日北平学生示威游行的情况。[②] 12月21日，该报刊载了博古就"一二·九"运动发表的谈话，他说："此次平津沪粤各地十数万学生举行的壮烈的罢课示威游行，完全是日本帝国主义侵入中国本土，蒋介石无耻卖国所激起的中国人民救国图存的爱国运动。""他们这种英勇斗争充分表现了我大中华民族不可灭亡的精神，苏维埃政府对于这些为民族的独立自由而斗争的英雄深深表示无限的同情与敬意。"博古表示："苏维埃政府准备用一切方法给各地的爱国学生以精神的、物质的、实力的

---

① 《为建立人民一致抗日反汉奸的统一阵线给全体华北人民信》（1935年12月25日），《火线》，1935年第51期。
② 《北平学生举行大示威》，《红色中华》，1935年12月16日。

援助。"① 此外，该期《红色中华》还发表了《澎湃发展着的白区学生的反日斗争》等报道。12月26日，该报以《蒋介石严厉镇压反日斗争，京沪汉实行大戒严》报道国民党政府对"一二·九"运动的镇压，并称"冀察大小学全部提前放假，一切反日行动完全禁止"。② 1936年1月6日，《红色中华》又分别报道了北平学生反对国民党当局提前放假的措施、平津学生深入民间向广大民众宣传抗日救国的行动等。③

1938年12月，"一二·九"运动三周年之际，中国共产党发表了多篇文章以示纪念。如12月10日《新中华报》发表了《"一二·九"三周年纪念》一文，该文指出"一二·九"运动使日寇吞并华北的阴谋暴露于中国广大人民面前并粉碎了它，使抗日民族统一战线成为了广大群众的要求并逐步发展起来，把群众运动推进到了团结一致对日的阶段。④《新华日报》于12月9日发表社论，歌颂了"一二·九"运动为维护国家的统一和领土完整做出的贡献，勉励青年学生努力充实抗战知识，学习救亡理论与实际军事知识和技能，使校内的读书生活与校外的救亡活动配合起来，使自己所学知识和技能为抗战服务等。⑤

1939年12月9日，"一二·九"运动四周年纪念日，根据12月16日《新中华报》的报道，这一天中国共产党在延安开展了丰富多彩的活动：全市各学校放假一日；上午，举行座谈会，邀请亲历者讲述北平、天津、上海、武汉等全国各地"一二·九"运动情形；晚上，在中央大礼堂召开纪念大会，中共中央领导人毛泽东、王明、王稼祥等出席大会并发表讲话。⑥ 毛泽东在讲话中肯定了"一二·九"运动的伟大意义，他说："'一二·九'运动是动员全民族抗战的运动，它准备了抗战的思想，准备了抗战的人心，准备了抗战的干部。"因此，毛泽东断言："'一二·九'运动将成为中国历史上的一个非常重要的纪

① 《中华苏维埃人民共和国中央政府西北办事处主席博古同志谈白区学生的反日斗争》，《红色中华》，1935年12月21日。
② 《蒋介石严厉镇压反日斗争，京沪汉实行大戒严》，《红色中华》，1935年12月26日。
③ 《北平学生反对提前放假》，《红色中华》，1936年1月6日；《平津学生实行到民间去》，《红色中华》，1936年1月6日。
④ 《"一二·九"三周年纪念》，《新中华报》，1938年12月10日。
⑤ 《勖青年们前进！》，《新华日报》，1938年12月9日。
⑥ 《本市热烈纪念"一二九"，中共中央领导同志亲莅参加》，《新中华报》，1939年12月16日。

念。"① 诚哉斯言，时至今日，中国共产党每年在"一二·九"运动纪念日都会开展各种纪念活动，"一二·九"运动的精神实已深深嵌入全国民众之心灵。

第二节 | 团结抗战：抗日民族统一战线政策的宣传

抗日战争是在中国共产党倡导建立的抗日民族统一战线的旗帜下，全国各族人民共同反抗日本军国主义侵略的伟大民族解放战争。习近平总书记曾指出："全民族抗战是中国人民抗日战争胜利的重要法宝。"② 所以，中国共产党在这场波澜壮阔的民族解放战争中，团结一切可以团结的力量，反对顽固派的妥协、分裂、倒退，始终高举抗日民族统一战线的旗帜，最终领导中国人民赢得了抗日战争的伟大胜利。对此，中国共产党通过《新中华报》《解放日报》《新华日报》《八路军军政杂志》等报刊，以抗日民族统一战线为中心进行了不懈的宣传。

一、"停止内战，一致抗日"：抗日民族统一战线策略的制定和初步宣传

1935 年 8 月 1 日，中国共产党驻共产国际代表团草拟了《中国苏维埃政府、中国共产党中央为抗日救国告全体同胞书》（即《八一宣言》），10 月 1 日正式以中华苏维埃共和国中央政府和中国共产党中央委员会的名义在法国巴黎出版的《救国报》上发表。该宣言指出："抗日则生，不抗日则死，抗日救国，已成为每个同胞的神圣天职！"呼吁各党派、各界同胞、各军队真诚觉悟，停

---

① 《一二九运动的伟大意义》（1939年12月9日），载中共中央文献研究室、中央档案馆编：《建党以来重要文献选编（1921—1949）》（第16册），北京，中央文献出版社，2011年，第788页。
② 习近平：《在纪念中国人民抗日战争暨世界反法西斯战争胜利69周年座谈会上的讲话》（2014年9月3日），《人民日报》，2014年9月4日。

止内战，恳切号召他们："与苏维埃政府和东北各地抗日政府一起组织全中国统一的国防政府；与红军和东北人民革命军及各种反日义勇军一块组织全中国统一的抗日联军。"①

1935年11月28日，中共中央以中华苏维埃共和国中央政府主席毛泽东、中国工农红军革命军事委员会主席朱德的名义，发表了与《八一宣言》内容基本相同的《中华苏维埃共和国中央政府、中国工农红军革命军事委员会抗日救国宣言》。② 1935年12月中共中央政治局在瓦窑堡召开会议，会议提出："党的策略路线，是在发动、团聚与组织全中国全民族一切革命力量去反对当前主要的敌人：日本帝国主义与卖国贼头子蒋介石。"③ 标志着中国共产党最广泛的抗日民族统一战线政策的确立。

作为中华苏维埃共和国中央政府机关报的《红色中华》立即对中国共产党统一战线政策的变化做出了反应。1935年12月1日，《红色中华》在头版以横幅的形式表达对毛泽东、朱德宣言的拥护与支持，其标语为："拥护中央政府和中革军委的抗日救国宣言，全中国的民众联合起来驱逐日本帝国主义出中国，打倒卖国贼蒋介石！"④ 由此可见，中国共产党这时的统一战线政策主要是"反蒋抗日"，中国共产党对统一战线政策的宣传亦以此为核心。如西北中央局曾决定在1936年1月28日举行"反蒋抗日"示威，其目的是动员和检阅苏区反蒋抗日的力量，影响和推动邻近国民党军队的反日反蒋斗争。西北中央局要求："每人做到宣传，每个识字的人都写一条抗日反蒋的大标语。"⑤

在中共中央抗日民族统一战线政策的指导下，中国共产党加强了对东北军张学良部、西北军杨虎城部的统战宣传。1936年1月25日，毛泽东等以红军

---

① 《中国苏维埃政府、中国共产党中央为抗日救国告全体同胞书》（1935年8月1日），载中央档案馆编：《中共中央文件选集》（第10册），北京，中共中央党校出版社，1991年，第518～525页。

② 《中华苏维埃共和国中央政府、中国工农红军革命军事委员会抗日救国宣言》（1935年11月28日），载中央档案馆编：《中共中央文件选集》（第10册），北京，中共中央党校出版社，1991年，第580～582页。

③ 《中央关于目前政治形势与党的任务决议》（1935年12月25日），载中央档案馆编：《中共中央文件选集》（第10册），北京，中共中央党校出版社，1991年，第604页。

④ 《红色中华》，1935年12月1日。

⑤ 《西北中央局决定一二八举行抗日反蒋示威》，《红色中华》，1936年1月9日。

的名义致书张学良及东北军全体将士，表示："中国苏维埃政府与工农红军是愿意与任何抗日的武装队伍联合起来，组织国防政府与抗日联军，去同日本帝国主义直接作战的。我们愿意首先同东北军来共同实现这一主张，为全中国人民抗日的先锋。"① 1936年3月1日，中国共产党以中国人民红军抗日先锋军名义发布布告，呼吁停止一切内战，一致对日，同时宣称："一切爱国志士，革命仁人，不分新旧，不分派员，不分出身，凡属同情于反抗日本帝国主义者，本军均愿与之联合，共同进行民族革命之伟大事业。"②

1936年6月，中共中央作出了《关于东北军工作的指导原则》，中共中央认为争取东北军的方法，主要是依靠耐心的说服与解释的政治工作，从政治上争取东北军到抗日战线上来。同时中共中央强调，在东北军中的统一战线须上层的与下层的同时并进。其中对于东北军上层的统战可以采取各种各样的成文的与不成文的方式，如互不侵犯、互相通知、互相协商等。对于东北军下层的统战同样采取各种各样的形式，但区别于上层之统战，如互不打枪，或枪口朝天放等。为了加强对东北军的统一战线宣传，中共中央还提出："凡是东北军驻扎的地区，争取东北军工作，就是那里的党的中心工作。"中共中央要求，党支部须动员所有当地群众，包括妇女、儿童、游击队、赤少队等向东北军做统一战线宣传工作。宣传鼓动形式亦是多种多样，如发传单、写标语、喊话、写信等。③ 中国共产党为争取东北军，共同建立抗日民族统一战线而做出的努力，由此可窥一斑。事实上，这些原则不仅仅适用于东北军，于当时在陕西地区的杨虎城之第十七路军同样适用。在中国共产党的努力宣传之下，从1936年上半年开始，红军同东北军、第十七路军之间，实际上停止了敌对状态，这是中国共产党的抗日民族统一战线策略在西北地区首先取得的一个胜利。④

① 《红军为愿意同东北军联合抗日致东北军全体将士书》（1936年1月25日），载中央档案馆编：《中共中央文件选集》（第11册），北京，中共中央党校出版社，1991年，第7页。
② 《中国人民红军抗日先锋军布告》（1936年3月1日），载中央档案馆编：《中共中央文件选集》（第11册），北京，中共中央党校出版社，1991年，第9页。
③ 《中央关于东北军工作的指导原则》（1936年6月20日），载中央档案馆编：《中共中央文件选集》（第11册），北京，中共中央党校出版社，1991年，第30～42页。
④ 中共中央党史研究室：《中国共产党历史 第一卷（1921—1949）》（上册），北京，中共党史出版社，2011年，第422页。

　　在西北地区各派政治力量大联合逐渐形成的情况下，中国共产党也着眼于全国性抗日民族统一战线的建立，为此中国共产党调整了反蒋抗日的方针。1936 年 9 月 1 日，中共中央关于逼蒋抗日问题作出指示，认为目前中国的主要敌人是日本帝国主义，把蒋介石与日本帝国主义同等看待是错误的，反蒋抗日的口号也是不适当的。因此，中共中央提出党的总方针应是逼蒋抗日，中心口号是"停止内战，一致抗日"。同时为了扩大宣传，中共中央在指示中还说："关于建议'国共合作'的宣言，下次交通即带上，到时广为翻印，分发南京及各省党政军学商工农各界。"① 中国共产党由反蒋抗日转变为逼蒋抗日，且不断加强关于抗日民族统一战线的宣传，这些均为后来西安事变的和平解决做了铺垫。

　　1936 年 12 月 1 日，毛泽东、朱德等联名致信蒋介石，呼吁蒋介石"化敌为友，共同抗日"。同日，中国共产党中央委员会、中华苏维埃中央政府发表了关于绥远抗战的通电，同样呼吁停止内战，一致抗日。后来，该书信与通电分别以《停止内战，挽救危亡》《扩大救亡阵线，加强抗日力量》为题载于《红色中华》。② 这是中国共产党关于抗日民族统一战线政策之再一次的宣传，为中国共产党争取建立广泛的抗日民族统一战线创造了舆论影响。

　　西安事变是国共关系的一次重要转折，也是中国共产党宣传抗日民族统一战线的最佳时机。中共中央认为，西安事变的发展有两个前途：或是引起内战爆发，或是使全国的抗日民族统一战线迅速地实际建立起来。为避免内战，促进抗日民族统一战线的建立，中共中央提出了和平解决西安事变的基本方针。③ 在这一方针的指导下，中国共产党积极协调各方，最终使西安事变得到和平解决。事后，《红色中华》连续发表社论，要求蒋介石履行其承诺，呼吁全国人民"以最大的努力继续为停止内战，国共合作一致抗日而奋斗"。④

---

① 《中央关于逼蒋抗日问题的指示》（1936 年 9 月 1 日），载中央档案馆编：《中共中央文件选集》（第 11 册），北京，中共中央党校出版社，1991 年，第 89～91 页。

② 《红色中华》，1936 年 12 月 8 日。

③ 《中央关于西安事变及我们的任务的指示》（1936 年 12 月 19 日），载中央档案馆编：《中共中央文件选集》（第 11 册），北京，中共中央党校出版社，1991 年，第 126～128 页。

④ 《要求蒋介石履行其允诺！》，《红色中华》，1936 年 12 月 28 日；《为和平为停止内战而奋斗》，《红色中华》1937 年 1 月 16 日。

1937 年中共中央在给中国国民党五届三中全会的电文中，提出了停止内战一致对外、释放一切政治犯、召集各党各派各界各军的代表会议、迅速完成对日抗战之一切准备工作及改善人民生活等五项条件，要求将其定为国策。在此基础上，中共中央作出了以下四项保证：

（一）在全国范围内停止推翻国民政府之武装暴动方针；

（二）苏维埃政府改名为中华民国特区政府，红军改名为国民革命军，直接受南京中央政府与军事委员会之指导；

（三）在特区政府区域内实施普选的彻底的民主制度；

（四）停止没收地主土地之政策，坚决执行抗日民族统一战线之共同纲领。[1]

之后，关于抗日民族统一战线之宣传，中共中央要求按照上述致国民党五届三中全会之电文内容进行，同时又强调全党同志须彻底了解中央改变土地革命路线、政策的原因与目的，这并非对过去"一贯执行的苏维埃政权与土地革命的路线"的否定，而是中央从团结全国抗日救亡的历史任务出发，从实现中华民主共和国的口号出发而作出的重大转变。[2] 在此背景下，有人创作了《抗日军队要做什么事》的诗歌，简洁明了地概括了中国共产党的基本政策，即一要打日本，二要打汉奸，三要反内战，四要爱护老百姓，五要组织老百姓，六要找朋友，七要讲团结。[3] 该文还备注说明此歌可用锄头歌、陕北送大哥、孟姜女送寒衣等调唱，从而有效地宣传了中国共产党领导的抗日民族统一战线政策。

此外，中国共产党利用纪念"一·二八"事变 5 周年之际，大力宣传抗日民族统一战线，如《红色中华》在 1937 年 1 月 25 日刊发了《"一·二八"五周年》《今年的"一·二八"——供宣传之用》《上海停战协定》《十九路军英勇抗战记》等文章，并同时刊登了《一·二八纪念歌》歌词与曲谱，及以

---

[1]《中共中央给中国国民党三中全会电》（1937 年 2 月 10 日），载中央档案馆编：《中共中央文件选集》（第 11 册），北京，中共中央党校出版社，1991 年，第 157～158 页。

[2]《中央关于西安事变和平解决之意义及中央致国民党三中全会电宣传解释大纲》（1937 年 2 月 15 日），载中央档案馆编：《中共中央文件选集》（第 11 册），北京，中共中央党校出版社，1991 年，第 159～161 页。

[3]《抗日军队要做什么事——为抗日联军作》，《红色中华》，"红中副刊"，1937 年第 4 期。

"一·二八"事变为主题反映抗日民族统一战线的 6 幅漫画等。① 1 月 30 日，《红色中华》报道说：1 月 28 日，延安地区举行了纪念"一·二八"事变群众示威大会，抗日标语贴满了延安城内外，会场的歌声口号声震彻云霄，毛泽东、朱德发表了讲话，之后举行群众游行，其盛况空前。②

在抗日民族统一战线思想的指导下，中国共产党也积极发动群众，甚至当面做民团的工作，以吸收其为抗日事业之用。如志丹县旦八寨子民团队长周子俊，经中国共产党教育，说明日寇的凶恶与中华民族的危急，以及整个革命的形势和党的策略主张后，痛快地表示愿贡献自己的一切，誓做抗日的一分子。③1937 年 3 月 9 日，《新中华报》对此进行了报道。这一事例说明中国共产党关于抗日民族统一战线政策宣传的成效，团结了一切可团结的力量共同努力于抗日事业。

1937 年抗日战争全面爆发后，中国共产党将争取以国共合作为基础的抗日民族统一战线的建立作为当务之急。7 月 13 日，周恩来、博古、林伯渠到达庐山，向蒋介石提交了《中共中央为公布国共合作宣言》。7 月 17 日，周恩来等与蒋介石、邵力子、张冲会谈时，向蒋建议以《中共中央为公布国共合作宣言》为国共两党合作的政治基础。④ 在中国共产党的努力下，9 月 22 日，国民党中央通讯社发表了《中共中央为公布国共合作宣言》；次日，蒋介石发表谈话，事实上承认了中国共产党在全国的合法地位。国共合作宣言和蒋介石谈话的发表，标志着以国共两党第二次合作为基础的抗日民族统一战线的正式形成。

由以上观之，中国共产党从提出抗日民族统一战线主张到最终形成，始终以民族国家利益为重，不断调整自身主张以适应国内外局势的变化。而在这一过程中，中国共产党以报刊为媒介为宣传抗日民族统一战线做出了极大努力，称其为抗日民族统一战线实际的主张者与组织者，亦是恰如其分的评价。抗日

---

① 《红色中华》，1937 年 1 月 25 日。
② 《延安城"一二八"纪念会盛况空前，到会群众均带武装，抗日领袖莅场讲演》，《红色中华》，1937 年 1 月 30 日。
③ 《我明白了》，《新中华报》，1937 年 3 月 9 日。
④ 中共中央文献研究室编：《周恩来年谱（1898—1949）》（上卷），北京，中央文献出版社，2007 年，第 379 页。

民族统一战线形成后，中国共产党一如既往地宣传抗日民族统一战线，除由各报刊坚持宣传外，1939年4月解放社出版了《抗日民族统一战线指南》等书籍，这都有利于人们进一步了解中国共产党领导的抗日民族统一战线政策。

二、"同室操戈，相煎何急"：抗战、团结、进步方针的宣传

抗日民族统一战线正式形成后，国共两党度过了一段蜜月期，在合作抗日方面取得了一定成绩。然而，1938年10月抗战进入战略相持阶段后，随着日本调整对华战略与国民党正面战场压力相对减小，中国共产党及其领导的敌后抗日根据地的发展，引起了向来视中国共产党为"切肤之痛"的国民党的警觉。1939年1月5—6日，蒋介石在日记中连续写下"注意共党"的字句，甚至称"目前急患不在敌寇，而在共党到处发展"。[1] 1月16日，蒋介石又称："共党发展甚速，其势已浸日涸。"[2] 1月17日，蒋介石在日记中再次写道："共党发展与暴烈。"[3] 由此可见，蒋介石对于中国共产党的发展关注之切。国民党中央执行委员会秘书处随即拟定了《限制异党活动办法》，该办法认为共产党控制下之陕北形同铁桶，"不但外人不易轻入，即入内亦难立足，更无论有所活动"，因此国民党提出："本党目前防制异党活动之方，亦唯有采取此种坚强之办法，方能奏效，盖即所谓以组织对付组织之意义。"根据是项原则，国民党制定了积极方面10项办法与消极方面13项办法。[4] 在这之后，国民党相继挑起了三次反共高潮。

面对国民党的挑衅及其制造的摩擦，中国共产党一方面从军事上给予国民

---

[1] 《蒋介石日记》（1939年1月5日、6日），载抗战历史文献研究会编：《蒋中正日记·1939年》，第7页。本书所引蒋介石日记皆源于此，并以吕芳上主编：《蒋中正先生年谱长编》（台北"国史馆"等，2015年）为佐证，特此说明。

[2] 《蒋介石日记》（1939年1月16日），载抗战历史文献研究会编：《蒋中正日记·1939年》，第11页。

[3] 《蒋介石日记》（1939年1月17日），载抗战历史文献研究会编：《蒋中正日记·1939年》，第12页。

[4] 《中国国民党中执会秘书处密订"防制异党活动办法"电》（1939年4月），载中国第二历史档案馆编：《中华民国史档案资料汇编》（第五辑第二编），政治（二），南京，江苏古籍出版社，1998年，第21～24页。

党顽固势力有力的还击，另一方面从报刊舆论上积极宣传抗日民族统一战线，揭露反动势力的阴谋。1939 年 7 月 7 日全面抗战爆发两周年之际，中共中央在《新中华报》上发表了对时局宣言。在宣言中，中共中央披露了汉奸汪精卫之流，以及暗藏于抗战阵营中的投降妥协分子，对中国共产党、八路军、新四军与陕甘宁边区的造谣、诬蔑、攻击和陷害，呼吁人们不信谣不传谣不造谣，并提出了三大原则：坚持抗战到底——反对中途妥协，巩固国内团结——反对内部分裂，力求全国进步——反对向后倒退。[①]

1939 年 12 月，国民党军第九十七师先后攻占边区政府所属宁县、镇原等，大有进攻延安之势，此即陇东事件。对于此一事件，中国共产党从舆论上展开反击，先后发布多则通电并刊登于《新中华报》等报刊上。其中，朱德、彭德怀等通电全国，历数国民党自 3 月以来所制造的种种摩擦，尤其是对陕甘宁边区的攻击。朱德等指出："陕甘宁边区二十三县，尚是二十五年十二月西安事变和平解决后蒋委员长早已承认之区域。"然国民党军却袭占边区县镇，朱德等质问道："共产党几曾越过二十三县以外之寸土尺地乎？"朱德等希望："蒋委员长国民政府维护法纪于上，全国党政军领袖与各界人士主持公道于下，痛国亡之无日，念团结之重要，执行国家法纪，惩办肇事祸首，取缔反共邪说，明令取消防制异党活动办法及处理共党实施方案，制止军事行动，勿使局部事件日益扩大。"[②]八路军后方留守处主任萧劲光于 12 月 24 日致电程潜、朱绍良，陈述陇东事件事实，并特意说明："据闻一切行动均系根据新颁'处理共产党实施方案'，下级不过照此方案执行而已。"[③]通过以上通电，中国共产党既将国共冲突之责任委诸国民党，赢得了国内社会舆论的同情，又将国民党高层与下级官兵区分开来，有利于继续做好下层官兵的统战工作。12 月 30 日，萧劲光再电程潜，提出解决陇东事件的办法，萧劲光再三强调："劲光留守后方，恪遵

---

① 《中国共产党中央委员会为抗战两周年纪念对时局宣言》（1939 年 7 月 7 日），载中央档案馆编：《中共中央文件选集》（第 12 册），北京，中共中央党校出版社，1991 年，第 138～143 页。
② 《朱彭总副司令等通电全国反对枪口对内进攻边区》，《新中华报》，1939 年 12 月 30 日。
③ 《肖主任再电程主任朱长官，说明陇东事件真象要求严令制止》，《新中华报》，1939 年 12 月 30 日。

二十三县范围，兢兢业业戒饬所属，未尝逾越寸土尺地。"①

对于国民党在其他地区制造的摩擦，中国共产党也予以揭露。如《新中华报》刊文揭露 1939 年 9 月国民党军程汝怀部进攻新四军，遭其惨杀伤亡近百人的事实。②该报还就阎锡山部在山西制造的矛盾及其对决死队、八路军攻击进行了披露。③

1940 年 1 月，在高宗武、陶希圣将"日汪密约"公之于众后，《新中华报》连续发文揭露与批判汪精卫的卖国行径，此类报道有：《汪逆与南北伪政府于青岛举行汉奸会议，图与南北傀儡妥协成立伪中央政府，并发表荒谬谈话》《高宗武陶希圣等泄露汪逆卖国阴谋，汪逆内部分裂高等已离沪他去》④《反对汪逆精卫的卖国密约》《汪逆精卫与敌寇签订卖国秘密条约，敌寇汉奸阴谋总暴露》⑤《汪逆卖国密约暴露后，各方纷纷声讨》《延安民众讨汪拥蒋大会通电》《万众振臂怒吼中举行了延安民众讨逆拥蒋大会，中共领导同志到会讲话，一致通过讨汪拥蒋通电》⑥。同时，《新中华报》还刊发了蒋介石的《为〈日汪密约〉告全国军民书》《为〈日汪协定〉告友邦人士书》。⑦

在 1940 年 2 月 1 日延安民众讨汪大会上，毛泽东发表了《相持阶段中的形势与任务》的讲话，他既声讨了汪精卫的卖国行径，又揭露了国民党顽固派制造的摩擦与惨案，如平江惨案、确山惨案等，将对二者的批判有效地结合了起来。毛泽东强调："我们今天开会还要向全党全国表明一种态度，这就是在抗日第一下面，我们要高呼团结也是第一，进步也是第一。"⑧2 月 3 日，《新中华报》在报道延安民众讨汪大会详情的同时，也全文刊登了毛泽东的这篇讲话。

① 《肖主任再电程主任，陈明解决陇东事件办法，公平处理应以撤兵为先否则无以示诚意，钟专员为历次肇祸之主谋应予撤职严惩》，《新中华报》，1940 年 1 月 6 日。
② 《顽固份子程汝怀部向新四军进攻，遭其惨杀伤亡近百人》，《新中华报》，1940 年 1 月 20 日。
③ 《山西顽固份子阴谋破坏抗日部队，暂编第一师发表声明，揭露冀聘之叛变真象》，《新中华报》，1940 年 1 月 20 日。《陈长捷王靖国公开降敌卖国，配合敌人进攻抗日部队》，《新中华报》1940 年 1 月 24 日。
④ 《新中华报》，1940 年 1 月 12 日。
⑤ 《新中华报》，1940 年 1 月 27 日。
⑥ 《新中华报》，1940 年 1 月 31 日，1940 年 2 月 3 日，1940 年 2 月 3 日。
⑦ 《新中华报》，1940 年 1 月 27 日，1940 年 1 月 31 日。
⑧ 毛泽东：《相持阶段中的形势与任务》，《新中华报》，1940 年 2 月 3 日。

由此而言，中国共产党将自己坚持抗日民族统一战线的主张传至四面八方，赢得了社会各界的拥护。

在反摩擦、反投降的宣传斗争中，毛泽东、周恩来等中国共产党人做了许多探索性的工作，其中毛泽东为最。他一方面为了回答"中国向何处去"的问题，先后在《共产党人》《中国文化》《解放》等报刊上发表了《〈共产党人〉发刊词》《中国革命和中国共产党》《新民主主义论》等著作，从理论上论述了新旧三民主义的区别及其与共产主义的关系，阐明了中国共产党的理论和纲领；[1]另一方面为总结打退国民党顽固派第一次反共高潮的经验教训，先后写了《目前抗日统一战线中的策略问题》《放手发展抗日力量，抵抗反共顽固派的进攻》《论政策》等，全面阐述了中国共产党在抗日民族统一战线中的策略方针和各项基本政策。[2]通过这些著作，毛泽东既从理论上回击了反共派对中国共产党的诬蔑之词，廓清了人们对于中国革命道路的模糊认识，坚定了人们对共产主义道路的信仰；又从实践上说明了中国共产党的抗日民族统一战线政策，指导了人们在舆论上给予敌顽的有力反击，团结了社会各阶层共同战斗。

1941年1月，国民党顽固派制造了震惊中外的"皖南事变"，掀起了第二次反共高潮。针对国民党顽固派的进攻，中国共产党首先于1月13日以朱德、彭德怀、叶挺、项英的名义发表通电，表示强烈抗议。[3]1月15日，刘少奇致电中共中央，建议："以在全国主要的实行政治上全面大反攻，但在军事上除个别地区外，以暂时不实行反攻为妥。"中共中央接受了刘少奇的意见，确定了"政治上取全面攻势，军事上取守势"的方针。[4]1月18日，中共中央关于皖南事变作出指示，决定："在各抗日根据地内经过刊物，报纸，会议，群众大会，对于国民党亲日派顽固派同谋歼灭皖南新四军的行动，提出严重抗议。""在宣传鼓动工作中应无情地揭破国民党当局自抗战以来对人民，对革命

① 中共中央党史研究室：《中国共产党历史 第一卷（1921—1949）》（下册），北京，中共党史出版社，2011年，第552页。

② 中共中央党史研究室：《中国共产党历史 第一卷（1921—1949）》（下册），北京，中共党史出版社，2011年，第556～557页。

③《朱彭叶项抗议皖南包围通电》，《新中华报》，1941年1月16日。

④ 中共中央文献研究室编：《刘少奇年谱》，北京，中央文献出版社，1996年，第326页。

分子则肆意压迫与屠杀，对日寇、汉奸则消极应付与宽容，有功者罚，有罪者赏等一切倒行逆施的黑暗的反动的方面，指出只有改革政治机构，实行民主，才能使抗战坚持到最后胜利。"①

为了落实中共中央关于皖南事变的指示与"政治上取全面攻势，军事上取守势"的方针，中国共产党从政治上、舆论上向国民党顽固派展开了反击宣传。《新中华报》自1941年1月19日始，至1月29日止，连续四期以头版整版的篇幅刊发了社论《抗议无法无天之罪行》及《中共中央发言人对皖南事变发表谈话》《中国共产党中央革命军事委员会发表命令与谈话》《新四军将领就职通电》《新四军将领声讨亲日派通电》等。② 1月31日，《新中华报》再发社论《拥护新四军将领声讨亲日派》，并配发揭露亲日派之于新四军种种压迫、残害的历史与现状，如《亲日派卖国罪状，配合敌人消灭抗日国军，图肃清投降道路觍颜事敌》《闽赣浙亲日派捕杀新四军留守人员》《亲日派"剿共"军摧残压迫江南新四军》等。③ 1941年1月25日出版的《八路军军政杂志》亦将上述有关通电予以转载。

在揭露国民党顽固派反共阴谋并给予还击方面，周恩来及其领导的中共南方局做了大量工作。1月12日，周恩来发动在渝的工作人员向国民党元老和抗战派、国共以外各党派、文化界、外交界和新闻界揭发何应钦、白崇禧的反共阴谋。④ 14日，周恩来、叶剑英同苏联驻华使馆武官崔可夫商谈，崔可夫说国民党如继续内战，他有权暂停援华军火于途中。⑤ 在此期间，周恩来指示新华日报社撰写关于皖南事变真相的报道和抗议国民党制造皖南事变的社论；指示八路军重庆办事处和新华日报社编印揭发皖南事变真相的传单；动员外国记者将相关材料分别带往香港、南洋和美国发表，并安排王炳南、王安娜、龚澎等

---

① 《中央关于皖南事变的指示》（1941年1月18日），载中央档案馆编：《中共中央文件选集》（第13册），北京，中共中央党校出版社，1991年，第9～10页。
② 《新中华报》，1941年1月19日、23日、26日、29日。
③ 《新中华报》，1941年1月31日。
④ 中共中央文献研究室编：《周恩来年谱（1898—1949）》（下卷），北京，中央文献出版社，2007年，第495页。
⑤ 中共中央文献研究室编：《周恩来年谱（1898—1949）》（下卷），北京，中央文献出版社，2007年，第496页。

访问所认识的外国记者和外交官，告以国民党袭击新四军事件；向英国驻华大使阿奇博尔德·克拉克·卡尔揭露国民党顽固派的阴谋等。[①]《新华日报》原定1月18日刊发的关于揭露皖南事变真相的报道与社论被国民党当局扣押后，周恩来当即于17日晚题写了"为江南死国难者志哀""千古奇冤，江南一叶；同室操戈，相煎何急？！"的题词，登在被扣稿件的位置上，对国民党顽固派的反动行径进行了有力的声讨。[②] 1月18日清晨《新华日报》到达读者手中，并出现在重庆大街小巷的阅报墙上，报纸销量从平时的1000份猛增到5000份。[③]

由于中国共产党采取了正确的斗争策略，从而获得了国内外舆论的同情，赢取了反击国民党顽固派的主动权。《新中华报》自2月2日起连续刊登了中外各党派各界人士谴责皖南事变的言论，如：《秦桧用十二道金牌召害岳飞，港国民党某要人痛语》《中外各界人士纷纷议论皖南聚歼新四军之罪行》《国母宋庆龄先生等致电国民党中央，要求停止剿共部署，发展抗日实力》《华侨同胞的正义呼声》《国内外对皖南事变的反响，英美舆论纷纷指责中国政府失策，国内外同胞一致痛愤亲日派阴谋罪行》等。[④]

在香港，保卫中国同盟于1月19日晚开会，八路军驻香港办事处负责人廖承志报告了皖南事变情况，并宣布延安抗议报告，引起全体人士同情激愤。香港英国政府医务署署长司徒永觉奋起提议，立即电告伦敦援华委员会。新西兰记者贝特兰提出马上电告斯诺，同时向英美公布。[⑤]之后，廖承志等人与香港各方面人员接谈，向其说明中国共产党的方针政策，并了解其对于皖南事变之态度，从而使中国共产党赢得了华侨与国际社会的同情和支持，为中国共产党击退国民党顽固势力的进攻提供了舆论支撑。

① 中共中央文献研究室编：《周恩来年谱（1898—1949）》（下卷），北京，中央文献出版社，2007年，第497页。
② 《新华日报》，1941年1月18日，第二、三版。载中共中央党史研究室：《中国共产党历史第一卷（1921—1949）》（下册），北京，中共党史出版社，2011年，第574～575页。
③ 中共中央文献研究室编：《周恩来年谱（1898—1949）》（下卷），北京，中央文献出版社，2007年，第498页。
④ 《新中华报》，1941年2月2日，1941年2月6日，1941年2月9日，1941年2月20日，1941年2月23日。
⑤ 《香港各界对皖南事变的反映》，载《廖承志文集》编辑办公室：《廖承志文集》（上），香港，三联书店（香港）有限公司，1990年，第74页。

在皖南事变期间，陕甘宁边区政府召开了县长联席会议，边区政府主席林伯渠就把握抗日民族统一战线的政策等问题作了讲话。在讲话中，林伯渠解释了统一战线中的各种政策，包括政权组织、劳动、土地、财政、工业、农业、商业、文化教育8个方面等。①这对于人们进一步了解中国共产党领导的抗日民族统一战线政策具有积极意义，配合了中国共产党关于"坚持抗战、反对投降，坚持团结、反对分裂，坚持进步、反对倒退"方针的宣传斗争。

宣传斗争在打退国民党顽固派第二次反共高潮中起了重要作用，这为中国共产党打退国民党顽固派的第三次反共高潮提供了宝贵的经验。1943年5月，共产国际宣布解散，国民党顽固派天真地以为这是"对共党镇服良机"，开始调动军队向陕甘宁边区周围集结，企图攻击延安。②在这种形势之下，朱德于7月4日和6日分别致电胡宗南、蒋介石等，抗议其调动大军意图进攻陕甘宁边区的阴谋，要求制止内战，呼吁和平。7月8日，《解放日报》（见图2-3）不仅将此二电登载发布，而且将国民党军队调动部署的详细情况一起公之于众。③同日，毛泽东在为中共中央书记处起草的致各中央局、中央分局电报中指出："中央决定发动宣传反击，同时准备军事力量粉碎其可能的进攻。""各地应响应延安的宣传，在七月内先后动员当地舆论，并召集民众会议，通过要求国民政府制止内战、惩办挑拨内战分子之通电，发来新华总社，以便广播，

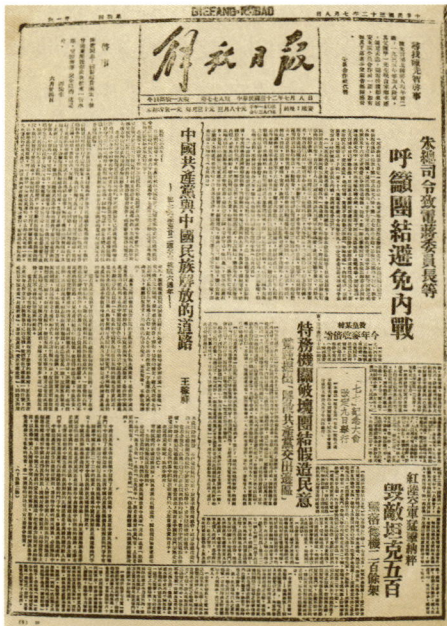

图2-3 《解放日报》，1943年7月8日

---

① 林伯渠：《把握统一战线的政策》，《新中华报》，1941年3月2日。
② 《军委关于蒋介石进攻边区的军事部署的情况通报》（1943年7月4日），载中央档案馆编：《中共中央文件选集》（第14册），北京，中共中央党校出版社，1992年，第62页。
③ 《朱总司令致电蒋委员长等，呼吁团结避免内战》，《解放日报》，1943年7月8日。

造成压倒反动气焰之热潮，并援助陕甘宁边区之自卫战争。其宣传方针，根据延安民众大会通电之内容与口号。"① 由此中共中央决定了从舆论宣传上击退国民党军进攻的方针，一场强大的舆论宣传战拉开了帷幕。

7月9日，延安民众举行纪念抗战全面爆发6周年大会，大会发出呼吁团结、反对内战的通电。通电揭露了国民党军队一个月以来积极准备进攻陕甘宁边区和中央社发出破坏团结抗战的反动言论。通电要求蒋介石等立即撤退包围边区的国民党军队，避免内战，严惩挑拨内战的反共特务分子和通敌叛国的汉奸。② 同一天，毛泽东致电董必武、周子健，要求用全部精力，将揭露国民党当局反共和准备进攻陕甘宁边区的各种文电材料，密印分发社会各界，并强调说："此种宣传品散发愈普遍则愈于我方有利。"③

7月9日至18日，《解放日报》连续发表社论《起来！制止内战！挽救危亡！》《全体人民动员起来，把敢于进攻边区的反动派打出去！》《质问国民党》《根绝国内的法西斯宣传》《再接再厉消灭内战危机》。④ 同时，《解放日报》刊发了八路军后方留守处主任萧劲光致边区周围国民党各将领电、博古的《在毛泽东的旗帜下，为保卫中国共产党而战！》。⑤ 接着，在各地民众、各团体发出声援陕甘宁边区、谴责内战之后，《解放日报》又连续刊登了此类消息，如《一二〇师全体将士呼吁制止亲日派祸国阴谋》《关中万余河南灾胞呼吁全国制止内战》《反对反动派进攻边区，晋西北民情愤激》《晋察冀边区各界制止内战挽救危亡通电》《陇东关中民众通电反对进攻边区，誓以全力捍卫乡土》《声援陕甘宁边区，晋察冀举行万人大会，国民党联办处主任郭飞天反对内战》《国民党元老续范亭先生通电全国制止内战，反对进攻边区以免亡国惨祸》《太行分区

---

① 中共中央党史和文献研究院编：《毛泽东年谱》（第二卷），北京，中央文献出版社，2023年，第453页。

② 中共中央党史和文献研究院编：《毛泽东年谱》（第二卷），北京，中央文献出版社，2023年，第453页。

③ 中共中央党史和文献研究院编：《毛泽东年谱》（第二卷），北京，中央文献出版社，2023年，第453～454页。

④《解放日报》，1943年7月9日、11日、12日、14日、18日。

⑤《解放日报》，1943年7月9日、13日。

干部动员大会，为保卫党而牺牲一切，邓小平同志痛斥国民党反动派阴谋》《太行士绅义愤填膺，痛斥日寇第五纵队，誓为陕甘宁边区后盾坚持抗战到底》《太行二万军民大示威，要求严惩特务分子，一致紧急动员支援陕甘宁边区》《陕甘宁边区抗敌救国联合会为反对内战保卫边区告边区父老兄弟姊妹书》等。①

为配合反击国民党军队进攻边区，文艺工作者也动员起来了，他们创作了各种作品以反对内战，主张和平，誓言保卫延安。如艾青的《起来，保卫边区！》、萧三的《消灭臭虫——中国式的法西斯蒂！》、焕南的《反对内战》、荒煤的《给进攻者以打击》、何其芳的《全中国的人民都反对进攻边区》等，还有吉元创作的版画《准备自卫的吴家枣园》等。②

在舆论的强大压力之下，蒋介石于7月10日不得不下令停止行动，一场迫在眉睫的内战因此而避免了。这场反击国民党顽固派第三次反共高潮的胜利，是中国共产党维护抗日民族统一战线的胜利，是中国共产党舆论宣传战的胜利，它亦成为中国共产党宣传史上的经典之作。正如毛泽东在7月13日致彭德怀电报中称："我宣传闪击已收效，不但七日外国记者，纷纷质问张道藩，而且引起英美苏各大使开会，根据朱致蒋胡电警告蒋不得发动内战否则停止援助，更因延安紧急动员，使蒋介石害怕，不得不改变计划。……此次蒋之阴谋迅速破产是我抓紧时机，捉住反对内战、反对侮辱共产党两个要点，出其不意给以打击。"③

此后，中国共产党针对国民党顽固派的反共活动，通过社论、时评等方式及时向公众予以揭露，使国民党顽固派不敢轻举妄动，坚持了抗日民族统一战线，为赢得抗日战争的全面胜利创造了条件。

---

① 《解放日报》，1943年7月14日、15日、16日，7月16日、17日，7月18日，7月18日、19日，7月20日。

② 《解放日报》，1943年7月16日、18日、28日。

③ 《国民党第三次反共高潮迅速破产的原因》（1943年7月13日），载中央统战部、中央档案馆编：《中共中央抗日民族统一战线文件选编》（下册），北京，中国档案出版社，1986年，第657页。

三、反战、分化与瓦解：对日伪军的宣传战

毛泽东曾说："我们的胜利不但是依靠我军的作战，而且依靠敌军的瓦解。"[①] 在《〈八路军军政杂志〉发刊词》中，毛泽东也称争取敌伪军的工作是八路军政治工作三个主要方向之一。[②] 因此，反日伪宣传是中国共产党宣传工作中的重要一环。中国共产党对日伪的宣传工作大致可分为两个时期：一是草创时期，自八路军开入华北至 1938 年底；二是正规化和普遍化时期，自 1939 年至 1945 年。[③]

在草创时期，因八路军刚刚开赴华北，准备仓促，加上其对日军缺乏了解，语言不通等，导致最初的宣传效果不佳。这正如毛泽东在《论持久战》中分析的那样："日本军队的长处，不但在其武器，还在其官兵的教养——其组织性，其因过去没有打过败仗而形成的自信心，其对天皇和对鬼神的迷信，其骄慢自尊，其对中国人的轻视等等特点；这是日本军阀多年的武断教育和日本的民族习惯造成的。我军对之杀伤甚多、俘虏甚少的现象，主要原因在此。这一点，过去许多人是估计不足的。"[④]

平型关大捷后，中国共产党总结经验教训，对敌工作由此而逐步展开。这时期中国共产党对日伪宣传工作主要围绕以下几方面进行：第一，中国共产党在八路军、新四军及地方各级党组织中设立敌军工作部门。1937 年 10 月八路军在野战政治部之下设立了敌工部，专门负责对敌工作，八路军所属各师随后相继在政治部之下成立了敌工部。1937 年底至 1938 年初，各旅敌工科先后成立；1938 年夏季前后，团以下均成立了敌工组织。[⑤] 新四军在 1938 年 8 月正式

---

① 《和英国记者贝特兰的谈话》（1937年10月25日），《毛泽东选集》（第二卷），北京，人民出版社，1991年，第379页。

② 《〈八路军军政杂志〉发刊词》（1939年1月2日），载中共中央文献研究室编：《毛泽东文集》（第二卷），北京，人民出版社，1993年，第141页。

③ 文化教育研究会编：《敌我在宣传战线上》，文化教育研究会，1941年，第210～222页。该书因出版时间较早，故它将中国共产党对敌伪宣传的第二阶段，即正规化和普遍化时期的下限设定在1940年。笔者在参考这一划分的同时，将第二阶段的下限扩展至1945年。

④ 《论持久战》（1938年5月），载《毛泽东选集》（第二卷），北京，人民出版社，1991年，第503页。

⑤ 文化教育研究会编：《敌我在宣传战线上》，文化教育研究会，1941年，第211页。

成立了敌后工作部。① 第二，敌工干部的训练。至 1938 年底，八路军全军开办了 20 次训练班，训练干部 600 人以上。训练课程一般是：日语、敌军工作、部队政治工作、军事常识等，其中以日语为主。第三，在部队中开展敌军工作的教育，提高一般干部和战士对敌军工作的认识。第四，在部队中开展日语口号的学习。第五，在民众中进行反日伪宣传，着重揭露日军的罪恶，并结合驳斥日伪的反宣传开展。②

与此同时，对伪军的宣传工作也开始建立起来。1937 年 11 月，八路军野战政治部发出《对伪军满军工作的指示电》，提出了争取伪满军工作的总方针与具体的步骤。1938 年 4 月，以朱德、彭德怀、傅钟的名义，致电各兵团指示对伪满军宣传要点。1938 年 5 月，野战政治部又电令，敌军工作在策略上以争取伪军工作为中心。至此，对伪军的宣传工作正式确立。③

但从总体来说，此时中国共产党对日伪的宣传工作还不成熟，正如 1938 年 3 月 22 日毛泽东和刘少奇在致八路军总部、各师和北方局等并转各省委、特委的电报中指出的那样：在华北对瓦解敌军的宣传工作异常不够，许多地区看不见一句向敌军进行宣传的标语口号。为在政治上瓦解敌军，教育群众，影响友军，各部队、各地党部及群众团体应用中、蒙、日三种文字大量书写对日军及伪蒙军进行宣传的标语口号和材料。④ 但在 1939 年以后，中国共产党对日伪的宣传逐渐实现了正规化和普遍化，主要表现在以下几个方面：

第一，日益重视对日伪的宣传工作。在抗日战争进入战略相持阶段后，八路军、新四军与日伪军进行军事斗争的同时，相继开展了争取日伪工作的竞赛，彰显了中国共产党对日伪宣传工作的重视。如晋察冀军区于 1938 年底、1939 年初的"反扫荡"作战中，开展了两个月的敌军工作竞赛。晋察冀军区、一二○师还召集了敌军工作会议，对反日伪宣传工作加以鼓动与布置。⑤ 此外，

---

① 王庭岳：《在华日人反战运动史略》，郑州，河南人民出版社，1989 年，第 44 页。
② 文化教育研究会编：《敌我在宣传战线上》，文化教育研究会，1941 年，第 211～215 页。
③ 文化教育研究会编：《敌我在宣传战线上》，文化教育研究会，1941 年，第 216 页。
④ 中共中央党史和文献研究院编：《毛泽东年谱》（第二卷），北京，中央文献出版社，2023 年，第 59～60 页。
⑤ 文化教育研究会编：《敌我在宣传战线上》，文化教育研究会，1941 年，第 217～218 页。

中国共产党在《新中华报》《解放日报》《新华日报》《八路军军政杂志》等刊物上经常刊发致日军士兵书、日军俘虏或脱离法西斯阵营的日本人的事迹等，从而达到宣传并感化日军士兵的目的。

　　更为重要的是，中共中央、中央军委、八路军总政治部等连续作出指示，强调对日伪宣传工作的意义，并明确了对日伪宣传工作的目的与方针。如 1940 年 4 月，中共中央作出《关于瓦解敌军工作的指示》，该指示认为，对敌工作是决定抗战胜利和引起日本革命的重要条件之一，须以最大的毅力与坚持性来进行这个工作。因此，中共中央要求各级组织必须健全军队中的敌军工作部和地方党的敌伪军工作委员会，收集敌人的各种文件以资研究，执行党的俘虏政策，并决定对日本俘虏中少数进步分子进行教育，以培养出日本的革命者。[①] 八路军总政治部在《十二号训令》中规定了对敌宣传的基本方针，其近期目的在于："应当是用各种办法，削弱与减低日军的战斗力，使日兵对中国军民不作盲目的仇视，以感情上的接近逐渐引导到政治上的接近。"长远目的是在日军中建立反侵略的统一战线。[②] 中央军委总政部副主任谭政也指出，对敌军工作的目的在于："削弱和摧毁日本法西斯军队的战斗力，涣散他的组织，消失他的顽强性，用以配合我们军事上的抗击，取得战争的最后胜利。"[③] 以上这些凸显了中国共产党对日伪宣传工作的重视，也标志着中国共产党对日伪宣传工作走上了正轨。

　　第二，教育群众广泛开展对日伪的宣传工作。在抗战前期因痛恨日军的残暴，曾发生过群众打死日军俘虏的事情，引起中国共产党的高度重视。此后，中国共产党加强了对群众的教育，其主要做法有：（1）以通俗读物、漫画、戏曲等形式进行宣传教育。如晋东南曾出版了《老百姓怎样瓦解敌伪军》。一一五师某团经常在驻军附近村庄出壁报，一半漫画，一半文字，说明瓦解敌军的方法。（2）利用民众集会与标语，向民众说明对敌工作的意义和办法。（3）召开群众大会，让俘虏现身说法，消除群众对他们的成见。如 1938 年晋东南八路军

---

① 《中央关于瓦解敌军工作的指示》（1940 年 4 月 6 日），中央档案馆编：《中共中央文件选集》（第 12 册），北京，中共中央党校出版社，1991 年，第 358～359 页。

② 文化教育研究会编：《敌我在宣传战线上》，文化教育研究会，1941 年，第 220 页。

③ 谭政：《论敌军工作的目的与方针》，《八路军军政杂志》，1939 年 9 月第 9 期。

粉碎敌人九路围攻以后，在一村庄群众大会上，日军俘虏高桥登台解释说自己也是农民，从军是被迫的，从而消除了群众对高桥等人的抵触情绪。[1]

因此，1938年底以后，地方敌军工作在部队帮助下逐渐开展起来。各边区、专署、县区一般设有敌工委员会，早期由部队领导，后归属地方党组织领导。部分政府机关、群众团体、地方武装等亦设有敌军科（股）或敌工组，农村里则是小村设敌工小组，在编村设中心敌工小组，中心小组领导小村小组。[2]

第三，吸收进步的日本俘虏与团结日本进步人士开展反战宣传。在中国共产党的教育下，1939年1月，原日军士兵杉木一夫、小林武夫、冈田义雄志愿加入八路军。[3]同年11月，杉木一夫等人在山西辽县（今左权县）成立了在华日人"觉醒联盟"。觉醒联盟的宗旨是："呼吁广大日军士兵觉醒，起来反对非正义的侵略战争，反对作日本军阀、财阀的炮灰，反对日本侵略中国，揭露日本法西斯破坏和平与侵略中国的本质和罪恶。学习马列主义，学习中国共产党和八路军的宝贵革命经验，研究日本革命问题。号召中日两国人民团结起来，共同打倒日本帝国主义。"[4]随着队伍的日益壮大，觉醒联盟相继又成立了太岳、太行、冀南、冀鲁豫、山东等支部。他们通过战场喊话、书写日语壁报标语、创办《觉醒》杂志等，向日军展开宣传，取得了很大成绩。

1940年3月，日本共产党中央委员、日共驻共产国际代表冈野进（本名野坂参三）由苏联来到延安。从此，在华日本人民的反战斗争在接受中国共产党指导的基础上，纳入了日本共产党的领导之下。[5]1940年7月，日本反战人士森健、高山进、市川春夫等3人组织成立了在华日人反战同盟延安支部。[6]之后，又相继成立了反战同盟冀中支部、晋察冀支部、晋西北支部、山东支部、苏中支部、苏北支部等。[7]这些在华日人反战同盟组织活跃在中国对日斗争的各条战线上，通过各种方式发挥着他们的引领作用。1942年8月，华北日本士

---

① 文化教育研究会编：《敌我在宣传战线上》，文化教育研究会，1941年，第217～220页。
② 文化教育研究会编：《敌我在宣传战线上》，文化教育研究会，1941年，第225～228页。
③ 王庭岳：《在华日人反战运动史略》，北京，社会科学文献出版社，1987年，第57页。
④ 小林清：《在华日人反战组织史话》，北京，社会科学文献出版社，1987年，第11页。
⑤ 王庭岳：《在华日人反战运动史略》，北京，社会科学文献出版社，1987年，第73页。
⑥ 王庭岳：《在华日人反战运动史略》，北京，社会科学文献出版社，1987年，第76～77页。
⑦ 小林清：《在华日人反战组织史话》，北京，社会科学文献出版社，1987年，第28～48页。

兵代表大会发布了《日本士兵要求书》，在争取日军官兵、瓦解其斗志方面均做出了积极贡献。①

第四，在宣传内容上更注重针对性。抗战初期，中国共产党对敌宣传存在着部分不切实际的主观主义思想，往往鼓动日军士兵暴动、哗变、革命，甚至反对天皇等。这不但不能起到宣传的作用，反而会引起日军士兵的反感，或觉得好笑。② 因此，中国共产党随即调整了对日伪宣传的内容，也注意到宣传对象的认识水平与觉悟程度。1940年6月9日，总政治部在《关于对敌伪军宣传工作的指示》中，指出了对日军宣传品的缺点，提出："宣传品内容主要应抓住目前日本士兵的情绪，以激动敌军反战情绪、思乡情绪、思家情绪，减弱其战斗意志，增长其悲观懈怠的情绪，以削弱其战斗力，瓦解其部队。"该指示还提出了部分口号以示参考。③

1940年8月，《八路军军政杂志》刊登了《对敌宣传标语口号》，其中针对日军宣传者，除"家里热望着诸君回国""允许士兵立即回国""不要为军部财阀而牺牲""中日士兵携手起来""立即停止战争"等中心口号外，其他内容主要有以下几个方面：（1）促进回国心念的；（2）促进阶级觉悟的；（3）暴露战争宣传的；（4）关于抗日目的；（5）关于俘虏的；（6）向包围的敌兵散发的传单；（7）向被包围的敌兵的喊话。在这些标语之后还附有八路军总司令部给予日本士兵的特别通行证式样，及关于优待日军俘虏的命令、关于建立日本士兵墓标的指示。④

后来，对日军宣传的内容又略有调整，计为：（1）促进思念家乡心情的；（2）强调战争残酷和痛苦的；（3）提醒其阶级意识与阶级觉悟的；（4）指出敌军队生活的不平等和不自由，助长其对长官不满的；（5）揭露侵略战争本质与敌军的欺骗宣传的；（6）消除敌军对中国军民的偏见，打破民族隔膜的；

---

① 王庭岳：《在华日人反战运动史略》，北京，社会科学文献出版社，1987年，第132～133页。
② 文化教育研究会编：《敌我在宣传战线上》，文化教育研究会，1941年，第220页；林之达主编：《中国共产党宣传史》，成都，四川人民出版社，1990年，第194页。
③《总政治部关于对敌伪军宣传工作的指示》（1940年6月9日），载中共中央文献研究室、中央档案馆编：《建党以来重要文献选编（1921—1949）》（第17册），北京，中央文献出版社，2011年，第343～344页。
④《对敌宣传标语口号》，《八路军军政杂志》，1940年第8期。

（7）说明中国抗战的意义和目的的；（8）说明我军的性质和俘虏政策的。① 由此可以看出，中国共产党争取日军官兵的宣传愈来愈具有针对性，在很大程度上能够引起有良知的日军官兵的心理共鸣，达到瓦解敌人并争取其为我所用的双重目的。

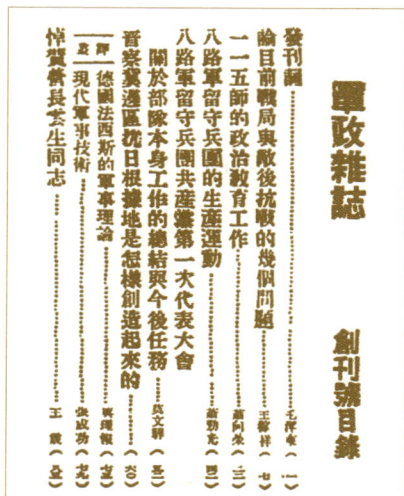

图2-4　八路军军政杂志社编辑《八路军军政杂志》，1939年1月15日创刊

第五，注重开展对日伪宣传工作的研究。中国共产党对敌宣传工作不仅仅限于宣传工作本身，而且还十分注重对敌宣传工作的研究，诸如工作方式方法、宣传内容与工作经验总结等，以指导各部队各地方有效地开展对日伪的宣传工作。这正如中共中央在《关于瓦解敌军工作的指示》中所提出的那样："收集敌人的各种文件是研究对敌军工作的重要准备，请各部队、各区党委把所获敌人的全部文件，交代表带来延安以资研究。"② 为此，《八路军军政杂志》（见图 2-4）等刊物经常登载关于对敌宣传工作研究或经验总结的文章，如蔡前的《八路军抗战以来敌军工作经验》与《日本军队的政治特性》、刘型的《争取伪军反正的几点意见》与《八路军二年来敌军政治工作的总结》、谭政的《论敌军工作的目的与方针》、张鼎丞的《新四军二年来的政治工作》等。③ 1940 年 6 月，《八路军军政杂志》出版了敌军工作特辑，计有谭政的《对敌工作的当前任务》、波川的《日本革命的无产阶级目前底任务》、王学文的《日本新党运动的分析》、江右书的《敌军工作训练队日文教育的一些经验》及《在华日本人民反战同盟延安支部成立宣言》。又如陈钟的《论敌军工作中

---

① 王学文：《对敌军宣传工作的方针与方法》，《八路军军政杂志》，1941年第10期。
② 《中央关于瓦解敌军工作的指示》（1940年4月6日），载中央档案馆编：《中共中央文件选集》（第12册），北京，中共中央党校出版社，1991年，第358～359页。
③ 《八路军军政杂志》，1939年第5期、1939年第8期、1939年第8期、1939年第10期、1939年第9期、1940年第2期。

的调查工作》、王学文的《对敌军宣传工作的方针》、廖体仁的《对敌宣传工作之检视》等。①

第六，对伪军有区别地进行瓦解与争取。伪军与日军有本质的不同，所以中国共产党瓦解与争取伪军的宣传方针与日军也有所区别。如蔡前在《八路军抗战以来敌军工作经验》一文中所谈的那样："争取在日寇欺骗与强迫下的伪军反正与我们一道抗日，应是我们争取伪军的最高原则。把日寇统治下的伪军争取过来站在抗日方面，即是削弱了敌人的力量，亦是打击了敌人。"②刘型也认为："我们对伪军工作的方针，是采取争取他们到抗日方面来的方针，不管他是官长或是士兵，只要他是中国人，都应切实耐心争取之。"③当然，少数死心塌地的大汉奸，则不在此列。

对伪军的工作方式方法不一而足，概括地说主要有：动员伪军、伪职人员的亲属劝其改恶从善；八路军总政治部敌工部培养一批干部，打入伪军、伪政权内部，从事秘密策反宣传活动；发动群众进行反伪政权的宣传活动，给伪军、伪职人员形成舆论压力；以日寇欺侮伪军、伪职人员的典型事实，来煽动其对日寇的不满情绪；张贴和散发标语如"中国人不打中国人""学岳飞，不学吴三桂"等，激发他们的民族觉悟等。④

综上而言，中国共产党反敌伪宣传工作的总方针是："粉碎敌伪灭华的反共挑拨和欺骗宣传，瓦解敌军、争取伪军，并削弱其战斗力量，动摇与瓦解伪政权的统治，同时坚定全国人民，尤其是沦陷区的广大人民的团结抗战的决心与信心，为保证抗战的最后胜利而奋斗。"⑤在这一总方针指导下，中国共产党对日伪军的宣传工作取得了很大成效。如在八路军中的日本人中间自动投诚者呈逐年增加趋势，1940年占7%，1942年占38%，1943年占48%。⑥同样，伪军反正人数亦在逐年增加，如1938年伪军反正者69次，人数为87 763人；1939

---

① 《八路军军政杂志》，1941年第5期、1941年第10期、1942年第3期。
② 蔡前：《八路军抗战以来敌军工作经验》，《八路军军政杂志》，1939年第5期。
③ 刘型：《争取伪军反正的几点意见》，《八路军军政杂志》，1939年第8期。
④ 林之达主编：《中国共产党宣传史》，成都，四川人民出版社，1990年，第198～199页。
⑤ 文化教育研究会编：《敌我在宣传战线上》，文化教育研究会，1941年，第287页。
⑥ 小林清：《在华日人反战组织史话》，北京，社会科学文献出版社，1987年，第8页。

年 1 月至 4 月，伪军反正者 63 次，人数达 47 716 人。^①另外，中国共产党也争取到很多伪军采取了两面派的态度，表面为日军"服务"，暗中却为中国共产党送情报，送枪支子弹；被逼与八路军、新四军作战时，亦多丢下枪支子弹而逃；甚至一些上层伪官抱着"吃日军""穿日军"，将来"打日军"的态度。^②中国共产党对日伪宣传的成效由此可窥一斑。

第三节｜鼓舞斗志：对抗日军事斗争的宣传

全面抗战时期，中国共产党与日伪之间的军事斗争是其主要工作之一，故中国共产党围绕抗战的战略问题、战术问题及具体战役等在报刊上进行了重点宣传，这一方面使人们能够全面掌握战胜敌人的方式方法，并及时了解全国战局的进展情况，以及中国共产党领导的八路军、新四军与地方武装的战斗情况等；另一方面又起着鼓舞士气、动员民众、团结抗日的作用。

一、动员一切力量：全面抗战路线的宣传

1937 年 7 月卢沟桥事变发生后，抗日战争发展到了一个新阶段，中国共产党认为，在这一新阶段，争论的焦点"已经不是应否抗战的问题，而是如何争取抗战胜利的问题"。^③区别于国民党及其他抗日派别，中国共产党从一开始即提出"只有全民族实行抗战，才是我们的出路"的主张。^④ 7 月 23 日，毛泽东写了《反对日本进攻的方针、办法和前途》一文，他指出在坚决抗战的方针之下，必须有一整套的办法，即全国军队的总动员、全国人民的总动员等八大

---

① 刘型：《争取伪军反正的几点意见》，《八路军军政杂志》，1939 年第 8 期。
② 文化教育研究会编：《敌我在宣传战线上》，文化教育研究会，1941 年，第 273 页。
③《中央关于目前形势与党的任务的决定》（1938 年 8 月 25 日），载中央档案馆编：《中共中央文件选集》（第 11 册），北京，中共中央党校出版社，1991 年，第 324～325 页。
④《中国共产党为日军进攻卢沟桥通电》（1937 年 7 月 8 日），载中央档案馆编：《中共中央文件选集》（第 11 册），北京，中共中央党校出版社，1991 年，第 274 页。

纲领。① 所以，毛泽东认为："发动人民的武装自卫战，是保证军队作战胜利的中心一环，对此方针游移是必败之道。"②

在此背景下，中共中央于 1937 年 8 月 22 日至 25 日召开了政治局扩大会议，即洛川会议，其主题是讨论制定党在抗日战争时期的方针、任务和政策。③ 会议通过了《中央关于目前形势与党的任务的决定》，该决定指出，争取抗战胜利的中心关键是，使抗战发展为全面的全民族的抗战；中国共产党进而强调："本党今天所提出的抗日救国的十大纲领，即是争取抗战最后胜利的具体的道路。"④ 由此可见，之前毛泽东提出的"八大纲领"此时已经得到了进一步完善，发展成为"抗日救国十大纲领"，并经洛川会议讨论通过。中国共产党抗日救国十大纲领主要内容包括：打倒日本帝国主义；全国军事的总动员；全国人民的总动员；改革政治机构；抗日的外交政策；战时的财政经济政策；改良人民生活；抗日的教育政策；肃清汉奸卖国贼亲日派，巩固后方；抗日的民族团结。⑤ 洛川会议通过的《中央关于目前形势与党的任务的决定》和《中国共产党抗日救国十大纲领》，标志着中国共产党全面抗战路线的正式形成，其中《中国共产党抗日救国十大纲领》是其全面抗战路线的具体体现。⑥

此外，洛川会议还通过了由毛泽东为中共中央宣传部起草的关于形势与任务的宣传鼓动提纲，即《为动员一切力量争取抗战胜利而斗争》。该提纲分析了卢沟桥事变后的国内形势，在肯定国民党政策转变的同时，也批评了国民党单纯依靠政府的片面抗战路线，认为"只有全面的民族抗战才能彻底地战胜日

① 《反对日本进攻的方针、办法和前途》(1937年7月23日)，载《毛泽东选集》(第二卷)，北京，人民出版社，1991年，第346～349页。
② 《对国防问题的意见》(1937年8月4日)，载中共中央文献研究室编：《毛泽东文集》(第二卷)，北京，人民出版社，1993年，第4页。
③ 中共中央党史研究室：《中国共产党的九十年（新民主主义革命时期）》，北京，中共党史出版社、党建读物出版社，2016年，第189页。
④ 《中央关于目前形势与党的任务的决定》(1937年8月25日)，载中央档案馆编：《中共中央文件选集》(第11册)，北京，中共中央党校出版社，1991年，第325页。
⑤ 《中国共产党抗日救国十大纲领》(1937年8月25日)，载中央档案馆编：《中共中央文件选集》(第11册)，北京，中共中央党校出版社，1991年，第327～330页。
⑥ 中共中央宣传部：《中国共产党宣传工作简史》(上卷)，北京，人民出版社，2022年，第107～108页。

寇"，呼吁全国人民、全国各党各派各界各军执行《中国共产党抗日救国十大纲领》。① 该提纲的通过，为中国共产党宣传全面抗战路线指明了方向。

洛川会议之后，中国共产党立即开始宣传党的全面抗战路线。中共中央机关刊物《解放》自9月6日第1卷第15期至10月2日第1卷第18期，连续四期刊登了《中国共产党抗日救国十大纲领》，其中第1卷第15期还刊登了《中共中央关于目前形势与党的任务的决定》和毛泽东为中宣部起草的《为动员一切力量争取抗战胜利而斗争》等。

此外，《解放》还发表了系列署名文章，进一步阐释和宣传党的全面抗战路线。这些文章包括凯丰的《一切为着争取抗日战争的胜利》《论全面的全民族抗战》、黎平的《争取抗战伟大胜利，反对民族失败主义》、李富春的《全国人民武装起来！》等。凯丰在分析日本侵华原因和批评国民党片面抗战路线的基础上，着重强调中国共产党的全面抗战路线才是取得抗日战争胜利的保障，他说："中华民族的生路，只有进行全民族的神圣的自卫战争。""现在已经到了须要进行全国的总动员，须要进行全面的全民族抗战，去保障抗日战争的胜利。"② 接着，凯丰又从全面抗战路线的内涵、意义及全面的全民族抗战的条件、内容、方法等方面进行了阐释，指出："中共中央最近提出的全面的全民族抗战的口号，就是动员一切力量为着争取抗战胜利的号召。实现全面的全民族抗战的全部内容与办法，就是中共中央所提出的争取抗战胜利的十大纲领。"③

黎平在强调夺取抗战胜利的条件与方法就是中国共产党抗日救国十大纲领的基础上，重点批判了民族失败主义，民族失败主义的主要表现是：关于抗战进程及前途问题主张"弱国牺牲论"；关于抗战手段问题主张"单纯军事论"；关于人民动员问题主张"镇静论"；关于军事战略问题主张"单纯防御论"；关于抗战力量问题则是"反对统一战线论"。黎平认为，民族失败主义将引起抗日战士及人民的消极与颓丧，是中华民族危险的敌人；只有克服一切困难，

① 《为动员一切力量争取抗战胜利而斗争》（1937年8月25日），载中共中央文献研究室、中央档案馆编：《建党以来重要文献选编（1921—1949）》（第14册），北京，中央文献出版社，2011年，第478～483页。
② 凯丰：《一切为着争取抗日战争的胜利》，《解放》，1937年第15期。
③ 凯丰：《论全面的全民族抗战》，《解放》，1937年第16期。

抛弃一切动摇，坚决反对民族失败主义的毒氛，坚持正确的抗战纲领，才能在全民族的抗日战争中，实现民族独立民主自由的新中国。①

李富春从全面抗战爆发后军民关系的角度批评了国民党政府单纯依靠政府抗战的片面抗战路线，指出国民党政府的"恐民病"严重阻碍了军民之间相互协调的关系，人为造成抗战前后方之间的矛盾，进而影响到全国抗战大局。李富春认为，给人民以抗战的民主权利，是团结全民族抗战的中心，方法是改造政治机构，由工农商学等各民众团体自身去动员人民并组织武装，减轻人民负担等。②

1937年8月29日，《新中华报》发表社论《全国总动员》。社论指出，中日战争是全民族的抗战，是持久战，须要有充分的人力财力物力各方面的动员，而财力物力的充实，必须依靠四万七千万人民的抗战热忱，呼吁进行下列各方面的动员：全国海陆空军总动员；动员全国人民参加抗战；没收日本帝国主义在华财产；发动人民在各地进行肃清内奸活动；立即与日本断绝外交关系。③9月9日至19日，《新中华报》在报缝间都会印刷上"动员一切力量争取抗战胜利""拥护共产党抗日救国十大纲领"等字样，以表示对中国共产党全面抗战路线宣传之意。

总之，经过广泛的报刊宣传，中国共产党全面抗战路线已深入人心，得到广大人民的支持与拥护，为夺取抗日战争的全面胜利指明了方向。

二、厘清抗战系列问题：《论持久战》的发表与宣传

中国共产党提出的全面抗战路线，解决了如何抗战的路线问题，但为动员并组织人民群众进行全面抗战，还须明确抗战的军事战略方针。④用毛泽东的话说，当时有许多问题亟须解决，如抗日战争的过程究竟会怎样？能胜利还是不能胜利？能速胜还是不能速胜？为什么说抗日战争是持久战？怎样进行持久

---

① 黎平：《争取抗战伟大胜利，反对民族失败主义》，《解放》，1937年第15期。

② 李富春：《全国人民武装起来！》，《解放》，1937年第17期。

③《全国总动员》，《新中华报》，1937年8月29日。

④ 本书编写组：《中国共产党简史》，北京，中共党史出版社，2021年，第76页。

战？为什么说中国会有最后胜利？怎样争取最后胜利？^① 为了回答这些问题，同时为了批驳关于这些问题的谬论如"亡国论"和"速胜论"，毛泽东于1938年5月写作了《论持久战》。

毛泽东在全面分析中日两国长处和短处的基础上明确指出，中国不会亡国，最后的胜利属于中国；但中国不会速胜，这场战争必是持久战，从而有力地批驳了"亡国论"和"速胜论"两种观念。毛泽东还科学地预测了中国抗日战争的发展进程，认为抗战将经过战略防御、战略相持和战略反攻三个阶段，其中在第二个阶段敌我力量对比将发生逆转，因此是时局转换的枢纽，是迎接战略反攻阶段到来并取得抗战最终胜利的关键阶段。^②

毛泽东在说明"为什么是持久战"和"为什么最后胜利是中国的"之后，又分析了"怎样进行持久战"和"怎样争取最后胜利"的问题。为了回答这个"怎样做"，毛泽东接着依次说明了以下十余个方面的问题：能动性在战争中，战争和政治，抗日的政治动员，战争的目的，防御中的进攻，持久中的速决，内线中的外线，主动性，灵活性，计划性，运动战，游击战，阵地战，消耗战，歼灭战，乘敌之隙的可能性，抗日战争的决战问题，兵民是胜利之本。^③

《论持久战》写作完成后，毛泽东首先于5月26日至6月3日在延安抗日战争研究会以此为内容作了演讲。随后，毛泽东决定公开发表《论持久战》，并计划出版单行本，因此他于6月27日"告出版科《论持久战》拟出单行本，是否可用一次排印出"。^④ 1938年7月1日，《解放》第43、44期刊载了《论持久战》全文，同时还为解放社正在印刷不日出版的《论持久战》单行本刊登了广告。^⑤ 8月20日《解放》第49期刊登了《论持久战》单行本正式出版的

---

① 《论持久战》（1938年5月），载《毛泽东选集》（第二卷），北京，人民出版社，1991年，第439页。

② 《论持久战》（1938年5月），载《毛泽东选集》（第二卷），北京，人民出版社，1991年，第439～471页。

③ 《论持久战》（1938年5月），载《毛泽东选集》（第二卷），北京，人民出版社，1991年，第471～515页。

④ 中共中央党史和文献研究院编：《毛泽东年谱》（第二卷），北京，中央文献出版社，2023年，第81页。

⑤ 《解放》，1938年第43、44期。

广告，说："《论持久战》为毛泽东同志在延安'抗日战争研究会'上的演讲，对抗日战争的持久性与中国胜利的必然性，作深刻的阐发，并正确地指出怎样进行持久战，怎样争取最后胜利。"① 以上表明中国共产党不仅在报刊上全文登载了《论持久战》，而且为了扩大宣传还出版了单行本，且在报刊上广而告之。

有研究者指出，公开发行后的《论持久战》在沦陷区和大后方也得到了广泛传播。1938 年 8 月 23 日至 9 月 3 日，由中国共产党江苏省委文化运动委员会主办在上海出版的《每日译报》连载了《论持久战》全文。7 月 25 日，汉口新华日报馆出版了《论持久战》单行本。接着，东北书店、香港新民主出版社、新华社、辽东建国书社、《译报》图书部等也先后出版发行了《论持久战》。此外，《论持久战》还被译成了英文传播于海外，从而扩大了其在海外的影响。②

10 月 7 日，中共中央为宣传鼓动工作指示各政治机关说："加重说明中日战争之持久性，中国抗战是艰苦的持久战，一城一地之得失不会决定胜负，号召提出民族自信心与自尊心，坚持与日寇作长期的斗争。"③ 11 月 6 日，中国共产党扩大的六届六中全会通过了政治决议案，明确指出："十六个月抗战的经验证明：中华民族有抵抗外寇的不可战胜的伟大力量。然而求得速胜是不可能的，抗日战争是艰苦的持久战。"④ 该决议案还提出了全中华民族的基本任务是："坚持抗战，坚持持久战，巩固和扩大抗日民族统一战线，以便克服困难，增加力量，停止敌之进攻，实行我之反攻，以取得最后驱逐日寇出境和建立独立自由幸福的……新中国的光荣胜利。"⑤ 有评论者指出，该决议案实际上体现了毛泽东于 1938 年 10 月 12 日至 14 日所作的《论新阶段》长篇政治报告的基本精

---

① 《解放》，1938 年第 49 期。

② 张卫波：《毛泽东〈论持久战〉的传播与影响》，《军事历史研究》，2016 年第 3 期。

③ 《中央关于目前日寇进攻武汉对各政治机关宣传鼓动工作的指示》（1938 年 10 月 7 日），载中共中央宣传部办公厅、中央档案馆编研部编：《中国共产党宣传工作文献选编（1937—1949）》，北京，学习出版社，1996 年，第 24 页。

④ 《中共扩大的六中全会政治决议案》（1938 年 11 月 6 日），载中央档案馆编：《中共中央文件选集》（第 11 册），北京，中共中央党校出版社，1991 年，第 748 页。

⑤ 《中共扩大的六中全会政治决议案》（1938 年 11 月 6 日），载中央档案馆编：《中共中央文件选集》（第 11 册），北京，中共中央党校出版社，1991 年，第 751 页。

神，而该报告与《论持久战》有许多一脉相承的观点，表明持久战作为中国共产党的战略指导方针被正式确定下来。① 因此，在中共中央发出宣传鼓动的指示以及六届六中全会决议通过之后，全党掀起了学习和宣传《论持久战》的新高潮。

总之，《论持久战》发表后，得到了广泛传播和宣传，在海内外引起了巨大反响。有评论认为："《论持久战》系统阐明了党的抗日持久战战略总方针，是中国共产党领导抗日战争的纲领性文献，不仅指明了必须持久抗战才能取得最后胜利的前景，而且提出了一整套动员人民群众，在持久战争中不断削弱敌方的优势、生长自己的力量、以夺取最后胜利的切实可行的办法，大大增强了人们坚持抗战的决心和信心。"② 正因为如此，《论持久战》后来出现了许多个版本，仅中国国家博物馆收藏的就有 30 余种版本，足见其传播之广泛、影响之深远。③

三、"到敌人后方去"：对敌后战场的宣传

敌后战场是中国共产党抗日军事斗争的主战场，它因此成为中国共产党对日伪军事斗争宣传的重点。中国共产党领导的敌后战场有一个逐渐开辟、发展、挫折与再发展的过程，这决定了中国共产党对敌后战场军事斗争的宣传同样有一个转移并发展的过程。为行文方便，本节拟将全面抗日战争时期划分为三个阶段来论述中国共产党对敌后战场的宣传，即：1937 年 7 月至 1938 年 10 月为全面抗战前期；1938 年 11 月至 1940 年底为全面抗战中期；1941 年 1 月至 1945 年 8 月为全面抗战后期。

一般而言，在中国共产党领导的工农红军队伍相继改编为八路军、新四军开赴抗战前线的初期阶段，他们的主要任务是配合正面战场国民党友军的军事

---

① 金伯文：《〈论持久战〉在中共抗日根据地的阅读与接受》，《抗日战争研究》，2019 年第 3 期；张卫波：《毛泽东〈论持久战〉的传播与影响》，《军事历史研究》，2016 年第 3 期。
② 中共中央党史研究室：《中国共产党的九十年（新民主主义革命时期）》，北京，中共党史出版社，2016 年，第 192 页。
③ 中国国家博物馆：《红色文物中党的成长史》，南宁，广西人民出版社，2021 年，第 84 页。

行动；在 1937 年 11 月太原失守后，八路军各师主力在山西与晋察冀等地开展独立自主的游击战争；1938 年三四月以后，八路军开始向华北广大敌后区域开辟战场，新四军则向苏南、皖南与皖中地区挺进。① 因此，中国共产党对敌后战场的宣传重点随着时局的变化而变化。

1. 全面抗战前期的宣传

抗战初期阶段重点宣传八路军的初战告捷，振奋士气，鼓舞斗志。中国共产党关于敌后战场最早的宣传报道是平型关大捷，这是红军改编为八路军开赴抗日前线后打的第一仗，是抗日战争全面爆发后我军取得的第一次大胜利，其意义自然非同凡响。《新中华报》于平型关大捷后第四天报道了这场战斗，欢呼其为"八路军开始第一个大胜利"。② 《解放》周刊也发表了时评以庆祝平型关大捷，但该文在赞颂胜利的同时，又保持了清醒的认识，详细分析了八路军取胜的原因与教训，最后呼吁："我们庆祝八路军的胜利，赞扬八路军的英勇善战。同时我们还要警惕八路军全体将士应当虚心的学习，继续的努力，增强自己与友军的团结，紧密的依靠人民群众，以期获得更大更多的胜利来回答全国军民的期望！"③

平型关大捷一个多月后，即 1937 年 11 月《新中华报》分两期连载了《平型关战斗纪实——战场日记断片》，它以纪实的笔法描写了八路军取得平型关大捷的经过，文末字里行间展示着无尽的希望："和暖的太阳，早已西坠，天色已经暗淡下来，疏疏的星光在闪着，微风送来了隐隐的枪声和炮声，黑色的人影，不断的在山头闪动。"④ 《解放》周刊刊登了林彪的《平型关战斗的经验》。⑤ 与此同时，《抗日的第八路军》各种版本在上海等地发行，⑥ 其所收录内

---

① 中共中央党史研究室：《中国共产党历史 第一卷（1921—1949）》（下册），北京，中共党史出版社，2011年，第495页。

② 《在抗日战争中八路军开始第一个大胜利，停敌五百余毙敌四百余，缴步枪数百支汽车六十辆》，《新中华报》，1937年9月29日。

③ 《庆祝第八路军胜利》，《解放》，1937年第18期。

④ 《平型关战斗纪实——战场日记断片》，《新中华报》1937年11月24日；1937年11月29日。

⑤ 林彪：《平型关战斗的经验》，《解放》，1937年第25期。

⑥ 关于《抗日的第八路军》版本情况，至少有以下几种：张国平编辑本有4种；赵轶琳编著本2种；孙陵编著本2种；王华翰编著本1种；张哲龙编著本1种。张国柱：《〈抗日的第八路军〉的五个版本》，《中国收藏》，2007年第8期。

容虽有差异，但无一例外地介绍了平型关大捷的基本情况，足见该役给予人们的巨大动力，也使中国共产党的对外形象大放光彩。1938 年 1 月，中国共产党在武汉出版发行的《群众》周刊又刊发了时任八路军一一五师宣传部长萧向荣的《平型关战斗的前后》，向国统区人民详细介绍了该次大捷的过程。① 此后平型关大捷成为中国共产党历次宣传抗战功绩时的主要战役之一，直至今天仍为人们津津乐道。

在平型关大捷之后，《新中华报》又连续报道了八路军部队取得的一个又一个胜利。如 1937 年 10 月 4 日该报报道称："我红军一部于本月二日又打了大胜仗。收复井坪镇，打死敌人三余名，俘虏十余人，缴获装甲汽车十五辆，坦克车八辆，汽车五辆，步枪四五十支，其他军用无数。"② 又如 1937 年 10 月 9 日的《红军克复平鲁县，我游击队深入敌后方》、10 月 14 日的《红军一部袭占涞源城，缴获步枪四十余支汽车六辆》、10 月 19 日的《敌人后方受我军猛烈袭击，我军出奇制胜无攻不克，日军完全在我军包围中，如正面坚持残敌不难一鼓荡平》等。③ 1937 年 10 月 24 日，《新中华报》又报道了八路军夜袭阳明堡，焚毁日军飞机 24 架、击毙日军数十人的情况。④《解放》周刊以捷报的形式汇总报道了 1937 年 10 月下半月八路军的战绩。⑤

在八路军捷报接踵而至时，《新中华报》于 1937 年 10 月 4 日发表热情洋溢的社论，庆祝八路军所取得的胜利。该社论指出，当前战争形势更加紧张了，日军已分别逼近山东与太原，甚至边区已经处在直接抗战的形势下了。随后，社论话锋一转，指出在这紧迫的情势下，八路军自出师抗战后，已然在晋东北取得了第一个大胜利，其意义在于使长城各口日军不敢大胆冒进，提高了

① 萧向荣：《平型关战斗的前后》，《群众》，1938 年第 6 期；1938 年第 7 期。
②《红军又打胜仗，雁门关失守了》，《新中华报》，1937 年 10 月 4 日。
③《红军克复平鲁县，我游击队深入敌后方》，《新中华报》，1937 年 10 月 9 日；《红军一部袭占涞源城，缴获步枪四十余支汽车六辆》，《新中华报》，1937 年 10 月 14 日；《敌人后方受我军猛烈袭击，我军出奇制胜无攻不克，日军完全在我军包围中，如正面坚持残敌不难一鼓荡平》，《新中华报》，1937 年 10 月 19 日。
④《八路军夜袭阳明堡，焚毁敌人飞机廿四架，敌仓皇逃走我获全胜》，《新中华报》，1937 年 10 月 24 日。
⑤《十月份下半月八路军捷报》，《解放》，1937 年第 22 期。

士气，进而告诉人们："日本军队并不像有些人所说的那样利害，大大地增强了
战胜日寇的自信心。"①《新中华报》于 10 月 29 日又刊发《不要怕敌人的恐吓》
一文，文章指出：最近八路军在晋北战场上连获胜仗，引来丧心病狂的日本军
阀威胁，称要使用残酷的毒瓦斯。对此，该文强调，日寇的这种威吓，对于八
路军是没有任何作用的，因为八路军已经锻炼了钢铁般的意志。②

　　八路军初战告捷的消息迅速传播开来，各方贺电纷至沓来。《新中华报》
在 1937 年 10 月 19 日的报道中称："计截至最近止，所收到的贺电，不下百余
件，有云南、四川、贵州、广西、广东、山东、安徽、杭州、上海、江苏各
省，此外个人的有李公朴、柳湜、长江、孙科等人。"该报选登了蒋介石等部
分国民党军政要人的贺电。③《解放》周刊则选登了更多的贺电，揭示军政工
商学等各界人士与团体欣闻八路军捷报时的欢欣鼓舞。④中国共产党领导的延
安地区适时召开了庆祝大会，延安大街小巷贴满了红绿色的抗战动员的标语口
号，使延安面貌焕然一新。此次大会到会群众达 7000 余人，并有英国记者在
大会上发表演讲，指出："中国的抗战是有全世界人民的援助与拥护，绝不是孤
立的。"⑤中国共产党领导的红宜县（今陕西省铜川市宜君县）也举行了庆祝大
会，全县人心均为之振奋。⑥其他地区如安定市（今甘肃省定西市安定区）、志
丹市（今陕西省延安市志丹县）等也举行了庆祝大会。⑦通过这些新闻宣传与
庆祝大会，中国共产党将前线战况及时传达至后方，极大地鼓舞了人们参军拥
军与优待军属的热情，坚定了人们抗战到底的决心。

　　1937 年 11 月上海、太原沦陷后，毛泽东敏锐地察觉到国内抗战局势发生

---

①《社论：庆祝红军大胜利》，《新中华报》，1937 年 10 月 4 日。
②《不要怕敌人的恐吓》，《新中华报》，1937 年 10 月 29 日。
③《晋北线上红军告捷，全国各地祝捷贺电频传，已收电文不下百数十件》，《新中华报》，
　　1937 年 10 月 19 日。
④《各方对第八路军抗战胜利贺电（一）》，《解放》，1937 年第 20 期；《各方致八路军贺电
　　（续）》，《解放》，1937 年第 21 期。《各方致八路军贺电（续）》，《解放》，1937 年第 22 期。
⑤《延安市民举行庆祝红军抗战胜利大会，到会群众七千余人，英记者亦上台演讲》，《新
　　中华报》，1937 年 10 月 14 日。
⑥《红宜人民抗战热潮，庆祝红军大胜利，通过战时动员工作》，《新中华报》，1937 年 10 月 9 日。
⑦《红军抗战胜利，各地方举行庆祝大会，纷纷致电慰问抗敌将士》，《新中华报》，1937 年
　　10 月 29 日。

的重大变化，他指出："太原失后华北正规战争阶段基本结束，游击战争阶段开始。这一阶段，游击战争将以八路军为主体，其他则附以于八路军，这是华北总的形势。"[①]事实上，毛泽东长期以来一直主张八路军作战的基本原则是开展"独立自主的山地游击战争"，如他和张闻天在 1937 年 8 月 1 日致电周恩来、博古、林伯渠时就强调红军作战的原则是"在整个战略方针下执行独立自主的分散作战的游击战争"。[②]此后，毛泽东关于游击战争问题又作出了一系列的指示，不断强调："今日红军在决战问题上不起任何决〈定〉作用，而有一种自己的拿手好剧，在这种拿手剧中一定能起决定作用，这就是真正独立自主的山地游击战争（不是运动战）。"[③]在毛泽东一再强调之下，游击战逐渐成为全党全军接受并认真贯彻执行的基本作战原则。所以，当太原沦陷后，毛泽东才犀利地指出："在华北，以国民党为主体的正规战争已经结束，以共产党为主体的游击战争进入主要地位。"[④]

在毛泽东独立自主的山地游击战思想的指导下，中国共产党逐渐开辟了多个敌后抗日根据地，其宣传的重心也转移到了八路军、新四军敌后游击战方面。首先，中国共产党主要是利用捷报或战况等方式在报刊上报道八路军、新四军与日军作战情况，及时传递前线消息。如 1937 年 11 月 24 日《新中华报》以"敌人后方展开游击战"为题报道了八路军在敌后抗战的成绩："八路军一部克复紫荆关后，十四日晚袭击易县，将守城敌军团团围困。另一部于十五日击溃由崞县北开的敌装甲车八辆，骑兵百余人，缴步枪十余支，敌伤亡五六十余人。又另一部袭占白水村，毁敌汽车十余辆，缴子弹炸弹百余箱。另一部袭占平地泉，将敌守兵百余人击溃，我缴获子弹万余发步枪数支。"[⑤] 11 月 29 日该

---

① 《关于太原失守后华北我军军事部署的指示》（1937 年 11 月 8 日），载中央档案馆编：《中共中央文件选集》（第 11 册），北京，中共中央党校出版社，1991 年，第 384 页。

② 《关于红军作战原则的指示》（1937 年 8 月 1 日），载中央档案馆编：《中共中央文件选集》（第 11 册），北京，中共中央党校出版社，1991 年，第 299 页。

③ 《关于独立自主山地游击战原则的指示》（1937 年 9 月 21 日），载中央档案馆编：《中共中央文件选集》（第 11 册），北京，中共中央党校出版社，1991 年，第 339 页。

④ 《上海太原失陷以后抗日战争的形势和任务》（1937 年 11 月 12 日），载《毛泽东选集》（第二卷），北京，人民出版社，1991 年，第 388 页。

⑤ 《五天来战事报道》，《新中华报》，1937 年 11 月 24 日。

报又报道了八路军袭占临城破坏铁路的情况，以及八路军在晋西北、晋察冀开展游击战的情况，称他们广泛开展的游击战"使敌人后方发生好大恐慌"。① 在这之后，《新中华报》经常性地刊登关于八路军、新四军在敌后开展游击抗日活动的最新消息，虽限于军事秘密等问题，但其报道的内容仍逐渐详细丰富起来，使人们面对这一时期国民党正面战场的节节败退时仍坚守着抗日的希望。

除通过新闻宣传八路军在敌后开展游击战的战况外，中国共产党也开始有意识地重点宣传八路军开赴前线后所取得的几次影响较大的战果，如前所述之平型关大捷等。同时，中国共产党也撰文系统地介绍了八路军一二九师的战绩，主要包括夜袭阳明堡、七亘村战斗与黄崖底之役等。② 之后，又以一位一二九师游击队长的名义，发表了一篇报告，指称："虽然日本强盗对外宣传整个华北，划入了汉奸傀儡政府的版图，但如果不是'蒙着眼睛哄鼻子'的话，它一定要承认除了窃据几条重要铁路的据点而外，广大的乡村以及偏僻的城市，还在我华北的游击队的手中。"③ 此外，中国共产党还出版发行了反映抗战前期八路军、新四军军事斗争情况的文章合集单行本，如 1938 年 3 月新华日报馆编辑出版了《我们怎样打退敌人》，收录了朱德《八路军半年来的抗战经验与教训》、任弼时《山西抗战的回忆》、林彪《平型关战斗的经验》、刘伯承《我们怎样打退正太路南进的敌人》、项英《南方三年游击战争的经验对于当前抗战的教训》等。尤其值得一提的是，中共地下党员向愚、刘雯夫妇以战时出版社名义在国统区编辑出版了许多抗战宣传书刊，其中 1938 年 1 月初版的《晋北游击战争纪实：第八路军英勇的战绩》收录了 23 篇关于八路军敌后抗战的文章，对于扩大八路军战绩之宣传起到了重要作用。

1938 年 5 月，《新中华报》连载了萧华 1938 年 3 月 14—18 日午城战斗的阵中日记，④ 使人们较为清晰地了解了这一发生于晋西南小规模的战斗经过，也使人们认识到该役的胜利"粉碎了日军西犯黄河河防的企图，对开辟晋西南抗

---

① 《晋冀察人民纷起组织游击队，各地群众武装数达五万余人，八路军一部袭占临城破坏铁路》，《新中华报》，1937 年 11 月 29 日。

② 叶笠：《一二九师的光荣战绩》，《新中华报》，1938 年 1 月 5 日、10 日、15 日。

③ 《一个游击队长的报告》，《新中华报》，1938 年 1 月 20 日。

④ 萧华：《午城激战（阵中日记）》，《新中华报》，1938 年 5 月 10 日，1938 年 5 月 15 日，1938 年 5 月 20 日。

日根据地和巩固陕甘宁边区河防都有重要意义"。[①] 同时，午城战斗的胜利也进一步鼓舞了人们抗战必胜的信念，正如萧华在日记末尾谈到是役的意义时所说："给山西坚持抗战的人民与友军以极大兴奋与同情，同时也给全中国坚持抗战的人民以极大的兴奋。"[②]

这时，歌颂八路军、新四军的文学作品也开始出现。如《颂八路军》称："八路前身出自红，英勇善战有传统。斗争经验多丰富，革命精神贯始终。联合民众行袭击，尽忠祖国猛冲锋。屡寒寇胆振我威，兴奋友军图进攻。"又有诗云："八路英勇最堪崇，平型一战奏奇功。欲求胜利莫迟疑，快学红军好作风！"[③] 又如艾炎的《大战平型关》、彦涵的《火烧阳明堡》、张宇平的《长乐村大捷》等，以木刻版画的形式生动地再现了八路军大战日军的情形，激发了人们的爱国主义情怀。[④]

1938年8月29日，朱德在延安抗大发表演讲，对于抗日战争全面爆发一年以来的华北抗战作了总结。朱德在演讲中不仅介绍了八路军取得的一些战果，而且介绍了游击战的战术问题，讲八路军如何通过游击战逐步消耗日军的力量。听者动容，时时鼓掌欢笑致敬。[⑤] 伴随着朱德的总结演讲，中国共产党对战略防御阶段的抗日军事斗争的宣传也告一段落，并由此开始渐渐转入战略相持阶段的宣传。

2. 全面抗战中期的宣传

1938年10月广州、武汉沦陷后，面对中国共产党领导的敌后抗日根据地的日益扩大，侵华日军随即调整了对华战略。在军事上，日军逐渐将注意力集中于打击和消灭八路军、新四军；在政治上，对国民党施以政治诱降为主、军

---

① 张立华、董宝训：《解放军史鉴·八路军史（1937—1945）》（上册），青岛，青岛出版社，2013年，第246页。

② 萧华：《午城激战（阵中日记）》，《新中华报》，1938年5月20日。

③《颂八路军》，《新中华报》，1937年12月15日。

④ 中国国家博物馆编：《抗日战争时期宣传画》，上海，上海人民出版社，2015年，第53～55页。

⑤ 朱德：《一年余以来的华北抗战——一九三八年八月二十九日在延安抗大的演讲》，《解放》，1938年第53期。

事打击为辅的方针。① 之后，日军对华北敌后抗日根据地先后实施了五期"治安肃正计划"和五次"治安强化运动"的大"扫荡"，反"扫荡"成为抗日游击战争的主要作战形式。② 从这一时期整个阶段来看，中国共产党的战略战术是积极实施"以小胜积大胜"为主要目的的游击战，正如毛泽东反复强调的那样："多打小胜仗，兴奋士气。"③

　　因此，中国共产党这一阶段的宣传以捷报、战报、月报等为主要形式及时报道前线战况，如 1939 年 2 月 7 日《新中华报》报道了新四军一月份战绩，称："我歼敌数百名，大小战斗达廿余次。"④ 2 月 10 日又称："我八路军新四军，累有新获"，并详述战果。⑤ 3 月 31 日又报道了新四军二月份的战斗总结，并在文末宣称："这些胜利证明了敌后抗战可能，并能给敌以严重的打击，削弱敌人的力量，加强我们的力量。因此，坚持在敌后方的游击战，打破敌人的所谓'扫荡'的迷梦，配合全国各地的抗战，来反对敌人新的进攻，停止敌之进攻，准备我之反攻，是目前在敌后军民的中心任务，也是全国军民的重要任务之一。"该报道呼吁人们"努力创造三月份更大的胜利"。⑥ 除此之外，中国共产党通过党和八路军、新四军领导人的讲话或论著介绍八路军、新四军等对敌军事斗争的基本概况，如左权著《论坚持华北抗战》中总结了自抗战全面爆发以来之 19 个月内八路军的战况。⑦ 1939 年 1 月创刊的《八路军军政杂志》作为八路军总政治部的机关刊物，以"为了提高八路军的抗战力量，同时也为了

① 中共中央党史研究室：《中国共产党历史 第一卷（1921—1949）》（下册），北京，中共党史出版社，2011年，第526页。
② 中共中央党史研究室：《中国共产党历史 第一卷（1921—1949）》（下册），北京，中共党史出版社，2011年，第534页。
③《毛泽东关于向全面抗战过渡期中八路军在山西的任务给朱德等的电报》（1937年11月13日），载中共中央文献研究室、中央档案馆编：《建党以来重要文献选编（1921—1949）》（第14册），北京，中央文献出版社，2011年，第670页。
④《新四军一月份战绩，我歼敌数百名，大小战斗达廿余次》，《新中华报》，1939年2月7日。
⑤《八路军新四军创敌捷闻，晋东南我击落敌机一架，河南安徽等地消灭匪伪》，《新中华报》，1939年2月10日。
⑥《二月份新四军战斗总结》，《新中华报》，1939年3月31日。
⑦ 左权：《论坚持华北抗战》，《解放》，1939年第69期。

供给抗战友军与抗战人民，关于八路军抗战经验的参考材料"为宗旨，[①] 在宣传八路军抗日军事斗争方面做出了突出贡献。

然而，中国共产党尽管经常性地通过报刊等媒介及时通报八路军、新四军游击抗战的战果，但在 1939 年后因八路军、新四军未再对日军展开大规模的军事行动，遂致关于八路军、新四军"游而不击"的谣言不胫而走，使人们对中国共产党的抗战产生了疑虑心理，同时又有国民党副总裁汪精卫叛国投敌引起部分意志不坚定分子对抗战前途的动摇。针对这样的局面，除由毛泽东在《反对投降活动》中驳斥此种谬论，[②] 以及八路军将领朱德等致电林森、蒋介石公开批驳陈诚所谓"八路军游而不击"言论外，[③] 中国共产党于 1940 年 8 月发动了百团大战，以实际行动来打破社会上关于中国共产党"游而不击"的流言蜚语，同时反对妥协投降，鼓舞全国人民坚持抗战的意志。

百团大战的战绩是不言而喻的，据统计：从 1940 年 8 月 20 日至 12 月 5 日，百团大战共进行了三个半月，大小战斗 1824 次，毙伤日军 20 645 人、伪军 5155 人，俘日军 281 人、伪军 18 407 人，日军投降 47 人，伪军反正 1845 人；破坏铁路 474 公里，公路 1500 多公里，桥梁、隧洞和火车站 260 多处，摧毁大量敌堡和据点；缴获各种炮 53 门，各种枪 5900 余支和一批军用物资。[④] 因此，作为抗战期间中国共产党对日军事进攻最大规模的一次行动，百团大战成为中国共产党宣传的重点。

在百团大战开始后不久的 8 月 30 日，《新中华报》就发表了热情洋溢的社论："这一百团精兵的反扫荡是完全由我方在敌后主动发起的大规模的战役进攻，这在抗战三年来还是空前的创举，特别发生于目前形势下，它更将写成中国抗战史上光辉的一页。就在世界战争史上在游击战争中，进行这样大规

① 《〈八路军军政杂志〉发刊词》（1939 年 1 月 2 日），载中共中央文献研究室、中央档案馆编：《建党以来重要文献选编（1921—1949）》（第 16 册），北京，中央文献出版社，2011 年，第 1 页。

② 《反对投降活动》（1939 年 6 月 30 日），载《毛泽东选集》（第二卷），北京，人民出版社，1991 年，第 570～573 页。

③ 《八路军致林主席蒋委员长等电》，《新中华报》，1940 年 1 月 20 日。

④ 中共中央党史研究室：《中国共产党历史 第一卷（1921—1949）》（下册），北京，中共党史出版社，2011 年，第 539 页。

模的主动的进攻的战役，也属空前所未有。"①同一天，《新中华报》还详尽地报道了八路军在正太、白晋、平绥、北宁、平汉等交通线展开的百团大战概况。②1940年9月8日，《新中华报》头版以半个版面报道了百团大战的4个战斗要报。③此后至11月3日，《新中华报》几乎每一期均登载百团大战战斗要报，计有：9月12日9个，9月15日7个，9月19日8个，9月22日3个，9月29日3个，10月6日6个，10月17日1个，10月20日2个，10月24日3个，10月31日5个，11月3日3个。④9月15日，《新中华报》以头版一个版面登载了八路军副总指挥彭德怀关于百团大战伟大意义的谈话，他说："这一次'百团大战'已经证明了八路军的力量，已经证明了八路军对于国家民族的贡献。如果有着更强大更巩固的八路军，就一定可以创造更伟大的胜利，对于我国抗战的胜利的益处将是不可限量的。"⑤

　　在百团大战捷报频传之时，恰逢九一八事变九周年，中国共产党在延安召开了盛大的庆祝"百团大战胜利"与纪念九一八事变九周年的大会，中共中央领导人毛泽东、朱德、张闻天等出席大会，朱德与八路军政治部主任王稼祥等发表了讲话，参会群众高呼口号："继续百团大战的精神，坚决保卫重庆、保卫大西北、保卫云南！""继续百团大战的精神，把日寇赶出中国去！""英勇无敌的八路军万岁！中国共产党万岁！中华民族解放万岁！"等等。⑥《新中华报》在印刷条件困难的情况下为本次大会特别增刊四版，既详细记录了庆祝大会的过程，又配发了百团大战战绩的初步统计结果、陈漫远的长篇评论文章《八路

---

① 《八路军在华北反扫荡的百团大战》，《新中华报》，1940年8月30日。
② 《八路军展开百团精兵大战，攻克天险娘子关，进击平绥平汉同蒲正太等据点之敌》，《新中华报》，1940年8月30日。
③ 《八路军总司令部百团大战要报》，《新中华报》，1940年9月8日。
④ 《八路军总司令部百团大战要报》，《新中华报》，1940年9月12日，1940年9月15日，1940年9月19日，1940年9月22日，1940年9月29日，1940年10月6日，1940年10月17日，1940年10月20日，1940年10月24日，1941年10月31日，1940年11月3日。
⑤ 《彭副总司令谈百团大战的伟大意义》，《新中华报》，1940年9月15日。
⑥ 《延安各界庆祝百团大战胜利、纪念九一八九周年大会记》，《新中华报》，1940年9月22日。

军"百团大战"的伟大胜利》，以及蒋介石、卫立煌的贺电等。① 随后，《新中华报》头版头条又刊发了朱德的《扩张百团大战的伟大胜利》，他希望："八路军全体指战员和政工人员，发扬牺牲者的英勇坚决的精神，再接再厉，愈战愈奋，胜不骄，败不馁，继续扩大百团大战的伟大胜利。"② 与此同时，《八路军军政杂志》出版了百团大战特辑，除刊发了朱德的《扩张"百团大战"的伟大胜利》一文外，还发表了彭德怀关于百团大战伟大意义的谈话，以及左权的《论"百团大战"的伟大胜利》、萧向荣的《从"百团大战"说起》等。③

　　相较于在中国共产党领导的抗日根据地出版发行的刊物，《新华日报》因是在国统区发行，经常受到国民党当局的干扰，这在一定程度上限制了它对八路军、新四军抗日军事斗争的报道与宣传。以百团大战为例，当《新中华报》《解放》《八路军军政杂志》等大量宣传时，《新华日报》只能以有限的篇幅报道华北前线的一般战况，且迟至 1940 年 9 月 27 日《新华日报》在报道中才使用"百团大战"字样。即使如此，"百团大战"消息还是附属于桂渝各界群众的慰劳捐赠的新闻。④ 然而，《新华日报》面对国民党设置的种种障碍并没有退缩与气馁，相反他们以更加灵活的方式报道了百团大战，使国统区的人们及时了解了八路军抗战情形，使关于中国共产党"游而不击"的谣言不攻自破，如1941 年 1 月 4 日，《新华日报》刊发了陈克寒的《井陉煤矿的毁灭》一文，详细介绍了百团大战期间这一令人振奋的战绩。⑤ 因此，八路军百团大战捷报频传，博得大后方的人们赞许，纷纷致函写信、捐款捐物慰劳八路军将士。⑥ 这说明中国共产党对百团大战的宣传是成功的，达到了发动百团大战最初的目的，重新树立了中国共产党坚持抗战的英勇形象。

① 陈漫远：《八路军"百团大战"的伟大胜利》，《新中华报》，1940年9月22日；《百团大战战绩初步总结》《八路军"百团大战"伟大战绩，蒋委员长特电嘉奖》《八路军百团大捷，卫司令长官驰电祝贺》，《新中华报》，1940年9月22日。
② 朱德：《扩张百团大战的伟大胜利》，《新中华报》，1940年9月26日。
③ 《八路军军政杂志》，1940年第9期。
④ 《华北百团大战出击，捷报频传全国兴奋，桂各界纷纷捐款慰劳×路军，渝汽车公司职员捐送血汗钱》，《新华日报》，1940年9月27日。
⑤ 陈克寒：《井陉煤矿的毁灭》，《新华日报》，1941年1月4日。
⑥ 《百团大战捷报振奋全国人心，后方民众纷纷慰我八路将士》，《新中华报》，1940年11月3日。

在百团大战期间及其后，中国共产党领导的文学艺术工作者以各种方式也在积极宣传百团大战之辉煌战绩，如战斗剧社莫耶 1940 年创作的活报剧《百团大战》，贾克作词、郑律成作曲的歌曲《百团大战进行曲》，贾克创作的诗歌《在百团大战庆祝会上的自卫队员》等均是歌颂宣传百团大战的代表作品。[①] 此外，文学艺术工作者以举办晚会、联欢会等形式庆祝百团大战的胜利，进一步扩大了对百团大战的宣传，如 1940 年 9 月 6 日鲁迅艺术文学院举办庆祝晚会，并在晚会上再次演出话剧《日出》助兴；9 月 21 日抗大、军政学院、供给学校、医科大学举行联欢晚会庆祝百团大战胜利，节目有鲁艺的演奏与歌咏，女大的大合唱，抗大青年队的舞蹈，鲁艺平剧团的《打渔杀家》，后勤政治部的《捉放曹》，医大的《珠帘寨》。[②] 在宣传画方面，范云的《关家垴歼灭战》、彦涵的《八路军占领井陉煤矿》等也反映八路军百团大战的情况。[③]

1940 年 12 月 5 日，百团大战宣告结束。《新中华报》适时发表社论《敌后反扫荡胜利的重大意义》，对百团大战的意义进行了总结。[④] 中国共产党关于百团大战之宣传亦暂告一段落，其宣传工作转向了新的战线。

3. 全面抗战后期的宣传

1940 年 12 月 26 日，日军调整了对华作战的基本方针，其作战纲要的思想为："彻底肃正华北治安、空军进攻作战、对华集中作战谋略、加强封锁以及扶植中国武装的治安警察力量。"[⑤] 于是，自 1941 年始，日军在华北、华中等地大

---

① 刘西林整理：《战斗宣传队、战斗剧社编演的部分戏剧、活报一览表》（1928—1953），载中国人民解放军文艺史料编辑部编：《中国人民解放军文艺史料选编·抗日战争时期》（第一册），北京，解放军出版社，1988 年，第 446 页；刘润为主编：《延安文艺大系·音乐卷》（下册），长沙，湖南文艺出版社，2015 年，第 733～734 页；贾克：《在百团大战庆祝会上的自卫队员》，载刘润为主编：《延安文艺大系·诗歌卷》，长沙，湖南文艺出版社，2015 年，第 458～465 页。

② 刘润为主编：《延安文艺大系·文艺史料卷》（上册），长沙，湖南文艺出版社，2015 年，第 92～93 页。

③ 中国国家博物馆编：《抗日战争时期宣传画》，上海，上海人民出版社，2015 年，第 62～64 页。

④ 《敌后反扫荡胜利的重大意义》，《新中华报》，1940 年 12 月 5 日。

⑤ 《日军一九四一年度对华作战的基本方针》（1940 年 12 月 26 日），《中国抗日战争军事史料丛书》编审委员会编：《中国抗日战争军事史料丛书·八路军·参考资料（7）》，北京，解放军出版社，2015 年，第 98 页。

规模地推行以"总力战"方针为指导的"治安强化运动"和"清乡运动"，企图在一定期限内通过反复的"扫荡""清乡"，将中国共产党和抗日根据地的人民武装加以消灭。[①] 日军同时强调："作战以维持治安及肃正占据地区为主要目的，不进行大规模进攻作战。如果需要，可以进行短促的奇袭作战。但以不扩大占据地域和返回原驻地为原则。"[②] 这在一定程度上决定了日军对抗日根据地的"扫荡""清乡"作战的总兵力虽然约有33.2万人，占其1942年用于华北、华中的军队总数55万余人的大部，[③] 但实际每次出动的兵力规模相对较小。有资料显示，日军对华北抗日根据地的"扫荡"，一次使用兵力在千人以上至万人的有132次；万人以上至7万人的27次。[④] 这说明此一阶段内，日军尽管向中国共产党及其领导的抗日根据地展开了频繁的进攻，只是每次所使用的兵力相对较少，"扫荡"与反"扫荡"作战的规模亦相对较小，所以中国共产党对敌后战场的宣传不似之前平型关大捷、百团大战那样大规模宣传，而是集中于一般战斗的新闻宣传。

在日军残忍而频繁的进攻之下，中国共产党领导的敌后抗日根据地出现了严重的困难局面，到1942年八路军、新四军由50万人减为约40万人；根据地面积缩小，总人口由1亿减少到5000万以下。[⑤] 面对困难，中国共产党及其领导的人民武装一方面积极开展反"扫荡"、反"蚕食"斗争，另一方面继续加大抗日军事斗争的宣传。此时中国共产党以新闻报道与战报、消息等主要形式，及时传递前线战况，如《新四军消灭敌伪，俘获甚多》《江北新四军歼敌

---

① 中共中央党史研究室：《中国共产党历史 第一卷（1921—1949）》（下册），北京，中共党史出版社，2011年，第583页。

②《日本大本营陆军部制定的〈对华长期作战指导计划〉》，载《中国抗日战争军事史资料丛书》编审委员会编：《中国抗日战争军事史料丛书·新四军·参考资料（8）》，北京，解放军出版社，2015年，第251页。

③ 中共中央党史研究室：《中国共产党历史 第一卷（1921—1949）》（下册），北京，中共党史出版社，2011年，第583页。

④ 中共中央党史研究室：《中国共产党历史 第一卷（1921—1949）》（下册），北京，中共党史出版社，2011年，第584页。

⑤ 中共中央党史研究室：《中国共产党历史 第一卷（1921—1949）》（下册），北京，中共党史出版社，2011年，第584页。

活跃》《鲁南八路军连日痛歼敌》《华北我各根据地继续展开交通战》等；[①] 又如《援助友军反"扫荡"战，鲁八路军向敌猛攻，博山寇军集团图犯泰山区》《新四军李师转战鄂省迭获胜利》等。[②] 1943 年 2 月 24 日，《解放日报》报道了太行军民 1942 年一年的战绩：全年大小战斗 5763 次，攻克大小据点 372 处，毙伤日官兵 9999 名，伪官兵 14 561 名，生俘日官兵 67 名，伪官兵 9952 名，及其他伪政权人员 1645 名，投诚日军 4 名，伪军反正 23 批共 255 人，总计毙俘及自动投诚反正敌伪人员共 36 483 名。[③] 再如《解放日报》于 1942 年 7 月 2 日以《冀东我军展开破袭，北宁等线敌伪震恐，平北我克敌据点碉堡四十七座》为题报道了八路军的军事斗争概况。[④] 似此类新闻报道与宣传在《解放日报》《新华日报》等报刊上比比皆是，不再一一赘述。通过这些宣传，中国共产党使人们坚信在敌后抗日根据地遭遇困难时期的情况下仍在战斗，并不断取得成绩，使人们对中国共产党抗日形象的认识有了进一步的提升。

　　1943 年以后，日军对敌后抗日根据地的攻势逐渐减弱，与之相对应的则是，中国共产党领导的敌后抗日武装开始摆脱困境，并取得了新的发展，甚至在某些地区展开了局部反攻。1944 年新年的第一天，中国共产党公布了八路军、新四军在过去一年的战绩，并附以日军"扫荡"我军次数兵力之统计。[⑤] 1945 年初，中国共产党连续公布了冀鲁豫、鲁南、豫西、苏北、太行等解放区的战绩。[⑥] 这些新闻宣传在新年伊始发布，可谓是献给人们的最好的新年礼物。1945 年 8 月 10 日，《解放日报》发表了毛泽东关于苏联对日宣战的声明，称：

---

① 《新中华报》，1941 年 5 月 11 日。

② 《解放日报》，1942 年 3 月 22 日。

③ 《太岳我军伏击白纳歼敌甚多，太行军民一年战绩惊人》，《解放日报》，1943 年 2 月 14 日。

④ 《冀东我军展开破袭，北宁等线敌伪震恐，平北我克敌据点碉堡四十七座》，《解放日报》，1943 年 7 月 2 日。

⑤ 《八路军一年战绩（一九四三年战斗统计）》《新四军一年战绩（一九四三年战斗统计）》《一九四三年敌寇"扫荡"我军次数兵力统计》，《解放日报》，1944 年 1 月 1 日。

⑥ 《冀鲁豫我军一年来光复国土廿万方里，解放同胞五百余万》，《解放日报》，1945 年 1 月 1 日；《鲁南八路军作战一年，解放区面积扩大一倍》《豫西新解放区已有一万三千万方里，渑池南村伪军四百携枪反正》，《解放日报》，1945 年 1 月 2 日；《苏北解放区一年来扩大四万四千方里》，《解放日报》，1945 年 1 月 5 日；《太行八路军奋战一年，毙伤俘敌伪军万余人》，《解放日报》，1945 年 1 月 6 日。

"对日战争已处在最后阶段，最后地战胜日本侵略者及其一切走狗的时间已经到来。"他号召八路军、新四军及其他一切人民军队："应在一切可能条件下，对于一切不愿投降的侵略者及其走狗实行广泛的进攻，歼灭这些敌人的力量，夺取其武器和资财，猛烈地扩大解放区，缩小沦陷区。"① 由此，中国共产党及其领导的人民武装力量向日军展开了最后一战。随着 1945 年 8 月 15 日日本宣布投降，中国共产党对敌后战场的宣传工作画上了圆满的句号。

综上而言，全面抗战时期敌后战场的宣传是中国共产党对抗日军事斗争进行报刊宣传的主要工作。中国共产党在报刊上对敌后战场的宣传内容主要围绕八路军、新四军及其他人民武装的对日军事斗争展开，宣传的重点主要集中于抗战前期中国共产党取得的几次大胜利，如平型关大捷、奇袭阳明堡等，这对于鼓舞士气、振奋人心起了积极作用。抗战中期宣传的重点是百团大战，它对于重塑中国共产党的抗战形象起了关键作用，也打破了弥漫在妥协派心头的消极悲观情绪，坚定了人们抗战的决心。在抗战后期，中国共产党宣传敌后战场军事斗争的方式主要以战报等形式展开，通过对战果的数据统计，使人们始终对中国共产党抗战抱以极大希望，对中国抗战胜利的前途抱以极大希望。

第四节 | 稳固的后方：抗日民主根据地的建设与宣传

抗日民主根据地，是贯彻和实现中国共产党的新民主主义理论的先锋阵地。因此，为了使争取新民主主义前途的主张更加深入人心，使抗日民主根据地真正成为政治民主、民族团结、经济发展、政府廉洁的社会，中国共产党在紧张的军事斗争间隙，通过报刊等媒介对抗日民主根据地的建设进行了卓有成效的宣传，扩大了抗日民主根据地的影响力，汇集了社会各界力量团结一致共同抗日。

---

① 《对日战争进入最后阶段，毛泽东同志发表声明，致电斯大林元帅将以全力配合红军及盟军作战》，《解放日报》，1945年8月10日。该文后收录于《毛泽东选集》(第三卷)，题为《对日寇的最后一战》。

一、"三三制"：抗日民主政权建设的宣传

抗日战争全面爆发后，中国共产党在开辟的各抗日根据地包括陕甘宁边区积极推行民主政权建设。此时，中国共产党已经根据抗日民族统一战线政策，审时度势，主动放弃了带有强烈阶级性的苏维埃模式。[①] 正如毛泽东在与英国记者贝特兰谈话时对中国共产党倡导的"民主共和国"的解释那样，它"不是一阶级的国家和政府，而是排除汉奸卖国贼在外的一切抗日阶级互相联盟的国家和政府。"[②]

然而，1940 年以前，由于各抗日根据地政权（包括陕甘宁边区）初建，在各级民意机关和政府机关内，共产党员的"清一色"现象相当普遍。如陕甘宁边区第一届参议会的议员共 145 人，其中党外人士仅有 8 人，常驻议员 9 人，边区政府委员 15 人，全是共产党员。乡和县一级的情况，也大体如此。[③] 中共中央也曾指出晋西北政权工作中的问题之一是政权内"差不多是清一色党员"。[④] 显然，这种情况与抗日民族统一战线政策不相符合。

因此，1940 年 3 月 6 日，毛泽东在为中共中央起草的对党内的指示中明确规定："根据抗日民族统一战线政权的原则，在人员分配上，应规定为共产党占三分之一，非党的左派进步分子占三分之一，不左不右的中间派占三分之一。"[⑤] 3 月 11 日，毛泽东在延安中国共产党的高级干部会议上作报告时再次指出："在政权的人员分配上，应该是：共产党占三分之一，他们代表无产阶级和贫农；左派进步分子占三分之一，他们代表小资产阶级；中间分子及其他分

---

① 王建朗、曾景忠：《抗日战争（1937—1945）》，载张海鹏主编：《中国近代通史》（第9卷），南京，江苏人民出版社，2013年，第432页。

② 《和英国记者贝特兰的谈话》（1937年10月25日），载《毛泽东选集》（第二卷），北京，人民出版社，1991年，第382页。

③ 李忠全、王振中：《陕甘宁边区三三制简述》，载中共延安地委统战部、中共中央统战部研究所：《抗日战争时期陕甘宁边区统一战线和三三制》，西安，陕西人民出版社，1989年，第381页。

④ 《中央对晋西北工作的指示》（1940年6月8日），载中央档案馆编：《中共中央文件选集》（第12册），北京，中共中央党校出版社，1991年，第404页。

⑤ 《抗日根据地的政权问题》（1940年3月6日），载《毛泽东选集》（第二卷），北京，人民出版社，1991年，第742页。

子占三分之一，他们代表中等资产阶级和开明绅士。"①

"三三制"政权方案的构想，是毛泽东与中国共产党自1935年提出抗日民族统一战线政策以来对于政权组织形式长期探索的结果，是毛泽东与中国共产党为应对当时面临的紧迫问题而提出的解决方案。因此，有学者指出，毛泽东提出"三三制"政权原则的目的在于：第一，为了切实贯彻党的抗日民族统一战线政策，团结更多更广的力量，巩固和发展根据地政权，战胜敌伪顽夹击造成的严重困难；第二，为了反对国民党顽固派一党专政的独裁统治，用根据地民主政治建设的实践，呼应国内民主宪政运动，推动全国政治民主化的进程；第三，为了纠正和克服党内在政权建设问题上存在的"左"、右错误倾向，改善和加强党对根据地政权的领导。②

因此，一场以"三三制"为主要特征的民主政权建设在中国共产党领导的抗日根据地拉开了帷幕，中国共产党宣传"三三制"的号角也吹响了，其中对于作为典型的陕甘宁边区、晋察冀边区的宣传尤为重视。1940年4月4日，陕甘宁边区政府委员会通过了《陕甘宁边区政府关于新区行政工作之决定》，该决定规定，"各级参议员与政府委员，必须包括有各阶级、各抗日党派与无党派之成分"，"无论任何一政党之党员，所占议员或委员之总数量不得超过三分之一"。③这标志着由中国共产党自己创造的一党领导、多方参与的民主政权组织形式开始进入了初步的实践阶段。

从1940年3月始，中国共产党领导的相关刊物开始报道宣传"三三制"原则。如《新中华报》在部分社论、评论与新闻稿件中，均提到了"三三制"原则，此类稿件有：《拥护中共中央的伟大宣言》《团结抗战》《纠正统一战线中的"左"右倾错误》《加强抗日根据地工作》《县长联席会议闭幕，检查过

---

① 《目前抗日统一战线中的策略问题》（1940年3月11日），载《毛泽东选集》（第二卷），北京，人民出版社，1991年，第750页。

② 樊卡娅：《毛泽东提出"三三制"政权原则的思想动因》，《安庆师范学院学报（社会科学版）》2003年12月专刊。黄正林：《中共在陕甘宁边区执政问题研究——以抗日民主政权和"三三制"为中心》，《中共党史研究》，2017年第9期。

③ 《陕甘宁边区政府关于新区行政工作之决定》（1940年4月4日），载陕西省档案馆、陕西省社会科学院编：《陕甘宁边区政府文件选编》（第二辑），北京，档案出版社，1987年，第154页。

去工作讨论今后的建设计划，各专员县长返任即布置征粮工作》《陇东分区在进步中》等。① 《新中华报》于 1940 年 9 月 29 日刊登了《中共晋察冀边委目前施政纲领》，② 并配发时评《为什么要行"三三制"》，向人们解释中国共产党实施"三三制"的原因，最后声明："'三三制'非实行不可，且不能容许不实行。"③ 10 月 1 日，《新华日报》详细报道了晋察冀边区普选的情况，文章称："竞选运动，较以前更为热烈，除各群众团体提出竞选人外，个人也有参加竞选者。正当各地县选举之竞选运动轰轰烈烈之际，中共于'八一三'三周年纪念日发表了关于晋察冀边区目前施政的意见，其中一点，提出保证共产党员在各级选举中仅占当选人的三分之一，其他各党各派与无党无派人士占三分之二；边区国民党部也提出了竞选纲领，号召国民党员参加竞选。记者在各县考察县级选举结果，共产党议员均未超过三分之一，有些地方，人民虽纷纷投票选举共产党员作议员，但被选者仍坚决执行上级决议以诚挚之态度谦让。"④ 迟至 1940 年 10 月 16 日，《解放》杂志在报道晋察冀边区民主选举概况时，也附带刊发了 8 月 30 日中共晋察冀边区党委所提拟的《晋察冀边区施政纲要》。⑤ 《共产党人》在 1940 年 9 月 26 日刊发了罗迈的《关于政权的"三三制"》，它对中国共产党的"三三制"原则进行了解读，既说明了"三三制"的含义，又阐释了推行"三三制"应注意的问题、实施的政治基础与作风问题等。⑥

　　1941 年后，中国共产党在各抗日根据地开始全面推行"三三制"，相关宣传报道也逐渐增多起来。为响应《新中华报》1940 年 9 月 29 日刊发的《为什么要行"三三制"》，该报在 1941 年 1 月 23 日又登载了署名觉哉的文章《怎样才能实现"三三制"》。该文提出："'三三制'不是可以规定在法文上的'制'，而是党的政策运用上的'制'。"文章指出，若要避免"三三制"流于形式，那么就必须要有抗日民族统一战线的具体政纲；要保证执行的是"民主"；要学

①《新中华报》，1940年7月9日；7月16日；8月13日；9月12日；11月3日；11月3日。
②《中共晋察冀边委目前施政纲领》，《新中华报》，1940年9月29日。
③《为什么要实行〈三三制〉》，《新中华报》，1940年9月29日。
④《冀察晋边区推进民主普选运动，各县议会成立人民热烈拥护，各党派各阶层具有被选权利》，《新华日报》，1940年10月1日。
⑤《晋察冀边区抗日民主政治发展上的重大事件》，《解放》，1940年第117期。
⑥ 罗迈：《关于政权的"三三制"》，《共产党人》，1940年第11期。

习政治家的风度，克服狭隘的观点；每个参加政权的党员干部政治水平和马列主义觉悟程度都要高，工作要积极。①通过以上之宣传，人们对于为什么实施"三三制"、怎样实施等问题的认识逐渐清晰起来，这既有利于"三三制"原则的推行，又团结了各界群众积极参与抗日根据地民主政权的建设。

1941年4月30日，中共陕甘宁边区中央局发布了《陕甘宁边区施政纲领》，其中规定："本党愿与各党各派及一切群众团体进行选举联盟，并在候选名单中确定共产党员只占三分之一，以便各党各派及无党无派人士均能参加边区民意机关之活动及边区行政之管理，在共产党员被选为某一行政机关之主管人员时，应保证该机关之职员有三分之二为党外人士充任，共产党员应与这些党外人士实行民主合作，不得一意孤行，把持包办。"②依据此施政纲领，陕甘宁边区开始进行行政机关与民意机关改选工作。11月13日，陕甘宁边区政府委员会讨论乡选初步总结，认为："三三制"得到普遍实现，大大提高了人民对管理政权的认识与行为，更增进了人民与政府的关系，教育了广大干部与群众，更加团结了少数民族。其所得的经验则证明了"三三制"完全可能实现。③以上内容均登载于《解放日报》，使人们对于抗日民主政权建设尤其是"三三制"的认识更进了一步。

针对"三三制"实施过程中存在的问题，《解放日报》于1942年3月连发两篇社论，批评了部分党员干部存在的模糊、错误认识。社论认为："'三三制'不仅是符合于全体抗日人民的利益的政权形式，'三三制'还是锻炼我们的党员、我们的党的组织，使之真正成为全体抗日人民、整个中华民族的利益的代表者，成为引导他们走向胜利之路的带路人的必须的途径。"社论最后强调："我们一定要坚决地、毫不犹豫地实行'三三制'！"④随后各地区尤其是县级单位对于"三三制"存在问题的地方加以改正，至5月份基本上整改完毕。这

---

① 谢觉哉：《怎样才能实现"三三制"》，《新中华报》，1941年1月23日。
② 《中共陕甘宁边区中央局关于发布新的施政纲领的决定》（1940年4月30日），《解放》，1941年第128期。
③ 《边区政府委员会讨论乡选初步总结，全边区选出三万以上乡参议员，三三制普遍实现政权机构改进》，《解放日报》，1941年10月14日。
④ 《充实县级三三制》，《解放日报》，1942年3月4日；《实行三三制——贯彻党的领导》，《解放日报》，1942年3月13日。

时，《解放日报》又发表了一篇社论，肯定了边区各县县议会、县政府经过调整充实之后，在成分上已经实现了"三三制"。① 然而，在实际工作中，某些地区仍存在党政不分、党组织对各种工作一把抓的现象。为此，1942 年 9 月 1 日中共中央政治局在通过的《中共中央关于统一抗日根据地党的领导及调整各组织间关系的决定》中强调："党委与政权系统的关系，必须明确规定。……为了实行'三三制'，党对政权系统的领导，应该是原则的、政策的、大政方针的领导，而不是事事干涉，代替包办。"② 与此同时，《解放日报》于 1942 年 9 月 17 日发表社论，批评了党政不分的弊端，同时又指出："只有党对政权能够实现政策上的领导，政权工作也才能做得好。"③

1943 年 6 月 14 日，《解放日报》关于第二届联合国日发表社论，认为："现在所进行着的世界战争，乃是两个政治原则之间的战争，就是法西斯主义的政治原则与民主的政治原则之间的战争。"故抗战与民主不能分离，而中国共产党完全赞成在中国实行民主的政治原则，并把民主政治的原则具体化，这就是"三三制"的民主政权。社论随后又批判了国内某些人主张的中国式法西斯主义，突出了中国共产党"三三制"的民主政治。④

经过一段时间的实践后，人们对"三三制"的良好评价也纷至沓来。如李鼎铭说："共产党对于民权主义，则是彻底实行民主选举，实行'三三制'，真正做到保障各阶层的人权与财权，废除了中国数千年来的肉刑制度，对失足者采取了始终不变的教育方针和宽大政策。"他还说："我身为党外人士，与共产党合作两年，并没有感觉到共产党的任何歧视与排斥，我亲眼看到全边区参加'三三制'政权的党外人士，同样没有一个人感受到共产党的歧视与排斥。共产党对于民选来的党外人士是开诚相见，崇尚友谊，表现了最高的信任与尊重。"⑤ 由当选为陕甘宁边区政府副主席的党外人士李鼎铭现身说法，是对外宣

---

① 《三三制的运用》，《解放日报》，1942 年 5 月 25 日。
② 《中共中央关于统一抗日根据地党的领导及调整各组织间关系的决定》（1942 年 9 月 1 日），载中央档案馆编：《中共中央文件选集》（第 13 册），北京，中共中央党校出版社，1991 年，第 431 页。
③ 《建立乡村党政关系的正确关系》，《解放日报》，1942 年 9 月 17 日。
④ 《抗战与民主不可分离——祝第二届联合国日》，《解放日报》，1943 年 6 月 14 日。
⑤ 李鼎铭：《驳斥关于我被"撤职"的谣言》，《解放日报》，1943 年 9 月 9 日。

传"三三制"的最好方式，它打破了敌伪顽对中国共产党"三三制"的造谣攻击，更进一步地扩大了"三三制"的宣传。1944年7月7日，《新华日报》刊发了陕甘宁边区政府主席林伯渠在边区政府委员会第四次会议上的报告，进一步增强了中国共产党"三三制"在国统区的影响力。①

1945年后，中国共产党领导的抗日根据地民主政权在坚持"三三制"的基础上又有了新的发展，那就是普遍开展的选举解放区人民代表的工作。1945年4月24日，毛泽东在中国共产党第七次全国代表大会上作了《论联合政府》的政治报告，他提出："需要在广泛的民主基础之上，召开国民代表大会，成立包括更广大范围的各党各派和无党无派代表人物在内的同样是联合性质的民主的正式的政府，领导解放后的全国人民，将中国建设成为一个独立、自由、民主、统一和富强的新国家。"② 在这一思想指导下，1945年5月30日，《解放日报》登载了太行、皖江等要求立即召开解放区人民代表会议的消息，自此至12月底，该报连续报道了各解放区选举人民代表的消息，其中6、7、8、9月最为集中。通过选举解放区人民代表大会工作及其报道，中国共产党向外传递了解放区良好的民主建设成就。

总之，以"三三制"为主要特征的抗日根据地民主政权是中国共产党贡献于世界民主制度的创举，它使中国共产党在抗日战争期间团结了各党派与无党派人士共同战斗，最终为中华民族赢得抗日战争的胜利产生了积极作用。中国共产党在推行"三三制"为核心的民主政权建设过程中，通过报刊等媒介进行了大量宣传，其中对于作为典型的陕甘宁边区与晋察冀边区的宣传尤为突出，广泛宣传了"三三制"民主政权建设的成绩。但不可否认，"三三制"在实施过程中也存在一些不足之处，也有理想与现实之间的矛盾，中国共产党对此毫不避讳，并不断刊发文章进行批评与反思，总结经验教训，不断完善"三三制"。这在某种程度上也说明了中国共产党宣传的一个原则是，不断促进工作的改进，寻求事业更大的进步。

---

① 《陕甘宁边区政府一年工作总结——一九四四年一月六日林祖涵主席在边区政府委员会第四次会议上的报告，《新华日报》，1944年7月7日。
② 《论联合政府》（1945年4月24日），载《毛泽东选集》（第三卷），北京，人民出版社，1991年，第1029～1030页。

二、"减租减息"：党的土地政策的宣传

1937 年 8 月 25 日在洛川召开的中共中央政治局扩大会议通过的《中国共产党抗日救国十大纲领》，其中第七条"改良人民生活"规定了"减租减息"，这是中国共产党首次明确提出"减租减息"政策。9 月 6 日出版的《解放》杂志发表了由毛泽东为中共中央宣传部门起草的宣传鼓动提纲《为动员一切力量争取抗战胜利而斗争》，该提纲全文公布了《抗日救国十大纲领》。[1] 从 9 月 16 日至 10 月 2 日，《解放》杂志连续三期刊登了《抗日救国十大纲领》，从而扩大了《抗日救国十大纲领》的宣传，也使人们开始关注中国共产党的减租减息政策。

然而，在 1942 年之前，尽管有晋察冀、晋冀鲁豫等根据地开始实施减租减息政策，但事实上各根据地还没有将该政策置于突出的位置。[2] 并且这一时期中共中央也尚未出台明确而具体的减租减息政策，换言之，如何减？减多少？中共中央并未给出明确的说法，租佃问题也很少出现在中央和边区政府的文件中。[3] 所以，在 1942 年以前关于减租减息之宣传鲜见于报端。直到 1940 年 8 月国统区物价上涨、人民生活发生困难时，急民所难的中国共产党才在《新中华报》的社论中向国民党当局提出改善人民生活诸条建议，其中之一即为："废除苛杂，减租减息，减轻农民的负担。"[4] 邓发在《论抗战中的民生问题》中同样将此建议抛给了国民党政府，他还主要地介绍了华北抗日根据地实施减租减息政策的效果，称："实行减租减息，这是实行改良调剂阶级关系的办法。……此项办法在华北及晋察冀边区及整个山西，根据具体情形，实行二五减租，分半减息，结果把华北广大的人民抗战热忱发动起来了，它的收效是非常大的。"[5] 即使如此，中国共产党此时对减租减息的宣传仍是比较有限。

1942 年 1 月 28 日，中共中央政治局通过了《中共中央关于抗日根据地土

---

① 《为动员一切力量争取抗战胜利而斗争》，《解放》，1937 年第 15 期。
② 张宪文等：《中华民国史》（第 3 卷），南京，南京大学出版社，2005 年，第 399 页。
③ 黄正林：《地权、佃权、民众动员与减租运动》，《抗日战争研究》，2010 年第 2 期。
④ 《适当的改善人民生活》，《新中华报》，1940 年 8 月 16 日。
⑤ 邓发：《论抗战中的民生问题》，《新中华报》，1940 年 8 月 16 日。

地政策的决定》，及其三个附件（关于地租及佃权问题，关于债务问题，关于若干特殊土地的处理问题），从而明确了减租减息的基本标准。中共中央认为："欲求团结全国各阶级，举行战略反攻，彻底战胜日寇，除军事上政治上加以改革外，惟有采取合理的土地政策，取得农民群众的赞助，方能达此目的。"[①] 2月4日，中共中央又作出指示：实施减租减息政策，首先要把广大农民群众发动起来；其次要联合地主抗日，但对其须采取先打后拉，一打一拉，打中有拉，拉中有打的策略方针。中共中央要求："一切没有实行减租减息，没有发动群众热情的地区，在广大农民群众自愿而不是少数人包办蛮干的基础之上，迅速实行减租减息，迅速把群众热情发动起来。"[②]

在上述中共中央精神的指示下，《解放日报》等开始为宣传减租减息做舆论上的准备。2月6日《解放日报》全文刊发了《中共中央关于抗日根据地土地政策的决定》及其三个附件。2月11日，黄韦文的《关于根据地减租减息的一些材料》发表于《解放日报》，该文分析了国内的农民阶级基本情况及租佃关系、债权关系，从数据上为中共中央实施减租减息政策提供了有力支持。[③] 2月16日，《解放日报》介绍了晋西北边区实施减租减息政策的成绩。[④] 2月19日，《解放日报》报道了西北局与边区参议会对中共中央减租减息政策的热烈拥护，边区参议会马上组织了专门委员会，进行研究及讨论减租减息问题，拟将讨论研究结果提供政府作为处理土地问题的参考。[⑤] 1942年4月，《解放日报》刊发了《关于土地问题一些名词的浅释》《需要整理的几个土地问题》《绥德新店区租佃问题多》《民众呼声：我要加租（刘老婆）》《晋西北部分地主借口逃避减租》《黄刘氏违法重租，绥德县府念其孤寡无知，从宽免罚》《信箱：二五减租与千分之三七五的区别在那里？》等文章与消息，为减租减

① 《中共中央通过根据地土地政策，保障农民地主双方合法权益，团结全国各阶级举行战略反攻》，《解放日报》，1942年2月6日。

② 《中共中央关于如何执行土地政策决定的指示》（1942年2月4日），载中共中央文献研究室、中央档案馆编：《建党以来重要文献选编（1921—1949）》（第19册），北京，中央文献出版社，2011年，第52页。

③ 黄韦文：《关于根据地减租减息的一些材料》，《解放日报》，1942年2月11日。

④ 《晋西北实施正确土地政策，各阶层生产热忱高涨》，《解放日报》，1942年2月16日。

⑤ 《西北局决组织专门委员会研究关于土地政策的决定》，《解放日报》，1942年2月19日。

息宣传继续造势。① 8月，《解放日报》又刊发了《庆阳驿马区租佃问题》《沙河民众改善借贷关系，抗战情绪骤形高涨》。② 通过以上消息的初步报道与问题分析，中国共产党关于减租减息政策及其实施情况的集中宣传报道已经造成声势，专待时机——秋收时节的到来。

　　1942年10月8日，《解放日报》发表了社论《秋收时期的一个重要工作》。该社论称："秋禾已熟，各地正在准备秋收和征粮工作。这时期内，还有一项重要工作，必需唤起各地注意的，就是认真准备执行中共中央土地政策中关于减租交租的指示，以及陕甘宁边区参议会和各地参议会关于减租交租的法令。秋收过后，正是地主和农民办理租佃事项的时期，因此，立刻着手布置这一工作，是不能再有任何迟缓了。"社论回顾了中共中央关于土地政策的决定，以及各地区执行该项土地政策的情况。社论最后强调："要彻底执行党的政策与政府的法令，必须坚决反对官僚主义。不认真执行政策和法令，是官僚主义的主要表现形式之一。各地党和政府的机关，应当把减租交租作为秋收时期的一个重要任务，去检查过去执行减租交租的工作，总结其经验教训，深刻研究党的土地政策，并对地方情况进行周密的调查，使减租交租政策在今年完全贯彻下去，以团结农村各阶层人民为边区之各种建设而共同奋斗。"③ 以该社论为起点，《解放日报》关于减租减息问题的宣传大幕由此而拉开。

　　据笔者粗略统计，从1942年10月至1945年12月，《解放日报》刊发的以减租减息为中心的土地问题的稿件合计有321条。其中，绝大部分又集中在当年12月至次年1月，这与秋收后租佃借贷关系周期性调整有很大关系。涉及的地区主要有陕甘宁边区、晋察冀、晋冀鲁豫、山东、晋绥与华中等。这些稿件的内容主要包括：各地区减租减息工作开展情况、经验总结与推广、反响

---

① 育才：《关于土地问题一些名词的浅释》，《解放日报》，1942年4月5日；潦翔：《需要整理的几个土地问题》，《解放日报》，1942年4月19日；《绥德新店区租佃问题多》，《解放日报》，1942年4月2日；《民众呼声：我要加租（刘老婆）》，《解放日报》，1942年4月5日；《晋西北部分地主借口逃避减租》，《解放日报》，1942年4月8日；《黄刘氏违法重租，绥德县府念其孤寡无知，从宽免罚》，《解放日报》，1942年4月24日；《信箱：二五减租与千分之三七五的区别在那里?》，《解放日报》，1942年4月30日。
② 《庆阳驿马区租佃问题》，《解放日报》，1942年8月16日；《沙河民众改善借贷关系，抗战情绪骤形高涨》，《解放日报》，1942年8月22日。
③ 《秋收时期的一个重要工作》，《解放日报》，1942年10月8日。

与积极意义，存在的主要问题与原因等。从中我们可以看到，各地区宣传与实施减租减息政策的方法是多种多样的，形式也十分灵活。如西川成立了米清办事处专职负责，他们动员了各级政府干部与参议员深入群众做宣传解释工作，并充分利用乡选和军队帮助秋收运动，配合宣传政府中心法令。[①] 又如庆阳三十里铺各乡农会召开主任联席会议，讨论推行减租交租办法；庆阳市政府还召开了市区地主座谈会，征求地主对减租交租政策的意见。[②]

事实上，中国共产党宣传与贯彻减租减息的土地政策还不仅仅限于报刊所登载者。例如山东胶东区自1942年至1945年将减租减息运动逐渐推向深入，其做法主要为：一是党、政、军、民全面动员，各级党组织分别成立减租减息改善雇工待遇工作指导委员会（简称"减委会"），负领导责任。然后组织工作团，以农会面目深入基层调查研究，指导推动运动，与群众打成一片。当时胶东区要求各级领导机关干部都必须参加这项工作，每人最少要做一个村的"双减"工作。二是从农民切身利益入手，个别或召开大会帮助农民算账，弄清"谁养活谁"的问题，启发群众阶级觉悟，组织起来，与地主阶级斗理、斗力、斗法，达到既实行减租减息增加工资，改善群众生活，又壮大农会组织，树立基本群众优势的目的。[③]

经过中国共产党的大力宣传并切实贯彻减租减息的土地政策，各个边区与抗日根据地的减租减息工作多数取得了不错的成绩，尤其是比较彻底地完成减租减息工作的地区，如有资料统计显示："截至1944年底，沂蒙区大部分村庄已比较彻底地完成了减租减息工作，泰山、沂山、泰南区也有部分村庄比较彻底地完成了减租减息。据统计，1944年全区共减租粮3 217 378斤、款879 484元，减息粮112 208斤、款570 762元，增资粮4 062 681斤、款72 054元。"[④]

---

① 《西川实行减租交租，向群众深入宣传，警区集训自卫军营长，分区一级开始党风学习》，《解放日报》，1942年10月20日。

② 《庆阳实行减租交租，三十里铺区农会主任会议，市府召开地主座谈会》，《解放日报》，1942年12月15日。

③ 谢华：《胶东区减租减息运动的回忆》，载山东省档案馆、中共山东省委党史研究室编：《山东的减租减息》，北京，中共党史出版社，1994年，第515～518页。

④ 高克亭：《鲁中区减租减息运动的回忆》，载山东省档案馆、中共山东省委党史研究室编：《山东的减租减息》，北京，中共党史出版社，1994年，第491页。

　　总之，中国共产党通过宣传与实施减租减息政策，使农村租佃关系、借贷关系得到了有效的改善，既激发了农民生产的积极性，又团结了地主阶级共同抗日，同时又培养锻炼了广大党员干部，可谓是一举三得，这些为夺取抗日战争的最后胜利奠定了基础。

三、"自己动手、丰衣足食"：对大生产运动的宣传

　　大生产运动是抗日战争期间中国共产党领导的重大经济建设活动，其目的在于打破敌人之封锁，实现生产自给，克服边区与抗日根据地的物质困难，减轻民众之负担。1938 年 7 月，八路军留守兵团首先开展了生产运动的试点，结果证明了"抗战部队中开展生产运动的可能性"。[①] 1938 年 11 月 30 日，毛泽东在中共中央书记处会议上针对当时面临的困难提议，延安各机关各部门工作须进行一次彻底的检查和整理。[②] 12 月 8 日，毛泽东在后方军事系统干部会上作关于贯彻六届六中全会的指示进行检查工作的动员报告中指出：检查工作，要在五个方面进行检查，即工作、学习、生产、统一战线和党的生活。生产，即生产运动。他说："我们现在钱虽少但还有，饭不好但有小米饭，要想到有一天没有钱、没有饭吃，那该怎么办？无非三种办法，第一饿死；第二解散；第三不饿死也不解散，就得要生产。我们来一个动员，我们几万人下一个决心，自己弄饭，自己搞衣服穿，衣、食、住、行统由自己解决，我看有这种可能。"[③] 12 月 13 日，毛泽东又号召各机关在抗战新阶段的形势下，克服当前一切困难，增加新的力量，以便准备实施我们的反攻。12 月 14 日，中共中央书记处会议讨论了生产运动的准备问题。[④]

　　在这样的背景下，《新中华报》于 1938 年 12 月 20 日发表了《广泛开展

---

① 萧劲光：《八路军留守兵团的生产运动》，《八路军军政杂志》，1939年1月15日。
② 中共中央党史和文献研究院编：《毛泽东年谱》（第二卷），北京，中央文献出版社，2023年，第99页。
③ 中共中央党史和文献研究院编：《毛泽东年谱》（第二卷），北京，中央文献出版社，2023年，第101页。
④ 中共中央党史和文献研究院编：《毛泽东年谱》（第二卷），北京，中央文献出版社，2023年，第102页。

生产运动》的社论。社论指出："广泛开展生产运动，一方面要促进国防经济建设，努力提高工业农业的生产力，激发工人农民以及广大劳动人民的生产热忱。另一方面，它是群众运动，应发动各级党、政、军及各群众团体中的全部工作人员，积极参加生产运动。"社论认为，发展生产运动，是一个广泛的群众运动，因此首先要："扩大生产运动的宣传，深入目前抗战形势的传达，指出我们要遭受的困难，以高度的发扬全体工作人员参加生产的热忱。使大家了解：发展生产运动，不仅对抗战胜利有重要保证，而且对于奠定新中国经济建设的基础，也有非常重要的意义。"①《新中华报》同时还刊登了两个消息：一是毛泽东号召延安市各机关深入工作检查，每人应积极参加生产运动；二是报道了陕甘宁边区政府对生产线上光荣的劳动英雄的表彰。吴力永在《在边区广泛开展生产运动》一文中也指出，解决当前困难的主要方式是在农业、手工业上开展生产运动。② 同时，1939 年 1 月创刊的《八路军军政杂志》刊发了萧劲光的《八路军留守兵团的生产运动》，萧劲光在文中介绍了八路军留守兵团实施生产运动的动因、经过、结果与经验，为陕甘宁边区各机关团体开展普遍的大生产运动打了一针强心剂，使各机关团体有了做好生产运动的信心。这是中国共产党在陕甘宁边区开展大生产运动的初步酝酿，亦可视为后来发动普遍性的大生产运动的预演。

1939 年 2 月 2 日，中共中央在延安召开了生产动员大会，计到会有党政军学群众团体干部以及全体参议员 700 余人。李富春首先报告了生产运动的意义、目的、计划及其实施的办法。③ 毛泽东出席会议并发表了讲话，他说：要发动人力，就要实行民权主义；要动员物力，就要实行民生主义。今天的生产动员大会，也就是实行民生主义的大会。陕甘宁边区有 200 万居民，还有 4 万脱离生产的工作人员，要解决这 204 万人的穿衣吃饭问题，就要进行生产运动。生产运动还包含一个新的工农商学兵团结起来的意义。④《新中华报》于 2 月

---

① 《广泛开展生产运动》，《新中华报》，1938年12月20日。
② 《在边区广泛开展生产运动》，《新中华报》，1938年12月20日。
③ 《开展生产运动，本市召开生产运动，到会七百余人，生产计划详细规定》，《新中华报》，1939年2月7日。
④ 中共中央党史和文献研究院编：《毛泽东年谱》（第二卷），北京，中央文献出版社，2023年，第110～111页。

7日登载了此次大会消息，将生产运动的意义、目的、计划及其实施的办法向人们作了宣传。李富春在这次动员大会上的报告后来又全文刊布于1939年2月28日出版的《解放》杂志。

2月4日，陕甘宁边区党委、边区政府等发出了开展生产运动的紧急通知，通知说："中共中央为着在长期抗战中，保证抗战供给，改善人民及工作人员的生活起见，特号召全边区人民及各机关部队工作人员广泛发展生产运动，以达到财政经济上能自足自给。"通知要求："边区以内党、政、军、民、学校各级人员，每人应保证从今年秋收后，粮食菜蔬完全由自己生产以自给，从今年七月份起，边府减发菜钱两分，从秋收起不再发粮食。"通知还强调："各县接此通知后，不必等待县长或县委书记回县后再讨论，而是立即讨论执行办法，报告边府，以免失掉时机为要。"① 一场轰轰烈烈的大生产运动由此而展开，相应的宣传工作也随之开始。

从1939年2月至5月，《新中华报》集中宣传报道了这场大生产运动，其中3、4月份是生产运动的高潮，宣传报道尤其密集。从其宣传报道的内容来看，主要包括以下几个方面：

一是宣传了各地区各机关单位开展生产运动的基本情况。如《中共中央生产运动号召，本市各机关热烈响应，抗大准备生产细粮三千三百石，边区机关种地三千六百垧》《响应生产运动号召，鲁艺积极筹备，生产委员会业已成立》《安塞春耕布置就绪，生产运动的先锋军》，《生产·劳动·创作——文协生产会议速写》《边府建设厅要争取第一把交椅，农具耕牛籽种均已置备》《土地籽种怎么办？动员群众来解决，驻安塞边区机关的生产运动》《生产运动影响扩大，友区人民表示羡慕，边区群众积极帮助》《延川县级机关每人开荒五垧，日内即可开始工作》等。②

二是宣传介绍大生产运动的经验。如《在生产运动中边府建设厅是怎样组

---

① 《陕甘宁边区党委、边区政府等关于发展生产运动的紧急通知》（1939年2月4日），载中共中央文献研究室、中央档案馆编：《建党以来重要文献选编（1921—1949）》（第16册），北京，中央文献出版社，2011年，第88页。
② 《新中华报》，1939年2月22日，1939年2月25日，1939年2月28日，1939年2月28日，1939年3月3日，1939年3月3日，1939年3月3日，1939年3月3日。

织计划的，把他们的经验运用到各机关中去》一文介绍了陕甘宁边区建设厅组织生产运动的做法，他们首先成立了生产委员会，下设总务、土地、技术、组织、经济等五股，各股分工合作，向农民租赁了270垧耕地，并印制了种地种棉的方法、喂猪养鸡防旱防疫等种种小册子。[1]

三是宣传生产运动中涌现的英雄模范。如《八路军政治部修养所残废员参加生产，白志文是我们的模范》介绍了八路军政治部修养所里职工及生病残废同志积极参加生产运动的情况，尤其是突出了警备五团团长白志文的事迹。[2]

四是宣传生产运动期间的竞赛活动。如《巾帼不弱须眉，固临县妇女向模范县延安挑战》报道了固临县妇女联合会代表全县妇女，向延安、安定等县妇联会发起的开展生产运动竞赛的挑战，颇有你追我赶之气势。[3]

五是集中报道了中央直属机关学校开展生产运动各自的特色与成绩。如敌区工作委员会出版《生产战线》，创造新的工作方式、组织部集肥工作好、文协十几位文学家变成了劳动军、中央秘书处宣传部开荒七十余亩、职工学校加强工艺生产、中央党校开地百亩等。[4]

在此次生产运动期间，《新中华报》还发表了李富春的《生产运动》，强调了生产运动的意义。[5]《新中华报》也通过发表社论进行了鼓动，如其社论《生产突击》曾呼吁："是时候了！再不能让我们迟延！我们要以再接再厉的精神，勇往直前的勇气，完成计划的决心，来进行突击！以我们实际的工作，来回答中共中央给予我们的光荣任务！"[6]至1939年5月，随着春耕陆续结束，各机关单位的生产运动亦纷纷进入了总结阶段。从其结果看，各机关单位基本上完成了预定计划，有些单位甚至超额完成了任务，如边区妇联超过原计划30%[7]，

---

①《在生产运动中边府建设厅是怎样组织计划的，把他们的经验运用到各机关中去》，《新中华报》，1939年2月28日。

②《八路军政治部修养所残废员参加生产，白志文是我们的模范》，《新中华报》，1939年3月19日。

③《巾帼不弱须眉，固临县妇女向模范县延安挑战》，《新中华报》，1939年3月19日。

④《中央直属机关学校第一次生产检查》，《新中华报》，1939年3月22日。

⑤李富春：《生产运动》，《新中华报》，1939年3月3日。

⑥《生产突击》，《新中华报》，1939年3月22日。

⑦《边区妇联超过了计划》，《新中华报》，1939年5月19日。

八路军政治部计划开荒 450 亩，结果完成 465 亩[①]。1939 年 9 月 5 日，《新中华报》发表了边区总生产委员会的总结报告，该报告显示当年陕甘宁边区开荒下种已完成之地亩为 105.5834 万亩，超过计划 45.5834 万亩。[②]

当然，大生产运动并未完全结束，而这只是其中一个阶段而已。随着时间推移，中国共产党开展的大生产运动仍在继续向前发展。如 1939 年 9 月 3 日，朱德、彭德怀致电刘伯承，请其注意开荒生产。[③] 1940 年 2 月 10 日，中共中央、中央军委发出开展生产运动的指示，提出："一面战斗（非战斗机关是一面工作）、一面生产、一面学习的口号。"[④] 1940 年 12 月，国民政府停发八路军经费，并对边区实施封锁，加上百团大战后日军对各抗日根据地的"扫荡"，中国共产党领导的边区与抗日根据地陷入了最困难时期。1941 年 5 月，中共中央军委发出《关于陕甘宁边区部队生产工作的指示》，要求："各机关部队均需要就驻地附近（留守兵团则在直罗镇，三五九旅及直属队则在南泥湾及延安附近）立即加紧夏耕工作，积极经营农业生产，多种秋菜，多饲牲畜，保证全年的全部蔬菜油料及肉食自给。""每人割干草五十斤"，"从事收割马兰草、芦草、蒲草"等。[⑤]

在中共中央的号召下，一场普遍的各个抗日根据地广泛参与的大生产运动由此开启，中国共产党对于大生产运动的宣传亦逐渐频繁起来。以《解放日报》为例，据笔者粗略统计，1943—1945 年关于大生产运动的新闻宣传稿件每年多达 300 余篇，几乎每天都有关于大生产运动的报道。这一时期，中国共产党对

---

① 《八路军政治部初期生产总结》，《新中华报》，1939 年 5 月 23 日。

② 《全年生产运动之伟大收获，全边区开荒百余万亩，超过计划四十五万亩，植树超过七十九万二千株》，《新中华报》，1939 年 9 月 5 日。

③ 《朱德、彭德怀关于注意开荒生产给刘伯承等的电报》（1939 年 9 月 3 日），载中共中央文献研究室、中央档案馆编：《建党以来重要文献选编（1921—1949）》（第 16 册），北京，中央文献出版社，2011 年，第 589 页。

④ 《中共中央、中央军委关于开展生产运动的指示》（1940 年 2 月 10 日），载中共中央文献研究室、中央档案馆编：《建党以来重要文献选编（1921—1949）》（第 17 册），北京，中央文献出版社，2011 年，第 132 页。

⑤ 《军委关于陕甘宁边区部队生产工作的指示》，载中共中央文献研究室、中央档案馆编：《建党以来重要文献选编（1921—1949）》（第 18 册），北京，中央文献出版社，2011 年，第 328 页。

大生产运动的宣传重在成绩与各条生产战线上的英雄人物的模范事迹，以通过树立典型，达到鼓舞人们参与大生产运动的积极性，形成你追我赶的竞赛局面。如宣传三五九旅事迹的《三五九旅的开荒工作》《南泥湾驻军某部劳动英雄开荒竞赛，刘顺清等四人获特等英雄衔》《南泥湾驻军完成十万亩春耕任务》等。其他劳动英雄如申长林、黄立德、李位、刘玉厚、赵占魁、郭凤英、贺保元等，对于这些劳动英雄，中国共产党还召开奖励大会，如1943年3月4日召开的表彰大会对黄立德等66名模范给予了奖励。[1]同年11月26日至12月16日，陕甘宁边区又举行了第一届劳动英雄大会、第三届生产展览会。在大会上，除185名劳动英雄受到奖励外，还展出了6596件劳动成果，1987张表现生产过程的照片及图表，20天内共计五万余人参观。这些展品、照片与图表使参观者直观地感受到了大生产运动的成绩。[2]在这次大会期间，中共中央招待了各位劳动英雄，毛泽东作了《组织起来》的讲话。[3]

随着大生产运动的高涨，书写、歌颂大生产运动及其模范典型的文艺作品也不断涌现，如歌曲《生产运动大合唱》《南泥湾》《军民大生产》《八路军开荒歌》，诗歌《战斗与劳动》《毛主席的纺车》，秧歌《兄妹开荒》《十二把镰刀》，版画《南泥湾的歌》《劳动英雄归来》以及鼓词《新群英会》等。其中有些作品在当时曾刊登于报刊上，在宣传文艺作品本身的同时又进一步宣传了大生产运动，如1943年4月25日和26日《解放日报》连载了《兄妹开荒》词谱。不仅如此，《解放日报》在4月25日还配发了社论《从春节宣传看文艺的新方向》，掀起了一场新秧歌运动。总之，这些作品以生动形象的文字、图像、旋律歌颂了大生产运动与劳动英雄，宣传了中国共产党的大生产运动政策并使其深入人心，鼓舞了人们参加大生产运动的热情，同时也团结了地主阶级，为争取抗日战争的全面胜利奠定了基础。

---

① 《六十六位英雄荣受奖励》，《解放日报》，1943年3月6日。
② 《两大盛会隆重举行闭幕典礼，劳动英雄光荣受奖，廿天参观展览会者逾五万人》，《解放日报》，1943年12月19日。
③ 毛泽东：《组织起来：十一月二十九日在招待陕甘宁边区劳动英雄会上的讲演》，《解放日报》，1943年12月2日。

四、"不做有眼瞎子"：对抗战时期社会教育的宣传

何谓社会教育？有关它的含义可谓是众说纷纭。抗日战争时期，曾有社会教育师范生致信《群众》杂志请教社会教育问题，称他在学习过程遇到三位教师给予了社会教育三种定义，以致他对什么是社会教育感到十分迷茫，不知所措。[①] 仁者见仁，智者见智。人们从不同的角度理解，关于社会教育的定义自然产生了不同的答案。陕甘宁边区教育厅在刊印的《社会教育概论》与《社会教育工作纲要》中对于社会教育给出了自己的定义，称：教育分学校教育和社会教育两种；学校教育是要学生脱离了生产而来受教育的；社会教育则是一面参加劳动生产，一面受教育，受教育不妨碍生产的一种教育方式。[②] 社会教育的作用与意义，不仅仅是教育民众识字，更主要的是给民众以民族革命意识、民族自卫战争中所必需的理论和技能，参加实际救国行动争取抗战胜利。[③] 易言之，社会教育不是简单的扫除文盲的行动，它同时也是进行政治教育、国民动员的重要手段。因此，关于社会教育的宣传具有两层意思：第一是指社会教育的宣传功能，即其本身就是一种宣传；第二是指对社会教育工作基本情况的宣传。

社会教育的宣传功能，主要表现在它的教育目的、教育内容等方面。如陕甘宁边区群众文化教育委员会起草的《关于群众的文化教育建设草案》明确规定："实施民族解放和民主政治为民众教育的中心内容。"[④] 该草案还规定政治课程是其基本课程之一，要求教育对象最低限度 "能了解抗日的纲领和特区的民主自由的特点及特区阶级关系的转变（过去与将来）"，最高限度则要了解以下三个方面的政治项目：（1）中国目前阶级关系的新结合，中国的国际关系的新

---

① 《什么是社会教育》，《群众》，1944年第22期。

② 《社会教育概论》，载陕西师范大学教育研究所编：《陕甘宁边区教育资料·社会教育部分》（上册），北京，教育科学出版社，1981年，第25页；《社会教育工作纲要》，载陕西师范大学教育研究所编：《陕甘宁边区教育资料·社会教育部分》（上册），北京，教育科学出版社，1981年，第60页。

③ 《社会教育工作纲要》，载陕西师范大学教育研究所编：《陕甘宁边区教育资料·社会教育部分》（上册），北京，教育科学出版社，1981年，第60页。

④ 《关于群众的文化教育建设草案》，载陕西师范大学教育研究所编：《陕甘宁边区教育资料·社会教育部分》（上册），北京，教育科学出版社，1981年，第3页。

变化。（2）国内的国际的敌人、朋友、同情者，敌我中间动摇不定者的认识和对策。（3）各种组织形式和斗争形式在特区的转变及工作方法作风的转变。① 学习内容则包括抗日民族统一战线、抗日救国十大纲领等。② 这也正如艾思奇所说："抗战胜利的第一个重要条件，就是要动员老百姓。老百姓要怎样才好动员？首先要使他们觉醒，使他们睁开眼睛，能看清为什么要抗战。"③ 又如晋绥边区也曾规定作为社会教育主要形式的冬学学习内容，应包括晋西北施政纲领及其他政府决议、条例等。④

正是因为社会教育的宣传动员功能，中国共产党十分重视社会教育，如1940年2月18日，中共中央在《关于积极参加国民党区的小学教育与社会教育的指示》中就提出："各级党的组织特别是县区委，必须认识小学教育与社会教育是密切和巩固党与群众联系的主要关键之一，重视这方面的工作，并且积极参加进去。"⑤ 一个月后，即1940年3月18日，中共中央又作出了《关于开展抗日民主地区的国民教育的指示》，中共中央认为："开展抗日民主地区的国民教育，是当前深入动员群众参加与坚持抗战，培养革命知识分子与干部的重要环节。"为此，中共中央要求："各地党的领导机关及其宣传教育部，必须认真的把这一工作当做它们的中心任务之一，坚决反对党内历来对于这一工作的轻视与忽视的态度，及认为战地不能注意与发展国民教育的观点。特别党的宣传教育工作者，应该认真的打破过去宣传教育工作的狭窄的框子而走进这个广大的活动领域中去。"⑥

---

① 《关于群众的文化教育建设草案》，载陕西师范大学教育研究所编：《陕甘宁边区教育资料·社会教育部分》（上册），北京，教育科学出版社，1981年，第4页。

② 吕良：《边区的社会教育》，载陕西师范大学教育研究所编：《陕甘宁边区教育资料·社会教育部分》（上册），北京，教育科学出版社，1981年，第17页。

③ 艾思奇：《使三万双睡眼睁开》，《新中华报》，1939年4月19日。

④ 《今年冬学的任务》，《抗战日报》，1942年12月26日。

⑤ 《中央关于积极参加国民党区的小学教育与社会教育的指示》（1940年2月18日），载中共中央宣传部办公厅、中央档案馆编研部编：《中国共产党宣传工作文献选编（1937—1949）》，北京，学习出版社，1996年，第136页。

⑥ 《中央关于开展抗日民主地区的国民教育的指示》（1940年3月18日），载中共中央宣传部办公厅、中央档案馆编研部编：《中国共产党宣传工作文献选编（1937—1949）》，北京，学习出版社，1996年，第138页。

　　为了能够参与并做好国统区的社会教育工作，中共中央要求地方党组织：第一，须利用国民党所规定的形式参加进去。第二，须努力争取小学教师和小学教师的位置，选择一些适宜而且可能当小学教师的党员，使之固定在小学教育的战线上，同时努力去接近和争取小学教师中的同情分子在党的周围，在党许可的前提下党员于不得已时可以加入国民党。第三，争取在农村中活动的青年和回乡学生，帮助他们利用国民党的形式从事社会的小学的教育。第四，与国民党的进步分子与地方上有正义感的绅士与一切非国民党的教育派系，建立共同合作的统一战线，联合最大多数，向教育界的顽固分子作斗争。第五，须从各方面帮助参加小学教育和社会教育的党员与同情分子。第六，县区委经过党的支部与党所领导和影响下的群众团体，启发群众和士绅等倡办小学教育与社会教育事业。第七，动员党员参加夜学、实习学校和冬学等，以提高自己的文化水平。①

　　对于抗日根据地的社会教育，中共中央规定做法如下：

　　（甲）在各村各乡小学校内或小学校外，建立民革室，救亡室，俱乐部一类的文化教育活动的中心。开办各种民众学校，夜学，识字班（女子可同男子分开，上课应在白天），组织各种识字组，大众黑板，读报，演讲，娱乐体育，壁报，戏剧等一切适合于民众需要及为民众所喜欢参加的活动。小学教员即应成为该乡该村社教的主持者，他的小学生中的优秀分子即可成为他的助手（即小先生制）。该乡该村的共产党员首先应参加这个工作，成为其中的积极分子，并经过它以团结与教育群众。

　　（乙）各级党部，政府，部队，学校，民众团体都应负责在其机关附近办理民革室，救亡室，俱乐部一类的组织及民众学校等，吸收机关周围的群众参加，以帮助社教的发展，并应指定专人负责。

　　（丙）在自卫军内进行有系统的，有计划的社教工作。这是最便利于进行社教活动的场所。

　　（丁）大大发展农村中戏剧歌咏运动。但应注意于戏剧歌咏的通俗化，大

---

① 《中央关于积极参加国民党区的小学教育与社会教育的指示》（1940年2月18日），载中共中央宣传部办公厅、中央档案馆编研部编：《中国共产党宣传工作文献选编（1937—1949）》，北京，学习出版社，1996年，第136页。

众化，民族化，地方化，特别注意于利用旧形式，改造旧形式。

（戊）在每县的中心市镇设立民众教育馆，使之成为推广社教的模范。①

在宣传社会教育工作基本情况方面，中共中央亦作出指示，要求："各种报纸、杂志，应经常披露国民教育的消息与材料，并加以指导与帮助。可能时，应专办推广国民教育的刊物与报纸。通俗的大众读物，今天特别需要。"②因此，中国共产党对于社会教育的基本情况也经常地进行宣传报道，其首要的宣传是使民众认识到社会教育的好处，能够积极主动地参与到社会教育中来。如陕甘宁边区教育厅为了动员人们加入冬学，拟订了20条冬学标语，用纸抄写后张贴于人口较密的村镇，或用粉锭有计划地到处涂写。这20条冬学标语大多朗朗上口，通俗易懂，且与民众生活、抗日斗争相联系，具有一定的鼓动性，如"开办冬学，消灭文盲，是加强抗战的力量"，"冬学是大众的学校，大众都进冬学去"，"配合前线抗战，加强冬学运动"，"要想摆脱不识字的苦，赶快进冬学"，"不识字是有眼瞎子，要不做有眼瞎子，快进冬学去识字"，"人人要劳动，人人要识字，人人要抗战"，"要会写、会算、会看书报、会看路条，快进冬学去"等。③此外，还通过物质奖励与名誉奖励的方式来提高人们对于社会教育的兴趣，如设立飞机奖、火车奖，识字1000字以上者为飞机奖（一等奖），识字500字以上者为火车奖（二等奖）。④

中国共产党对社会教育工作开展情况及其成绩极为重视，在相关媒体上均加以宣传报道。如《新中华报》于1937年11月24日报道了延安市民众识字

①《中央关于抗日民主地区的国民教育的指示》（1940年3月18日），载中共中央宣传部办公厅、中央档案馆编研部编：《中国共产党宣传工作文献选编（1937—1949）》，北京，学习出版社，1996年，第139页。

②《中央关于抗日民主地区的国民教育的指示》（1940年3月18日），载中共中央宣传部办公厅、中央档案馆编研部编：《中国共产党宣传工作文献选编（1937—1949）》，北京，学习出版社，1996年，第140页。

③《陕甘宁边区教育厅通知》（1938年11月17日），载陕西师范大学教育研究所编：《陕甘宁边区教育资料·社会教育部分》（上册），北京，教育科学出版社，1981年，第53～54页。

④《陕甘宁边区教育厅指示信》（1938年11月17日），载陕西师范大学教育研究所编：《陕甘宁边区教育资料·社会教育部分》（上册），北京，教育科学出版社，1981年，第56页；《陕甘宁边区各县识字检阅暂行办法》（1939年12月7日），载陕西师范大学教育研究所编：《陕甘宁边区教育资料·社会教育部分》（上册），北京，教育科学出版社，1981年，第109页。

提灯大会的概况，这次大会不仅教育民众识字，而且开展了国防教育，提高了群众抗日热忱。① 1940 年 6 月 11 日，《新中华报》报道了晋察冀边区上一年开展冬学运动的情况，计冬学学校数量与学生人数均较前年增加一倍。② 1941 年 5 月创刊的《解放日报》甫一发行，即对社会教育给予了较大的关注，先后刊发了《晋察冀边区社会教育成绩卓著，民校识字班普遍设立》《靖边成立民教馆》《冀中社会教育飞跃开展》《冀中社会教育突飞猛进，七县民校学生近四十万》《晋冀鲁豫文化团体通力合作，社会教育日益进步》等消息。1941 年 10 月 24 日《解放日报》发表社论《开展冬学运动》，呼吁各抗日根据地普遍地开展冬学运动，宣称："冬天，是战斗的季节，也是学习的季节，我们准备着战斗，我们也要准备学习。"③ 从 1941 年 10 月开始，至当年 12 月止，《解放日报》集中宣传报道了各抗日根据地开展冬学的情况，刊发相关稿件达三十余篇。这既是对于各地开展冬学教育热火朝天情形的一种反映，又反过来推动了社会教育运动的积极开展。1942 年随着全党整风运动的开展，各地群众也掀起了文化学习的热潮，从而将社会教育运动推向了新的高潮。1943 年以后，社会教育运动的范围进一步扩大，工人、农民、机关干部、部队官兵等各阶层、各行业都掀起了学习的热潮，如《解放日报》刊发之《兴华制革厂工友，文盲消灭思想进步》《管理局召集大会，奖励文化学习模范，文协李应彪工作积极》《陇东驻军举行文展，战士学习成绩卓异》《绥德驻军三连四班为全营学习模范》等消息，就是各行各业的人们学习情况的突出表现。

此外，中国共产党积极树立识字典型，并登报宣传。如《新中华报》1937 年 10 月 14 日报道了安定中区强秀芳在半日学校学习后的成绩，称她的"成绩顶呱呱"。该报同时还报道了延长市各街俱乐部组织的识字组，尤其是西街六七名青年妇女自动单独组织识字组，不到 10 天的时间就学会了新文字的单字母，并把汉字课本第十课 30 个生字全认会了，成为模范。志丹县虎头乡一位 8 岁儿童在一月内，已识 100 多生字。④

---

① 《延安市民众召开识字提灯大会》，《新中华报》，1937年11月24日。
② 《中国共产党晋冀察边区党委关于边区冬学运动总结摘要》，《新中华报》，1940年6月11日。
③ 《开展冬学运动》，《解放日报》，1941年10月24日。
④ 《胜利归强秀芳同志》《青年妇女热烈识字》《八岁小儿童》，《新中华报》，1937年10月14日。

第五节 | 中流砥柱：党的建设与宣传

中国共产党是中国人民抗日战争的中流砥柱，是中国人民夺取抗日战争最终胜利的关键，这就要求中国共产党必须加强党的建设，努力把自身建设成为"一个全国范围的、广大群众性的、思想上政治上组织上完全巩固的布尔什维克化的中国共产党"。[①] 为此，中国共产党积极地深入探索，明确提出了马克思主义中国化命题，创造性地提出了新民主主义理论，并通过整风运动实现了全党新的团结和统一。关于党的建设，中国共产党在报刊上进行了广泛而有效的宣传。

一、马克思主义中国化命题的提出：中共六届六中全会的召开

中国共产党自成立以来在共产国际的指导与帮助下不断发展壮大，取得了可人的革命成绩，但其间也走了一些弯路，使中国革命呈螺旋式发展。全面抗战爆发后，随着抗日民族统一战线的正式形成，党内的右倾错误思想开始抬头，有人主张"抗日高于一切"，[②] 认为在抗日民族统一战线的旗帜下，应建立"统一的国防政府""统一的国防军队""统一的指挥部"，[③] 这等同于是将抗日战争和抗日民族统一战线的领导权拱手让人。显然，这种错误思想违背了中共中央确定的坚持抗日民族统一战线中的独立自主原则，可见及时纠正右倾错误并消除其影响势在必行。

与此同时，共产国际执行委员会主席团于 1938 年 6 月 11 日通过决议，表

---

① 《〈共产党人〉发刊词》（1939 年 10 月 4 日），载《毛泽东选集》（第二卷），北京，人民出版社，1991 年，第 602 页。

② 《挽救时局的关键》（1937 年 12 月 27 日），载《王明言论选辑》，北京，人民出版社，1982 年，第 547 页。

③ 《如何继续全国抗战和争取抗战胜利呢？》（1937 年 12 月 9 日），载《王明言论选辑》，北京，人民出版社，1982 年，第 536～537 页。

示完全同意中国共产党的政治路线，[①]认为中国共产党的政治路线是正确的，并提请中国共产党注意："抗日民族统一战线不是也不能是以限制参加这一战线的政党，无论是国民党，还是共产党或其他抗日政党在政治上和组织上的独立性为目的。""大胆地发展抗日民族统一战线不仅不排除，而且首先要求全面地政治上和组织上加强共产党本身。党的加强、党的独立性和团结正是进一步发展民族统一战线，进而胜利地继续同日本侵略者进行武装斗争的主要保障。"[②]共产国际执行委员会主席团通过的上述决议，无疑是对中国共产党全面抗战路线和抗日民族统一战线政策等的最大支持。

在上述背景下，1938年9月29日至11月6日，中共中央召开了扩大的六届六中全会。出席本次会议者共计55人，其中中央委员和候补委员17人，中央各部门和各地区负责人38人。[③]毛泽东说，这次中央全会"除几个同志之外，最大多数的中央委员都到了，而且到了全国各地许多领导工作的同志"，故此次会议是"第六次全国代表大会以来人数到得最多的一次"。[④]

会议首先由张闻天致开幕词，王稼祥接着传达了共产国际的指示。之后在整个会议期间，项英、周恩来、朱德、贺龙、罗荣桓、杨尚昆、毛泽东、张闻天、陈云、刘少奇等先后就各自所负责之工作向全会作了报告。[⑤]其中，10月12日至14日，毛泽东代表中共中央政治局所作的政治报告《论新阶段》，是这

①《共产国际执行委员会主席团关于中共代表团声明的决议》（1938年6月11日），载中共中央党史研究室第一研究部译：《联共（布）、共产国际与抗日战争时期的中国共产党》（第18卷），北京，中共党史出版社，2020年，第86页。

②《共产国际执行委员会主席团就中共中央代表的报告通过的决议》（1938年6月11日），载中共中央党史研究室第一研究部译：《联共（布）、共产国际与抗日战争时期的中国共产党》（第18卷），北京，中共党史出版社，2020年，第89、91页。

③ 中共中央党史研究室：《中国共产党历史　第一卷（1921—1949）》（下册），北京，中共党史出版社，2011年，第61页；王秀鑫：《中共六届六中全会》，载中共中央党史研究室编：《中共党史资料》（第46辑），北京，中共党史出版社，1993年，第231页；载中共中央党校党史教研室资料组编：《中国共产党历次重要会议集》（上册），上海，上海人民出版社，1982年，第214页。

④《论新阶段》（1938年10月12—14日），载中央档案馆编：《中共中央文件选集》（第11册），北京，中共中央党校出版社，1991年，第558页。

⑤ 王秀鑫：《中共六届六中全会》，载中共中央党史研究室编：《中共党史资料》（第46辑），北京，中共党史出版社，1993年，第232～236页。

次会议的中心议题。① 毛泽东在报告中首次提出了马克思主义中国化命题。他说："马克思主义的中国化，使之在其每一表现中带着中国的特性，即是说，按照中国的特点去应用它，成为全党亟待了解并亟须解决的问题。"② 毛泽东强调，马列主义是"放之四海而皆准"的理论，但不能把其当做教条看，而是应当做行动的指南；学习马列主义不是学习它的字母，而是学习其观察问题、解决问题的立场与方法；应用马克思主义须与中国具体环境、具体斗争相结合，而不是使其抽象化空洞化。③

11月6日，中国共产党扩大的六届六中全会通过了《中共扩大的六届六中全会政治决议案》《中共扩大的六届六中全会关于各级党委暂行组织机构的决定》《中共扩大的六届六中全会关于各级党部工作规则与纪律的决定》《中共扩大的六届六中全会关于召集第七次全国代表大会的决议》《中共扩大的六届六中全会告全国同胞、全体将士和国共两党同志书》等。其中，除《中共扩大的六届六中全会关于各级党委暂行组织机构的决定》和《中共扩大的六届六中全会关于各级党部工作规则与纪律的决定》后来刊载于1939年10月20日出版的《共产党人》第1期外，余者和毛泽东的《论新阶段》同时刊载于1938年11月25日出版的《解放》第57期。

此外，中国共产党扩大的六届六中全会还于11月5日通过了《致蒋介石电》、《致东北义勇军及全体同胞电》、《致八路军新四军电》、《致日本共产党电》、《致西班牙共产党中央电》、致各国共产党电等。这些通电均刊载于1938年11月25日出版的《解放》第57期，与上述决议和报告共同构成了宣传中国共产党扩大的六届六中全会的要件。

为了进一步宣传和贯彻落实中共扩大的六届六中全会精神，1938年12月12日出版的《解放》第58期发表了时评《把六中全会的决议散布到群众中去！》。该文认为，中国共产党扩大的六届六中全会总结了抗战16个月的宝贵

① 中共中央党史研究室：《中国共产党的九十年（新民主主义革命时期）》，北京，中共党史出版社，2016年，第203页。
②《论新阶段》（1938年10月12—14日），载中央档案馆编：《中共中央文件选集》（第11册），北京，中共中央党校出版社，1991年，第658～659页。
③《论新阶段》（1938年10月12—14日），载中央档案馆编：《中共中央文件选集》（第11册），北京，中共中央党校出版社，1991年，第657～658页。

经验，正确估计了当前抗战及抗日民族统一战线发展的新阶段，提出了当前全民族的紧急任务，正确回答了我国抗日民族战争与世界反法西斯运动的关系，正确估计了国际形势，并指出了中国共产党在抗日民族战争中的地位与模范作用。因此，要求各级党组织必须详细研究和讨论六中全会的决议，并将其传播于前线及敌后的将领、政治工作人员与士兵，传播于沦陷区广大民众，传播于大后方各界同胞。①

总之，中国共产党扩大的六届六中全会是一次具有重大历史意义的会议，它正确分析了抗日战争的形势，规定了党在抗战新阶段的任务，为实现党对抗日战争的领导进行了全面的战略规划，基本上纠正了党内存在的右倾错误，统一了全党的思想和步调。②

二、新民主主义理论的系统阐述：《新民主主义论》的发表

随着中国共产党扩大的六届六中全会闭幕，关于全面抗战路线、抗日民族统一战线政策以及抗战的战略战术等一系列问题，全党上下基本上达成了共识。在此之后，以毛泽东为代表的中共中央将理论研究创新的精力转向了党的建设、中国革命与建设新中国等系列问题，这也是回答当时人们关切的"中国向何处去"问题的必然要求。③当然，此时提出新民主主义的理论，并不是毛泽东和中国共产党的突发奇想，而是经过长时期的思考和探索才提出来的。④正如毛泽东后来所说："在抗日战争前夜和抗日战争时期，我写了一些论文，……替中央起草过一些关于政策、策略的文件，都是革命经验的总结。那些论文和文件，只有在那个时候才能产生，在以前不可能，因为没有经过大风大浪，没有两次胜利和两次失败的比较，还没有充分的经验，还不能充分认识

---

① 《把六中全会的决议散布到群众中去！》，《解放》，1938年12月12日。

② 本书编写组：《中国共产党简史》，北京，人民出版社、中共党史出版社，2021年，第83页。

③ 中共中央文献研究室：《毛泽东传》（第二卷），北京，中央文献出版社，2011年，第563页。

④ 中共中央文献研究室：《毛泽东传》（第二卷），北京，中央文献出版社，2011年，第566页。

中国革命的规律。"①

　　1939 年 10 月 20 日，中国共产党党内刊物《共产党人》创刊，毛泽东为其撰写了发刊词，他在发刊词中首先针对党的建设和中国革命的基本问题进行了充分的论述。毛泽东提出"建设一个全国范围的、广大群众性的、思想上政治上组织上完全巩固的布尔什维克化的中国共产党"的总任务，并把这项党的建设任务称之为"伟大的工程"。②毛泽东进而提出了中国共产党在中国革命中战胜敌人的三个法宝，即统一战线、武装斗争、党的建设，并论述了三者之间的相互关系。毛泽东指出，统一战线和武装斗争是战胜敌人的两个基本武器，统一战线是实行武装斗争的统一战线，而党的组织是掌握统一战线和武装斗争这两个武器实行对敌冲锋陷阵的英勇战士。③

　　1939 年冬季，毛泽东与他人合写了《中国革命和中国共产党》一文，连载于《共产党人》第四期和第五期。毛泽东在分析中国社会性质及中国革命的对象、任务、动力、性质、前途等基础上，针对中国革命的性质首次提出了"新民主主义的革命"的概念，他认为："现时中国的资产阶级民主主义的革命，已不是旧式的一般的资产阶级民主主义的革命，这种革命已经过时了，而是新式的特殊的资产阶级民主主义的革命。"④

　　1940 年 1 月，毛泽东完成了《新民主主义论》，发展和完善了上述两篇著作的思想，系统阐释了新民主主义理论。毛泽东指出，1919 年"五四"运动之后，中国革命已不是旧民主主义革命，而是进入了新民主主义革命阶段。随后，毛泽东详细阐释了中国共产党在新民主主义革命阶段的基本纲领，即新民主主义政治、新民主主义经济和新民主主义文化；他说，这三者相结合就是新民主主义共和国。⑤

　　1 月 9 日，毛泽东在陕甘宁边区文化协会第一次代表大会上演讲了《新民

①《在扩大的中央工作会议上的讲话》（1962 年 1 月 30 日），载中共中央文献研究室编：《毛泽东文集》（第八卷），北京，人民出版社，1999 年，第 299 页。
②《〈共产党人〉发刊词》（1939 年 10 月 4 日），载《毛泽东选集》（第二卷），第 602 页。
③《〈共产党人〉发刊词》（1939 年 10 月 4 日），载《毛泽东选集》（第二卷），第 606、613 页。
④《中国革命和中国共产党》（1939 年 12 月），载《毛泽东选集》（第二卷），第 647 页。
⑤《新民主主义论》（1940 年 1 月），《毛泽东选集》（第二卷），第 662～709 页。

主义的政治与新民主主义的文化》，同月 20 日出版的《新中华报》报道了此次演讲，并摘要报道了毛泽东演讲的内容。[①] 经过修改、补充后，该演讲稿刊载于 2 月 15 日出版的《中国文化》创刊号上。2 月 20 日出版的《解放》第98、99 期全文转载了这篇文章，并将原题目改为了《新民主主义论》。[②]

3 月，延安解放社首次出版《新民主主义论》单行本后，冀鲁豫边区文化出版社、晋西北新华书店、晋察冀新华书店等多家发行单位随即跟进发行，在党内外迅速掀起了宣传和学习《新民主主义论》的热潮。在抗日民主根据地，中国共产党主要是通过直接和间接相结合的方式宣传《新民主主义论》，直接方式包括印刷出版《新民主主义论》单行本与选集本、在党内外开展教育、解读阐释等，间接方式则是通过文艺作品进行宣传。在国统区和沦陷区，中国共产党主要是通过公开和秘密两条途径广泛宣传《新民主主义论》，其中公开途径包括两种方式，一是公开出版单行本，二是借助进步刊物进行宣传；秘密途径则采取伪装本、秘密组织读书会研究会及建立秘密出版机构等方式。[③]

总之，新民主主义理论的提出和系统阐释，是马克思主义中国化的重大理论成果，标志着毛泽东思想得到多方面展开而趋于成熟。[④] 在中国共产党的努力宣传下，《新民主主义论》得到了广泛传播。据不完全统计，仅 1940 年 2 月至 1945 年 9 月，出版发行的《新民主主义论》单行本就有 49 种。[⑤] 在这种情况下，《新民主主义论》所勾勒的新民主主义国家的轮廓，清晰而完整地呈现在了人们面前，从而使新民主主义理论深入人心，令许多人更清楚地了解了当前奋斗的目标和中国未来的方向。[⑥]

---

① 《毛泽东同志讲演》，《新中华报》，1940年1月20日。

② 中共中央党史和文献研究院编：《毛泽东年谱》（第二卷），北京，中央文献出版社，2023年，第159～160页。

③ 黄日：《〈新民主主义论〉传播及其历史影响（1940—1946）》，《毛泽东研究》，2021年第5期。

④ 本书编写组：《中国共产党简史》，北京，人民出版社、中共党史出版社，2021年，第100页。

⑤ 蒋建农、边彦军、刘敏、张素华：《毛泽东著作版本编年纪事》（下册），长沙，湖南人民出版社，2003年，第1765～1766页。

⑥ 中共中央文献研究室：《毛泽东传》（第二卷），北京，中央文献出版社，2011年，第574页。

三、"惩前毖后，治病救人"：对延安整风运动的宣传

延安整风运动是抗日战争相持阶段中后期中国共产党在全党范围内进行的一场马克思主义的思想教育运动。整风运动分为两个层次进行：一个是党的高级干部的整风，一个是一般干部和普通党员的整风。[①] 这两个层次的整风运动从时间上划分为：1941年至1942年2月是党的高级干部的整风；1942年2月至1945年4月是一般干部和普通党员的全党普遍整风。全党普遍整风又经过了整顿"三风"、审查干部与总结党的历史经验三个阶段，每个阶段整风的内容有所侧重，但并没有完全区分开来。[②] 对于这场伟大的运动，中国共产党进行了广泛的宣传，针对整风运动各个阶段整风学习内容的不同，中国共产党的宣传亦有所区别。

1941年5月，毛泽东在党的高级干部会议上作了《改造我们的学习》的报告，深刻地论述了马克思列宁主义基本原理同中国革命具体实际相结合的原则，尖锐批判了主观主义作风，号召全党注重调查研究，树立理论和实际相统一的马克思主义作风。[③] 这一报告实际上是整风运动的思想动员。[④] 7月和8月，中共中央作出《关于增强党性的决定》和《关于调查研究的决定》，号召全体党员和干部开展调查研究，坚持实事求是的原则，遵守党的纪律，加强党的团结，从思想上、政治上、组织上克服各种不良倾向和作风。[⑤] 8月16日，中共中央宣传部关于加强调查研究工作的宣传要点指出："应在我党各种报纸刊物上，根据中央关于调查研究的决定，说明毛泽东同志'没有调查就没有发言

---

① 中共中央党史研究室：《中国共产党历史 第一卷（1921—1949）》（下册），北京，中共党史出版社，2011年，第157页。

② 王建朗、曾景忠：《抗日战争（1937—1945）》，载张海鹏主编：《中国近代通史》（第9卷），南京，江苏人民出版社，2013年，第447页。

③ 中共中央党史研究室：《中国共产党历史 第一卷（1921—1949）》（下册），北京，中共党史出版社，2011年，第158页。

④ 王建朗、曾景忠：《抗日战争（1937—1945）》，载张海鹏主编：《中国近代通史》（第9卷），南京，江苏人民出版社，2013年，第446页。

⑤ 中共中央党史研究室：《中国共产党历史 第一卷（1921—1949）》（下册），北京，中共党史出版社，2011年，第158页。

权’的口号的意义，切实纠正我们在工作中的主观主义与形式主义的毛病。”①

在上述背景下，1941 年 9 月 2 日和 6 日，《解放日报》先后发表了社论《反对学习中的教条主义》与《加强党性的锻炼》，8 日又刊登了《中共中央关于调查研究的决定》，从而吹响了宣传整风运动的号角。

在党的高级干部整风学习阶段，《解放日报》先后发表了胡乔木的《为什么要向主观主义宣布坚决无情的战争》、艾思奇的《反对主观主义》、黎平的《思想方法上的革命》、艾思奇的《主观主义的来源》、王子野的《如何与主观主义作斗争》、匡亚明的《论调查研究工作的性质和作用》② 等文章。这些文章分别将批判的矛头指向了党内思想上存在的主观主义，并且为了从根本上纠正主观主义作风，他们分析了主观主义的来源，提出了斗争的策略与调查研究工作的方式方法。从某种意义上说，这些文章呼应了毛泽东在《改造我们的学习》中对于主观主义作风的批判，响应了中共中央 7、8 两个决定的精神，既是中国共产党对于整风运动前奏的一种宣传，又为全党整风运动的开展作了思想舆论上的动员。

1942 年 1 月 26 日，中共中央宣传部在《关于反对主观主义反对宗派主义的宣传要点》中提出：“本部宣传要点，以前偏重党外宣传，从本期起，决定加上党内宣传。”该宣传要点列举了主观主义与宗派主义在党内的表现，最后强调指出：“凡此主观主义与宗派主义的思想与行动，如不来一个彻底的认真的深刻的斗争，便不能加以克服，便不能争取革命的胜利。而要进行斗争，加以克服，非有一个全党的动员是不会有多大效力。”③ 该宣传要点为毛泽东所起草，④ 反映了他筹划在全党开展普遍的整风运动的思想，从领导与管理宣传的机构方

---

① 《中央宣传部宣传要点——欧战局势、日本政策估计、加强调查研究工作》（1941年8月16日），载中央档案馆编：《中共中央文件选集》（第13册），北京，中共中央党校出版社，1991年，第189~190页。

② 以上文章分别载于《解放日报》1941年，9月6日、9月19—20日、9月29日—10月1日、10月14日、11月18日、11月29日。

③ 《中央宣传部关于反对主观主义反对宗派主义的宣传要点》（1942年1月26日），载中央档案馆编：《中共中央文件选集》（第13册），北京，中共中央党校出版社，1991年，第277~279页。

④ 中共中央党史和文献研究院编：《毛泽东年谱》（第二卷），北京，中央文献出版社，2023年，第359页。

面为即将展开的全党整风运动做好了准备。

1942 年 2 月初，毛泽东先后作了《整顿党的作风》和《反对党八股》的报告，全面阐述了整风运动的任务与宗旨，全党范围的整风运动由此开始。2 月 11 日，中共中央宣传部向各级宣传部作出了关于反主观主义、教条主义、宗派主义、党八股的指示，提醒各级宣传部对于中央的反主观主义、宗派主义、党八股的思想，"务必以极大的力量集中来宣传解释中央的这一思想，务必把目前一切宣传活动和工作，以宣传解释党中央这一思想为中心，务必在这一思想之下改造自己的宣传教育工作，检查干部学校教育，检查在职干部教育，检查报纸刊物，务必达到在党的全部工作中贯彻中央的这一思想。"[①] 中共中央宣传部的这一指示实际上是要求各级宣传部门将整风的宣传与宣传的整风结合起来，既要宣传党的整风运动，又要对自身开展整风。4 月 3 日，中共中央宣传部作出《关于在延安讨论中央决定及毛泽东整顿三风报告的决定》，明确规定了整风运动的目的、步骤及 18 种学习材料等。[②] 4 月 16 日，中共中央宣传部又增加了斯大林论领导与检查、列宁斯大林等论党的纪律与党的民主、斯大林论平均主义、季米特洛夫论干部政策与干部教育政策等 4 种整风学习材料。[③]

纵观整个整风运动时期中国共产党对它的宣传报道，主要集中于 1942—1943 年。这期间，中国共产党领导与影响的各家媒体对整风运动展开了密集的宣传报道，有研究者曾列举了部分宣传报道整风运动的报刊，如延安的《解放日报》《共产党人》《边区群众报》《八路军军政杂志》《团结》《中国文化》《中国工人》《中国青年》《中国妇女》《祖国呼声》等和重庆出版的《新华日报》《群众》周刊，以及各抗日根据地的《晋察冀日报》《冀中导报》《关中报》《抗战报》《抗敌报》《米脂报》《群众生活》等。[④]

① 《中央宣传部关于进行反主观主义反教条主义反宗派主义反党八股给各级宣传部的指示》（1942年2月11日），载中共中央宣传部办公厅、中央档案馆编研部编：《中国共产党宣传工作文献选编（1937—1949）》，北京，学习出版社，1996年，第339～340页。
② 《中共中央宣传部关于在延安讨论中央决定及毛泽东整顿三风报告的决定》（1942年4月3日），载中央档案馆编：《中共中央文件选集》（第13册），北京，中共中央党校出版社，1991年，第363～367页。
③ 《中央宣传部关于增加整风学习材料及学习时间的通知》（1942年4月16日），载中央档案馆编：《中共中央文件选集》（第13册），北京，中共中央党校出版社，1991年，第371页。
④ 林之达主编：《中国共产党宣传史》，成都，四川人民出版社，1990年，第182～183页。

　　在宣传整风运动的媒体阵营中，1942年改版后的《解放日报》对于整风运动的宣传报道尤为突出，它不仅专门创办了整风副刊《学习》（每周两期），发表一些同志学习文件的笔记和自我反省，表现了自我批评的整风精神；①《解放日报》自1942年2月至12月还发表了一系列的社论、代论，如社论《整顿"学风""党风""文风"》《宣布党八股的死刑》《整顿三风必须正确进行》《自我批评从何着手》《整顿三风中的两条战线斗争》《改进领导作风的一点建议》等，代论如凯丰的《整顿三风是党在思想上的革命》、彭真的《领会二十二个文件的精神与实质》、谢觉哉的《由讨论到反省》等，这些社论与代论对于推动整风运动的蓬勃发展起到了催化剂的作用，使整风运动高潮迭起，一浪高过一浪。

　　从宣传内容来看，上述报刊对整风运动的宣传报道主要涉及中共中央及其有关部门关于整风运动的决定、指示、通知等重要文件，毛泽东等党的领导人的重要讲话、论著等，22种整风学习材料，学习方法，各机关、团体、学校、军队与抗日根据地的整风学习情况等。鉴于报刊关于整风运动的宣传报道的数量众多，不胜枚举，故仅以《解放日报》为例略作介绍，以便管中窥豹。

　　第一，中共中央及其有关部门关于整风运动的决定、指示、通知等重要文件，《解放日报》先后刊载者主要有：1942年2月28日，中共中央政治局通过的《中共中央关于在职干部教育的决定》；3月16日，中共中央宣传部发出的《中共中央宣传部为改造党报的通知》；4月3日，中共中央宣传部作出的《中共中央宣传部关于在延安讨论中央决定及毛泽东同志整顿三风报告的决定》；6月8日，中共中央宣传部作出的《中共中央宣传部关于在全党进行整顿三风学习运动的指示》等。②1943年6月1日，中共中央政治局通过的《中共中央关于领导方法的决定》；11月7日，中共中央宣传部作出的《中共中央宣传部关于执行党的文艺政策的决定》等。③

　　第二，关于毛泽东等党的领导人的重要讲话、论著等，《解放日报》先后

----

① 林之达主编：《中国共产党宣传史》，成都，四川人民出版社，1990年，第183页。
②《解放日报》1942年3月2日、4月1日、4月7日、6月12日。
③《解放日报》1943年6月4日、11月8日。

刊载者主要有：毛泽东的《改造我们的学习》《〈农村调查〉序》《反对党内几种不正确的倾向》《反对自由主义》《整顿学风党风文风》《反对党八股》《在延安文艺座谈会上的讲话》等。① 刘少奇的《论共产党员的修养》《论党内斗争》等。② 陈云的《怎样做一个共产党员》等。③

第三，关于 22 种整风学习材料，除已包含在以上两项所述者外，《解放日报》还先后刊发了《斯大林论党的布尔塞维克化》《联共党史结束语》《斯大林论领导与检查》《列宁斯大林论党的纪律与党的民主》《斯大林论平均主义》《季米特洛夫论干部政策与干部教育政策》等文章。④

第四，关于学习方法，《解放日报》在 1942 年全党整风运动开始后连续发表了多篇交流学习的文章，在帮助和促进党员干部开展整风学习方面发挥了积极作用。这方面的文章主要有：徐特立的《我们怎样学习》《再论我们怎样学习》，肖春的《我怎样学习党的文件》，刘敏的《记笔记的几种方式》《防止讨论中的种种偏向》，彭真的《怎样学习二十二个文件》，于光汉的《关于自学的方法》，何其芳的《研究文件的时候怎样作笔记》，吴亮平的《两种学习方法》，张如心的《两种研究文件的方法》，凯丰的《如何打破教条主义的学习》等。⑤

第五，关于各机关、团体、学校、军队与抗日根据地的整风学习情况，《解放日报》对此宣传报道的数量令人叹为观止，其中有关延安各机关团体学校整风学习情况的宣传报道的数量已经十分可观，遑论其他。据笔者不完全统计，仅 1942 年《解放日报》关于延安各机关团体学校整风学习情况的宣传报道就有 150 篇左右。以 1942 年 4 月份的宣传报道为例，《解放日报》的报道主

---

① 《解放日报》1942年2月27日、4月10日、4月10日、4月10日、4月27日、6月18日、1943年10月19日。其中，《反对党内几种不正确的倾向》是毛泽东为中国共产党红军第四军第九次代表大会写的决议的第一部分，在收入《毛泽东选集》时题目改为《关于纠正党内的错误思想》，参见《毛泽东选集》（第一卷），北京，人民出版社，1991年，第85～96页；《整顿学风党风文风》在收入《毛泽东选集》时题目改为《整顿党的作风》，参见《毛泽东选集》（第三卷），北京，人民出版社，1991年，第811～829页。
② 《解放日报》1942年4月13—14日、10月9日。
③ 《解放日报》1942年10月12日。
④ 《解放日报》1942年4月10日、4月11日、4月18日、4月18日、4月20日、4月20日。
⑤ 《解放日报》1942年2月12日、4月1日，4月28日，4月28日、5月16日，5月16日，5月21日，5月21日，5月24日，5月28日，6月11日。

要有：《总政、建厅拟定检查工作大纲，中央医院分四周进行》《边妇联研究中央三风决议，总结一年工作经验》《整顿三风运动展开，行政学院、鲁艺、青年剧院积极布置三风检查大会》《西北局召开干部会议，成立边区学习总委会，执行中宣部"四三"决定，领导党政军民学习》《中央学习总委会成立，领导研究廿二个文件》《中央及军委直属机关联合举行干部学习动员大会》《整顿三风学习热潮，军委直属机关成立三个学委会，留政规定上午为学习时间，中央医院出版学习报》《中央书记处各部整风学习热潮高涨》等。[①] 这些宣传报道既集中反映了中国共产党开展整风运动的热烈场面，又彰显了中国共产党关于整风运动积极宣传报道的历史景象。

总之，整风运动是一次全党范围内的马克思主义的思想教育运动，对于加强无产阶级政党的建设，增强党的战斗力，是一次成功的实践，是一个伟大的创举，为抗日战争的胜利和新民主主义革命在全国的胜利，奠定了重要的思想政治基础。[②] 显而易见，报刊的宣传报道，有效地宣传了整风运动的目的、内容和意义，有力地推动了党员干部统一思想认识，促进了党内团结与整合，为整风运动的蓬勃开展发挥了最积极的作用。

第六节 ｜ 英雄赞歌：抗日英雄模范事迹的宣传

在伟大的中国人民抗日战争中，涌现了许许多多可歌可泣的英雄模范人物，他们为中华民族之生存和人民大众之福祉视死如归、鞠躬尽瘁、死而后已的高尚品质，激励着人们前仆后继、勇往直前，这是夺取抗日战争最后胜利的巨大动力。因此，全面抗战时期，中国共产党十分重视对英雄模范人物的宣传，毛泽东等为此曾指示八路军新四军各政治机关注意收集英雄事迹，要求

---

① 《解放日报》1942年4月4日、4月8日、4月8日、4月16日、4月19日、4月20日、4月26日、4月30日。

② 中共中央党史研究室：《中国共产党历史 第一卷（1921—1949）》（下册），北京，中共党史出版社，2011年，第621～622页。

"除在各部队报纸上发表外，择其最重要者电告此间及广播"，并说"军政杂志今后专设八路军、新四军抗战英雄一栏，望各级政治部供给材料"。① 本节拟以左权、彭雪枫、张思德、狼牙山五壮士等为例，略述中国共产党对抗日英雄模范事迹的宣传。

一、血铸太行：左权

左权，原名左纪权，号叔仁，乳名自林，1905 年 3 月 15 日生，湖南醴陵人。1924 年，离乡投考黄埔军校，被录取为第一期学生。1925 年 1 月，加入中国共产党；同年，参加了广东革命政府讨伐陈炯明等的两次东征，后被党组织选送到莫斯科中山大学学习。1930 年，由苏联回国后，即被派往闽赣革命根据地；同年 12 月，任红十二军军长。1933 年 12 月，任红一军团参谋长，1936年升任红一军团代军团长。1937 年 8 月 25 日，根据中央革命军事委员会命令，陕北红军改编为国民革命军第八路军，左权任副总参谋长。②

1942 年 5 月，日军纠集三万余人，分路向太行抗日根据地一分区和六分区进行大举"扫荡"。5 月 25 日，左权在掩护八路军总部机关转移时，不幸壮烈牺牲。在接到八路军一二九师报告左权牺牲的电报后，八路军总指挥朱德、参谋长叶剑英及在延安各将领，无不为之默然致哀；中共中央负责同志亦沉痛异常，③ 5 月 27 日，毛泽东、朱德复电刘伯承、邓小平并转彭德怀说："总部被袭，左权阵亡，殊深哀悼。"④ 6 月 10 日，朱德、彭德怀致电周恩来，转报蒋介石等关于八路军反"扫荡"情况，并公布左权壮烈牺牲的消息。⑤

---

① 《收集和宣传八路军新四军民族英雄事迹》（1939年3月18日），载中共中央文献研究室、新华通讯社编：《毛泽东新闻工作文选》，北京，新华出版社，1983年，第43页。

② 杨志超、朱令名：《左权》，载中共党史人物研究会编：《中共党史人物传》（第29卷），西安，陕西人民出版社，1986年，第1～14页。

③ 《延安各界哀悼左权同志，朱总司令号召为左同志复仇》，《解放日报》，1942年6月16日。

④ 中共中央文献研究室：《朱德年谱（新编本）》（中卷），北京，中央文献出版社，2016年，第1102页。

⑤ 《朱德、彭德怀关于左权牺牲致周恩来呈转蒋介石等电》（1942年6月10日），载中国人民解放军历史资料丛书编审委员会编：《八路军·文献》，北京，解放军出版社，1994年，第813页；王焰主编：《彭德怀年谱》，北京，人民出版社，1998年，第267页。

　　6月15日，《解放日报》报道了左权牺牲的消息，该报说："我左副参谋长率三八五旅主力，出击窜犯麻田（辽县东南）之敌，当在麻田以南上下清泉地区与敌接触，麻田及其附近之敌千余闻讯，陆续驰来参加作战，我左副参谋长指挥所部，向敌反复冲杀，激战竟日，将其击溃。敌于午夜不支退回麻田，是役敌遗死二百余具及械弹一部。我军伤亡亦有八十余人。左副参谋长在奋勇指挥作战中，不幸亦中弹壮烈牺牲。"①

　　同日，《解放日报》还刊登了朱德为左权所作之挽诗和悼念文章。其诗云："名将以身殉国家，愿拼热血卫吾华；太行浩气传千古，留得清漳吐血花。"②朱德在《悼左权同志》一文中写道："十余年来，左权同志为了中华民族的解放，为了中国人民的解放，在枪林弹雨间，出生入死，奋不顾身，从事武装战斗，成为我八路军优秀的将领之一。然而今天，他与我们永别了！这自然是我们民族很大的损失，是中国人民很大的损失，是我们的很大的悲痛。"朱德回顾了左权光辉的一生，称赞他是"中国军事界不可多得的人才"，是"模范军人"。③

　　此后，中国共产党以各种形式深切缅怀左权，并大力宣传他光辉的革命事迹。首先，在报刊上刊登各界纪念左权的唁电、挽联等。如6月24日，《解放日报》登载了中华全国文艺界抗敌协会延安分会致八路军唁电，该电曰："惊闻左权同志血战殉国，至深悲悼！敌后抗战正空前困难阶段，但是日本帝国主义和整个法西斯阵线，也就将在一两年内溃灭。我们在后方从事文艺工作的同志，誓尽最大的努力，来和你们共同奋斗，以完成左权同志的遗志，争取民族解放事业的最后胜利。"④7月19日，《解放日报》登载了陈毅等人悼念左权的两副挽联。其中之一曰："五年以来在江南苏北河朔维扬燕岱纵横驰骋喋血沙场几许热血头颅名昭史册；四方转战集川湘赣闽吴越豫楚黔粤海外侨胞工农贤俊数中华儿子誓复河山。"⑤

---

① 《麻田血战英勇杀敌，左权同志壮烈殉国，华北军民同声哀悼誓复此仇》，《解放日报》，1942年6月15日。
② 《麻田血战英勇杀敌，左权同志壮烈殉国，华北军民同声哀悼誓复此仇》，《解放日报》，1942年6月15日。
③ 朱德：《悼左权同志》，《解放日报》，1942年6月15日。
④ 《延安文抗分会电悼左权同志》，《解放日报》，1942年6月24日。
⑤ 《陈毅同志等挽左参谋长》，《解放日报》，1942年7月19日。

其次，连续发表纪念左权的诗文。如 6 月 19 日，《解放日报》刊登了八路军——五师师长林彪以笔名凌霄写作的长篇抒情诗《悼左权同志》，他在诗中称赞左权是"忠勤笃实的革命者"。① 6 月 26 日，《解放日报》以多半个版面刊载了刘白羽纪念左权的长篇文章，该文回顾了左权革命斗争的点点滴滴，饱含深情地称赞他是在党在艰难困苦中成长起来的党的高级干部、军队的领袖，是和党的一齐流动的好同志，是在党的利益上从来不顾及自己而英勇奋斗的好同志。② 除此之外，《解放日报》还分别刊登了陶铸的《悼左权将军》、聂荣臻的《悼左权同志》、工柳的《和人民在一起——纪念左参谋长》以及左权夫人刘志兰的《为了永恒的记忆》等纪念文章。周恩来在得知左权牺牲的消息后，挥笔写下了《左权同志精神不死》的纪念文章，刊登于 6 月 23 日《新华日报》，7 月 30 日《解放日报》予以转载。

再次，各抗日根据地隆重举办追悼大会。如为了纪念左权之壮烈殉国，八路军总司令部决定于 7 月 3 日在太行区和华北各战略要地，同时举行追悼大会，要求各部队、当地政府、党部、民众团体等一律参加。八路军总司令部还要求大会必须向群众说明左权将军之牺牲，乃我党我军及整个华北抗战之最高贵的代价，是国家民族的最大损失。③ 此前，晋察冀军区亦曾计划举办追悼大会，并以"为左将军复仇"为军民之誓词。④

最后，为永久纪念左权将军，陕甘宁边区政府决定将辽县改名为左权县，这既是对左权将军最高形式的纪念，又是对各界民众普遍呼声的积极回应。⑤

1943 年左权逝世一周年时，《新华日报》刊发社论以为缅怀。该社论说："作为一个革命的现代军人，左权同志生在军中，死在前线，生而为广大人民大众及其部下所敬爱，死而埋葬在千万后死者的心中，他的血鼓舞和振奋了我们彻底消灭法西斯蒂的决心，他的死树立了一个爱国军人的模范，左权同志，

---

① 凌霄：《悼左权同志》，《解放日报》，1942 年 6 月 19 日。
② 刘白羽：《纪念左权同志》，《解放日报》，1942 年 6 月 26 日。
③《华北军民定昨日追悼左参谋长》，《新华日报》，1942 年 7 月 4 日。
④《"为左将军复仇"，晋察冀军民誓词》，《解放日报》，1942 年 6 月 29 日。
⑤《纪念左权同志，辽县将易名左权县》，《解放日报》，1942 年 9 月 2 日；《辽县正式更名左权县》，《解放日报》，1942 年 10 月 4 日。

已经是不朽了。"[1]《新华日报》同一天还登载了朱德的《悼左权同志》、陈家康的《德性、气派、作风》以及刘白羽、工柳的《左权同志二三事》等文章，这些文章回忆了左权为革命工作而不懈努力奋斗的事迹，高度评价了左权的高尚情操和人格魅力。

1942 年 10 月，八路军副总指挥彭德怀为左权撰写了碑志，高度总结概括了他光辉的一生。碑志云：

左权同志，湖南醴陵人，幼聪敏，性沉静。稍长读书，即务实用，向往真理尤切。一九二四年参加中国共产党，[2]献身革命，生死以之。始学于黄埔军校，继攻于苏联陆大。业成归国，戮力军事，埋头苦干，虚怀若谷，虽临百险，乐然不疲。以屡弱领军长征，倍见积极果决之精神。中国红军之艰难缔造，实与有力焉。迨乎七七事变，倭寇侵凌，我军奋起抗敌，作战几遍中原。同志膺我军副参谋长之重责，五年一日，建树实多。不幸一九四二年五月二十五日清漳河战役，率偏师与十倍之倭贼斗，遂以英勇殉国，闻得年仅三十有六。壮志未成，遗恨太行。露冷风凄，恸失全民优秀之指挥；隆冢丰碑，永昭坚贞不拔之毅魄。德怀相与也深，相知更切，用书梗概，勒石以铭。是为志。[3]

二、虎胆将军：彭雪枫

彭雪枫，乳名隆兴，学名修道，1907 年 9 月 9 日生，河南省镇平县人。1926 年 9 月，加入中国共产党。1930 年 5 月，受中央军委派遣至红五军工作。6 月，任红八军第一纵队政委。1934 年，调任江西军区政委。长征途中，任红五师师长，部队缩编后任红十三团团长。1936 年秋，奉命前往太原，做争取阎锡山与红军联合抗日的工作。全面抗战爆发后，任八路军总部少将参谋处长兼驻晋办事处主任，同时兼任中共中央北方局联络局书记。1938 年 2 月，奉命前往河南确山县竹沟镇，加强河南省委工作。9 月，中共河南省委根据周恩来的

---

① 《左权同志殉国一周年》，《新华日报》，1943年6月2日。
② 笔者注：原文如此，左权加入中国共产党的时间应为1925年。
③ 彭德怀：《左权同志碑志》，载晋冀鲁豫烈士陵园编：《怀念左权同志》，长沙，湖南人民出版社，1981年，第4页。

指示，将彭雪枫等在竹沟创建的抗日武装 300 余人，整编为新四军游击支队，彭雪枫任司令员兼政委。10 月，率新四军游击支队挺进豫东开展游击战争。1941 年皖南事变后，中国共产党重建新四军军部，并将部队改编为 7 个师，彭雪枫任新四军第四师师长兼政委。1944 年 9 月，突然为敌冷弹所中，不幸身亡，壮烈殉国。①

1944 年 9 月 12 日，中共中央军委致电华中局、新四军第四师等，对彭雪枫牺牲，深表哀悼。② 13 日，中共中央再电华中局，指示说："雪枫牺牲消息是否已对外发表，还是暂缓发表？望你们决定，并将彭牺牲详情电告。"③ 据此，出于对敌斗争的需要，并顾及彭雪枫身怀六甲的夫人林颖不久将要分娩，中共中央华中局和新四军第四师师部决定，彭雪枫牺牲消息严格保密，暂不公布。④ 所以，中国共产党悼念彭雪枫的活动直到 1945 年 1、2 月间才开始。

1945 年 1 月 5 日，中共淮北区党委作出《关于追悼彭故师长雪枫同志的决定》，并成立了由新任第四师师长兼淮北军区司令员张爱萍为主任委员的治丧委员会。8 日，治丧委员会发布第二号通知，规定边区各地在集会追悼彭雪枫期间，一律停止娱乐。12 日，张爱萍等发布《关于追悼与纪念彭故师长兼淮北军区司令员的训令》，称彭雪枫是"我党的优秀的军事领袖，卓越的政治人才。"号召部队以彭雪枫为榜样，加紧练兵，人人争做模范人物。⑤ 这一系列的措施表明，中国共产党开始对外广泛宣传彭雪枫将军的革命事迹，并举办形式多样的纪念活动。

1945 年 1 月 28 日，第十八集团军总司令部正式对外公布了彭雪枫将军殉国的消息，《解放日报》在发表新闻稿予以宣传报道的同时，还附上了彭雪枫

---

① 张留学：《彭雪枫》，载中共党史人物研究会编：《中共党史人物传》（第八卷），西安，陕西人民出版社，1983年，第285～335页。
② 冯文纲：《彭雪枫年谱》，郑州，河南人民出版社，2000年，第356页。
③《中共中央关于张爱萍等任职意见致华中局电》（1944年9月13日），载中国人民解放军历史资料丛书编审委员会编：《新四军·文献（4）》，北京，解放军出版社，1995年，第342页。
④ 冯文纲：《彭雪枫年谱》，郑州，河南人民出版社，2000年，第356页；《彭雪枫传》编写组：《彭雪枫传》，北京，当代中国出版社，2004年，第688页。
⑤ 冯文纲：《彭雪枫年谱》，郑州，河南人民出版社，2000年，第357页。

的履历。① 同一天，《解放日报》还登载了新四军军长陈毅所写的《追忆彭雪枫同志》一文。陈毅说："得到彭雪枫同志阵亡淮北前线的消息，对于我的心灵是个极大的震惊和痛苦。中国丧失了一个民族英雄，党和新四军丧失了一个重要的干部，我自己也丧失了一个亲密的战友！"陈毅回忆了他与彭雪枫交往中的点点滴滴，肯定了彭雪枫主持淮北根据地和新四军第四师工作所取得的成绩，认为他的牺牲"实是人民与党的绝大损失"。②

2月1日，中共中央华中局、新四军政治部作出《纪念彭雪枫同志的决定》，具体办法是：第一，淮北永城县改名为雪枫县；第二，抗大第四分校改名为雪枫军政大学；第三，将彭雪枫同志一生光荣奋斗事迹，写成传略公布我军各师，作为战士教材。③

2月2日，中共中央办公厅、第十八集团军总司令部发布启事，决定2月7日上午在杨家岭大礼堂举行追悼大会。同日，淮北各界7000余人，前往洪泽湖畔，恭迎彭雪枫将军灵柩，并在新四军四师师部驻地大王庄村头广场上设立灵堂。张爱萍将军亲书挽联："恨敌寇夺去吾战友，率全师誓为尔复仇。"淮北各群众团体敬献挽联曰："生为斯民，死为斯民；功满淮北，泪满淮北。"5日，淮北二地委在萧县西洪河集举行彭雪枫将军追悼大会，与会各界群众万余人。④

2月7日，毛泽东、朱德及中共中央各负责同志亲率延安各界代表千余人在中央大礼堂为彭雪枫举行追悼大会。大礼堂门口高悬中共中央委员会挽联："为民族，为群众，二十年奋斗出死入生，功垂祖国；打日本，打汉奸，千百万同胞自由平等，泽被长淮。"追悼会由朱德主持，彭德怀、陈毅陪祭。首由朱德等敬献花圈及诵读祭文，次由陈毅报告彭雪枫将军革命经历。⑤ 追悼大会现场气氛庄严肃穆，令人既悲彭雪枫将军之牺牲，又敬仰他短暂而光辉的一生。同日，《解放日报》还刊登了吴溉之的《悼念老战友——雪枫同志》。吴

---

① 《新四军第四师师长彭雪枫同志殉国》，《解放日报》，1945年1月28日。
② 陈毅：《追忆彭雪枫同志》，《解放日报》，1945年1月28日。
③ 《中共中央华中局、新四军政治部发布纪念彭雪枫同志决定，豫东永城县改名为雪枫县》，《解放日报》，1945年2月3日。
④ 冯文纲：《彭雪枫年谱》，郑州，河南人民出版社，2000年，第357～358页。
⑤ 《延安各界代表千余追悼彭雪枫同志》，《解放日报》，1945年2月8日。

溉之在文中借彭德怀、张平凯、田文扬、甘维汉等人之口，高度评价彭雪枫指挥坚决、骁勇善战，充满了革命激情，对同志团结友爱等。①

2月8日即追悼大会的第二天，《解放日报》报道了追悼大会经过，并刊登了毛泽东、朱德、刘少奇、彭德怀、陈毅、贺龙等追悼彭雪枫将军的挽词。毛泽东的挽词是："雪枫同志在与敌人斗争中牺牲了，全民族和全党都悲痛这个损失。为了补偿这个损失，应该学习雪枫同志的英勇精神，更加努力扩大解放区，扩大八路军、新四军，促成联合政府和联合统帅部，使日本侵略者在有效的联合打击下早日消灭，使独立民主的新中国早日实现。"②毛泽东、朱德、刘少奇、彭德怀、陈毅联名为彭雪枫将军写了一副挽联，其联曰："二十年艰难事业，即将彻底完成，忍看功绩辉煌，英名永在，一世忠贞，是共产党人好榜样；千万里破碎河山，正待从头收拾，孰料血花飞溅，为国牺牲，满腔悲愤，为中华民族悼英雄。"③

同日，《解放日报》还刊登了吴芝圃、张震《悼雪枫同志》和孔石泉《悼彭故师长雪枫同志》两篇纪念文章。3月1日，登载了维进的《彭雪枫同志和我们宣传队》一文。4月1日，刊登了彭之久的纪念文章《悼胞兄雪枫同志》。

因处在国统区，《新华日报》宣传报道彭雪枫牺牲的消息稍显滞后。2月8日，以《彭雪枫同志在萧县殉国，陕甘宁边区和各解放区将隆重举行追悼》为题报道了彭雪枫牺牲的消息。④ 2月9日，报道了淮北解放区的面积、人口与经济概况等，以此纪念彭雪枫将军的丰功伟绩。⑤ 2月19日，转载了原发表于《解放日报》上的陈毅《追忆彭雪枫同志》一文；⑥报道了中共中央华中局和

① 吴溉之：《悼念老战友——雪枫同志》，《解放日报》，1945年2月7日。
② 《延安各界代表千余追悼彭雪枫同志》，《解放日报》，1945年2月8日；《毛主席、朱总司令等挽词》，《解放日报》1945年2月8日。
③ 冯文纲：《彭雪枫年谱》，郑州，河南人民出版社，2000年，第361页。
④ 《彭雪枫同志在萧县殉国，陕甘宁边区和各解放区将隆重举行追悼》，《新华日报》，1945年2月8日。
⑤ 《永留遗念在人间——彭雪枫同志的卓越领导，淮北解放区壮大》，《新华日报》，1945年2月9日。
⑥ 陈毅：《追忆彭雪枫同志》，《新华日报》，1945年2月19日。

新四军政治部关于将永城县改名为雪枫县的决定；① 刊登了龙飞虎的《悼彭雪枫同志——回忆和感想》一文。② 3 月 29 日，报道了延安各界纪念彭雪枫将军的追悼大会。③

斯人已逝，精神永驻。将军千古！

三、为人民服务：张思德

张思德，1915 年 4 月 21 日出生于四川省仪陇县六合场一个贫苦的佃农家庭。张思德出生 7 个月后，生母因病无钱医治而离世。父亲张行品被迫将他送给叔父张行忠、婶母刘光友收养。1933 年 2 月，中国工农红军第四方面军创建了川陕革命根据地。10 月，张思德被批准参加红军。1935 年 3 月，随红四方面军参加了长征。1937 年，加入中国共产党。1938 年春，调任云阳八路军第一一五师留守处警卫连一排三班班长。1940 年，担任中央军委警卫营通讯班班长。1943 年 3 月，被选派到中共中央警卫团直属营的卫队工作，即在毛泽东主席内卫班当警卫战士。1944 年 9 月 5 日，在挖窑烧木炭时发生事故，张思德不幸牺牲。④

得知噩耗的毛泽东，详细了解了事故经过，批评警卫队说："打仗死人是难免的，生产出事故是不应该的。"他又沉重地说："思德是个好同志，他是为人民利益而牺牲的。"毛泽东指示机要科长叶子龙用汽车将张思德的遗体接回延安安葬，并指示中央警备团一定要隆重追悼张思德同志。⑤

根据毛泽东的指示，中央警备团于 9 月 8 日在延安凤凰山脚下枣园沟口的

① 《永远纪念彭故师长，永城改名雪枫县，中共中央华中局和××军政治部发布决定》，《新华日报》，1945 年 2 月 19 日。
② 龙飞虎：《悼彭雪枫同志——回忆和感想》，《新华日报》，1945 年 2 月 19 日。
③ 《延安各界代表千多人隆重追悼彭雪枫同志，毛主席、朱总司令和中共中央各负责同志亲临致祭；陈代军长报告雪枫同志创造豫皖苏边区，解放几百万同胞的业绩》，《新华日报》，1945 年 3 月 29 日。
④ 罗兴礼：《张思德》，中共党史人物研究会编：《中共党史人物传》（第 64 卷），北京，中央文献出版社，1997 年，第 490～502 页。
⑤ 北京卫戍区 51112 部队政治部、四川仪陇县政协文史委员会编：《为人民服务的光辉典范——张思德》，北京，团结出版社，1994 年，第 55 页。

操场上，举行了张思德同志追悼大会，到会者千余人。在中央警备团政治处张廷祯主任介绍了张思德生平及主要事迹后，毛泽东走到台前发表了讲话，即后来著名的《为人民服务》。①

毛泽东说，人总是要死的，但死的意义有不同。为人民利益而死，就比泰山还重；替法西斯卖力，替剥削人民和压迫人民的人去死，就比鸿毛还轻。张思德同志是为人民利益而死的，他的死是比泰山还要重的。要奋斗就会有牺牲，死人的事是经常发生的。但是我们想到人民的利益，想到大多数人民的痛苦，我们为人民而死，就是死得其所。②

在张思德同志追悼大会后，毛泽东的讲话很快随着1944年9月21日《解放日报》的报道而传播开来。③同时，为了扩大宣传张思德为人民利益鞠躬尽瘁、死而后已的牺牲精神，《解放日报》还发表了通讯《纪念为人民利益而牺牲的张思德同志》，介绍了他短暂而辉煌的一生。④

毛泽东的讲话，以及张思德为人民利益而牺牲的精神，深深地打动了每一个人。有消息反馈说，一个伙夫回家后就挑了几十担水，有人问他为啥今天特别加油，他说："挑水也是为人民服务，也是有功的，干啥不加油呢？"还有一个原来不大安心的干部，在开会后就订了一个争取当选模范工作者的计划。⑤

1945年6月11日，中国共产党第七次全国代表大会通过了《中国共产党章程》，党章明确规定："中国共产党人必须具有全心全意为中国人民服务的精神，必须与工人群众、农民群众及其他革命人民建立广泛的联系，并经常注意巩固与扩大这种联系。"⑥从此，全心全意为人民服务成为中国共产党的宗旨。

---

① 北京卫戍区51112部队政治部、四川仪陇县政协文史委员会编：《为人民服务的光辉典范——张思德》，北京，团结出版社，1994年，第55～56页。
② 《为人民服务》（1944年9月8日），载《毛泽东选集》（第三卷），北京，人民出版社，1991年，第1004～1005页。
③ 《警备团追悼战士张思德同志，毛主席亲致哀悼》，《解放日报》，1944年9月21日。
④ 《纪念为人民利益而牺牲的张思德同志》，《解放日报》，1944年9月21日。
⑤ 《纪念为人民利益而牺牲的张思德同志》，《解放日报》，1944年9月21日。
⑥ 《中国共产党党章》（1945年6月11日），载中共中央文献研究室、中央档案馆编：《建党以来重要文献选编（1921—1949）》（第22册），北京，中央文献出版社，2011年，第535页。

四、视死如归：八路军"狼牙山五壮士"

1941 年，日本华北方面军制定了针对晋察冀边区的所谓"肃正作战"计划，企图彻底摧毁中国共产党领导的晋察冀抗日根据地。[①] 9 月，日军大举进攻晋察冀军区第一军分区。面对来势汹汹的日军，第一军分区第一团七连二排六班在班长马宝玉带领下，将敌人引向了狼牙山的悬崖绝壁，为部队转移争取了时间。然而，马宝玉等也陷于日军的包围中，他们在打光了子弹后，宁死不愿做俘虏，义无反顾地跳下了悬崖。班长马宝玉和战士胡德林、胡福才壮烈牺牲，副班长葛振林和战士宋学义因被树枝挂住而幸免于难。[②] 这就是后来人们耳熟能详的"狼牙山五壮士"。

第一军分区政治部主任罗元发在得知葛振林、宋学义获救的消息后，立即让宣传科派人去采访。宣传干事钱丹辉接到任务后，马上出发找到葛振林、宋学义等，详细了解了战斗经过，并很快完成了关于狼牙山五壮士的报告。杨成武看后认为不错，就让机要科发报给晋察冀军区；军区司令员聂荣臻收到后，又转报给八路军总部。[③]《解放日报》于 10 月 7 日首先报道了马宝玉等人的英勇事迹。

《解放日报》在报道中说，我军战士在班长带领下，"为掩护主力安全转移，坚强抗击，力战强敌"，他们虽遭敌人炮火轰击，但"屹然不动，一俟敌兵自四面袭来，彼等则以手榴弹向敌猛掷"。战至午后，"终因弹药消耗殆尽，众寡不敌"，我军勇士"乃将机步枪破坏，从容坠崖身死"。文章最后说："后敌兵到达山峰，睹我军之英勇，无不惊骇，丧失斗志，即仓皇窜回。"[④]

在《解放日报》报道狼牙山五壮士的事迹后不久，即 10 月 18 日，聂荣臻等发布了《晋察冀军区关于学习狼牙山五壮士的训令》，并刊载于 10 月 23

① 中国人民解放军历史资料丛书编审委员会编：《八路军·参考资料（2）》，北京，解放军出版社，1992年，第404页。
② 杨成武：《杨成武将军自述》，沈阳，辽宁人民出版社，1997年，第182～194页。
③ 杨成武：《杨成武回忆录》，北京，解放军出版社，2007年，第471页。
④《毙敌百余弹药耗尽，七勇士坠崖殉国，贾陈二烈士临难不屈》，《解放日报》，1941年10月7日。

日发行的晋察冀军区政治部机关报《抗敌三日刊》第318期。该训令介绍了狼牙山五壮士的英勇事迹，褒扬了他们在战斗中英勇顽强果敢的战斗作风，在危急时至死不屈的伟大的民族气节，号召军区全体指战员向其表示崇高的敬意和学习。①

11月5日，中共中央晋察冀分局机关报《晋察冀日报》刊登了特派记者沈重所写的《棋盘陀上的五个"神兵"》，该文以纪实手法详细描述了狼牙山五壮士战斗与跳下悬崖的过程，并热情地歌颂道："今天，歌唱反'扫荡'胜利的边区东线的人民和军队在唱出他们最高昂的音调，在齐声颂扬着棋盘陀五个壮士英勇奋战的功绩。承受了八路军传统的顽强战斗的五个壮士，给青年边区子弟兵添上了高尚的骄傲和无限的光荣，人民以有了这样的子弟兵而获得了更多的荣耀和勇敢。"② 1942年8月3日，在重庆出版发行的《新华日报》全文转载了该文。③

11月12日，《解放日报》第二次报道了狼牙山五壮士的英勇事迹，在简单描述他们的战斗经过和纵身跳下悬崖的情况时，这次报道注明了五壮士的姓名，并说班长马宝玉和战士胡德林、胡福才跌下身死，葛振林、宋学义跌成重伤，已送医救治。④ 11月16日，《解放日报》报道了晋察冀军区纪念狼牙山跳崖殉国三烈士的决定，即10月18日聂荣臻等签署发布的《晋察冀军区关于学习狼牙山五壮士的训令》。⑤

1942年7月，为纪念马宝玉、胡德林、胡福才三烈士，晋察冀军区在其殉难地建了一座纪念塔。7月29日，《解放日报》报道了此事，并说该塔由联大木刻教授李黑同志绘图设计，5月1日正式动工，7月7日全部完成。⑥ 9月7日，重庆《新华日报》亦报道了晋察冀军区为马宝玉等三烈士建立纪念

---

① 《晋察冀军区关于学习狼牙山五壮士的训令》，载中国人民解放军历史资料丛书编审委员会编：《八路军·文献》，北京，解放军出版社，1994年，第709页。

② 沈重：《棋盘陀上的五个"神兵"》，《晋察冀日报》，1941年11月5日。

③ 沈重：《棋盘陀上的五个"神兵"》，《新华日报》，1942年8月3日。

④ 《七名壮士，晋察冀反"扫荡"壮烈插曲之一》，《解放日报》，1941年11月12日。

⑤ 《晋察冀狼牙山三烈士弹尽跳崖殉国，军区决定纪念办法》，《解放日报》，1941年11月16日。

⑥ 《一枪未发兵不血刃我军扑入灵邱，狼牙山三勇士忠烈传千古》，《解放日报》，1942年7月29日。

塔之事。[①]

英雄已远去，但他们的英勇事迹永远感动着每一个中国人，其保家卫国的爱国主义精神和视死如归的革命英雄主义精神，教育和激励了一代又一代中国人。这正如习近平总书记所说："一个有希望的民族不能没有英雄，一个有前途的国家不能没有先锋。包括抗战英雄在内的一切民族英雄，都是中华民族的脊梁，他们的事迹和精神都是激励我们前行的强大力量。"[②]

---

① 《易水壮壮士，棋盘陀上纪念塔落成》，《新华日报》，1942年9月7日。
② 习近平：《在颁发"中国人民抗日战争胜利70周年"纪念章仪式上的讲话》，《人民日报》，2015年9月3日。

第三章

铁血弦歌：

抗战歌曲与党的宣传工作

　　"村村有歌手，处处有歌声"，是著名音乐家周巍峙在回顾晋察冀边区抗战根据地文艺工作时"对晋察冀音乐业绩的赞语"①，亦体现出在抗日战争时期歌曲创作的蓬勃发展与歌咏活动的广泛开展。歌曲，本义是歌词和曲谱相结合的一种艺术形式。在中华民族面临"亡国灭种"的危机时局下，音乐家们创作出一首首脍炙人口的歌曲，唱响抗日救国的主旋律，唤醒勇敢的中国民众，鼓舞革命斗争、坚定革命信心，表达民众心声，致敬英雄烈士，激励中华儿女为中华民族的自由和解放而拼搏奋斗。抗日救亡歌曲成为中国共产党领导全民族抗战的重要宣传工具，是中国共产党动员民众、组织民众的有力武器。1931年九一八事变至1937年七七事变，抗战歌曲以抗日救亡为主题；1937年全面抗战爆发至1945年抗战胜利，抗战歌曲以动员民众齐心抗战、坚定信念抗战到底及塑造党的形象为主题。

第一节｜为救亡呐喊："国亡家破祸在眉梢"

　　继1931年日本帝国主义侵占东北并成立伪满洲国，1932年又进犯上海，中国人民深感"国亡家破祸在眉梢"②，义愤填膺，呼吁抗日。在日益高涨的抗日救亡的呼声中，中国音乐界出现了空前繁荣的抗战歌曲创作与歌咏活动景象，爱国音乐家希望用歌唱的方法唤醒民众、组织民众，他们将"律动的旋律"化为"锋利的尖刀"，有力地推动了抗日救亡运动，也为中国共产党倡导的抗日民族统一战线的建立奠定了民意基础。

---

① 晋察冀革命文化史料征集协作组编：《晋察冀革命文化艺术大事记》，石家庄，花山文艺出版社，1998年，第26页。
② 音乐出版社编辑部：《黄自歌曲选》，北京，音乐出版社，1958年，第22页。

一、救亡歌曲的创作

1931 年九一八事变的发生揭开了日本帝国主义企图以武力征服中国的序幕。日本对东北三省的大规模侵略震动了中国社会，各地各界群众纷纷要求抗日。9 月 20 日，中国共产党中央委员会发表《中国共产党为日本帝国主义强暴占领东三省事件宣言》，谴责日军侵略。9 月 19 日，中国政府向国际联盟提出日本侵略中国领土、破坏国联盟约的控告，希望国际组织主持公道。12 月 10 日，在中国的一再要求下，国联通过决议，决定由五国代表组成调查团，实地调查九一八事变情况。为转移国际视线，并图谋侵占中国东部沿海富庶地区，1932 年 1 月 28 日午夜，日本海军舰队突袭上海闸北，驻守上海的第十九路军在总指挥蒋光鼐、军长蔡廷锴指挥下奋起抵抗。"一·二八"淞沪抗战是中国军队第一次与日军的全面对抗与较量，激起了全国人民的爱国热情，群众性的抗日救亡运动在全国许多城市和村镇快速兴起。

抗日救亡歌曲的创作与咏唱，正是在全国高涨的抗日救亡语境与抗战行动下逐渐步入高潮。第一首以抗日救亡为题材的歌曲《抗敌歌》出自海归音乐家黄自之手。九一八事变后，东北义勇军在白山黑水间与日军的艰苦作战牵动着国人的心弦，黄自与上海国立音乐专科学校师生组成"抗日救国会"，赴浦东等地宣传抗日，为东北义勇军募捐。他用音乐作品建构了中华民族共同体形象，"中华锦绣江山谁是主人翁？我们四万万同胞"，揭露日本帝国主义的侵略，"强虏入寇逞凶暴"，号召全国民众团结一致誓死抗敌，"努力杀敌誓不挠""拼将头颅为国抛"。黄自不仅为整首歌谱了曲，还写下了第一段歌词，后由韦瀚章填写了第二段歌词。歌曲流畅而气势澎湃，"家可破，国须保！身可杀，志不挠"[1]一句采用反复轮唱的方式，唱出中国人民一呼百应、誓死报国的抗日心声。10 月 24 日，国立音专合唱团首次演唱了《抗敌歌》。11 月 9 日，国立音专学生在上海广播电台演唱《抗敌歌》，并由胜利公司灌制成唱片，通过广播和留声机迅速传播至整个中国，自此开启了抗日救亡歌曲的创作和救亡歌咏运动。

---

[1] 音乐出版社编辑部：《黄自歌曲选》，北京，音乐出版社，1958年，第14～16页。

东三省沦陷，伪满洲国成立，国民政府继续"一面抵抗一面交涉"，坚持"攘外必先安内"政策，"国破家亡祸在眉梢，挽沉沦全仗吾同胞"[①]唱出了民众的悲愤情绪与炽烈深沉的爱国激情。各地各界群众的抗日呼声、军民的团结抗日激发了音乐家的创作热情，据统计，1932年间发表的抗战歌曲有《救国豪歌四十曲》《抗日救国名歌集》《抗日救国歌曲集》《爱国歌曲》（第一集）《前线去（爱国歌曲集）》等数十部作品。[②]不过，大多数作品因过于艰深，缺乏大众性，在广大民众中流传的不多。《旗正飘飘》是少数几首被广泛传唱的代表作品，"旗正飘飘，马正萧萧，枪在肩刀在腰，热血似狂潮，好男儿报国在今朝"[③]，歌曲以深入人心且通俗易懂的歌词、激情昂扬的曲调发出振聋发聩的声音，铿锵有力地写出了民众的爱国热忱。

1932年10月，在《中共中央告全国民众书——以民族的革命战争回答国联调查团报告书》及《中央关于李顿调查团的报告及加强反帝群众斗争的决议》中，中国共产党斥李顿调查报告书是"瓜分中国与奴役中国劳苦民众的新的武器"，号召全国民众武装起来，立刻进行"反对日本帝国主义与一切帝国主义"[④]的革命行动，党中央决议"创立广大的反帝运动中的统一战线"[⑤]，武装民众，组织义勇军，"快奋起莫作老病夫，快团结莫贻散沙嘲"[⑥]与中国共产党的号召正相契合，亦唱出了民众的呼声。1933年元月发表于《音乐杂志》第1期的四部合唱《旗正飘飘》，以慷慨激昂的曲调，对合唱声部的细致处理，表现了"国破家亡，祸在眉梢"的悲愤情绪，以及呼唤团结、奋勇抗敌的爱国激情。同年9月有声故事片《还我河山》将其作片中插曲，随着电影的播放而得到更为广泛的传播，成为抗战前后在一些音乐会中经常演唱的作品。

---

① 音乐出版社编辑部：《黄自歌曲选》，北京，音乐出版社，1958年，第22页。

② 陈建华、陈洁：《民国音乐史年谱（1912—1949）》，上海，上海音乐出版社，2005年，第163页。

③ 音乐出版社编辑部：《黄自歌曲选》，北京，音乐出版社，1958年，第24～25页。

④《中共中央告全国民众书——以民族的革命战争回答国联调查团报告书》（1932年10月5日），载中央档案馆编：《中共中央文件选集》（第8册），北京，中共中央党校出版社，1985年，第489～500页。

⑤《中央关于李顿调查团的报告及加强反帝群众斗争的决议》（1932年10月7日），载中央档案馆编：《中共中央文件选集》（第8册），北京，中共中央党校出版社，1985年，第507页。

⑥ 音乐出版社编辑部：《黄自歌曲选》，北京，音乐出版社，1958年，第18页。

《义勇军进行曲》的创作与传唱，标志着抗战音乐事业达到一个新的高潮。1935年5月抗战故事片《风云儿女》上映，影片主题曲《义勇军进行曲》由田汉作词，聂耳谱曲，他将田汉散文诗般的歌词，按照音乐的律动，处理得异常生动、有力而口语化，歌曲以高昂激越、铿锵有力的旋律和鼓舞人心的歌词，表达了中国人民坚决反抗侵略的豪迈精神与团结一心共赴国难的英雄气概。影片上映前夕，歌谱已在《中华日报》上发表，毕业于上海国立音专的贺绿汀请时任百代唱片公司乐队指挥的苏联作曲家阿龙·阿甫夏洛莫夫配器，将《义勇军进行曲》灌成唱片发行，与此同时，由演员袁牧之、顾梦鹤领衔的电通公司歌唱队在百代唱片公司录音棚录制了《义勇军进行曲》。电影《风云儿女》播映后，不仅影片受到好评，片头、片尾播放的主题歌更在观众中引起了强烈反响，辅以已经发行的歌谱与唱片，《义勇军进行曲》被迅速、广泛传唱，成为流行极广的抗战歌曲。全面抗战爆发后，国民党中央广播电台定期播放该曲，海外诸如美、英、法及南洋各国的广播电台也经常播放这首抗战歌曲。《义勇军进行曲》吹响了"中华民族解放的号角"，后成为中华人民共和国国歌。抗日救亡歌曲成为鼓舞士气、凝聚民心的最直接、有力的武器。

二、左翼青年音乐家成为主力军

在努力唤起民众、鼓舞军民士气的音乐创作中，左翼青年音乐家逐渐成了主力军，他们在音乐的大众化和民族化方面做了一些探索，使作品更易于为大众接受和传唱。

投身到民族救亡伟大斗争中的一些音乐家被冠以左翼音乐家称号，源于20世纪30年代的左翼音乐运动，是中国共产党领导下的左翼文化运动的重要组成部分。"五四"运动时期，随着马克思主义文艺理论在中国的传播，文化界掀起了一阵"左翼"之风，以鲁迅、冯雪峰、瞿秋白、郭沫若等为代表的文化界人士，受马克思主义思想的影响，翻译或撰写了一系列相关著作，促进了左翼文化运动的发展。国共合作破裂、大革命失败后，中共中央加强了对文化工作的领导，决定联合左翼文化界建立统一的文化团体。1929年秋冬，中共中央宣传部成立中央文化工作委员会，潘汉年担任书记，着手筹建中国左翼作家联盟。在共产党有组织地干预和协调下，"左联"于 1930 年 3 月 2 日正式成立，执委会是其最高领导机构，直接受中共中央文化工作委员会领导，第一届执委会由鲁迅、田汉、郑伯奇、洪灵菲、冯乃超、夏衍、钱杏邨 7 人组成。

"左联"成立后，在音乐方面着力介绍了苏联革命音乐理论与马克思主义音乐观，介绍了苏联的大众革命歌曲，号召音乐家深入下层百姓，创作通俗的革命文艺，诚如周扬在《苏联的音乐》译后记里所指出："内容上是无产阶级的，形式上是民族的音乐的创造，便是目前普罗（无产阶级）作曲家的主要任务"，呼吁音乐家创作出能为工农大众接受的"新兴的音乐"①。九一八事变后，面对日益严峻的民族危机，有音乐人提出将"音乐"转化为"武器"。1932 年秋，左翼音乐工作者纷纷建立音乐组织，有北平左翼音乐家联盟、中苏音乐学会、中国新兴音乐研究会、左翼戏剧家联盟音乐小组等，成员主要有聂耳、田汉、任光、张曙、安娥、吕骥、贺绿汀、冼星海、麦新等，在创作作品的指导思想上与"左联"的方针一致。他们创作了大量新型的群众性爱国歌曲，就词曲所表达的内容与情感看，大致可分三个种类：

一类是哀叹控诉国破家亡，以叙事式抒情性的"悲歌"意境，表达抗日救亡的心声。以两首影响深远的作品为例：《铁蹄下的歌女》反映了民族危机和阶级压迫下人民群众的苦难生活和思想感情，"我们到处献舞，谁不知道国家将亡"，虽然"被人当作商女"，"为了饥寒交迫，到处哀歌，尝尽了人生的滋味"，但是，"谁甘心做人的奴隶，谁愿意让乡土沦丧"②，表现出歌女对侵略者的满腔仇恨和不甘心屈服命运的反抗精神，唱出了处在社会底层的歌女内心所蕴藏的崇高的爱国热情。《松花江上》（见图 3-1）表达了失去家园的悲愤情怀，被誉为"流亡三部曲"之一，唱响中华大地。歌曲首先以叙述性兼抒情性的语调唱出了对家乡的情感，"我的家在东北松花江上，那里有森林煤矿，还有那漫山遍野的大豆高粱"，继而以哭诉的音调，表达失去家园的悲愤心情，"九一八、九一八，从那个悲惨的时候，脱离了我的家乡"，哀叹"流浪"、呼

---

① [美] J.弗莱曼（原译佛里门）著，周扬（周起应）译：《苏联的音乐》，上海，良友图书印刷公司，1932 年。

② 许幸之：《扬子江》，上海，联合出版社，1945 年，第 42 页。

松花江上

1=D　3/4

张寒晖　词曲

```
1·35 - | i i·56·5 | 65 - | 123 - | 6 i 5 | 3 - - |
我的家   在东北松花   江上，  那里有   森林煤 矿

212 - | 6 i 5 | 4·32 1·3·2 | 1 - - | 1·35 - | i i·56·5 |
还有那   满山遍   野的大豆高 梁。   我的家   在东北松花

65 - | 123 - | 6 i 5 | 3 - - | 212 - | i 7·65 |
江上，  那里有   我的同   胞，   还有那   衰老的爹

4·32·3 | 1 - - | i 76 - | 2 i 5 - | 663 2 | 231·7 |
娘。   "九一八"，"九一八"，从那个悲 惨的时

6 - - | i 76 - | 2 i 5 - | 663 2 | 231·7 |
候，    "九一八"，"九一八"，从那个悲 惨的时候，

66·76·5 | 66 - | 35·6 | i 67 65 | 6 - 3 | 2 - 3 |
脱离了我的 家乡，  抛弃那  无尽的宝  藏，  流浪！流

2 - 3 | 5 i 6 | 5 32 - | 32 - | 36 - | 35 - |
浪！ 整 日价在 关 内，  流浪！ 哪年，  哪月，

5·6 i - | 67656 | 67 2 - | 5 - | 36 - | 32 - |
才能够    回到我那可 爱的故  乡？   哪年，  哪月，

5·6 i - | 67653 | 2·32 - | i - | 3 - 2 i | 6 - - |
才能够    收回我那无 尽的宝  藏。   爹 娘 啊，

渐慢
2 - 16 | 5 - - | 36 - | 5 - - | 56 3·2 | 3 6 i | i - - ‖
爹 娘  啊，  什么   时候，  才能欢聚 在一 堂?!
```

图3-1　歌曲《松花江上》，选自《抗战歌曲集》

（李泯主编：《抗战歌曲集》，长沙，湖南文艺出版社，2005年，第34～35页）

喊"爹娘"、诉求收回"宝藏"①的歌声，点燃了中华大地的抗日烽火。

一类是描写军民浴血奋战，缅怀、赞颂英烈，鼓舞全国人民誓死抗战。以极富代表性的《五月的鲜花》为例，"五月的鲜花开遍了原野，鲜花掩盖了志士的鲜血，为了挽救这垂危的民族，他们曾顽强的抗战不歇"，歌曲开端以深情的语言，朴素、轻缓的旋律，表达了对烈士的怀念和景仰，接着以悲愤激越的哀歌倾诉"如今的东北已沦亡了四年"，我们"失掉自由更失掉了饭碗"，哀叹"敌人的铁蹄已越过了长城"，因为国民政府的妥协、"亲善睦邻"，"中原大地"依然是"歌舞升平"的景象，最后以高亢激越的旋律唱出"再也忍不住这

---

① 李泯主编：《抗战歌曲集》，长沙，湖南文艺出版社，2005年，第34～35页。

满腔的怨恨"，期望"怒吼"可以"惊起"一群不幸的人们，大家"一齐挥动拳头"[①]奋起反抗。

一类是以慷慨激昂的"战歌"形式，激发民众的爱国热情和报国之志。

1933 年 3 月，国民党第二十九军"大刀队"在喜峰口与日军白刃格斗、重创日军。1937 年 7 月，麦新受大刀队英雄事迹的感染而谱写了《大刀进行曲》，恰逢全面抗战爆发之际，它向军人发出战斗的号角，"抗战的一天来到了"，"前面有东北的义勇军，后面有全国的老百姓"，鼓舞"全国武装的弟兄们"奋勇杀敌，坚决消灭敌人，句尾"冲啊，大刀向鬼子们的头上砍去"与句首"大刀向鬼子们的头上砍去"[②]相呼应，给人一挥而就、果断有力、勇猛杀伐的快感。《大刀进行曲》以铿锵有力的节奏，短小精悍的歌词，简洁、流畅、口语化的曲调，唱出了中国人民不屈不挠、敢于血战到底的冲天豪气与坚强意志。成千上万青壮年唱着这首歌参军入伍，奔赴抗日前线。

《毕业歌》是电影《桃李劫》的主题歌，由田汉填词、聂耳谱曲，创作于1934 年。电影故事围绕着知识青年步入社会遇到的各种磨难而展开，与抗战救亡有直接联系。电影主题曲在左翼音乐家的设计下，成为一首激励同学们奋发向上、投身抗日救亡、报效祖国和人民的战歌。《毕业歌》是影片中青年学子在毕业典礼上集体合唱的歌曲，以富有激情与鼓动性的语言，配以节奏鲜明唱腔高亢的进行曲风格，唱出了迫切希望参与救国救民、投身革命的急切心情，"我们今天是桃李芬芳，明天是社会的栋梁；我们今天弦歌在一堂，明天要掀起民族自救的巨浪"，号召大家"拿出力量"共同"担负起天下的兴亡"，面对寇深日亟、民族危机日趋严重，表示宁愿"拼死在疆场"[③]，绝不做亡国奴。慷慨激昂的歌曲激发了青年学子的爱国热情和报国之志。

在中国共产党地下党组织的安排下，左翼音乐组织积极利用电影阵地传播抗日救亡歌曲，宣传革命。他们或为进步电影创作主题歌，或以灌制畅销电影歌曲为名，录制并出版歌曲唱片，将大批抗日救亡歌曲通过影片和唱片推向全国。

---

① 李泯主编：《抗战歌曲集》，长沙，湖南文艺出版社，2005 年，第 153～157 页。
② 良友歌咏社：《抗战新歌》，上海，良友歌咏社，1937 年，第 16 页。
③ 抚远县党史工作办公室、抚远县志办公室编：《在这片土地上》，1985 年，第 32 页。

三、抗日救亡歌曲的咏唱

倡导抗日救亡歌咏运动，是左翼音乐工作者传播革命音乐的又一途径。

随着新型的群众歌曲的创作，抗日救亡运动如火如荼地开展，爱国音乐工作者开始在群众中教唱歌曲，进而组织歌咏队。1934 年底，聂耳在电影界先后组建了两个音乐团体即联华声乐团和电通歌咏队。1935 年 2 月，中华基督教青年会干事刘良模在上海组建了第一个抗日救亡歌咏组织——民众歌咏会，明确宣告"为民族解放而唱歌"，会员从最初的九十余人，迅速发展到 300 余人，上海成为抗日救亡歌咏运动的发祥地，民众自发的歌咏活动从此变成有策划、有组织、有宣传的抗日救亡歌咏运动。民众歌咏会在上海乃至在全国的影响力迅速扩大，不过，一个歌咏团体终究无法满足群众参加抗日救亡歌咏的激情，同年 5 月，以聂耳、吕骥、沙梅为代表的左翼工作者在上海组建了"业余合唱团"。在民众歌咏会和业余合唱团的启发与引领下，歌咏团体蓬勃涌现，仅上海就有近百支队伍。

"借乐以抒情，听歌以励志"，众多进步音乐工作者纷纷深入农村、工厂、大中学校等，教唱革命歌曲、讲授音乐知识、组织歌咏活动。教民众唱歌并不是要将民众培养成专业音乐人，而在于唤醒、组织民众，凝聚人心，为抗日救亡而奋斗，正如刘良模所说"我们不是为唱歌而唱歌，我们是要为民族解放而唱歌"[1]，抗日救亡的歌声如同澎湃的怒潮，沸腾于神州大地。

1935 年"一二·九"运动推动了全国抗日救亡运动的新高潮，也推进了群众性歌咏热潮，民众在集会、示威游行时都高唱救亡歌曲。在北平，清华、北师、燕京大学等十余所学校组成歌咏团，在各大中学校开展了救亡歌咏活动；在南京，中央大学、金陵大学、金陵女子大学等成立了南京歌咏协会；天津、武汉、长沙、广州等数十个城市相继成立歌咏组织，开展救亡歌咏活动。歌咏团体通过举办各类活动，将歌咏运动推广到全国各地各阶层，形成了群众性的热潮，有力推进了民众的救亡运动。如 1935 年下半年联合举办"聂耳追

---

[1] 刘良模：《民众歌咏ABC》，昆明，云南省立民众教育馆民众歌咏团，1937年，第1页。

悼会"，会中演唱了聂耳创作的大部分歌曲；1936 年 10 月，上海歌咏团体联合为鲁迅葬礼举行"挽歌游行"；1936 年底为募捐援助绥远抗战举行"援绥音乐会"；1937 年 6 月为赈济西南、西北地区灾民，举行了系列歌咏大会。一些音乐人直接奔赴抗日战场，用一首首情感浓烈、悲愤雄壮的歌曲鼓舞前线将士"向前走，别退后"。1937 年春，吕骥、刘良模及"青年会战区服务团"赴绥远前线劳军。他们教前线军民学唱抗日歌曲，举办军民联合歌咏大会，富于激情而朗朗上口的歌曲不仅有助于缓解战士们操练时的疲乏，更能提振士气。接着，他们到山西等抗日前线继续推广，推动抗日救亡歌咏运动向纵深发展。

1937 年七七事变后，随着全面抗战的爆发，救亡歌咏运动走向最高潮。平、津、沪等一大批救亡歌咏运动的骨干，如冼星海、吕骥、麦新、孟波、任光、刘良模等，联合戏剧影剧界等各方面人士，组织数以百计的歌咏团体、抗战演剧队、儿童剧团等，奔赴各个战区，深入工矿、农村，走上战场，以通俗、感性而生动的艺术表现形式，告诉民众抗战的意义和当前的形势。在国民政府军事委员会政治部第三厅（简称"三厅"）第六处任处长、主管艺术宣传工作的田汉，在抗战初期武汉成为全国政治文化中心时期，领导其麾下的张曙、冼星海等音乐家积极联系各歌咏团体，大力开展抗日救亡歌咏活动，组织文艺宣传队伍，分散到各战区做抗日宣传，不仅促进了各地区民众的抗日热情，也宣传了中国共产党的文艺政策，将党的抗战方针、政策传播到广大民众中。各歌咏队、演剧队所到之处，不仅进行了歌咏表演，还教唱歌咏，使救亡歌声传唱于长城内外，飘荡在祖国的大江南北，形成了"有人烟处，即有抗战歌曲"的阵势。

歌咏运动刺激了歌曲创作的繁荣，以抗日救亡为主题的富有战斗性、艺术性、大众性的合唱歌曲成为歌咏运动中最主要、影响最大的一类作品，《义勇军进行曲》《大刀进行曲》《毕业歌》等通过电影、唱片，通过群众性歌咏活动，传播到前线与后方、城市与农村，中华大地到处飘荡着抗日战歌，彰显中华民族的抗日决心与战斗精神。

第二节｜动员民众齐心抗战："复我河山，共救中国"

自九一八事变后，中日民族矛盾逐渐上升为中国社会的主要矛盾，中国共产党积极呼吁停止内战、一致抗日，积极倡导建立抗日民族统一战线，强调共产党在反帝反封建斗争中的政治领导责任，毛泽东在 1937 年 5 月召开的中国共产党全国代表会议上指出，党的正确的政治方针是为争取千百万群众进入抗日民族统一战线而斗争，"无产阶级、农民、城市小资产阶级的广大群众，有待于我们宣传、鼓动和组织"①。抗战歌曲以其民族化、大众化的特点及音乐特有的感染力，成为动员民众、团结国人的巨大力量。

一、激发全民族抗战意识

自九一八事变尤其是 1935 年华北事件后，日本帝国主义已成了中国人民的最大敌人，在民族危机空前严重的关头，共产党号召必须团结一切力量去反对共同的敌人，将驱逐日本帝国主义出中国、收复东北失地当做党的最中心的任务。与此同时，日本帝国主义在武装进攻、疯狂烧杀掳掠的同时，还从事着疯狂的文化侵略，通过报刊、传单、绘画、音乐等方式，美化侵略、混淆视听，宣传所谓的"大东亚共荣圈"，叫嚣反共产主义。

在国民党的封锁、压制下，中国共产党通过其领导下的左翼文化运动的左翼音乐工作者进行抗日救亡的宣传。1932 年 11 月，时任中共中央宣传部部长的张闻天批评党的宣传鼓动形式尚停留于"死的文字"，面对文化程度落后的工农群众，这样的宣传鼓动方式不能"变为群众的"，只限于少数人，而"没有群众的宣传鼓动工作，就不能有群众的组织与群众的行动"。为突破局限，张闻天倡议充分应用为群众所欢迎亦更能吸引广大群众的"图画、唱歌以及戏剧等的宣传鼓动的方式"，倡议充分利用左翼文艺家中的画家、音乐家与戏剧家，"使他

---

① 《为争取千百万群众进入抗日民族统一战线而斗争》（1937年5月8日），载《毛泽东选集》（第一卷），北京，人民出版社，1991年，第278～279页。

们的天才能够与群众的斗争密切的联系起来"，他看到左翼文艺家正在热烈讨论"如何使文艺大众化的问题"。[①]此后，在中国共产党领导下，左翼音乐家创作了以反帝反封建为主、易为工农大众接受并欢迎的"新兴的音乐"，如1933年聂耳创作的《卖报歌》，1934年为电影《桃李劫》谱写的主题曲《毕业歌》等。1935年华北危机后，以抗日救亡为主题的易于传唱的群众歌曲大量涌现。

1936年1月27日，中共中央致信各级党部，指示当前宣传工作之中心任务及对策。"目前宣传工作最中心最紧急的任务"，在于彻底揭露"日本强盗的凶暴侵略行动"，鼓动"一切不愿当亡国奴的中国人联合起来"，开展民族革命战争，争取中国的独立与解放。为此，"一切文字的口头的宣传"，应该"最广泛、最深入的暴露"日本的侵略行径，揭穿日本意欲吞并中国的阴谋，告知民众"亡国灭种的大祸"已经临近，号召一切不愿当亡国奴的中国人团结起来共同抗敌。[②]在战火中谱写救亡之音，于歌声里唱出民族之魂，激发全民族的抗战意识，成为抗战时期音乐工作者的使命与担当。以抗日救亡为主题的歌曲通过抒发中华民族的家国情怀，形塑了各族人民生死与共、命运与共的共同体意识，借助黄河、长江、长城等特定象征物，实现了对中华民族共同体与民族精神的具象化展现，强化了各族各界民众对中华民族的认同，将人民统一于保家卫国的旗帜之下。

《长城谣》，创作于1937年，歌曲开头是对美好家园的赞美，"万里长城万里长，长城外面是故乡。高粱肥大豆香，遍地黄金少灾殃"，突然侵略者闯入，人民被迫流离失所，"自从大难平地起，奸淫掳掠苦难当，苦难当奔他方，骨肉离散父母丧"，控诉日寇的暴行和民众的怨愤，"没齿难忘仇和恨，日夜只想回故乡，大家拼命打回去，哪怕敌人逞豪强"，"四万万同胞心一样，新的长城万里长"[③]，唱出了中国人民威武不屈、百折不挠的抗争和团结一致战斗必胜的

---

① 张闻天：《论我们的宣传鼓动工作》（1932年11月18日），载中共中央宣传部办公厅、中央档案馆编研部编：《中国共产党宣传工作文献选编（1915—1937）》，北京，学习出版社，1996年，第1091～1092页。

②《中央为转变目前宣传工作给各级党部的信》（1936年1月27日），载中共中央宣传部办公厅、中央档案馆编研部编：《中国共产党宣传工作文献选编（1915—1937）》，北京，学习出版社，1996年，第1199、1201页。

③ 仲子通：《抗战与歌曲》，上海，商务印书馆，1938年，第50页。

信心。当年 12 月，周小燕在武汉"中国戏剧界援助各地抗敌联军联合大公演"中演唱了这首歌，打动了在场听众，捐款箱前排起长龙，连衣不蔽体的难民也捐出了身上仅有的钱币。之后，电影《热血忠魂》用其作插曲。随着电影、电台的播放，报刊的转载，《长城谣》迅速传播于全国各地。歌曲的音乐苍凉悲壮、淳朴自然，歌词凝练雅致又通俗流畅，易于传唱。在民族存亡的危急时刻，《长城谣》通过对家国情怀的抒发，激发了全民族的抗战意识，号召民众同仇敌忾保家卫国。周小燕录制的唱片传播到东南亚和欧美侨胞中，促使侨胞踊跃捐款、捐物，有的甚至直接回国参加抗战。

冼星海最重要的也是影响力最大的一部大型合唱声乐套曲《黄河大合唱》，创作于 1939 年春天，以中华民族的发源地——黄河为背景，讴歌中华民族源远流长的灿烂历史，呈现中国人民勤劳朴实、仁德勇毅的精神品格，痛诉日本法西斯的残暴侵略和中国人民遭受的深重灾难，赞颂中国人民坚强不屈的斗争精神。作品由一个序曲、八个乐章组成，分别是：黄河船夫曲、黄河颂、黄河之水天上来、黄水谣、河边对口曲、黄河怨、保卫黄河、怒吼吧黄河，由朗诵和乐队演奏将各乐章串联成一个整体，贯穿着抗日和爱国两个主题，通过展示黄河边发生的事情，启迪人民保卫黄河、保卫华北、保卫全中国。4 月 13 日，首演于延安陕北公学大礼堂，引起巨大反响，随即唱响全国。《黄河大合唱》以黄河为中华民族精神的象征，勾画出全国军民团结起来保卫祖国、反抗敌人的壮丽图景，实现了对中华民族共同体的具象化展现，增强了全民族抗战意识。周恩来观看演出后，亲笔题词："为抗战怒吼！为群众谱出呼声！"

《黄河大合唱》成为抗战歌曲的"主旋律"和时代的最强音，从延安传遍全中国，飞向世界各地，至今经久不衰。1985 年，香港举行"黄河艺术节"活动，千人同唱《黄河大合唱》，一位青年如是说：我们这些信仰不同、职业不同、来自不同地方的人"所以在一起唱《黄河大合唱》，就是为了四个大字——民族大义！这就是《黄河大合唱》的生命所在！这就是《黄河大合唱》的力量所在！"①

---

① 于延俊：《伟大时代的伟大作品——七首抗战歌曲》，北京，中国友谊出版公司，2001年，第22～23页。

一首又一首以抗日救亡为主题的有着强烈的现实意义和艺术感染力的歌曲，如田汉词、聂耳曲《义勇军进行曲》，任光《打回老家去》，周钢鸣词、孙慎曲《救亡进行曲》，张寒辉《松花江上》，塞克词、贺绿汀曲《心头恨》，任钧词、张曙曲《保卫祖国》，塞克词、冼星海曲《救国军歌》等，被广泛传播与演唱，强化了中华民族共同体的话语表达与形象建构，凝聚了人心，激发了民众的抗战意识。

在沦陷的东北，东北地方党组织在组建反日游击队进行军事斗争的同时，深入民众开展宣传动员工作，广泛利用歌曲、戏剧等富有感染力的艺术表现形式，对民众进行抗日救亡的宣传。在东北传唱的抗日歌曲有上百首，根据歌词传达的宣传思想主题，可大致归纳为控诉日军暴行哀叹国破家亡、号召各族民众团结抗日、歌颂军民浴血奋战、鼓动瓦解伪军阵营等几个方面。东北地方党组织的领导人还亲自填写歌词，如东北抗联总指挥杨靖宇创作《东北抗日联军第一路军军歌》，庄严宣告了抗联第一路军的宗旨、建军原则及对广大官兵的要求与号召：

> 我们是东北抗日联合军，
> 创造出联合军的第一路军。
> 乒乓的杀敌缴械声，
> 那就是革命胜利的铁证。
> 正确的革命信条应遵守，
> 官长和士兵待遇都是平等。
> 铁般的军纪风纪要服从，
> 锻炼成无敌的革命铁军。
> 亲爱的同志们团结起，
> 从敌人精锐的枪刀下，
> 夺回来失去的我国土，
> 解放亡国奴的牛马生活！
> 英勇的同志们前进呀！
> 赶走日寇推翻"满洲国"。
> 这一次的民族革命战争，

　　要完成弱小民族的解放运动。

　　高悬在我们的天空中，

　　普照着胜利军旗的红光。

　　冲锋呀，我们的第一路军！

　　冲锋呀，我们的第一路军！①

　　这首军歌唱出了抗联将士们解放东北、赶走侵略者的远大目标，体现了抗联的纪律意识、优良作风，充满了必胜信念和革命乐观主义精神。为号召汉族和朝鲜族民众团结抗敌，杨靖宇创作了《中朝民众联合歌》，呼吁汉族和朝鲜族民众"崛起"，告知"团结则生离则亡，谨防备离间计"，号召"手携手，打冲锋""誓杀到敌人大本营"。②

　　在十四年的抗战过程中，以抗日救亡为主题创作的数千首歌曲，形塑了全体民众中华民族共同体意识，用歌声激发了全民族抗战意识。

二、号召军民团结抗日

　　中日战争是"半殖民地半封建的中国和帝国主义的日本之间在二十世纪三十年代进行的一个决死的战争"③，基于中日两国各自的优势与劣势，中日战争必是持久战，其过程与趋势是"中国由劣势到平衡到优势，日本由优势到平衡到劣势，中国由防御到相持到反攻，日本由进攻到保守到退却"，毛泽东不仅阐明了中日战争是持久战及战争的趋势，并指出中国由劣势到平衡到优势，并非只看中日两国军力、经济力的变化，因为是人而不是武器，才是战争的决定因素，两国力量的对比"不但是军力和经济力的对比，而且是人力和人心的对比"，④ 没有普遍和深入的政治动员，抗战就得不到胜利，而"动员了全国的

---

① 中共本溪市委党史资料征集办公室编：《浑太两岸的抗日烽火》，中共本溪市委机关印刷厂，1986年，第186页。

② 经希军、邵汉明主编：《通化历史文化研究》，北京，人民出版社，2018年，第439页。

③ 《论持久战》（1938年5月），载《毛泽东选集》（第二卷），北京，人民出版社，1991年，第447页。

④ 《论持久战》（1938年5月），载《毛泽东选集》（第二卷），北京，人民出版社，1991年，第468～469页。

老百姓，就造成了陷敌于灭顶之灾的汪洋大海，造成了弥补武器等等缺陷的补救条件，造成了克服一切战争困难的前提"。① 怎样动员呢？不是背诵政策，不是说教，需要的是"联系战争发展的情况"，联系士兵和民众的生活，"把战争的政治动员，变成经常的运动"。② 在大多数民众以及士兵不识字也看不懂报纸的情况下，最直接、最有效的宣传方式是音乐、戏剧、绘画等感性的方式。

在全面抗战爆发前夕，在全国人民爱国救亡运动步入新高潮之际，诗人、共产党员周钢鸣和左翼作曲家孙慎创作了《救亡进行曲》，表达全国人民奋起救亡，打倒日本帝国主义的决心，歌中唱道："工农兵学商，一齐来救亡，拿起我们的铁锤刀枪，走出工厂田庄课堂，到前线去吧，走上民族解放的战场"，铿锵有力的节奏、斗志昂扬的歌词推动着音乐汹涌向前，"千万人的声音高呼着反抗，千万人的歌声为革命斗争而歌唱"，"打倒日本帝国主义，把旧世界的强盗杀光！"③ 这首战斗性的进行曲体现了中国人民坚忍不拔的救亡意志，歌声迅速传播祖国各地，极大鼓舞了亿万国人的抗战斗志。

《青年进行曲》（田汉词、冼星海曲）以活泼明快的节奏唱出了青年的朝气蓬勃、勇于进取，"前进！中国的青年！挺进！中国的青年"，"我们要以一当十，百以当千，我们没有退后，只有向前。兴国的责任，落在我们两肩"。④ 冼星海谱写的另一首歌曲《前进》表达了青年学生深入基层发动民众的诉求，将"怒吼传遍都市和农村"，呼唤民众"有枪就一齐挺起枪，没枪就一起拿起刀，刀枪都没有，就一齐挥起拳头"。⑤

战争的全面爆发刺激了音乐家们的创作热情，他们誓把音乐变成武器，以武装全国同胞。"快起来同胞们，起来齐为祖国战争！敌人铁蹄踏遍国境，杀我同胞夺我城！谁能忍受横暴摧残，谁愿甘尝亡国恨，团结起来向前进！不杀

① 《论持久战》（1938年5月），载《毛泽东选集》（第二卷），北京，人民出版社，1991年，第480页。
② 《论持久战》（1938年5月），载《毛泽东选集》（第二卷），北京，人民出版社，1991年，第481页。
③ 李泯主编：《抗战歌曲集》，长沙，湖南文艺出版社，2005年，第176～177页。
④ 李泯主编：《抗战歌曲集》，长沙，湖南文艺出版社，2005年，第161～162页。
⑤ 金仲华、钱俊瑞：《永生》，上海，生活书店，1936年，第359页。

倭奴誓不生！"① 这首由共产党人音乐家贺绿汀作词的《为祖国战争》，是一首短小精悍的战斗进行曲，呼吁不愿做亡国奴的同胞团结奋战。在这场伟大的民族革命战争中，有着诸多少年儿童的身影，抗日救亡歌曲中亦有不少为少年儿童创作的传播大江南北的歌曲。《谁说我们年纪小》唱出了少年儿童召唤同伴一齐上战场，"小姊妹，小兄弟，大家牵手向前跑，一跑跑到战场上，齐将敌人扫"，唱出了他们人小志气大，"谁说我们年纪小？万恶的敌人，要我们来打倒，陈腐的社会，要我们来改造！"《只怕不抵抗》以轻快的节奏表现了儿童的活泼天真，"吹起小喇叭，达底达底达！打起小铜鼓，得弄得弄冬！"面对强敌，年少的他们毫无畏惧，"手拿小刀枪，冲锋到战场，一刀斩汉奸！一枪打东洋！不怕年纪小，只怕不抵抗！"②

在强调中日矛盾为主要矛盾的同时，在共同抗日、共赴国难的总目标下，中共中央既指出把民族利益与阶级利益对立起来的观点是错误的，也不同意"今天民族解放运动中资本家应该无限制的剥削工人，地主应该无限制的剥削农民"，主张"为了全民族的总动员，为了使全中国最大多数的人民参加到民族解放阵线中来，改善工人农民与小资产阶级的生活是必要的"。③ 战时被广泛咏唱、现被推选为"中国电影百年百首金曲"的《铁蹄下的歌女》《渔光曲》，是体现这一思想的代表作品。《铁蹄下的歌女》创作于1935年，是故事片《风云儿女》的插曲，它用抒情的旋律唱出了在阶级压迫和民族危机下歌女的苦难生活和思想感情，表现了被人们贱视的歌女在备受摧残的内心所蕴藏的爱国热情，满足了女性同胞尤其是处于社会底层的弱女子希望通过音乐来表达抗日救亡的心声。《渔光曲》创作于1934年，是同名电影《渔光曲》的主题歌，以抒情婉转的旋律刻画出一幅朴实动人的渔民生活景象，倾诉了贫苦渔民的艰辛生活，"潮水升，浪花涌，渔船儿飘飘各西东；轻撒网，紧拉绳，烟雾里辛苦等鱼踪"，揭示了劳动人民的痛苦与心中的怨愤，"鱼儿难捕租税重，捕鱼人儿世

---

① 《现代抗敌军歌》，1938年，第52页。
② 麦新、孟波编选：《大众歌声》，上海，上海大众歌声社，1938年，第103~105页。
③ 张闻天：《迎接对日直接抗战伟大时期的到来》（1937年4月11日），载中共中央文献研究室、中央档案馆编：《建党以来重要文献选编（1921—1949）》（第14册），北京，中央文献出版社，2011年，第154页。

世穷，爷爷留下的破渔网，小心再靠它过一冬"，^① 作曲家任光用大众最熟悉的声音将劳动大众悲惨生活的痛苦呼声传达出来。

表达民众心声的救亡歌曲唱进了劳动人民心里，激发了他们的革命热情。七七事变后，蒋介石虽也号召中华民族"地无分南北，年无分老幼，无论何人，皆有守土抗战之责任"，^② 然国民党惧怕救亡运动超出它的控制范围，并不愿广泛发动民众，以致虽有群众动员，到处有抗敌后援会，广大群众却并没有被动员起来积极参加抗战。《大公报》在 1937 年 10 月 11 日社论中揭示了这样一种状况："本国的军队在本国领土内与外敌作战，竟如荒岛行军，看不见民众；有了民众的行动，却是敌人的奸细！"^③ 由于国民党的压制，共产党一时无法对全国范围的民众开展积极有效的动员工作。在八路军、新四军创建的抗日根据地，共产党有效激发了民众的抗战意识，以晋察冀根据地为例：1937 年 11 月 7 日，以阜平、五台山为中心的晋察冀军区成立，1938 年 1 月，晋察冀根据地政府成立，晋察冀边区是中共创建的第一个敌后抗日根据地。根据地的文化建设基础薄弱，村民大多不识字，教唱抗日救亡歌曲是最直接、有效的动员方式。12 月 11 日，晋察冀军区成立一月余，边区就成立了一个专业演出团体——晋察冀军区政治部抗敌剧社。早期的歌咏作品多为左翼音乐家所创作，其中有流传全国的《义勇军进行曲》《松花江上》《毕业歌》等，缓解了根据地初期音乐作品紧缺的局面，高昂的激情与动听的旋律促进了根据地文艺氛围的形成，大大激发了广大军民的抗战意识。之后的歌咏活动中，来到根据地的艺术家们创作了大量优秀的作品，通过歌曲揭露日军暴行、宣传共产党的抗日政策、歌颂抗日英雄，民众的思想觉悟普遍提高，根据地军民广泛吟唱抗日民歌《心心相连筑长城》《边区团结筑长城》《团结一心打日本》《齐心先把鬼子打》等，"边区团结筑长城，隔住鬼子城外边"，"人数越多力量大，团结一心打日本"，"千年铁树开了花，穷人翻身当了家，当家作主头件事，齐心先把鬼子打"，^④ 一

---

① 李泯主编：《抗战歌曲集》，长沙，湖南文艺出版社，2005年，第21～22页。
② 中共中央党史研究室：《中国共产党历史大事记（1919.5—1987.12）》，北京，人民出版社，1989年，第98页。
③《一个严重的问题》（社评），《大公报》（上海版），1937年10月11日。
④ 袁同兴编：《晋察冀根据地抗日民歌选》，上海，上海文化出版社，1956年，第41～42页。

句句生动朴实的歌词，充分展现了根据地人民拥护抗日、积极参加抗战的景象。

在中国共产党的抗日号召和领导下，在解放区和敌后游击区，广大民众展开了轰轰烈烈的支前、参军运动，流传在民间的抗日歌谣生动反映了这一景象。"月亮一出照四方，大家参军保家乡，去参军打倒东洋"，"带头参军顶呱呱，区长、政委牵着马，锣鼓迎，秧歌送，喜得爹娘笑哈哈"，"娘，快把泪擦干，送你儿子去抗战！保卫家乡大家事，万众一心齐上前"，"小河水，弯又弯，劝声我郎把军参，我郎前方去抗战，家中的事情我来担"。这是流传在晋冀鲁豫抗日根据地的歌谣，不仅男子踊跃参军上前线，且得到家中父母、妻子的大力支持，当地的女子也积极要求参军抗战，"千百的女子都去把军从，个个女英雄。不怕枪子崩啊，不怕大炮轰，为国为民死了理应当，一辈子也光荣"。①《参加八路军》以百姓的生活与面临的敌情，写出了参军抗敌的原因，唱出了边区民众的心声，边区有民众的"田园房产"，有共同生活的家人，"鬼子来了奸淫抢掠，烧杀之后一片凄凉"，美好的家园被破坏，我"立定志愿把兵当，参加八路军，保卫咱家乡，打跑鬼子才能得安康"。②

流传在苏北、皖南根据地的抗日民谣展现了军爱民民拥军、军民团结抗敌的景象，"我们军民要合作，你在前面打，我在后面帮；挖战壕，送子弹，抬伤兵，做茶饭。我们流血又流汗，赶不走鬼子心不甘！"③当地的童谣也唱出了老百姓对新四军的拥护与支持，"不想爹，不想妈，只想四阿哥到我家，没得别的慰劳品，几个鸡蛋一壶茶。不想爹，不想妈，只想自己快长大，穿起军装扛起枪，参加新四军把敌杀"。④

抗日战争进入相持阶段后，日军改变了作战方略，以"三分军事，七分政治"对付国民党，以政治诱降为主、军事进攻为辅，将军事进攻的重心逐渐转移到共产党开创的敌后抗日根据地，百团大战之后更是对根据地、游击区

---

① 上海文艺出版社编：《抗日歌谣》，上海，上海文艺出版社，1960年，第63~64、67~68、71页。
② 解放军歌曲选集编辑部：《抗日战争歌曲选集》（第三集），北京，中国青年出版社，1957年，第28页。
③ 李泯主编：《抗战歌曲集》，长沙，湖南文艺出版社，2005年，第137~138页。
④ 上海文艺出版社编：《抗日歌谣》，上海，上海文艺出版社，1960年，第156、117页。

实施"三光"政策。国民党在1939年1月召开的五届五中全会上确定了"防共""限共""溶共"的方针，把对付共产党作为重要议题。1939年7月，中共中央在《为抗战两周年纪念对时局宣言》中提出"坚持抗战到底——反对中途妥协""巩固国内团结——反对内部分裂""力求全国进步——反对向后倒退"①三大口号。1940年创作的《团结到底》，以直白的语言、轻快有力的节奏，宣示"团结才能有前途"："持久抗战为自由，中途不要休。投降是条自杀路，团结才能有前途，快快起来为民族，团结一齐向前走，抗战路虽苦，血汗不白流，胜利的曙光就在眼前头。"②

1943年，根据晋察冀边区的斗争体验而创作的《团结就是力量》以铿锵有力的节奏，慷慨激昂的情绪，唱出了在抗战最艰难时期八路军和老百姓团结战斗的坚强意志和奋勇杀敌的雄壮气势，"团结就是力量，这力量是铁，这力量是钢，比铁还硬，比钢还强，向着法西斯蒂开火"，③也向各党各派各族人民呼吁团结抗战，只有团结起来形成钢铁般的力量才能无坚不摧。

三、歌唱抗日英雄

以正面宣传为主辅以典型事例为载体进行主流意识形态传播，是中国共产党从事宣传思想工作的重要方法。对英雄模范的宣传始于土地革命战争时期，表彰优抚是当时主要的表现形式。1939年3月18日，毛泽东致电八路军、新四军各政治机关，要求收集和宣传八路军、新四军中民族英雄的事迹。电文说："在抗战中，从我们八路军、新四军的干部与战士中涌现出许多民族英雄。表扬这些英雄及其英勇行为，对外宣传与对内教育均有重大意义，各政治机关应注意收集这些英雄的事迹，除在各部队报纸上发表外，择其最重要者电告此

---

① 《中共中央为抗战两周年纪念对时局宣言》（1939年7月7日），载中共中央文献研究室、中央档案馆编：《建党以来重要文献选编（1921—1949）》（第16册），北京，中央文献出版社，2011年，第440页。

② 解放军歌曲选集编辑部：《抗日战争歌曲选集》（第三集），北京，中国青年出版社，1957年，第26页。

③ 李泯主编：《抗战歌曲集》，长沙，湖南文艺出版社，2005年，第90～91页。

间及广播。"① 抗战宣传工作的重要性，在于它是发动民众参战热忱的一个重要武器，面对不识字的广大农民与士兵，讲民族英雄故事、抗战故事，易在情感上激发民众的参战热情。

以朴素的语言，通过歌声，唱出英雄的故事，更能唱进人们的心中，激起抗战的热情。平型关大捷，是改编后的八路军出师以来的第一个大胜仗，也是全面抗战以来的第一个胜仗。"英勇善战八路军，平型关上逞英雄；板垣师团被歼灭，抗战史上第一功""斑鸠喝水头不抬，平型关上八路来，五台山下扎喽根，胜利花朵明日开"，② 一首首朴实无华的民谣体现了战斗激情，充满对抗战胜利的乐观主义精神。

《歌唱二小放牛郎》生动讲述了发生在晋察冀边区的抗日故事。百团大战后，日军把进攻重点逐步转向华北，肆意实行"三光"政策和"治安强化运动"。根据地军民在中国共产党的领导下密切配合，顽强战斗，广大民众组织起民兵、妇救会、儿童团等团体，配合八路军开展机动灵活的游击战、阻击战、伏击战，分股围歼日军。在反"扫荡"中，涌现了许许多多可歌可泣的英雄人物和战斗故事，有男有女，有老有少，放牛娃王二小的英雄事迹是其中的一件。1941 年 9 月 16 日清晨，日军进山扫荡，那条山沟有八路军的后方机关和隐蔽的几千名老乡，正在山上放牛的王二小被敌人抓住带路，他假装顺从，将敌人带进了八路军的埋伏圈，当日军踩着地雷、四周响起枪声，才知上当受骗，残暴的日军将刺刀戳进王二小的胸膛，把他摔死在山间的大石上，13 岁的王二小以他的牺牲救了八路军机关干部和几千名老乡。这感人的英雄故事随着秋风传遍了每个村庄，在晋察冀西北战地服务团工作的作曲家李劫夫、诗人方冰将它谱写成了歌，歌曲开头以流畅、优美的旋律唱道："牛儿还在山坡吃草，放牛的却不知哪儿去了，不是他贪玩耍丢了牛，那放牛的孩子王二小"，王二小大智大勇、舍生救群众的事迹成了著名的"故事歌"，"他的脸上含着微笑，

① 毛泽东：《收集和宣传八路军新四军民族英雄事迹》(1939年3月18日)，载中共中央宣传部办公厅，中央档案馆编研部：《中国共产党宣传工作文献选编（1937—1949）》，北京，学习出版社，1996年，第37页。
② 袁同兴编：《晋察冀根据地抗日民歌选》，上海，上海文化出版社，1956年，第31～32页。

他的血染红蓝蓝的天"，^①王二小的英雄壮举感动着人们，更激励着广大军民奋勇杀敌。战地服务团的歌咏队演唱了这首歌曲，《晋察冀日报》在副刊《老百姓》上发表了《歌唱二小放牛郎》，王二小的英雄事迹不仅在晋察冀边区广泛传唱，还飞过敌人的封锁线，流传到各个抗日根据地，激励着人们的斗志。

狼牙山五壮士，是晋察冀边区又一件广泛传扬的英雄事迹，同样发生在1941年秋，日军对抗日根据地的分区"扫荡"期间。9月25日，日伪军3500余人围攻河北易县狼牙山，八路军晋察冀军区第1军分区第1团第7连奉命掩护党政机关、部队和群众转移，完成任务撤离时，6班的5名战士担任后卫阻击，掩护全连转移。为不让日伪军发现大部队的转移方向，他们将敌人引至狼牙山棋盘陀峰顶绝路，以一当百，子弹打光后，用石头还击，最后毁掉枪支，纵身跳下数十丈深的悬崖。李劫夫、方冰将其谱写成《狼牙山五壮士歌》，分六段歌词唱出了他们视死如归的英雄气概，"棋盘陀山崖高，壮士的血花红，勇敢的八路军五个好英雄"，"留下了好故事，战斗着做模范，这五个好英雄流传在民间"。^②狼牙山五壮士，体现了八路军战士的崇高革命精神和中华民族不可征服的英雄气概，他们的事迹感动着民众、激励着战友誓死抗敌。

1943年创作于晋察冀的《英雄赞》，既赞颂了英雄，也反映了英雄对群众的模范引导作用。歌曲以男女对唱的方式展开，"你说什么花儿好？我说自由的花儿好"，进而合唱"英雄们拿热血养育了他，自由的花儿开放了"，如此五段往复，歌唱英雄们"开路打先锋"，开拓了"光明的道路"；"生产流汗多"，创作了"幸福的生活"；"在战斗里打败了敌人"，传来了"胜利的消息"；"英雄给民族争光荣，生动的故事数不了"。最后一段总结道："英雄在敌人面前不动摇，英雄在胜利面前不骄傲，英雄大声一呼喊，群众的拳头举起来了，英雄举起了战斗的火把，敌人胆颤心又跳，英雄的故事光辉了中华，英雄的人格比太行山还高。"^③

---

① 李泯主编：《抗战歌曲集》，长沙，湖南文艺出版社，2005年，第190～191、197页。
② 四川省仪陇县政协文史委员会编：《抗战歌曲大演唱——纪念抗日战争胜利五十周年》，仪陇，四川省仪陇县文化局，1995年，第247页。
③ 解放军歌曲选集编辑部：《抗日战争歌曲选集》（第三集），北京，中国青年出版社，1957年，第109～110页。

宣传抗日英雄是开展思想政治工作的有力武器，是增强政治动员的有效方式。可歌可泣的故事，通俗易懂的歌词，舒缓而不失力量的旋律，不仅令歌唱英雄的颂歌或纪念歌曲易于传播，且具感染力，增强宣传的效力。

第三节 ｜ 激越斗志："把敌人消灭亡"

全面抗战以前，中国国内存在着许多亡国的议论；全面抗战以后，"公开的亡国论没有了"，妥协的空气则"时起时伏"。毛泽东说，"战争的伟力之最深厚的根源，存在于民众之中"，"没有普遍和深入的政治动员"，这场民族革命战争是"不能胜利的"。[1] 怎样做政治动员呢？方法、渠道有多种，关键得合民众口味，而且得经常进行。"有人烟处，即有抗战歌曲"，[2] 可谓体现了这样一种政治动员。

抗日战争的政治目的是"驱逐日本帝国主义，建立自由平等的新中国"[3]。在全面抗战 10 个月之后，毛泽东发表《论持久战》，谈为什么是持久战，怎样进行持久战。他将最后胜利将属于中国的这场持久战划分为三个阶段，明确第二阶段即战略的相持阶段是最关键阶段，它是整个战争的过渡阶段，将是最困难的时期，却是转变的枢纽，只要坚持持久抗战、坚持抗日民族统一战线，中国将在这个阶段获得转弱为强的力量。[4] 如何才能坚持持久抗战呢？毛泽东提出的作战形式是，"除正面防御部队外，我军将大量地转入敌后，比较地分散配置，依托一切敌人未占区域，配合民众武装，向敌人占领地作广泛的和猛烈

---

[1]《论持久战》（1938年5月），载《毛泽东选集》（第二卷），北京，人民出版社，1991年，第511、480页。

[2] 丰子恺：《谈抗战歌曲》，载丰陈宝、丰一吟、丰元草编：《丰子恺文集》（艺术卷四），杭州，浙江文艺出版社、浙江教育出版社，1990年，第4页。

[3]《论持久战》（1938年5月），载《毛泽东选集》（第二卷），北京，人民出版社，1991年，第482页。

[4]《论持久战》（1938年5月），载《毛泽东选集》（第二卷），北京，人民出版社，1991年，第465页。

的游击战争，并尽可能地调动敌人于运动战中消灭之"①。根据战争爆发时中日两国的国情，基于一切军事行动的基本原则——"尽可能地保存自己的力量，消灭敌人的力量"，毛泽东将一般人视为战术问题的游击战提到战略高度，详细论述了"抗日游击战争的战略问题"，②指出了抗日游击战争发展的正确道路。

在八年的全面抗战中，八路军、新四军坚决、勇敢地挺进敌后，将游击战发挥得出神入化，机动灵活的游击战及其积小胜为大胜的战果极大提振了民心士气，增强了广大军民抗战胜利的信心。反之，在中国的军事打击与反战宣传下，敌伪的厌战乃至反战心理逐渐滋生并增长，由此从精神上瓦解了敌军。

一、用歌声压倒炮声

抗战歌曲的传播、歌咏活动的开展，是对广大军民进行经常性政治动员的有效方式。

卢沟桥事变揭开了国共合作抗日的序幕，全国各地的文艺工作者，包括科班出身的专职音乐家、实践创作中成长的音乐人及广大的民间艺人，纷纷拿起文艺武器，投入团结抗日的宣传。他们参加战地服务团，或组织演出队，奔赴前线，深入内地，创作了大量反映抗战现实又联系士兵和群众的抗战歌曲，又协助组织歌咏队，指挥演唱，歌曲创作出现空前繁荣，歌咏运动得到迅猛发展。其中，有些音乐工作者如吕骥、郑律成、李劫夫、周巍峙等，直接奔赴陕北、晋察冀、皖南、苏中等敌后抗日根据地，他们的到来推动了根据地的歌咏作品创作与传播；有些音乐工作者如冼星海、贺绿汀、麦新等，加入各地各种文艺宣传队，转战前线、后方，创作抗战歌曲，从事抗战宣传；有些音乐工作者如孙慎、张寒晖等，前往各战区，深入国民政府军、政、警等各机构，开展团结抗日的宣传工作。据吕骥估计，创作的歌曲有三四千首③。《黄河大合唱》《在太

① 《论持久战》（1938年5月），载《毛泽东选集》（第二卷），北京，人民出版社，1991年，第464页。
② 《抗日游击战争的战略问题》（1938年5月），载《毛泽东选集》（第二卷），北京，人民出版社，1991年，第404、406页。
③ 陈志昂：《抗战音乐史》，济南，黄河出版社，2005年，第88页。

行山上》《到敌人后方去》《游击队歌》《八路军进行曲》，一首首体现四万万同胞战斗呼声的抗战歌曲，运用现实主义和浪漫主义相结合的创作方法，用写实的手法描写了战斗的画面，用慷慨激昂的曲调、浪漫主义的情怀描绘了广大军民对斗争取得胜利的革命乐观主义精神。作品不仅汲取西方合唱等音乐风格，更注重利用、借鉴民间音乐形式，探索民族化、大众化的新音乐。

时人说："有人烟处，即有抗战歌曲"。[①] 大量抗战歌曲的广泛传播主要得益于三个传播渠道，一是抗日救亡歌咏运动，二是各种节日、集会的文艺汇演，三是报刊的宣传报道。

随着抗战的逐步展开，抗日救亡歌咏运动的中心由上海移到武汉，这一时期是国共合作的重要时期，音乐界也呈现了大团结，大批音乐工作者和歌咏团体云集武汉。1938 年 1 月，音乐界各方代表成立"中华全国歌咏协会"，3 月成立"中华文艺界抗敌协会"。4 月，国民政府组建军事委员会政治部第三厅，主管宣传工作，郭沫若任厅长，中国共产党在三厅内建立了特别支部和领导干部党小组，冼星海、张曙等任职于第三厅。在国共合作、共同抗日的大前提下，音乐工作者在武汉组织起数百个歌咏团队，多次举行有上万人乃至几十万人参加的群众歌咏活动，常以火炬游行的方式盛大举行，如"'抗日宣传周'、'七七抗战纪念周'、'抗战献金音乐大会'、'七七儿童歌咏大会'、'音乐游园大会'、'八一三宣传游园会'、'抗战歌曲播送会'、'九一八纪念音乐会'"[②] 等。第三厅下设 4 个抗敌宣传队、9 个抗敌演剧队、1 个儿童剧团和电影放映队，分赴前线和后方巡回演出、宣传抗日，抗战歌曲随之从城市传播到农村甚至偏远的山村，抗日救亡民众歌咏运动至此达到一个新的高潮。

武汉会战结束后，抗战进入相持阶段，歌咏活动出现分流现象，在日军侵占区、国民政府统治区、共产党领导的解放区呈现不同的面貌。在沦陷区，在日本法西斯及汪伪政权的统治下，歌曲内容多宣扬所谓"中日亲善"，但在民间，民众仍传唱着九一八以来的抗战歌曲，不少青年学生和知识分子也会创作

---

① 丰子恺：《谈抗战歌曲》，载丰陈宝、丰一吟、丰元草编：《丰子恺文集》（艺术卷四），杭州，浙江文艺出版社、浙江教育出版社，1990年，第4页。

② 陈志昂：《抗战音乐史》，济南，黄河出版社，2005年，第79～80页。

充满激情的抗日歌曲。在国统区，抗日保国是朝野的一致目标，创作和传播的歌曲多充满激昂斗志，借以激发民心士气，但音乐活动多局限于"学校及知识分子"，"音乐教育无法深入民间"。而另一方面，"主持政治部第三厅与中共南方局的周恩来，则以话剧和歌咏作为突破口，在后方群众运动中发挥客观的影响力"。在共产党领导的抗日根据地，歌咏力量得到最充分的发挥，"早在毛泽东延安讲话强调文艺为政治服务之前，文艺路线就十分强调意识形态与音乐的大众化"，音乐取向是"以农民与军人为主要对象推展群众歌咏运动"。[①]

武汉会战结束前后，大批音乐工作者奔赴中共中央所在地延安和其他抗日根据地，抵达延安的新音乐运动的骨干有冼星海、吕骥、麦新、周巍峙等，奔赴华中解放区参加新四军的有贺绿汀、孟波等，还有无数进步青年进入延安和其他抗日根据地的学校学习，延安的鲁迅艺术学院（鲁艺）、部队艺术学院（部艺），晋察冀的华北联合大学音乐系、鲁艺晋东南分院（前方鲁艺）、华中分院等培养了众多音乐工作者。专业音乐人的汇集，各类专业文艺团体的成立，及在各级党政组织领导下，辅以专业文艺团体的帮扶而成立的群众性业余文艺团体，促进了延安及各根据地文艺事业的蓬勃发展，歌咏运动深入到深山密林、穷乡僻壤，"村村有歌手，处处有歌声"体现了歌咏运动在抗日根据地的盛况。歌咏运动既是有组织的，又具有广泛群众性，唱歌已成为根据地军民生活中的必修课程。抗战时期曾任延安鲁迅艺术学院编审委员会主任、晋东南鲁迅艺术学校校长、中共中央北方局文委委员兼宣传部科长、中央宣传部科长的李伯钊在《敌人后方的音乐运动》一文中，以朴实的文字详细记述了根据地歌咏运动的实况："敌后的歌咏运动，对民众教育方面起了积极重大的作用，不论是田野间、兵营里、工厂中、学校宿舍，都时常可听见洋溢着的歌声。在集会上妇女和儿童的歌唱最受人欢迎。特别使人惊讶的是曾有农妇出身的妇女当过歌咏队的指挥，当她拿着手帕代替指挥棒在挥动做指挥节拍的时候，并不使人感觉不舒服，她是那样的大方和自然，丝毫没有羞涩的表情。"[②]

抗日救亡歌咏运动是一场群众性爱国歌唱活动，歌唱是激发爱国情绪最直

①陈逢甲：《撼动山河的抗战大合唱》，《近代中国》，2002年第151期。
②吕骥：《新音乐论文集》，哈尔滨，新中国书局，1949年，第100页。

接又便捷的方法之一，富有战斗性、大众性、艺术性的大合唱更是强而有力的声音武器。自九一八事变至全面抗战爆发初期，进步音乐家为反抗侵略而创作了许多抗日救亡合唱歌曲，最有代表性且流传广而深的作品有《旗正飘飘》《松花江上》《毕业歌》《义勇军进行曲》《牺牲已到最后关头》《大刀进行曲》（见图 3-2）《打回老家去》《五月的鲜花》《长城谣》等。武汉失守、抗战进入相持阶段后，延安成为抗战音乐创作最繁荣的地方，《黄河大合唱》《延安颂》《八路军进行曲》《抗大校歌》等一批经典作品被广为传唱，冼星海对延安的音乐创作作过一简要评述："在党中央文艺政策的领导之下，一切文艺创作是向着大众化入手，因而这些作品更会被大众所接受，它具有简单、雄亮、活泼、轻松和诚实等种种不同的感情。"①对于大合唱在延安的产生与流行，冼星海说，这是抗战即将三周年的音乐运动的一个转变，"大合唱的产生可以说是空前的，它不但能够在延安轰动一时，而且还影响到全国，提高了文化水平，增加了抗战的热

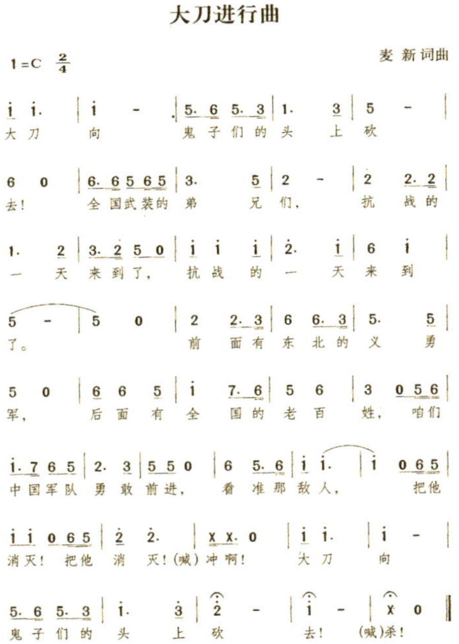

图3-2　歌曲《大刀进行曲》，选自《抗战歌曲集》
（李泯主编：《抗战歌曲集》，长沙，湖南文艺出版社，2005年，第75页）

①《冼星海全集》（第一卷），广州，广东高等教育出版社，1989年，第91页。

忧，进一步地增强了唤醒民众、教育民众和组织民众的工作"①。

一般而言，合唱歌曲不具有广大市场，合唱是多声部的声乐曲，注重"合"的整体技巧和艺术性，对合唱团员有音乐训练的要求。"在中国，若非强敌外患的严重刺激，爱国歌曲的合唱及其大规模演出不致被广泛提倡，而成为音乐救国的'重要取径'。"②一开始，民众对合唱的形式不太习惯，歌虽然好听，因为唱得不齐而影响美感，后在专业演出的影响下，在音乐工作者的经常辅导及学习班的短期培训下，群众的音乐水平有了提高，能够领略到合唱的魅力，战士和农民中也出现了不少积极分子，成为歌咏活动的骨干，广大战士和农民群众不仅能独唱、齐唱，还会轮唱、合唱。从抗战大合唱发出的或悲壮或豪迈或热情洋溢的歌声，唱出了中国人民抵抗侵略、抗战到底的决心。

通过各种节日和活动，举行联欢或文艺汇演，演唱抗日歌曲，将抗日宣传融入民众的文化生活中，这是抗日根据地的普遍现象。在根据地，民众的节日丰富多彩，有迎新年、春节、元宵、端午、中秋等传统节日，还有各种纪念日等集会活动。当地部队或后方机关常常带领文艺宣传队加入百姓的庆祝活动或举行军民联欢会，将抗日救亡主题与大众文化相结合。

> 庆祝胜利过新春，
> 家家结彩挂红灯，
> 东街上演戏又跳舞，
> 西街上锣鼓不住声，
> 全村民众开大会，
> 欢迎胜利归来八路军。
> 军队爱护老百姓，
> 人民拥护子弟兵，
> 冰天雪地反扫荡，
> 建立惊天大战功，

---

① 《冼星海全集》（第一卷），广州，广东高等教育出版社，1989年，第110页。
② 陈逢甲：《撼动山河的抗战大合唱》，《近代中国》，2002年第151期。

庆功祝捷开大会，

庆祝反扫荡的胜利。①

这首由劫夫谱曲的《庆祝胜利》创作于 1939 年，流行于晋察冀、延安等根据地，在老百姓喜迎新春之际，传来了八路军打胜仗的消息，军民共庆新春与胜利，唱出了军爱民民拥军、军民团结抗日的气象，反扫荡的胜利更是增添了节日的喜庆。

除在传统节日歌唱、表演，根据地军民也在各种纪念日举行活动，集会唱歌，如为纪念全民族抗战爆发而创作《英勇的决死队》，向英烈致敬。晋察冀根据地为纪念根据地成立周年举办边区艺术节，号召文艺工作者"以艺术为武器跟敌人英勇的斗争"，鼓励文艺工作者"发展边区新民主主义文艺事业"②，首届艺术节除话剧表演、美术与摄影展览等活动外，全体与会人员共唱《晋察冀艺术节歌》和《黄河大合唱》。在根据地，大的集会或党政军领导人报告前往往还有你拉我唱的节目。据作曲家严金萱对延安的回忆："一次，在中央党校广场听报告，来的有党校、抗大、马列学院、女子大学、鲁艺的师生，大约有一万人，大家集体高唱《抗大校歌》《八路军军歌》《义勇军进行曲》《打回老家去》《松花江上》《牺牲已到最后关头》《大刀进行曲》……许多抗日救亡歌曲在这儿竞相演唱。接唱、联唱、对唱、合唱，歌声此起彼伏，会场成了歌的海洋，歌声热情洋溢，唱歌者精神饱满。"③

抗日救亡歌曲的广泛传播，除了空前广泛的群众性歌咏活动的推广，报刊的宣传报道更打破了地域的局限，扩大了传播的范围与规模，形成巨大的社会影响力。以《新华日报》为例，在全面抗战的八年中，《新华日报》刊登了音乐方面的新闻、报道、歌曲、论文、评论等共计 689 篇④，不仅推动了救亡歌咏运动的发展，也推广了救亡歌曲的传播。再如中共中央北方局晋察冀分局《晋

① 解放军歌曲选集编辑部：《抗日战争歌曲选集》（第三集），北京，中国青年出版社，1957年，第17页。

② 《晋察冀边区首届艺术节宣传大纲》，《抗敌报》，1940年10月16日第4版。

③ 高天、呆晟：《战火中的歌声：抗战歌曲百首回顾》，上海，复旦大学出版社，2005年，第130页。

④ 邢璐：《试论抗日救亡歌咏活动与媒介的参与》，《大众文艺》，2016年第16期。

察冀日报》，报纸刊载党政方针、国内外新闻、战情简讯等，是根据地军民了解时事政策和战况的主要媒介，同时登载有歌曲词谱、文艺演出讯息等，又创设了多个文艺副刊如《海燕》《文艺界》等，刊登歌曲、剧本等，发表讨论歌咏活动、文艺现象、演出剧评等评论文章，根据地报刊对推广抗战歌曲、推进根据地的文艺活动发挥了重大作用。还有不少音乐家整理、编辑、出版的《抗战歌曲集》《大众歌声》等册子，抗战歌曲在纸质媒介的传播下得到更为广泛的传播。

马雅可夫斯基说："诗和歌是炸弹和旗帜。"虽然抗战歌曲并非首首经典，但它们能从不同角度、不同层面唤起民众，唤醒民众的民族意识，激扬不屈不挠、自强不息的民族性格，和着时代的脉搏，鼓舞全国军民为民族解放而作殊死的斗争和艰苦的奋斗。

二、"到敌人后方去"

自红军改编为八路军、新四军开赴前线后，即采取了与国民党军队所不同的战略战术，"主要地是在敌军翼侧和后方作战"，共产党将其作战方法名之为"独立自主的游击战和运动战"，毛泽东在 1937 年 10 月对前来延安采访的英国记者贝特兰说：其他中国军队"几个月来军事上的失利，作战方法失宜是其重要原因之一"，"军事上的第一要义是保存自己消灭敌人，而要达此目的，必须采用独立自主的游击战和运动战，避免一切被动的呆板的战法。如果大量军队采用运动战，而八路军则用游击战以辅助之，则胜利之券，必操我手"。[①] 通过歌曲宣传党的全面抗战路线和机动灵活的游击战，既真实展现了各抗日根据地的战况，反映了根据地军民在敌后坚持独立自主的游击战并不断取得胜利的现实，也唱出了八路军、新四军作战的机智与豪迈，鼓舞了军民的斗志，坚定了胜利的信念。

《在太行山上》创作于 1938 年 7 月，词作者桂涛声于一年前赴山西，入陵川县牺盟会民众干部训练班进行抗日宣传。当时的山西聚集了国共双方的军政

---

① 《和英国记者贝特兰的谈话》（1937年10月25日），载《毛泽东选集》（第二卷），北京，人民出版社，1991年，第378～379页。

将领，也聚集了一大批满怀抗日热情的青年学生。1937年9月，日本华北方面军向山西发动进攻，历时近两个月（9月13日—11月8日）的太原会战是华北战场规模最大、战斗最激烈、持续时间最长的一次会战，改编后的八路军主要是配合友军作战。战斗进行至10月中旬，毛泽东等中共领导人认为"华北战局重点在娘子关、龙泉关一带之太行山脉"，[①] 敌若占领该地区，即达到控制全华北枢纽的目的，我方将处被动地位。"为确保太行山脉、正太铁路于我手中"，坚持华北持久战，毛泽东电示前线将领战略部署，其中要求一二九师出师"正太路以南平定、昔阳至榆次南部之地区，创造根据地"。[②] 太原失守后，毛泽东认为，华北由正规战争阶段开始转入以八路军为主体的游击战争阶段，指示"一二九师全部在晋东南，一二〇师在晋西北，准备长期的游击战争"[③]。11月7日，根据中共中央的决定，以阜平、五台山为中心的晋察冀军区成立，一一五师副师长聂荣臻为司令员兼政治委员，太行山成为晋察冀及其后成立的晋冀鲁豫根据地的战略基地。桂涛声目睹了"母送儿，妻送郎"参军的感人场面，在跟随部队转战过程中领略到太行山的"千山万壑"，体会到根据地全民抗战才是真正的"铁壁铜墙"。1938年6月，回到武汉的桂涛声将酝酿半年的诗篇《太行山上》拿给冼星海，冼星海将其谱写成一首兼具抒情性与战斗性的二声部合唱歌曲。作品首先以深情而广阔的旋律，描绘了东方日出、大地重光的情景，"红日照遍了东方，自由之神在纵情歌唱"，继而以气势豪壮的旋律，歌颂燃烧着抗日烽火的太行山根据地"千山万壑，铜壁铁墙"的雄壮气象，接着以充满温情的音乐，描述"母亲叫儿打东洋，妻子送郎上战场"。第二部采用铿锵有力且有弹性的进行曲节奏，生动展现了出没于高山密林、机智勇敢的游击队员形象，"我们在太行山上，山高林又密，兵强马又壮，敌人从哪里进攻，我们就要它在哪里灭亡"，[④] 豪迈的歌声随着音调逐步向上推进，达到全曲

---

① 《华北战局重点在娘子关龙泉关一带之太行山脉》（1937年10月13日），载《毛泽东军事文集》（第二卷），北京，军事科学出版社、中央文献出版社，1993年，第80页。

② 《关于太原失守后华北战略部署的意见》（1937年10月13日），载《毛泽东军事文集》（第二卷），北京，军事科学出版社、中央文献出版社，1993年，第82～83页。

③ 《太原失守后华北将以八路军为主体开展抗日游击战争》（1937年11月8日），载《毛泽东军事文集》（第二卷），北京，军事科学出版社、中央文献出版社，1993年，第112页。

④ 丘远编：《人民歌手冼星海》，北京，生活·读书·新知三联书店，1949年，第83～85页。

的高潮。7月7日，在汉口抗战纪念宣传周歌咏大会上，由音乐工作者张曙、林路、赵启海等演唱后，听众反响强烈，迅速传遍华北敌后抗日根据地及至全国，激励民众走出家门投身抗日，激励抗日军民为实现民族独立和解放而不懈努力。据冼星海记述，太行山上游击队将它作为队歌，"老百姓，小孩子都会唱，到处听到'敌人从哪里进攻，我们就要他在哪里灭亡'的句子！"①

比《在太行山上》稍后创作的《到敌人后方去》（1938年9月于武汉），由南下进行抗日宣传的北平大学生赵启海作词，他在武汉听了周恩来的宣传报告，了解了八路军挺进敌后开展独立自主的游击战后，即兴写下了传唱度极高的《到敌人后方去》，冼星海为其谱曲。"到敌人后方去，把鬼子赶出境。不怕雨，不怕风；抄后路，出奇兵；今天攻下来一个村，明天夺回来一座城。叫鬼子顾西不顾东，叫鬼子军力不集中。"② 通俗易懂、朗朗上口的歌词，配合以挺拔矫健的旋律、轻快有力而富于弹性的节奏，生动展现了游击健儿的昂扬斗志及机动灵活、神出鬼没的游击战术，勾画了人民战争的壮观景象。在抗日根据地，无论军队、民众都在高唱这首歌，到处飘荡着"到敌人后方去，把鬼子赶出境"的歌声，游击战士的乐观豪迈极大鼓舞了全国人民抗击日本帝国主义的勇气与信心。

《游击队歌》由贺绿汀谱写，创作于1937年的山西抗日前线。贺绿汀，师承黄自，是从学院走向斗争前线、影响突出的代表人物。全面抗战爆发后，他参加上海文艺界抗日救亡演剧一队，北上来到山西抗日前线，宣传抗日。在八路军办事处听了朱德、贺龙、任弼时等首长的报告，与八路军指战员有了直接接触后，不仅对抗日战争的形势有了进一步的认识，对八路军开展的游击战的战略战术也有了兴趣和了解，如从八路军炮兵团访问得知，八路军从延安出发时尚无炮兵，大炮是从对日作战的日军处缴获或收捡阎锡山部队逃离时丢弃的炮。所有这些信息激发了他的灵感，一气呵成地写下了《游击队歌》这首著名的抗日歌曲。轻快有力、富于弹性的节奏配合着充满自豪与活力的歌词，"我们都是神枪手，每一颗子弹消灭一个敌人，我们都是飞行军，哪怕那山高水又

---

① 《冼星海全集》（第一卷），广州，广东高等教育出版社，1989年，第133页。
② 中共临沂市委党史资料征集研究委员会编：《硝烟里的大众歌谣》，济南，山东文艺出版社，1993年，第21～22页。

深"，充分展现了机智勇敢、活泼愉快的游击健儿的形象。歌曲唱出了游击队员的战斗和生活，"密密的树林、高高的山冈"是游击队员生活和战斗的地方，吃和穿"自有敌人送上前"，枪和炮"敌人给我们造"，最后唱出了誓死保卫家乡、保卫祖国的决心和信心："我们生长在这里，每一寸土地都是我们自己的，无论谁要抢占去，我们就和他拼到底！"① 这首生动展现八路军英勇抗敌、鼓舞民众士气的歌，迅速传遍全国城乡。美国友人卡尔逊在《中国的双星》一书中多次提到这首歌，它是游击战的生动写照，生动反映了中国人民豪气冲天的英雄气概和相信斗争将取得胜利的革命乐观主义精神，既鼓舞了士气，也给了民众战胜敌人的坚定信念。

三、鼓动瓦解日伪

抗战歌曲不仅是团结人民、教育人民的有力武器，还是瓦解日伪、打击敌人的有力武器。

面对日本法西斯全面疯狂的武装侵略，中国共产党一面领导军民坚决反击，一面劝告日本陆海空军士兵切莫听信官长欺骗，优待俘虏成为对敌工作的一项内容。为有效进行对敌工作，1937年8月1日，中组部指示八路军政治部下设敌军工作部，"专负破坏日军、处置俘虏等工作之责"②。至1939年，随着战局的演变、日军战斗力的变化，毛泽东对优待日军俘虏作出新的指示，目的是"降低日军之作战决心而动摇其军心，以利于粉碎敌之进攻"③。同年，周恩来就当前形势和部队任务指示说："日军主要是利用伪军，以华制华。因此，我们应该把瓦解伪军的工作放在很重要的地位，不仅在军事上要消灭他，而且在政治上要瓦解他。"④

① 中共临沂市委党史资料征集研究委员会编：《硝烟里的大众歌谣》，济南，山东文艺出版社，1993年，第16～19页。
②《中央组织部关于改编后党及政治机关的组织的决定》(1937年8月1日)，载中央档案馆编：《中共中央文件选集》(第11册)，北京，中共中央党校出版社，1991年，第315页。
③《毛泽东、王稼祥、谭政关于优待日军俘虏的指示》(1939年2月18日)，载中央档案馆编：《中共中央文件选集》(第12册)，北京，中共中央党校出版社，1991年，第26页。
④《周恩来选集》，北京，人民出版社，1980年，第107页。

在抗日根据地，无论是军人还是老百姓，无论是党团员还是群众，都投身于抗日宣传，抗日救亡歌曲不仅唱给自己听，也唱给敌人听。唱给敌人的有用来动摇日军军心的歌曲，如《日军自叹》，还有用日文或英文填写歌词的劝降歌曲，更多的是瓦解伪军的歌曲。首先是控诉伪军罪行，其次是呼吁伪军反正。在晋察冀根据地传唱的痛斥汉奸伪军的抗日民谣，揭露了汉奸伪军的桩桩罪行：一是心狠，"汉奸和伪军，他俩一鼻孔；人是中国人，心像敌人（指日军）狠"。二是与日军狼狈为奸、残害同胞，"他是鬼子眼睛仁，扫荡边区他带路，敌人放火他先行"，"看到女人就强奸，粮食家具抢个空"。[①] 三是欺骗边区民众，针对分布在华北敌占区的所谓"治安军"，民众控诉道："治安军呀治安军，汉奸的队伍汉奸心，嘴里说什么保护老百姓，你出卖民族卖人民，笑里藏刀杀人不见血，你狼心狗肺不是人"，号召打击敌人利用叛徒及特务组织而成专门做"自首"工作的"归顺班"，"归顺班，都是一群无骨汉，挖窟打洞四处窜，大青白日说梦话，他劝好人当汉奸。谁要上了他的当，一步走错跌进'鬼门关'，谁要上了它的当，抗日心肠变成坏心肝"[②]。

汉奸伪军认贼作父、卖国求荣，却只能充当日军侵华的工具，日军在伪军面前姿态高傲，以高官利禄与"大棒"控制伪军。在待遇上，日军绝对优先，挨饿受冻的永远是伪军；作战时，伪军打头阵，路上地雷伪军趟。伪军士兵对日军多有不满，还有不少被迫当伪军的。根据地文艺团体通过到据点演出，高唱呼吁伪军反正歌曲，动员伪军弃暗投明。

> 伪军士兵兄弟们哪，
>
> 眼看立了春，
>
> 大家提精神，
>
> 何不反正杀敌人哪，
>
> 帮助日寇行凶怎忍心？
>
> 日本鬼子是仇人，
>
> 占满洲，

---

① 袁同兴编：《晋察冀根据地抗日民歌选》，上海，上海文化出版社，1956年，第93～95页。

② 解放军歌曲选集编辑部编：《抗日战争歌曲集》（第三集），北京，中国青年出版社，1957年，第86～88页。

杀众民，

用苛捐，

剥削人，

夺取政权他为首，

敲诈受苦的弟兄们

日本人，

笑破了唇，

他说中国人没学问，

全是牛马一类的人，

永远没有自强的心。①

诸如此类的歌曲有很多，直击伪军的内心。晋察冀边区的一些儿童团还会在夜深人静的时候，到伪军的炮楼前唱《炮楼儿高又高》等抗日民谣，动摇伪军的军心。"炮楼儿高又高，挡不住咱们八路军去打仗，封锁线长又长，挡不住咱们老百姓运公粮。炮楼儿修的多，聋子的耳朵是摆设，鬼子关上门儿坐垫上，八路军来了吓的他草鸡窝里藏。"②百团大战以后，日军加强对抗日根据地的封锁与"蚕食"，遍修堡垒、拉封锁线，根据地的军民丝毫不惧遍地的炮楼，封锁线也根本挡不住军民的抗日活动。抗日军民的豪迈斗志和革命的乐观主义精神对瓦解、打击敌人的确起到了一定的作用。

第四节 ｜ 塑造党的形象："没有共产党就没有新中国"

卢沟桥事变后，在华北与长江一带的作战中，中国军民进行了坚决英勇的自卫反击，空前发扬了中华民族伟大与坚决勇敢的精神，给了日本帝国主义

---

① 中共衡水地委党史资料征集办公室：《衡水地区抗日歌谣选》，衡水，中共衡水地委党史资料征集办公室，1988年，第167页。

② 解放军歌曲选集编辑部编：《抗日战争歌曲集》（第三集），北京，中国青年出版社，1957年，第35页。

相当的打击。然而，日寇终究是得到了暂时的部分的胜利，加剧了中国在军事、政治、财政、经济上的诸多困难，民族失败主义者、汉奸、亲日派于是叫嚣中国不能抗日，"战必败"，民族投降主义的危险在增长着。针对这样的战争形势，毛泽东分析道：这只是"由于过去只是片面的抗战，不是全面的抗战"，"片面的抗战是不能取得胜利的"，中国四万万五千万同胞是"一个伟大的力量"，只有动员、组织、武装了这个力量，"中国才能打胜仗"。[①] 然而，国民党既动员民众参加抗战，又怕发动民众。毛泽东对"这种暂时的与部分的失利"也作了具体分析，归纳了四个方面的不足：一是"军事技术落后"，二是"政府与军队陈旧腐败，病态与弱点很多"，三是"军事指挥十分落后"，四是"政府惧怕开放民运"，并指出这"不是最后的与完全的失败"，"决胜负的战争尚在前面，最后胜负要在持久战中去解决"。[②]

无疑，坚持全面抗战路线的共产党，能够机智灵活与敌作战的八路军、新四军势将成为抗战的中坚力量。毛泽东在 1937 年 10 月就当前抗战形势规划党的任务时明确要求，中国共产党"应该依靠已得的阵地"，纠正弱点，发展工作，"使党能在抗战中起决定的作用"，要求中共"从苏区与红军的党走向建立全中国的党"。[③] 在中国暂时与部分失利的战情下，要令全国人民相信中国的持久抗战能够取得最后的胜利，共产党不仅要大力宣传党的抗战路线与政策，以有效地动员、组织民众参加抗战，更需要将共产党是抗日战争中流砥柱的形象展示给民众，使党的领导得到人民的认可、支持和拥护。

一、"一支不可战胜的力量"

在八年全面的全民族抗战中，有国民党领导的正面作战的战场和共产党领导的敌后作战的战场，这两个战场是互相配合又相对独立的。

---

① 《目前的时局和方针》（1937年11月1日），载中共中央文献研究室编：《毛泽东文集》（第二卷），北京，人民出版社，1993年，第62～63页。

② 《目前抗战形势与党的任务报告提纲》（1937年10月），载中共中央文献研究室编：《毛泽东文集》（第二卷），北京，人民出版社，1993年，第49～50页。

③ 《目前抗战形势与党的任务报告提纲》（1937年10月），载中共中央文献研究室编：《毛泽东文集》（第二卷），北京，人民出版社，1993年，第59页。

　　抗战初期，以正面战场为主，八路军主要是配合友军作战。1937 年 11 月，毛泽东在延安陕北公学开学典礼上发表讲话《目前的时局和方针》，正值淞沪会战、忻口会战尾声阶段，"上海第二道防线失守"，娘子关被突破，晋东日军欲与晋北之部夹击太原，接下来该怎么打？毛泽东提出，"在军事上要学第八路军的打法，就是要活打，不要死打"，"全国一定要学习八路军的样子，真正地做到军民一致，官兵一致，用改造军队精神、加强军队中的政治工作去达到目的，只有这样，才能挽回目前严重的局势"。①

　　1938 年 2 月，合众社记者王公达在延安采访毛泽东，问：八路军在日军数面包围之中有被驱逐或歼灭的危险吗？毛泽东回答说：八路军现在"四个区域中进行广大的游击战"，分别是"平汉、平绥、正太、同蒲四铁路中间及其以东以北的地域"，"平绥以南、同蒲北段以西和黄河以东的晋西北地带"，"平汉、正太、同蒲中间的晋东南、冀西南地带"和"晋西南"，在这四个区域，八路军"都与地方人民有密切的联系，都随时猛烈地破坏敌人的后方联络线"，取得了大大小小很多胜利，大大减弱了敌人前进的力量。八路军的行动给全国以具体的证明："只要到处采用这种办法"，日本帝国主义是"无法灭亡中国的"，而且，这是"将来举行反攻收复失地的有力基础之一"。②

　　在众人因武汉失守、大块地方被日军占领而忧虑中国还能怎么办的情况下，毛泽东以共产党开创的第一块抗日根据地晋察冀边区为例，阐明我们可以在敌人占领的大块地方附近的小块地方做"文章"，在大路附近画"豆腐块"，打持久战。"城市速决战日本可以取得胜利，乡村持久战是我们取得胜利"，毛泽东说，要把"聂荣臻在五台山创造了一支二万五千人的大队伍（不脱离生产的还不算）"这个例子告诉全国人民，"使他们看到抗日的办法与出路"。③

　　1939 年 1 月，毛泽东为《八路军军政杂志》的出版题写发刊词，总结了抗

---

① 《目前的时局和方针》（1937年11月1日），载中共中央文献研究室编：《毛泽东文集》（第二卷），北京，人民出版社，1993年，第62～63页。
② 《同合众社记者王公达的谈话》（1938年2月），载中共中央文献研究室编：《毛泽东文集》（第二卷），北京，人民出版社，1993年，第101页。
③ 《对陕北公学毕业同学的临别赠言》（1938年3月3日），载中共中央文献研究室编：《毛泽东文集》（第二卷），北京，人民出版社，1993年，第108页。

战一年半以来八路军的行动与战绩："协同各部友军，进行了英勇的抗战，执行了'基本的游击战，但不放松有利条件下的运动战'的正确的战略方针，坚持了与发展了华北的游击战争，创立了许多在敌人后方的抗日根据地，缩小了敌人的占领地，钳制了大量的敌军，配合了正面主力军的抗战，延缓了敌人进攻西北的行动，兴奋了全国的人心，打破了认为'在敌后坚持抗战不可能'的那些民族失败主义者与悲观主义者的错误观点"，阐明了创办杂志的意义："为了提高八路军的抗战力量，同时也为了供给抗战友军与抗战人民关于八路军抗战经验的参考材料"。[①]

由毛泽东的阐述，可以看见这样一支战无不胜的队伍：积极对日作战，重视军队建设，开展独立自主的游击战与创建根据地，与当地民众密切联系。抗战时期，中国共产党通过各种宣传渠道和媒介宣传了八路军、新四军，文艺工作者和文艺团体创作了大量反映八路军、新四军战斗和生活的作品，塑造了八路军、新四军形象。在歌曲方面，比较有代表性的有公木作词、郑律成谱曲的《八路军大合唱》组曲，共八首：《八路军军歌》《八路军进行曲》《快乐的八路军》《子夜岗兵颂》《骑兵歌》《军民一家》《八路军和新四军》，及由陈毅与新四军军部集体修订歌词、何士德谱曲的《新四军军歌》，既展现了人民军队坚决抗日、奋勇杀敌、能打善战的战斗风貌，也体现了人民军队积极乐观的生活风貌，还反映了人民军队纪律严明、军民团结的纪律作风。其中影响最大、最经典流传的是《八路军进行曲》，1946年更名为《中国人民解放军进行曲》，"向前！向前！向前！我们的队伍向太阳，脚踏着祖国的大地，背负着民族的希望，我们是一支不可战胜的力量。我们是工农的子弟，我们是人民的武装。"[②]慷慨激昂的旋律，催人奋进的歌词，形象地展现了八路军、新四军朝气蓬勃、勇往直前、敢于斗争的先锋队形象。

作为"一支不可战胜的力量"，首先是具备了严格的军纪，真正做到官兵一致、军民一致，《三大纪律八项注意》将党的建军思想、革命政策传达到每位官兵。早在1927年10月，毛泽东率领秋收起义队伍上井冈山时规定了部队

---

① 《〈八路军军政杂志〉发刊词》（1939年1月2日），载中共中央文献研究室编：《毛泽东文集》（第二卷），北京，人民出版社，1993年，第139页。

② 李泯主编：《抗战歌曲集》，长沙，湖南文艺出版社，2005年，第88～89页。

的三项纪律：行动听指挥，打土豪款子要归公，不拿老百姓一个红薯，上山之后又宣布"六项注意"，不久加了两项成为"八项注意"。为了用革命军队的纪律教育以文盲居多的指战员，《三大纪律八项注意》被编写成歌曲印发各部队，并组织教唱，因为歌词言简意赅、通俗易懂，曲调简洁明快、简单易学，很快成为部队中广为传唱的一首歌曲，它把坚持党的领导，坚持官兵一致、军民一致和瓦解敌军三大原则融入歌曲中，通过歌唱内化为广大官兵的行为习惯，它既是一首军歌，也是广大民众爱听爱唱的红歌，表现了军爱民、民拥军、军民鱼水一家亲，在战争年代激发了全国军民的抗战斗志，成为八路军、新四军无往不胜的力量源泉。

中国人民抗日军事政治大学，简称抗大，创办于 1936 年 6 月，是中国共产党为培养抗战干部而设立的学校，学员以部队中的干部及来自全国各地的知识青年为主。"黄河之滨，集合着一群中华民族优秀的子孙。人类解放，救国的责任，全靠我们自己来担承"，[①] 由时任宣传部长凯丰作词、吕骥谱曲的《抗日军政大学校歌》，将毛泽东为抗大制定的教育方针"坚定正确的政治方向，艰苦朴素的工作作风，灵活机动的战略战术"[②] 融入歌曲之中，"同学们，积极工作，艰苦奋斗，英勇牺牲，我们的传统。像黄河之水，汹涌澎湃，把日寇驱逐于国土之东，向着新社会前进，我们是劳动者的先锋！"[③] 歌曲抒发了中华儿女为追求民族解放而英勇奋斗的革命豪情，激励着师生奋发进取。随着各抗日根据地相继建立抗大分校，随着学员们相继奔赴抗日前线，这首校歌从校园传遍延安，飞越万水千山，唱遍大江南北，对激发广大青年奔赴抗日战场起了有力的鼓舞作用。

《黄河大合唱》在延安首次演出后就大获成功，极大振奋了军民的抗日热情，其在国统区和敌占区的传播扩大了中国共产党的影响力。《保卫黄河》是人们最熟悉的一首："风在吼，马在叫，黄河在咆哮。河西山冈万丈高，河东河北高粱熟了。万山丛中，抗日英雄真不少！青纱帐里，游击健儿逞英豪！端起了土枪洋

① 皇甫建伟、张基祥编：《抗战诗歌选》，太原，山西人民出版社，1989年，第90页。
②《抗大三周年纪念》（1939年5月26日），载《毛泽东军事文集》（第二卷），北京，军事科学出版社、中央文献出版社，1993年，第461页。
③ 皇甫建伟、张基祥编：《抗战诗歌选》，太原，山西人民出版社，1989年，第90页。

枪，挥动着大刀长矛，保卫家乡！保卫黄河！保卫华北！保卫全中国！"① 赞美了英勇智慧的游击健儿，彰显了解放区军民团结抗战、顽强不屈的精神。

二、"民主政治真幸福"

1938 年 7 月 2 日，北上延安访问的世界学联代表团采访毛泽东，问及当前"陕甘宁边区在中国的意义与作用"，毛泽东回答说"明白了边区的性质，才能明白它在中国的意义与作用"，边区是个什么性质的地方呢？他将其概括为"一个民主的抗日根据地"。具体表现在：（1）边区人民有各自的组织，"只要在抗日原则下"，都有"言论、出版、集会、结社之自由"；（2）边区是"直接抗战的区域"，这里的八路军和地方武装部队，无论是内部的官兵关系，还是外部的军民关系，"都有一种民主的精神"，"使在抗日战争中表现不能被战胜的力量"；（3）由抗大与陕北公学可见边区的教育是"抗日的与民主的"；（4）经济方面，"以有利抗战为主旨，而以民主精神经营之"，合作社的发展、租税的规定，都符合这一主旨；（5）"边区各级政府都是由人民投票选举的"，还比过去扩大了选举范围，"只要不反对抗日而年满十八岁者，都有选举与被选举权"。综上各方面，"把抗日战争与民主制度结合起来"，都取得很大效果，各行各业的有才之士皆可展现才华。据此，毛泽东明确指出："边区的作用，就在做出一个榜样给全国人民看，使他们懂得这种制度是最于抗日救国有利的，是抗日救国唯一正确的道路"，呼吁"以民主制度的普遍实行去争取抗日战争的胜利"。② 他相信"抗日而没有民主，是不能胜利的，抗日与民主是一件事的两方面"③。

共产党欢迎全国各党各派、无党无派的人参观边区，欢迎海内外的各界朋友参观边区，亲眼看看边区的建设，边区军民的战斗与生活，亲身感受边区的

---

① 鲁艺编译部：《新歌选集》，上海，辰光书店，1939年，第27～28页。
②《同世界学联代表团的谈话》（1938年7月2日），载中共中央文献研究室编：《毛泽东文集》（第二卷），北京，人民出版社，1993年，第129～131页。
③《同美国记者斯诺的谈话》（1939年9月24日），载中共中央文献研究室编：《毛泽东文集》（第二卷），北京，人民出版社，1993年，第245页。

特点——一个实行了民主制度的区域，这是对边区、对共产党的一种宣传，事实胜于雄辩。在各抗日根据地的文艺工作者创作了大量歌颂共产党、歌颂民主政治、歌颂边区生活的歌曲，既反映了共产党的民主政策，也唱出了人民的心声，表达了边区人民对共产党的信任与赞颂以及对边区生活的热爱。

曾经深受压迫、没钱没势、挨了板子还得叫青天的庄稼汉，如今可以当家做主、自主选举政府，他们唱着歌儿参加选举，"如今世道变，共产党领导咱，大家的事大家管，政府也都由人民选。开一个群众会，选举县议员，票票选抗日积极的人，替咱们说话把事办"[①]。文艺工作者创作的群众歌曲唱出了民众的心声，生动反映了边区的民主生活，"县选的工作闹的欢哪，民主的歌儿唱的响。选谁拿个主心骨啦，选谁个个有主张呀，看清给咱们办事的亮眼睛呀，看清自私自利的黑心肠呀。今年的县选多红火呀，民主的歌儿多响亮。选谁人人都有权哪，选谁个个有主张呀，都选给咱们办事的老实人呀，不选人面兽心的黑心肠呀"[②]。这些在边区群众中流行的民谣真实反映了边区的民主选举制度，证明了"知识落后的工农不能实行选举制度"[③]是不符合事实的。

号称"模范抗日根据地"的晋察冀边区，同各根据地一样，也是一个歌声的世界。老百姓说，八路军来了，谁都会唱歌了。唱歌不仅是军民不可缺少的文化生活，歌咏工作也是宣传教育的有力武器。晋察冀各剧社四处演唱并在民众中流行的民谣《民主歌儿到处歌唱》，充分体现了边区民主投票选举的盛况及民主制度对动员人民力量参加抗战的积极效果，"地里没有人啊，毛驴儿在睡觉，打麦场里静悄悄！沙滩上男女老少选举真热闹。干嘛又开会呀？又去投一票呀！参议员选定了啦，国大代表还要选啦"，选什么人呢？歌里有具体的描述，选的是抗日积极分子，说老百姓的话、做老百姓的事的人，对比以前"东边日头西边落，照不见老百姓的泪涟涟，痛苦的日子年年过"，民众非常感

---

① 解放军歌曲选集编辑部编：《抗日战争歌曲选集》（第三集），北京，中国青年出版社，1957年，第163页。

② 解放军歌曲选集编辑部编：《抗日战争歌曲选集》（第三集），北京，中国青年出版社，1957年，第163～164页。

③《同世界学联代表团的谈话》（1938年7月2日），载中共中央文献研究室编：《毛泽东文集》（第二卷），北京，人民出版社，1993年，第130页。

慨如今生活发生了翻天覆地的变化，积极参加抗日，歌中唱道："东大海，到西山，马蹄响，鬼子大炮响连天，割麦子要靠那镰刀快，打鬼子就要擦亮洋枪"，歌曲最后唱道："民主政治要争取，自由的汉子要斗争。"[1]

由周巍峙谱写的《民主的好收成》，歌词通俗朴素，曲调欢快、明亮，热情歌颂了边区的民主制："唱一只快乐的歌，唱得要起劲，歌唱我们参议会，民主的好收成，不分阶级政党，不分民族信仰，团结得紧又紧，拿出你的办法，拿出我们主张，贡献给抗日的战争。民主的光辉照亮了晋察冀，战斗中力量更加坚强，再挥一把汗，再流一点血，自由的新中国就在眼前。"[2]以毛泽东为代表的中共中央所倡导的"把抗日战争与民主制度结合起来，以民主制度的普遍实行去争取抗日战争的胜利"，[3]通过抗日的群众歌曲得到广泛的宣传，也收到极大的效果。

在解放区、国统区和敌占区广泛流传的《解放区的天》，歌词极其简单直白，曲调欢快，"解放区的天是明朗的天，解放区的人民好喜欢，民主政府爱人民呀，共产党的恩情说不完"，[4]反映了解放区充满民主、团结的政治生活，以及人民群众对共产党的热爱之情。在朗朗上口的群众歌曲的传播下，共产党领导下的解放区成了众多进步人士向往的地方，广大民众对共产党也有了更加形象的了解。抗战中的歌声为扩大党的影响、宣传党的抗战政策、鼓舞全民族的抗战士气起到了重要作用。

三、"军民合作来生产"

毛泽东说，抗日的政治动员不仅须使所有战士和民众明白为什么要打仗，打仗和他们有什么关系，还需有一个政治纲领，说明达到抗战目的——"驱逐

---

① 解放军歌曲选集编辑部编：《抗日战争歌曲选集》（第三集），北京，中国青年出版社，1957年，第157～162页。
② 解放军歌曲选集编辑部编：《抗日战争歌曲选集》（第三集），北京，中国青年出版社，1957年，第156页。
③ 中共临沂市委党史资料征集研究委员会编：《硝烟里的大众歌谣》，济南，山东文艺出版社，1993年，第177页。
④ 东北民青总部编：《青年歌声》（第一集），沈阳，东北书店发行，1948年，第13～14页。

日本帝国主义，建立自由平等的新中国"的步骤和政策，"没有一个明确的具体的政治纲领，是不能动员全军全民抗日到底的"。① 1937 年 8 月 25 日，中国共产党发布《中国共产党抗日救国十大纲领》，其中的第七项是"改善人民生活"，包括改良工人农民职员教员及抗日军人的待遇、废除苛捐杂税、减租减息、调节粮食、赈济灾荒等。②

　　抗日根据地地处被敌人分割的农村，生产建设以农业为主，在地瘠民贫的条件下，废除苛捐杂税，可在一定程度上减轻人民的负担，减租减息是抗日民族统一战线下的土地政策，既利于联合地主一致抗日，对于受着地租剥削的农民来说，也可以改善生活，提高抗日与生产的积极性。为使根据地民众了解减租减息的意义和具体实施办法，各根据地创作了不少解释何为减租减息的民谣，如：

> 要给那贫富都有好处，
>
> 实行那二五来减租，
>
> 还不得超过收入的千分之二百七十五，
>
> 利息不得超过一分，
>
> 不要让利钱压倒债户，
>
> 还要建立那合理组织，
>
> 要大家合理负担那抗战的劳务！
>
> 债户按约好交利息，
>
> 佃户按约好交地租，
>
> 贫穷富贵都特别快乐，
>
> 让歌声唱遍晋察冀每家门户！ ③

---

① 《论持久战》（1938年5月），载《毛泽东选集》（第二卷），北京，人民出版社，1991年，第481页。

② 《中国共产党抗日救国十大纲领》（1937年8月25日），载中共中央文献研究室、中央档案馆编：《建党以来重要文献选编（1921—1949）》（第14册），北京，中央文献出版社，2011年，第477页。

③ 解放军歌曲选集编辑部编：《抗日战争歌曲选集》（第三集），北京，中国青年出版社，1957年，第153页。

1939 年冬至 1940 年春，华北各抗日根据地兴起了减租减息的群众运动，晋察冀边区普遍实行了"二五减租"。减租减息政策的实施，巩固了抗日民族统一战线，提高了农民的生产兴趣，也提升了农民的生活水平。对比政策实施前后生活的大变样，农民热情歌唱减租减息政策，歌唱共产党："大派山，小派山，共产党来把身翻；不受地主窝囊气，从今再不受煎熬。""滹沱河水长又长，共产党有好主张；首先租子二五减，再把典钱改租粮。"① 聂荣臻在回忆晋察冀根据地的创建和发展时说，根据地创办不久即引起了国内外各方面的重视与好奇，"为什么能在日军占据着周围的城市和铁路干线，经常调集重兵'扫荡'，又远离后方得不到任何物资接济的情况下，在敌后建立起面积广阔的根据地？"中国共产党的回答是发动群众，通过实行人民民主和改善人民生活来发动群众，减租减息就是一项重要政策，它使人民群众在历来租税的重压下抬起了头，展现出强大的战斗力。②

抗日战争进入战略相持阶段后，日军将军事进攻的方向逐步转向共产党领导的敌后战场。1939 年初，在日军加紧进攻抗日根据地之际，国民党发出防共限共密令，各方顽固分子尤其是暗藏的日寇奸细，乘机加紧对八路军和边区的摩擦排挤与破坏，敌后战场的形势日益严峻。2 月 4 日，陕甘宁边区党委、边区政府发出关于发展生产运动的紧急通知，说："中共中央为着在长期抗战中，保证抗战供给，改善人民及工作人员的生活起见，特号召全边区人民及各机关部队工作人员广泛发展生产运动，以达到财政经济上能自足自给。"《通知》对边区当年的开荒数及收成的增加比例作了具体要求，即"增开荒地六十万亩，并同时增加施肥、锄草、改良耕种方法、发展水利，以达到本年农产收成能比去年增加百分之二十的收获"。③ 要求党、政、军、民、学校各级人员均参加生产，组织群众中的春耕运动。陕甘宁边区带头，晋察冀等华北各抗日根据地不同程度地开展了垦荒、兴办水利等生产运动。部队、机关工作人员与广大农民

---

① 袁同兴编：《晋察冀根据地抗日民歌选》，上海，上海文化出版社，1956 年，第 11 页。

② 星火燎原编辑部编：《星火燎原》丛书之十，北京，解放军出版社，1989 年，第 10 页。

③《陕甘宁边区党委、边区政府等关于发展生产运动的紧急通知》（1939 年 2 月 4 日），载中共中央文献研究室、中央档案馆编：《建党以来重要文献选编（1921—1949）》（第 16 册），北京，中央文献出版社，2011 年，第 88 页。

纷纷参与开荒，既保证了抗战供给，也改善了部队、机关工作人员与广大农民的生活。由塞克作词、冼星海谱曲的《生产大合唱》表现了男女老少你追我赶热烈欢腾的劳动景象，其中《二月里来》流传最广，这首明朗、悠扬的山歌极受欢迎，生动展现了根据地军民团结战斗的情景。

> 二月里来呀好春光
>
> 家家户户种田忙
>
> 指望着今年的收成好
>
> 多捐些五谷充军粮
>
> 二月里来呀好春光
>
> 家家户户种田忙
>
> 种瓜的得瓜呀种豆的收豆
>
> 谁种下仇恨他自己遭殃
>
> 加紧生产呦加紧生产
>
> 努力苦干努力苦干
>
> 我们能熬过这最苦的现阶段
>
> 反攻的胜利就在眼前
>
> 加紧生产呀加紧生产
>
> 努力苦干努力苦干
>
> 年老的年少的在后方
>
> 多出点劳力也是抗战 [①]

1941 年，为克服经济上的严重困难，为进一步巩固边区，以达坚持长期抗战、增进人民福利之目的，党中央再次号召开展大规模的生产运动。在陕甘宁边区，因为部队和机关的人数占边区总人口的比例较大，各机关部队工作人员若不参加生产以自给，就会增加老百姓的负担，而老百姓也负担不起，军委要求边区部队将自给自足与抗战建国建设新民主主义经济基础的任务联系起来。部队在缺乏资金、工具的困难条件下，发扬自力更生、艰苦奋斗的精神，开荒

---

① 四川省仪陇县政协文史委员会编：《抗战歌曲大演唱——纪念抗日战争胜利五十周年》，
仪陇，四川省仪陇县文化局出版，1995年，第174页。

种地、养畜纺纱。优美动听的《南泥湾》（见图3-3）歌唱南泥湾由荒凉之地变成"江南"，歌颂了作为"生产模范"的八路军三五九旅自力更生、奋发图强的精神，歌颂了共产党的经济政策，它的广泛传播起到了很好的宣传作用，激励了无数人。

南 泥 湾

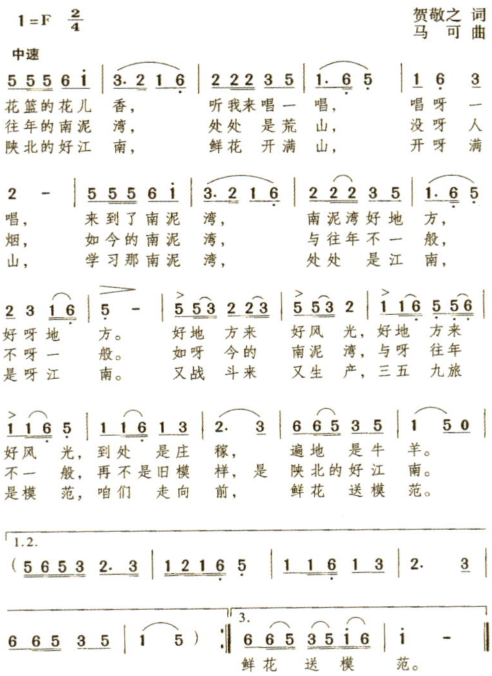

贺敬之 词
马可 曲

1=F 2/4

中速

```
5 5 5 6 i  | 3.2 1 6 | 2 2 2 3 5 | 1. 6 5 | 1 6   3
花篮的花儿 香，      听我来唱一 唱，     唱呀 一
往年的南泥 湾，      处处是荒 山，       没呀 人
陕北的好江 南，      鲜花开满 山，       开呀 满

2 -  | 5 5 5 6 i | 3.2 1 6 | 2 2 2 3 5 | 1. 6 5
唱，    来到了南泥 湾，      南泥湾好地 方，     与往年不一 般，
烟，    如今的南泥 湾，      处处是江 南，
山，    学习那南泥 湾，

2 3 1 6 | 5 -  | 5 5 3 2 2 3 | 5 5 3 2 | 1 1 6 5 5 6
好呀 地  方。   好地 方来  好风 光， 好地 方来
不呀 一  般。   如呀 今的  南泥 湾， 与呀 往年
是呀 江  南。   又战 斗来  又生 产， 三五 九旅

1 1 6 5 | 1 1 6 1 3 | 3. 3 | 6 6 5 3 5 | 1 5 0
好风 光，到处 是庄 稼，   遍地 是牛 羊，
不一 般，再不 是旧 模 样，是 陕北 的好 江 南。
是模 范，咱们 走向 前，   鲜花 送模 范。

1.2.
( 5 6 5 3 2. 3 | 1 2 1 6 | 1 1 6 1 3 | 2. 3

3.
6 6 5 3 5 | 1  5 ) : | 6 6 5 3 5 1 6 | i  -
鲜花 送模 范。
```

图3-3　歌曲《南泥湾》，选自《抗战歌曲集》
（李泯主编《抗战歌曲集》，长沙，湖南文艺出版社，2005年，第13~14页）

被日军占领的大中城市与铁路干线所分割的各敌后抗日根据地，处于孤军作战、独立支撑的状态。太平洋战争爆发后，日军妄图把华北建成所谓"大东亚战争的兵站基地"，对华北各抗日根据地反复进行大规模的"扫荡""蚕食"和"治安强化运动"。敌人所到之处，民众惨遭屠杀，房屋、庄稼被毁烧殆尽、牲畜、粮食等被劫掠一空。1942年华北平原又发生罕见大旱灾，饥馑、旱灾、蝗害及瘟疫一并袭来，加上国民党的封锁，边区陷入空前未有的困难时期。各抗日根据地在党中央提出的"自力更生，生产自给""发展经济，保障供给"等财政经济工作方针的指导下，在"自己动手克服困难"的号召下，在"劳动与武力结合""战斗与生产结合"的口号下，一面战斗，一面生产，在极端艰难困苦的环境下，进行了大生产运动。1943年创作于晋察冀后流行于全边区的《战斗生产》，唱出了边区军民一面战斗一面生产的勇敢与豪迈：

> 战斗生产，
> 解放区的军民越打越勇敢。
> 生产拿锄头，
> 战斗拿杆枪，
> 敌人来了就坚决的打，
> 一面战斗一面生产。
> 山冈上，大道边
> 到处有我们的爆炸组和神枪手
> 打得鬼子人马翻天。
> 田野里，山坡上，
> 到处有我们的收割队和狙击手，
> 抢收抢割象暴风卷，
> 战斗生产
> 解放区的军民越打越勇敢，
> 生产拿锄头，
> 战斗拿枪杆，
> 永远战斗在太行山。①

大生产运动的开展，改善了边区人民的生产，改善了老百姓与军队的生活，减轻了人民的负担，许多部队实现了粮食、被服和其他日用品的全部或部分自给，陕甘宁边区和各抗日根据地的军民胜利度过了抗日战争的最艰难时期，为坚持长期抗战、夺取抗战的胜利奠定了物质基础。晋冀鲁豫边区政府副

---

① 解放军歌曲选集编辑部编：《抗日战争歌曲选集》（第三集），北京，中国青年出版社，1957年，第146～147页。

主席薄一波对前来采访的美国记者杰克·贝尔登如是说："虽然经历了抗战时期的艰难岁月，边区百分之八十人口的生活水平并未下降，这看来似乎是难以置信的。其主要原因在于实行了财富的重新分配，并开展了轰轰烈烈的大生产运动，特别是在抗战的最后两年。"①

军民合作开展的大生产运动，不仅粉碎了敌伪的"扫荡"与封锁，改变了边区的面貌，还密切了党政军民关系，全边区到处呈现着朝气。创作于1943年的《解放区的天》唱出了人民群众对共产党、对边区的热爱与歌颂。

解放区的天是明朗的天，

解放区的人民好喜欢，

民主政府爱人民呀，

共产党的恩情说不完。

呀呼嗨嗨伊咳呀嗨，

呀呼嗨呼嗨，呀呼嗨嗨嗨，

呀呼嗨嗨伊咳呀嗨。②

这首歌根据河北民歌填词而成，歌词简单直白，唱起来朗朗上口，不仅在边区普遍传唱，在国统区、敌占区的民间也有着广泛的流传，中国共产党的影响力从边区扩大到国统区和敌占区。

在群众歌曲的传播下，民众对中国共产党有了更加形象的了解与认识，延安和各抗日根据地成为了进步人士的向往之地。一首首或悲愤或激昂或欢快的抗战歌曲的传播，生动而有力地宣传了中国共产党的抗战政策，鼓舞了全民族的抗战士气。

1943年10月，一首日后在华夏大地不绝回响的歌曲《没有共产党就没有新中国》诞生于晋察冀根据地。那年春，蒋介石发表《中国之命运》，提出"没有国民党就没有中国"，鼓吹"一个主义，一个政党，一个领袖"，指责共产党，破坏国共合作。对此，共产党发表《没有共产党就没有中国》的社论予

① [美]杰克·贝尔登：《中国震撼世界》，邱应觉等译，北京，北京出版社，1980年，第85页。
② 中共临沂市委党史资料征集研究委员会编：《硝烟里的大众歌谣》，济南，山东文艺出版社，1993年，第177页。

以驳斥。晋察冀边区抗日救国联合会群众剧社组织若干小分队，广泛宣传党的抗日主张。音乐组组长、时年 19 岁的曹火星来到房山县堂上村，他参加了村里的减租运动，切身感受到根据地人民在共产党领导下，克服困难坚持抗战、搞土改发展生产的强烈热情，目睹了根据地的民主政治建设，他把对党的热爱和亲身体验，化做铿锵的旋律，创作了《没有共产党就没有中国》，这首歌浸透着创作者的真情实感，表达了人民群众的心声。

《没有共产党就没有中国》歌曲诞生后，很快唱遍晋察冀边区，唱遍各抗日根据地，随着抗日战争和解放战争的节节胜利唱遍全中国。后来，毛泽东为这首歌加了个"新"，他说：没有共产党的时候，中国早就有了，应当改为"没有共产党就没有新中国"。今天，房山区上堂村矗立着一座纪念碑，《没有共产党就没有新中国》这支歌和它诞生的经过镌刻于上，吕骥题词"真理之歌，永世长存！"

"没有共产党就没有新中国，共产党辛劳为民族，共产党他一心救中国，他指给了人民解放的道路，他领导中国走向光明，他坚持了抗战八年多，他改善了人民生活，他建设了敌后根据地，他实行了民主好处多"，[①] 唱出了只有中国共产党才能领导中国人民争取民族独立、人民解放、国家富强、人民幸福的历史必然，唱出了人民群众衷心拥护共产党、坚定跟党走的信念。

---

① 荆令编：《工人歌曲》，哈尔滨，光华书店，1949年，第6页。

第四章

民族呐喊：

抗日标语口号与党的宣传工作

标语是"用简短文字写出的有宣传鼓动作用的口号"①，多以传单、布告等形式呈现。口号是"为达到一定的目的，实现某项任务而提出的供口头呼喊的带有纲领性和鼓动作用的简短句子"②。当两者传播的内容相一致时，标语与口号则属并列关系，同时又因传播的形式不同而互补，即标语为口号的书面表现，口号则是标语的口头传播，两者往往"能够通过简短有力的字句，吸引社会群体的注意力，激发公众热情，引导公众指向特定的目标，实现既定的价值取向"③。细析中国共产党百余年宣传史，自中国共产党成立之日起，标语口号就被广泛应用于宣传党的方针、政策、思想等。抗日战争时期，党的标语口号宣传提升到了一个全新的高度，党中央在标语口号宣传实践中规定"每一个宣传员必须备一副写标语的工具，用（白或黑）的颜料，根据本部规定的各种标语，随时随地写于通衢大道行人易见的墙壁上"。④为了进一步加强标语口号的宣传，党的宣传工作者们通过各式各样的宣传手段丰富标语口号的宣传形式。例如在党的宣传实践中，党的标语口号通过墙头、钱币、木板、门柱等在百姓日常生活中常用的物品作为媒介进行宣传，使得"红军一到，满街鲜红，等于过年"⑤。除常规的宣传载体外，党的宣传工作者们还集思广益地创造了许多新颖的标语口号载体。例如在川陕、云贵等地区，党的宣传工作者们利用当地多山的地理特征，在宣传实践中开山凿石，将标语口号刻在山头上面，利用一种特殊的土红原料上色，使得党的标语口号遍布一座座山头之间。党的宣传工作者们还就地取材，将标语口号刻在木板、树叶上面，然后将其投入水网密布的

---

① 现代汉语大词典编委会：《现代汉语大词典》（第4卷），上海，汉语大词典出版社，2006年，第2051页。
② 辞海编辑委员会：《辞海》，上海，上海辞书出版社，1979年，第390页。
③ 韩承鹏：《标语口号的功能研究》，《思想理论教育》，2008年第15期。
④ 黄保华、朱腾云：《论中央苏区的革命标语宣传》，《赣南师范学院学报》，1998年第2期。
⑤ 中央档案馆：《中共中央文件选集》（第5册）（1929），北京，中共中央党校出版社，1990年，第763页。

河流区域，使其顺流而下扩大宣传范围。正是因为党对标语口号宣传工作的高度重视以及在宣传实践中的别出心裁，使得党的标语口号宣传取得了良好的成效，"很简单的一些标语、图画和演讲，使得农民如同每个都进过政治学校一样，收效非常之广而迅速"①。

中国共产党的抗日标语口号宣传工作，为党百余年绚丽多彩的宣传画卷上增添了浓墨重彩的一笔。第一，从来源渠道上看，标语口号的来源具有特定性：标语口号一是从党中央领导人的讲话和文章中提炼而来；二是来源于党的政策文件；三是出自党的抗日文艺作品，如抗日戏剧、歌曲、诗文等。第二，从内容上看，标语口号的内容具有时代性，内容主要以围绕"宣传党的马列主义的理论，党的纲领与主张，党的战略与策略"②为核心。第三，从宣传效果上看，标语口号具有较强的动员性：对内，标语口号能够"为动员一切力量争取抗战胜利而斗争"③，使整个中华民族紧密地团结在抗日旗帜之下，一致抗日；对外，一方面，标语口号有效争取了国际力量的支持和援助，使中国"在不丧失领土主权的范围内，与一切反对日本侵略主义的国家订立反侵略的同盟，及抗日的军事互助协定"④。进而在"全世界一切国家一切民族划分为举行侵略战争的法西斯阵线与举行解放战争的反法西斯阵线"⑤逐渐明朗化的背景下，团结鼓励各国同法西斯势力斗争到底。另一方面，标语口号成功向世界传播了"党的声音"，突破了国民党对共产党的新闻封锁。第四，从宣传攻势上看，标语口号是党在与敌伪的宣传战中强有力的宣传武器，在肃清汉奸、卖国贼、亲日

---

①《湖南农民运动考察报告》（1927年3月），载《毛泽东选集》（第一卷），北京，人民出版社，1991年，第35页。

② 中央党史研究室张闻天选集传记组：《张闻天文集第3卷（1939—1948）》，北京，中共党史出版社，2012年，第102页。

③ 中国人民大学中共党史系资料室：《中共党史教学参考资料——抗日战争时期》（上），北京，中国人民大学出版社，1980年，第42页。

④《中国共产党抗日救国十大纲领》（1937年8月25日），载中共中央文献研究室、中央档案馆编：《建党以来重要文献选编（1921—1949）》（第14册），北京，中央文献出版社，2011年，第476页。

⑤《中国共产党为太平洋战争的宣言》（1941年12月9日），载中共中央文献研究室、中央档案馆编：《建党以来重要文献选编（1921—1949）》（第18册），北京，中央文献出版社，2011年，第729页。

派，分化瓦解敌伪，策反部分伪军与日本士兵调转枪头对准法西斯势力上都起到了良好的宣传效果。综上所述，抗日战争是党的标语口号宣传工作迅速发展的时期，是党的标语口号宣传理论、内容、组织、机制走向成熟的重要阶段，是推动抗日战争胜利的有力宣传武器。

第一节 ｜ 争取千百万群众："全面的全民族的抗战"

"全面的全民族的抗战"① 是党在抗日战争中最核心、最基本的标语口号。"全面"即指全方位的。"全民族"则是指整个中华民族。"全面的全民族的抗战"就是"使这个民族第一次没有阶级之分、没有地域之隔、没有统治与被统治之嫌，结成利益共同体、命运共同体、荣辱共同体，筑起国家与民族新的血肉长城"② 共同抗日。

一、"停止内战，一致抗日"

"停止内战，一致抗日"是党结合抗日战争时期中国的具体国情，就国共之间的关系问题提出的口号，对于扩大全民族抗战，增强民族凝聚力具有重大意义。这一口号来源于中国共产党 1935 年发表的《中国苏维埃政府、中国共产党中央为抗日救国告全体同胞书》中的"首先大家都应当停止内战，以便集中一切国力（人力、物力、财力、武力等）去为抗日救国的神圣事业而奋斗"③。对此，党在宣传实践中将标语口号通过发表宣言、通电、文告、说服教育等方式向蒋介石、国民党官兵、国民党党派正义人士等进行抗日救国的宣

---

① 《和英国记者贝特兰的谈话》（1937年10月25日），载《毛泽东选集》（第二卷），北京，人民出版社，1991年，第374页。
② 金一南：《为什么是中国》，北京，北京联合出版公司，2020年，第118页。
③ 《中国苏维埃政府、中国共产党中央为抗日救国告全体同胞书》（1935年8月1日），载中共中央文献研究室、中央档案馆编：《建党以来重要文献选编（1921—1949）》（第12册），北京，中央文献出版社，2011年，第265页。

传，起到了良好的效果。

第一，"停止内战，一致抗日"的首要宣传对象是以蒋介石为首的南京国民政府。对此，中国共产党经历了从"抗日反蒋"到"逼蒋抗日"再到"联蒋抗日"的政策转变。

首先，关于"抗日反蒋"。"抗日反蒋"口号的提出一方面反映的是抗战初期中国共产党对国民党不抵抗、一味妥协行为的谴责；另一方面也是对国民党军不断进攻苏区发动"剿共"行为的抵抗反击。九一八事变后，中日民族矛盾逐渐上升并成为主要矛盾。对此，中国共产党率先举起抗日救国的旗帜，提出"打倒各派国民党，打倒一切军阀""反对日本帝国主义强占东三省"[①] 的口号，指责国民党对日本侵略者的不抵抗行为。1935 年 8 月，中国共产党在《八一宣言》中提出"抗日救国"的口号。对国民党方面，中国共产党提出只要国民党停止进攻苏区的行动，红军愿与其携手共同救国。但是，由于以蒋介石为首的国民党顽固派依然坚持"剿共"，不断发起对苏区的军事行动。因此，1935 年 11 月，中国共产党发表《中共中央为日本帝国主义并吞华北及蒋介石出卖华北出卖中国宣言》，并提出"抗日反蒋是全中国民众救亡图存的唯一出路！""打倒卖国贼汉奸蒋介石国民党！"[②] 等口号。1935 年 12 月，中国共产党在瓦窑堡会议上确定抗日民族统一战线的同时，提出将"抗日反蒋"作为基本方针。自此，"抗日反蒋"的口号广泛出现在中国共产党的通电、告示、文件中。

其次，关于"逼蒋抗日"。1936 年 8 月到 9 月之间，中国共产党调整了其统一战线的策略，放弃"抗日反蒋"的口号，转向"逼蒋抗日"。1935 年 11 月，蒋介石在国民党五大上表示要改变对日妥协退让的态度，并提出争取苏联的援助。蒋介石知道中国共产党有苏联和共产国际的强大支持，因此要想获取苏联的援助，就必须改变对中国共产党的态度。对此，他提出："对外，争取苏联的支持和帮助；对内，在军事围剿的同时，寻求同共产党进行联合抗日的谈

[①]《中国共产党为日本帝国主义强暴占领东三省事件宣言》（1931年9月20日），载中共中央文献研究室、中央档案馆编：《建党以来重要文献选编（1921—1949）》（第8册），北京，中央文献出版社，2011年，第549～550页。

[②]《中共中央为日本帝国主义并吞华北及蒋介石出卖华北出卖中国宣言》（1935年11月13日），载中共中央文献研究室、中央档案馆编：《建党以来重要文献选编（1921—1949）》（第12册），北京，中央文献出版社，2011年，第444～446页。

判。"①蒋介石抗日态度的转变使中国共产党意识到与国民党合作抗日的可能性，于是适时调整了对以蒋介石为首的国民党的口号。这一转变我们可以从1936年5月中共发表的《停战议和一致抗日通电》观之。在通电中，中国共产党提出南京政府当局应当"以'兄弟阋于墙外御其侮'的精神，在全国范围首先在陕甘晋停止内战，双方互派代表，磋商抗日救亡具体方法"。②"兄弟阋于墙外御其侮"的口号便出自此，也是共产党对国民党当局宣传的口号。这一口号中，中国共产党对国民党以兄弟相称，体现了党中央对国民党政策的转变，此处不再提"反蒋""反国民党"，而是提出希望与国民党停止内战，一致抗日。根据当时的实际情况，蒋介石在国民党内大权在握，要想实现国共合作，"反蒋"的口号势必会加深国共之间的矛盾。对此，中国共产党在1936年9月1日发布的《中共中央关于逼蒋抗日问题》的指示中，提出"抗日反蒋"的口号已不适用，认为"我们的总方针，应是逼蒋抗日"③。9月8日，毛泽东在《抗日反蒋不能并提》中提到"中国最大的敌人是日本帝国主义，抗日反蒋并提是错误的。我们从二月起开始改变此口号"④。自此，"抗日反蒋"被"逼蒋抗日"的口号取代。

最后，关于"联蒋抗日"。"逼蒋抗日"的口号提出后不久，1936年12月12日，张学良、杨虎城就发动了震惊中外的西安事变。西安事变爆发后，13日，中共中央召开政治局扩大会议讨论西安事变问题。会议上，张闻天提出"我们应把抗日为中心，对于要求把蒋介石交人民公审的口号是不妥的。"周恩来也提出"在政治上不采取与南京对立的主张"。党中央在西安事变爆发后表现出相当的冷静和清醒，没有轻易放弃联蒋抗日的主张。随着事态的发展，

① 程中原：《中国共产党与抗日民族统一战线的建立》，《抗日战争研究》，2005年第3期。
②《毛泽东、朱德关于停战议和一致抗日通电》（1936年5月5日），载中共中央文献研究室、中央档案馆编：《建党以来重要文献选编（1921—1949）》（第13册），北京，中央文献出版社，2011年，第116页。
③《中共中央关于逼蒋抗日问题的指示》（1936年9月1日），载中共中央文献研究室、中央档案馆编：《建党以来重要文献选编（1921—1949）》（第13册），北京，中央文献出版社，2011年，第276页。
④《抗日反蒋不能并提》（1936年9月8日），载《毛泽东文集》（第一卷），北京，人民出版社，1993年，第438页。

国内外各界大多呼吁和平解决西安事变，对此，中国共产党予以了积极的回应，1936 年 12 月 19 日，由张闻天起草的《中共中央关于西安事变及我们的任务的指示》中提到"坚持停止一切内战、一致抗日的组织者与领导者的立场，反对新的内战，主张南京与西安间在团结抗日的基础上，和平解决。"① 这一时期，党内多次召开会议讨论和平解决西安事变的问题，同时发布了一系列关于和平解决西安事变的文件。毛泽东在 19 日中共中央召开的会议中作报告，提出"西安事变后，对于内战的发生和延长是不利的，我们主要是要消灭内战与不使内战延长"② 。张闻天也在《进行和平调解，不站在恢复反蒋的立场》中提到"我们应把抗日为中心，对于要求把蒋介石交人民公审的口号是不妥的。"③ 1937 年 4 月，中共中央书记处在《关于坚持联蒋方针推动全国性对日抗战问题给刘少奇的指示》中提到"在这个新阶段内我们必须坚持联蒋的方针，推动蒋介石逐渐走向南京政权的民主化，以准备全国性的对日抗战。"④ 此后，"联蒋抗日"逐渐成了党中央关于处理与蒋介石之间关系问题提出的宣传口号。

　　第二，标语口号针对国民党地方实力派开展宣传工作取得了良好的宣传效果，使得很多地方实力派如东北的张学良、山西的阎锡山、广西的李宗仁等都纷纷表示愿与中共协商共同抗日。"覆巢之下，将无完卵"⑤ ，这一口号出自毛泽东给杨虎城的信中，毛泽东引用《世说新语》中的"覆巢之下，安有完卵"，对杨虎城提出"覆巢之下，将无完卵"的口号，以中华传统哲学智慧强调抗日

---

① 《中共中央关于西安事变及我们的任务的指示》（1936年12月19日），载中共中央文献研究室、中央档案馆编：《建党以来重要文献选编（1921—1949）》（第13册），北京，中央文献出版社，2011年，第422～423页。

② 卢毅、罗平汉、齐小林：《抗日战争与中共崛起》，北京，东方出版社，2015年，第38～45页。

③ 《进行和平调解，不站在恢复反蒋的立场》（1936年12月19日），载中共中央文献研究室、中央档案馆编：《建党以来重要文献选编（1921—1949）》（第13册），北京，中央文献出版社，2011年，第426页。

④ 《中共中央书记处关于坚持联蒋方针推动全国性对日抗战问题给刘少奇的指示》（1937年4月4日），载中共中央文献研究室、中央档案馆编：《建党以来重要文献选编（1921—1949）》（第14册），北京，中央文献出版社，2011年，第131页。

⑤ 《给杨虎城的信》（1936年8月13日），载《毛泽东文集》（第一卷），北京，人民出版社，1993年，第416页。

的必要性，让他意识到在民族生死存亡之际谁也不能独善其身，从而支持抗日。毛泽东还在给阎锡山的信中提到"共同抗日""停止内战"等口号，以争取他对抗日的支持。为了进一步动员地方实力派抗日，毛泽东在致电张学良、杨虎城的电报中提到了"东北军、十七路军、红军联合起来""为保卫中国而战，为援助绥远而战，为收复东北而战""抗日联军万岁！""中华民族独立解放万岁！"① 等关于收复东北、援助绥远的口号，向地方实力派宣传党的抗日方针以争取他们的支持。

第三，标语口号通过情感动员争取国民党士兵参加到抗日救国中来。国民党普通士兵作为国民党军队的基石，他们一旦支持抗日，势必会对他们的将领乃至整个国民党造成一定的压力，从而推动国共合作抗日的形成，因此对国民党士兵的宣传同样必不可少。首先，标语口号通过对被俘国民党士兵进行"抗日教育"宣传。中国共产党在抵抗国民党军队的过程中，曾俘获大量国民党官兵。对于这些官兵，中国共产党对他们进行了"抗日教育"，在教育过程中对他们进行抗日思想动员，鼓励他们参加抗日。这一宣传取得了良好的效果。根据美国记者斯诺在其著作《红星照耀中国》中回忆，在这些部队送上来的报告中，"全军都有反对与红军作战的情绪。红军的'中国人不打中国人'和'同我们一起打回老家去'的口号影响了东北军的全体官兵"。②

"停止内战，一致抗日"这一口号贯穿抗日战争始终，体现了中国共产党在抗日战争时期将民族利益置于第一位的鲜明立场和抗日主张，是党为促进国共合作抗日制定的重要口号。之后，围绕这一主题，党的宣传工作就促进国共停止内战，一致抗日制定了一系列标语口号并大力宣传，有效争取了国民党正义人士的支持并促进了国共合作抗日。可以说，这一口号体现了党能够突破阶级认识的界限，分清主次矛盾的宽广胸襟和宏大格局（见图4-1）。

---

① 中共中央文献研究室编：《文献和研究 1986年汇编本》，北京，人民出版社，1986年，第134～135页。
② [美]埃德加·斯诺：《红星照耀中国》，董乐山译，北京，人民文学出版社，2016年，第22、231页。

图4-1　"坚决执行抗日统一战线"标语（陶永灿：《老标语：中国墙壁上的历史》，
北京，电子工业出版社，2012年，第60页）

二、"全民族实行抗战"

"全民族实行抗战"是中国共产党号召"全中国人民、政府和军队团结起来，筑成民族统一战线的坚固的长城"①的主要口号。为了动员整个中华民族团结起来共同抗日，党中央在对宣传工作的指示中提出必须深入地向群众宣传"亡国灭种的大祸已经近临在全中国民众的头上"，从而使中华民族"联合在一条战线上以民族革命战争去战胜共同的主要敌人"②。对此，党的宣传工作者们创作了大量动员中华民族参加抗战的标语口号。

一是在向全民族宣传党的抗日方针，鼓励全民族实行抗战方面。"平津危急！华北危急！中华民族危急！只有全民族实行抗战，才是我们的出路"③的口号源自七七事变后第二日中共中央发出的通电。这一口号通过"三个危急！"，在思想上"给予群众一个简明的观念，极力激起群众的情感"④，从而动员群众参与到抗日战争当中。为了进一步扩大标语口号在群众中的宣传范围，党的宣

---

① 《反对日本进攻的方针、办法和前途》（1937年7月23日），载《毛泽东选集》（第二卷），北京，人民出版社，1991年，第344页。

② 中共中央宣传部办公厅、中央档案馆编研部编：《中国共产党宣传工作文献选编（1915—1937）》，北京，学习出版社，1996年，第1201页。

③ 《反对日本进攻的方针、办法和前途》（1937年7月23日），载《毛泽东选集》（第二卷），北京，人民出版社，1991年，第343页。

④ 《中共中央宣传部关于各抗日根据地群众鼓动工作的指示》（1941年7月10日），载中共中央文献研究室、中央档案馆编：《建党以来重要文献选编（1921—1949）》（第18册），北京，中央文献出版社，2011年，第492页。

传工作者们将团结全民族抗战的标语口号进一步凝练为"联合抗日！""中国革命万岁"等标语，利用纸币流通量大、范围广、受众人群多的特点，将这些标语印发在西北的纸币上广泛流通，使群众了解党的抗日方针。在标语口号文字创作的内容上，党中央在关于宣传教育工作的指示中提出"鼓动的文字必须是生动化和大众化的，必须富于感情和富于煽动性的，才能更有效地激起群众的感情"。强调"凡文字鼓动的方式，如传单、标语、布告等，采用时必须做到内容具体简明，文字通俗动人"①。对此，党的宣传工作者们以群众喜闻乐见的语言形式创作了大量的标语口号鼓励他们参加到抗日救亡中来。"好男儿要参加八路军，参加游击队，保卫边区，保卫家乡""母亲叫儿打东洋，妻子送郎上战场"②，这些标语口号用最朴素的语言，鼓励群众积极参与到抗日救亡的战争中来。由此可见，中国共产党的标语口号宣传之所以能取得成果，获得广大群众的认可，正是因为党的宣传工作者在创作标语口号的过程中善于贴近群众生活，以事实的宣传代替抽象的理论。

二是党的宣传工作者在创作标语口号的过程中根据不同群体撰写符合其特征的标语口号，有针对性地动员不同群体参与到抗日战争中来。对于广大青年，党的宣传工作者们提出"一切爱国的青年同胞和青年组织，大家在抗日救国的义旗之下联合起来！"的口号，鼓励青年"为打倒'华北自治'而战！""为祖国生存独立而战！""为打倒日寇汉奸而战！"③。党还鼓励青年们积极参加红军，并向青年提出"武装起来，到红军中去！"④的口号。抗日战争时期党中央高度重视对青少年的宣传工作，将青少年视为抗日力量的重要组

① 《中共中央宣传部关于各抗日根据地群众鼓动工作的指示》（1941年7月10日），载中共中央文献研究室、中央档案馆：《建党以来重要文献选编（1921—1949）》（第18册），北京，中央文献出版社，2011年，第493～494页。
② 晋察冀日报研究会编：《1939—1948〈晋察冀日报〉通讯全集》（1944年卷）（上），北京，中共党史出版社，2012年，第209页。
③ 《共青团中央为抗日救国告全国各校学生和各界青年同胞宣言》（1935年12月20日），载中共中央文献研究室、中央档案馆编：《建党以来重要文献选编（1921—1949）》（第12册），北京，中央文献出版社，2011年，第517～518页。
④ 《武装起来，到红军中去！——中央革命军事委员会告赤少队员工农群众书》（1934年5月12日），载中共中央文献研究室、中央档案馆编：《建党以来重要文献选编（1921—1949）》（第11册），北京，中央文献出版社，2011年，第398页。

成部分。毛泽东在延安青年群众举行的"五四运动"二十周年纪念会上的讲演中对广大青年说道："一定要把日本帝国主义打倒，一定要把旧中国改造为新中国。这就是我所希望于你们的。"[①] 以此鼓励广大青年参加抗日战争。对于妇女，党中央强调"各级党委必须进行广大的宣传和组织工作，以动员各阶层广大妇女群众"。对此，党对妇女提出了"反对世界帝国主义大战""保护妇女权益"[②] 等口号。党中央在宣传工作中意识到，要想团结妇女加入全民族抗战就需要解放她们的思想。因此，党的宣传工作者经常深入到各村，召开各种形式的妇女会，宣传党的抗日救国思想，鼓励妇女解放思想，加入抗日战争。对于工农兵，九一八事变后，中共满洲省委发表了《中共满洲省委为日本帝国主义武装占领满洲宣言》，在《宣言》中对广大工农兵劳苦群众提出了"罢工罢课罢市，反对帝国主义占据满洲！""驱逐日本帝国主义与一切帝国主义的海陆空军！"等口号，[③] 鼓舞工农兵与日军抗战到底，并对他们提出如罢工罢市罢课等具体指示。为了进一步加大宣传力度，红军用传统木刻的方式来印刷标语口号，增加印发数量，突破了当时宣传条件的限制，使标语口号低成本高效率地在全民族范围内广泛流传（见图 4-2）。

图4-2　"要种族不灭 惟抗战到底！"标语（陶永灿：《老标语：中国墙壁上的历史》，第53页）

---

① 《青年运动的方向》（1939年5月4日），载《毛泽东选集》（第二卷），北京，人民出版社，1991年，第569页。

② 《中共中央关于三八妇女节工作的指示》（1941年2月5日），载中共中央文献研究室、中央档案馆编：《建党以来重要文献选编（1921—1949）》（第18册），北京，中央文献出版社，2011年，第91～92页。

③ 《东北抗日联军史料》编写组：《东北抗日联军史料》（上），北京，中共党史资料出版社，1987年，第34页。

"全民族实现抗战"这一凝聚着血性与智慧的口号，不仅体现了中华民族在存亡绝续关头的集体觉醒，更构建起抗日民族统一战线的精神长城。它打破了阶级、党派与地域的藩篱，将工人农民、知识分子、民族资产阶级乃至海外侨胞熔铸成抗击侵略的钢铁洪流。这一历史性转折既彰显了中华文明"天下兴亡，匹夫有责"的集体精神，也在血火淬炼中重塑了现代中国的民族认同。当四万万同胞以血肉之躯筑起救亡图存的钢铁长城，不仅为抗战胜利奠定了根本力量，更为后世留下了"团结则存，分裂则亡"的永恒启示。

三、"下定决心，不怕牺牲，排除万难，去争取胜利"

1945年6月，毛泽东在《愚公移山》中曾说"首先要使先锋队觉悟，下定决心，不怕牺牲，排除万难，去争取胜利"[①]，体现了党在抗日战争中坚定的抗战信念。"抗日战争是持久战，最后胜利是中国的"[②]，这是毛泽东在《论持久战》中得出的结论。事实上，这场持久战不仅是中日双方在战场上的斗争，更是一场心智的较量。对此，党的标语口号在宣传实践中以建立中华民族抗日信念、坚定中华民族抗日信心、树立中华民族必胜决心为主。

第一，在"下定决心"上，党提出"为保卫国土流最后一滴血！""驱逐日本帝国主义出中国！""打倒日本帝国主义！""民族革命战争万岁！"[③]等标语口号。七七事变后，面对敌军来势汹汹、敌强我弱的局面，中国共产党第一时间开展抗日宣传，发出民族生死存亡之际的呐喊，建立中华民族的抗日信念。为了进一步使整个民族团结起来树立抗日信念，党中央提出了"独立自由幸福的新中国万岁！"的口号，勾勒出未来新中国一幅国家独立、人民自由、生活幸福的美好画卷，从而号召全民族为了实现这一美好目标而奋斗，建立坚定的抗日信念。

---

① 《愚公移山》（1945年6月11日），载《毛泽东选集》（第三卷），北京，人民出版社，1991年，第1101页。

② 《论持久战》（1938年5月），载《毛泽东选集》（第二卷），北京，人民出版社，1991年，第515页。

③ 《为动员一切力量争取抗战胜利而斗争》（1937年8月25日），载《毛泽东选集》（第二卷），北京，人民出版社，1991年，第354～357页。

第二，在"不怕牺牲"中，"坚持抗战，反对投降""坚持团结，反对分裂""坚持进步，反对倒退"。毛泽东在与中央社、《扫荡报》《新民报》三记者的谈话中曾谈到这三大口号。毛泽东十分重视党在《七七宣言》中提出的这三大政治口号，他在谈及这三大口号后曾说"我们认为只有这样做，中国才能避免亡国，并把敌人打出去；除此没有第二条路好走"①。1938年10月，武汉、广州失守后，日本由于战线过长和兵力不足的问题，加之中华民族的奋起抵抗，中日战争进入僵持阶段。这一时期，日本逐渐将兵力转入敌后战场，同时对国民党采取政治诱降的方针。对此，日军展开了一系列宣传攻势，企图在精神上瓦解中华民族的抗日意志。面对日军的宣传攻势，中国共产党展现出坚定的抗日决心和意志：一方面，与日军展开游击战，打击日军的侵华计划；另一方面，中国共产党积极开展抗日宣传，巩固抗日民族统一战线。三大口号便诞生于这一时期，成为坚定中华民族抗日信心的精神利剑。

第三，在"排除万难"上，1945年6月毛泽东在中共七大闭幕词中提出的"愚公移山"口号堪称经典诠释。毛泽东对"愚公移山"这一典故与中国当时的具体实际情况相结合，提出"愚公移山"的口号，深刻体现了"排除万难"的斗争哲学：一方面，毛泽东通过愚公"虽我之死，有子存焉"的世代传承理念，彰显了革命事业的长期性与艰巨性，面对抗战胜利前夕"黎明前的黑暗"——对外要击溃负隅顽抗的日军，对内需破除根深蒂固的封建势力——毛泽东巧妙激活传统寓言的政治潜能，将双重历史任务具象化为"挖山"工程，强调"现在也有两座压在中国人民头上的大山，一座叫做帝国主义，一座叫做封建主义。中国共产党早就下了决心，要挖掉这两座山。"另一方面，毛泽东以"每天挖山不止"的具象化表达，强化了持之以恒的斗争方法论；更重要的是借"感动上帝"的结局隐喻，揭示人民群众才是创造历史的根本力量。毛泽东还特别指出："这个上帝不是别人，就是全中国的人民大众"②，他将古典寓言升华为"唤起民众同心干"的政治动员纲领，有效动员了广大人民群众和中国

①《和中央社、扫荡报、新民报三记者的谈话》（1939年9月16日），载《毛泽东选集》（第二卷），北京，人民出版社，1991年，第591～592页。
②《愚公移山》（1945年6月11日），载《毛泽东选集》（第三卷），北京，人民出版社，1991年，第1102页。

共产党站在一起共同排除万难，向前奋斗。

"下定决心，不怕牺牲，排除万难，去争取胜利"这一口号体现了党在抗日战争时期展现出来的坚定信念和优良品格。"下定决心"体现的是党团结全民族保家卫国，打倒日本帝国主义建立的坚定信念。"不怕牺牲"彰显了党在民族利益面前的不惧生死，无私奉献的抗日信心。"排除万难"蕴含了党在抗日战争带领广大群众不畏艰险，共同争取抗日最后胜利的必胜决心。正是在"下定决心""不怕牺牲""排除万难"这一声声呐喊声中，党的标语口号有力地推动了抗日战争在"争取胜利"路上的最终胜利。

第二节 ｜ 强基固本：党的建设与抗日根据地建设

抗日战争时期，中国共产党坚持"强基固本"，通过加强党的思想建设与抗日根据地建设，一方面夯实了党的执政基础，另一方面为抗日战争的胜利奠定了思想与物质的基础。在党的建设上，通过开展党内整风运动、党员干部思想作风建设、廉政建设等，强化了党的思想与组织建设，真正贯彻了党全心全意为人民服务的根本宗旨。在抗日根据地建设中，通过加强抗日根据地内的经济、政治、文化建设等，如在经济上开展大生产运动、实行减租减息；在政治上实行"三三制"加强民主建设；文化上围绕工农兵群众教育、社会风俗文学艺术等建设，进一步巩固了抗日根据地的建设与发展。

一、"谦虚、谨慎、戒骄、戒躁"

"我们应该谦虚，谨慎，戒骄，戒躁"[1]，毛泽东在中国共产党第七次全国代表大会上的开幕词中曾这样说道。抗日战争时期，标语口号对于广大党员干部的教育而言十分重要，通过标语口号展开内部宣传教育，能够起到规范党员干

---

[1]《两个中国之命运》（1945年4月23日），载《毛泽东选集》（第三卷），北京，人民出版社，1991年，第1027页。

部行为的作用，而党员干部的政治素养得以提升则能够使他们更好地团结群众取得抗日战争的胜利。

　　第一，关于宣传党员思想作风建设的标语口号。1941年5月，毛泽东在延安干部会议上作《改造我们的学习》的报告，标志着延安整风运动的开始。对此，党内涌现出大量关于延安整风的标语口号；首先，"反对主观主义"，这一口号强调整顿党的学风，提倡宣传唯物主义和辩证法。对此，毛泽东提出要将列宁斯大林关于中国革命的学说和中国的具体实际情况相结合，即理论和实际相结合的思想。这一思想之后在宣传实践中逐渐发展为"理论联系实际"的口号，强调党员干部在学习的过程中不能纸上谈兵，要学以致用，将所学理论与中国具体实际情况相结合。对此，毛泽东强调"如果只是口头上讲联系，行动上又不实行联系，那么，讲一百年也还是无益的。"其次，"反对宗派主义"，这一口号强调整顿党的党风，要求党员干部"提高共产主义精神，防止宗派主义倾向"[①]从而使党的队伍能够整齐一致，更好地战斗。再次，"反对党八股"，这一口号强调整顿党的文风。对此，毛泽东列举了党八股的八条罪状，以简明的语言概括党八股的危害。"空话连篇，言之无物""装腔作势，借以吓人""无的放矢，不看对象""语言无味，像个瘪三""甲乙丙丁，开中药铺""不负责任，到处害人""流毒全党，妨害革命""传播出去，祸国殃民"，[②]这些批判党八股八条罪证的标语口号在党内广泛传播，使党员干部深刻意识到党八股的危害。最后，"惩前毖后，治病救人"，这一标语口号强调要发现以前的错误并用科学的态度对其进行批判分析。延安整风运动时期，毛泽东对于党内在思想和政治领域存在的问题——前者如主观主义、党八股等认知偏差，后者如宗派主义等，提出"惩前毖后，治病救人"的口号。之后这一口号在抗日根据地被广泛宣传，实现了党内思想净化与组织凝聚的双重目标。

　　第二，关于宣传党员干部加强自身廉政建设和纪律要求的标语口号。一是强调党的廉政建设。"贪污和浪费是极大的犯罪"，这一口号体现了党对党员干

---

① 《整顿党的作风》（1942年2月1日），载《毛泽东选集》（第三卷），北京，人民出版社，1991年，第811～821页。

② 《反对党八股》（1942年2月8日），载《毛泽东选集》（第三卷），北京，人民出版社，1991年，第830～840页。

部工作和生活作风的要求。1934年，毛泽东在中华苏维埃第二次全国代表大会上强调："应该使一切政府工作人员明白，贪污和浪费是极大的犯罪。"①这一口号便出自此。党在抗日战争时期十分重视党员干部的廉政建设，为此组建了自上而下的各级工农检察机关进行监督，体现了党的"自我革命"。二是强调纪律建设，"个人服从组织，下级服从上级，少数服从多数，全党服从中央"，这一口号向党员干部强调组织纪律的重要性。抗日战争时期，关于如何提高党员干部纪律问题上，毛泽东提出"必须对党员进行有关党的纪律的教育"②，强调一般党员在遵守纪律的同时，还要监督党的领袖人物也一起遵守纪律。

抗日战争时期，党创作了大量关于宣传党的方针政策，提升党员干部自身思想作风建设的标语口号，体现了党无论在何时都保持警醒的高尚品格（见图4-3）。

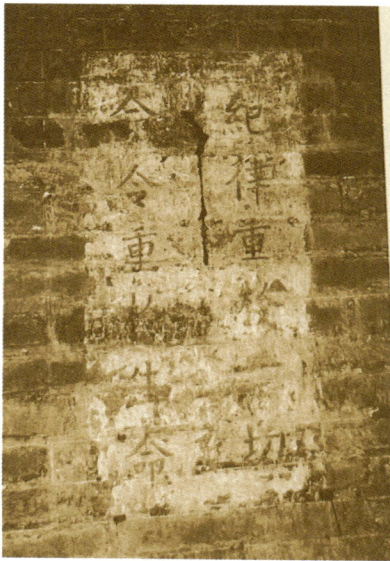

图4-3 石刻标语"纪律重于一切，命令重于生命"
（陶永灿：《老标语：中国墙壁上的历史》，第69页）

---

① 《我们的经济政策》（1934年1月），载《毛泽东选集》（第一卷），北京，人民出版社，1991年，第134页。
② 《中国共产党在民族战争中的地位》（1938年10月14日），载《毛泽东选集》（第二卷），北京，人民出版社，1991年，第528页。

二、"为人民服务"

1944 年 9 月 8 日，毛泽东在中共中央警备团追悼张思德会上发表《为人民服务》的讲话，毛泽东为表彰张思德在面临生死抉择之际的舍身救人的行为，认为张思德是"为人民利益而死，就比泰山还重"，强调人民利益的重要性。"为人民服务"便源自这一讲话当中。抗日战争时期，党的标语口号着重宣传党同人民群众的血肉联系和深厚感情，强调党的队伍"完全是为着解放人民的，是彻底地为人民的利益工作的"①。

第一，"为人民服务"体现在党对人民生存需要的满足和对自我的严格要求。抗日战争时期，关于满足人民生存的需要，"积极参加生产！减轻政府和人民的负担""向人民宣传，倾听人民意见""了解民情风俗""尊重民情风俗"。党用最朴素的语言向广大农村地区的劳苦群众宣传中国共产党是为人民服务，为百姓谋利的党。关于党员干部在与群众相处过程中的纪律要求。"不侵犯群众利益""借物要送还，损坏要赔偿""买卖要公平""不砍老百姓的树"②，这些口号生动体现了党在与群众相处的过程当中严格遵守党的纪律，决不损害群众利益的高尚品格，使得党的部队所到之处深得广大群众的喜爱与尊敬。

第二，"为人民服务"体现了党与群众之间的血肉联系。"保护一切抗日人民的人权、政权、财产。""增加生产改善人民生活。""改善人民生活，保护基本群众的利益，调解各阶级阶层利益。"③ 这些口号以简单朴素的语言向广大群众强调中国共产党与他们之间的紧密关系。抗日战争时期，中国共产党人将"为人民服务"的思想内化于心，外化于行。党的宣传工作者们为此创作了大量的标语口号向群众宣传中国共产党是为人民服务的党，使得广大群众都积极拥护党的政权和军队。美国记者斯诺在采访过中国共产党的抗日根据地后曾说："我也注意到他们大多数人谈到苏维埃时用的是'我们的政府'，这使我觉

---

① 《为人民服务》（1944年9月28日），载《毛泽东选集》（第三卷），北京，人民出版社，1991年，第1004页。
② 中国国家博物馆编：《抗日战争时期宣传画》，上海，上海人民出版社，2015年，第115～119页。
③ 中共河北省委党史研究室编：《冀中历史文献选编》（上），北京，中共党史出版社，1994年，第386～387页。

得，在中国农村，这是一种新现象。"①"我们的政府"无疑是广大人民群众对中国共产党所建立政权的最高认可和评价。

第三，"为人民服务"的思想还体现在党在抗日根据地宣传的关于民主选举政策的标语口号中。对此，党对广大人民群众提出"民主政治，选举第一""三三制""民选各级政府"等口号，宣传民主政治，号召广大人民群众积极参与党的民主选举，使党能够深入地了解群众的想法，从而更好地为人民服务。为了进一步宣传党的民主政治，动员广大群众积极参与选举，党的宣传工作者们创作了大量朗朗上口的标语口号并深入到各乡区进行选举宣传，通过演说、谈话、家访、座谈会等方式向人民群众进行宣传。党在抗日根据地的民主政治还有一项突出成果，那就是推行"三三制"，即"根据地民主统一战线政权的原则。对此，围绕"三三制"政策，中国共产党提出了大量的标语口号，以强化统一战线和民主政权的建设。"坚持实行三三制"②，这一口号出自《解放日报》刊登的《中国共产党中央委员会抗战七周年纪念口号》中。之后，在宣传实践中，"三三制"作为宣传口号在抗日根据地内广泛传播，增强了广大人民群众参政议政的积极性。

"为人民服务"的口号深刻诠释了中国共产党在抗日战争乃至之后的斗争之中取得最终胜利的原因。事实上，"中国共产党胜利最大的本源，是民众的支持"③。而中国共产党之所以能获得民众的支持，其根本就在于自建党以来就秉持着为人民服务的初心。事实上，中国共产党与群众建立的血肉联系正是在为人民服务的过程中一点一点建立起来的，而标语口号则往往充当着"纽带"的作用。

---

① [美]埃德加·斯诺：《红星照耀中国》，董乐山译，北京，人民文学出版社，2016年，第223页。

②《中国共产党中央委员会抗战七周年纪念口号》，《解放日报》，1944年7月6日。

③ 金一南：《为什么是中国》，北京，北京联合出版公司，2020年，第119页。

三、"自己动手，丰衣足食"

"自己动手，丰衣足食"[①]，这是党在抗日战争时期就根据地的经济建设提出的标语口号。抗日战争时期，毛泽东就战时的财政经济政策提出"整顿和扩大国防生产，发展农村经济，保障战时生产品的自给""禁绝日货，取缔奸商"等方针政策。[②] 对此，中国共产党在抗日根据地经济建设上提出以下标语口号：

第一，关于抗日根据地的生产运动，党中央提出"一面战斗、一面生产、一面学习"[③]的标语口号，这一口号来源于抗日战争时期《中共中央、中央军委关于开展生产运动的指示》，强调生产的重要性。抗日战争时期，党员干部在这一口号的鼓动宣传之下，积极投入到党在抗日根据地的生产运动当中。在生产运动中，党的宣传工作者们将党对生产建设的重要指示凝练成各式各样的标语口号进行宣传。"建立村参政会，准备春耕""成立县参政会，解决春耕困难，开展春耕运动"[④]。这一口号来源于中共晋冀豫区党委关于春耕运动的指示，体现了党的各级组织对于"自己动手，丰衣足食"这一口号的响应。在陕甘宁边区，边区政府结合当地生产情况，在春耕时节制定了一系列关于春耕指示的宣传标语，如"多种洋芋，收成大，能当菜，又能当饭""优待移民垦荒，扩大耕地面积，增加边区粮食"。在边区政府的宣传号召下，抗日根据地的群众纷纷与党员干部一起共同投身于生产建设当中，为抗日战争胜利奠定了坚实的物质基础。在经济生产的实践中，党为鼓励群众积极生产，提出"多种地，多打粮，改善人民生活，保证救国公粮。"[⑤]的口号，极大促进了根据地人民的生产热情。

第二，关于抗日根据地的经济政策。毛泽东曾说"长期抗战中最困难问

---

① 柯延：《毛泽东生平全记录》（上），北京，中央文献出版社，2004年，第329页。
② 《为动员一切力量争取抗战胜利而斗争》（1937年8月25日），载《毛泽东选集》（第二卷），北京，人民出版社，1991年，第356页。
③ 《中共中央、中央军委关于开展生产运动的指示》（1940年2月10日），载中共中央文献研究室、中央档案馆编：《建党以来重要文献选编（1921—1949）》（第17册），北京，中央文献出版社，2011年，第132页。
④ 山西省档案馆：《太行党史资料汇编》（第3卷），太原，山西人民出版社，1994年，第50页。
⑤ 陕西省档案馆、陕西省社会科学院：《陕甘宁边区政府文件选编》（第5辑），北京，中国档案出版社，1988年，第239～240页。

题之一，将是财政经济问题，这是全国抗战的困难问题"①。对此，党中央提出"发展经济，保障供给""公私兼顾""军民兼顾"等口号，强调"只有实事求是地发展公营和民营经济，才能保障财政的供给。"②对此，党提出了"坚决实施减租减息，交租交息，没有减租的彻底减租，发动农民的生产积极性，为驱逐日寇而奋斗！"③的口号，鼓励农民积极生产，发展农村经济。在抗日根据地经济建设的实践当中，党中央还鼓励学校、党政机关、军队等也要积极参加到生产运动当中，为抗日根据地的经济发展建设做出贡献。

图4-4 "帮助人民春耕、秋收和冬藏！帮助人民进行清洁卫生运动"宣传画，（中国国家博物馆编：《抗日战争时期宣传画》，上海，上海人民出版社，2015年，第118页）

第三，党的标语口号在宣传实践中提倡党员干部与群众一起参与生产，减轻人民群众负担。"帮助人民春耕、秋收和冬藏！帮助人民进行清洁卫生运动（见图4-4）""积极参加生产！减轻政府和人民的负担"（见图4-5）④这些口号被印在八路军留守兵团政治宣传部印发的宣传画之中。党的宣传工作者们通过将图画和标语口号相结合的方式进行宣传，生动的图画加上醒目的大字，有效吸引了根据地群众的注意，以群众喜闻乐见的方式将党的标语口号传播到了根据地的每一个角落。抗日战争时期，党员干部一方面领导党的军队在前方与日军英勇作战；另一方面留守在后方的军队与群众一起积极进行生产，帮助群众进行农耕活动。

① 卢毅、罗平汉、齐小林：《抗日战争与中共崛起》，北京，东方出版社，2015年，第230页。
②《抗日战争时期的经济问题和财政问题》（1942年12月），载《毛泽东选集》（第三卷），北京，人民出版社，1991年，第894～895页。
③《中共中央发布抗战七周年纪念口号》，载中共中央文献研究室、中央档案馆：《建党以来重要文献选编（1921—1949）》（第21册），北京，中央文献出版社，2011年，第368页。
④ 中国国家博物馆编：《抗日战争时期宣传画》，上海，上海人民出版社，2015年，第117～118页。

图4-5　"积极参加生产！减轻政府和人民的负担"宣传画
（中国国家博物馆编：《抗日战争时期宣传画》，第117页）

　　"自己动手，丰衣足食"反映了中国共产党在抗日战争时期的经济建设工作。抗日战争时期，党创造了大量关于经济建设的标语口号，宣传党关于经济建设的方针政策。党的宣传工作者们还创造了大量描绘根据地生产运动的标语口号，拓展创作的题材领域，从而有效动员党员干部和群众投入到抗日根据地的经济建设与发展当中。

四、"文艺工作者要同工农兵相结合"

　　"文艺工作者要同工农兵相结合"，这一口号反映了党在抗日战争时期的文化建设工作，即"文艺家要向工农兵取材，要和工农兵做朋友，像亲兄弟姐妹一样"①。抗日战争时期，党积极加强文化教育建设和宣传。对此，党的宣传工作者们制定了大量文化建设类的标语口号，创作的内容围绕关于工农兵群众教育、文学艺术、社会风俗和党内教育进行宣传。

---

①《文艺工作者要同工农兵相结合》（1942年5月28日），载《毛泽东文集》（第二卷），北京，人民出版社，1993年，第424页，428页。

第一，关于宣传教育的标语口号。1940年10月，《中央宣传部关于充实和健全各级宣传部门的组织及工作的决定》中明确了党的宣传工作内容，提出"领导和进行党内的教育工作；指导和推进国民教育"①。对此，针对广大群众，党提出了"发展教育文化事业，造就建国人才！"②等关于群众教育指示工作的标语口号。针对党员干部，强调"全党干部都应当学习和研究马列主义的理论及其在中国的具体应用。""各级党的组织必须把干部教育放在党的重要工作的地位上来，经常给以检查、指导和帮助。"③针对抗日根据地教育实践工作，党提出"实行无产阶级教育""加紧识字读报，提高工农的文化水平"等口号，指导党的国民教育工作。

第二，"文章下乡，文章入伍"④，这一口号来源于党领导下的中华全国文艺界抗敌协会桂林分会，鼓励作家下乡入伍，深入到农村地区和战斗前线，创造通俗易懂的文艺作品鼓励群众参加抗日战争。1942年5月，中共中央在延安召集文艺工作者座谈会，毛泽东在会上曾提到："无论高级的或初级的，我们的文学艺术都是为人民大众的，首先是为工农兵的，为工农兵而创造，为工农兵所利用的。"⑤这一思想之后被凝练为"文艺要为工农兵服务"的宣传口号广泛流传，延安文艺工作者们以此创造了大量优秀的抗日文化作品。事实上，不只文艺工作者，在抗日宣传中，各大根据地的红军也加入到党的宣传工作中，他们通过向群众表演话剧、唱歌等群众喜闻乐见的宣传方式积极向群众开展抗日宣

---

① 中共中央宣传部：《中国共产党宣传工作简史》（上卷），北京，人民出版社，2022年，第106～129页。

②《苏浙军区政治部发布墙头标语》（1945年8月16日），载杭州大学历史系、浙江省档案馆合编：《浙江革命历史档案选编——抗日战争时期》（下），杭州，浙江人民出版社，1985年，第449页。

③《中共中央书记处关于干部学习的指示》（1940年1月3日），载中共中央文献研究室、中央档案馆编：《建党以来重要文献选编（1921—1949）》（第17册），北京，中央文献出版社，2011年，第1～2页。

④ 中共中央党史资料征集委员会征集研究室：《中共党史资料专题研究集——抗日战争时期》（1），北京，中共党史资料出版社，1989年，第141页。

⑤ 毛泽东：《在延安文艺座谈会上的讲话》（1942年5月），载中共中央文献研究室、中央档案馆编：《建党以来重要文献选编（1921—1949）》（第19册），北京，中央文献出版社，2011年，第301页。

传。"打死日本强盗！""打倒杀害中国人民的凶手！打回老家去！"①，这些极具感染力的口号被融入文艺表演当中，有效鼓舞了当地群众的抗战热情。

第三，关于抗日根据地的移风易俗。首先，"打破一切宗教迷信和封建礼教"，这一口号呼吁抗日根据地的广大群众摈弃传统文化中的糟粕，发展民族的、科学的、人民大众的文化。其次，"加紧卫生运动，反对不讲卫生的现象"，这一口号向群众强调卫生的重要性。抗日战争时期，党在抗日根据地内开展了大规模的卫生运动，同时要求各文化教育团队要向群众积极宣传科学文化常识。最后，"禁止虐待妇女，保证婚姻自由""禁止买卖婚姻及童养媳"，②这些口号强调男女平等，保障妇女权益。党在抗日根据地高度重视保护妇女的权益，废除了大量封建社会残害妇女的习俗，使广大妇女思想得到解放，社会风气不断好转。

"文艺工作者要同工农兵相结合"反映了党在抗日战争时期文艺创作立足人民的鲜明特点。抗日战争时期党通过文学艺术作品"发扬苏维埃的工农大众文艺，发扬民族革命战争的抗日文艺"③，体现了党在抗日战争时期文艺创作立足于广大工农群众的鲜明特点。对此，标语口号在宣传实践中一是对广大党员干部、宣传工作人员、文艺工作者们宣传党对于文艺创作的指示，二是通过歌剧、话剧等方式向群众开展抗日救亡宣传。

第三节｜宣传战：中国共产党的宣传攻势

抗日战争时期，一方面，国民党在与中国共产党合作抗日的同时，在宣传工作中却"采用各样各色的两面性的和虚伪的宣传战术"，以贯彻其两面性政

① 中国人民解放军文艺史料编辑部：《中国人民解放军文艺史料选编 红军时期》，北京，解放军出版社，1986年，第516页。
② 山东省档案馆、山东社会科学院历史研究所：《山东革命历史档案资料选编》（第5辑），济南，山东人民出版社，1982年，第135页。
③ 中共中央宣传部：《中国共产党宣传工作简史》（上卷），北京，人民出版社，2022年，第106～129页。

策的行为。对此，中共中央宣传部在《中共中央宣传部关于展开对国民党宣传战的指示》中提出"我们必须展开对国民党的宣传战"。对此，在与国民党的宣传战中，党创作了大量的标语口号来揭露国民党的反动宣传，争取广大的同盟军以反对国民党反共投降的倾向，反对国民党"反动的复古主义和一党专制主义"①。另一方面，日军在敌后战场上加强了对中共的宣传攻势，在对中共发起的宣传战中，日军极力宣传"共同防共""剿灭共党"等思想。对此，中共中央宣传部在《中央宣传部关于反敌伪宣传工作的指示》中提出"我们的反敌伪宣传"是"服务于驱逐日寇出中国这个总的政治目的，是和敌寇的灭华宣传针锋相对地对立着的"②。这一时期，党在与日寇的宣传战中创作了大量的标语口号，主要针对日军内部的普通士兵和日伪、汉奸等进行宣传，以达到瓦解敌伪，打击分化汉奸的目的。

一、"人不犯我，我不犯人；人若犯我，我必犯人"

"人不犯我，我不犯人；人若犯我，我必犯人"③这一口号来源于毛泽东在和中央社、《扫荡报》《新民报》三记者的谈话。1938年10月，随着日军陆续占领广州、武汉后，抗日战争进入战略相持阶段。此时"国民党统治集团内的投降、分裂、倒退活动日益严重。以蒋介石为代表的亲英、美派集团，虽然继续抗日，但态度日趋消极反共倾向明显增长"④。这一时期，国民党一面消极抗日，一面又提出"溶共""防共""限共"的方针。在宣传工作中，国民党对中共发起了宣传战，提出"一个主义""一个政府""一个领袖"等口号，并利用其宣传媒体捏造虚假事实，削弱中国共产党在抗日战争中的作用，甚至恶意

---

① 《中共中央宣传部关于展开对国民党宣传战的指示》（1941年5月7日），载中共中央文献研究室、中央档案馆编：《建党以来重要文献选编（1921—1949）》（第18册），北京，中央文献出版社，2011年，第251～252页。

② 《中共中央宣传部关于反敌伪宣传工作的指示》（1941年3月20日），载中央档案馆编：《中共中央文件选集》（第13册），北京，中共中央党校出版社，1991年，第62～63页。

③ 《和中央社、扫荡报、新民报三记者的谈话》（1939年9月16日），载《毛泽东选集》（第二卷），北京，人民出版社，1991年，第590页。

④ 中共中央宣传部：《中国共产党宣传工作简史》（上卷），北京，人民出版社，2022年，第115页。

诋毁党的形象。对此，中国共产党展开对国民党的宣传战，对其进行有力的反击。1941 年 5 月，中共中央宣传部发布了《关于展开对国民党宣传战的指示》。根据这一文件，标语口号在与国民党的宣传战中"多方揭露国民党反共投降的阴谋罪行"。在与国民党的宣传战中，党提出了"有理、有利、有节"的口号，以"说明理事的态度，去贯彻义正辞严的立场"[1]。

　　第一，"没有共产党，就没有中国"[2]，这一口号出自《解放日报》发表的社论《没有共产党，就没有中国》。1943 年，国民党推出了反共反人民的《中国之命运》，书中竭力宣扬国民党在抗日战争中所谓的"丰功伟绩"，甚至将中国共产党污蔑为"新式军阀"，提出"没有国民党，就没有中国"的口号。对此，党中央在《解放日报》陆续推出了《国共两党抗战成绩的比较》《共产党抗击的全部伪军概括》等文章，这些文章通过客观事实和数字，有效反驳了国民党捏造散布的党在抗日战争中消极抗日、割据地方等虚假谣言。之后，《解放日报》发表了社论《没有共产党，就没有中国》。一方面，对国民党所谓的"没有国民党，就没有中国"予以驳斥。另一方面，也有效论证了一个事实，即"没有共产党，就没有中国"。《解放日报》在《没有共产党，就没有中国》的社论中通过强有力的数据论证了中国共产党在抗日战争中发挥的重要作用，指出"在抗战中，中国共产党抗击了日寇二十一个师团，三十五万人，占百分之五十八，国民党仅仅"抗击"日寇十五个师团，二十五万人，占百分之四十二。共产党抗击了伪军五十六万，国民党仅仅牵制伪军六万。"[3] 这一论证有效反驳了国民党对中国共产党的谣言与污蔑，证明了中国共产党在抗日战争中所作的巨大贡献。之后这篇社论的标题即"没有共产党，就没有中国"成了中国共产党在宣传工作中的口号。

---

① 《中共中央宣传部关于展开对国民党宣传战的指示》（1941年5月7日），载中共中央文献研究室、中央档案馆编：《建党以来重要文献选编（1921—1949）》（第18册），北京，中央文献出版社，2011年，第251～253页。

② 《没有共产党，就没有中国》（1943年8月25日），载中共中央文献研究室、中央档案馆编：《建党以来重要文献选编（1921—1949）》（第20册），北京，中央文献出版社，2011年，第570页。

③ 中共中央党校党史教研室选编：《中共党史参考资料（五）抗日战争时期》（下），北京，人民出版社，1979年，第163～164页。

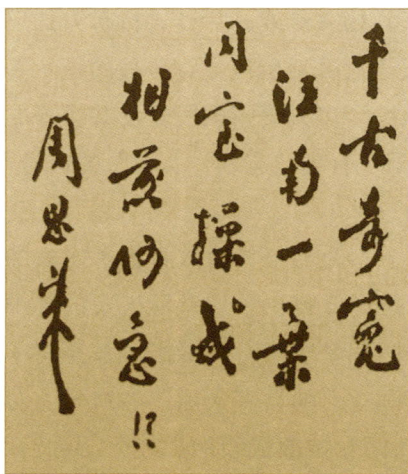

图4-6 "千古奇冤，江南一叶，同室操戈，相煎何急！?"（《中国共产党宣传工作简史》（上卷），北京，人民出版社，2022年，第117页）

第二，"为江南死国难者志哀""千古奇冤，江南一叶，同室操戈，相煎何急？！"（见图4-6），这两条标语口号来源于《新华日报》，是周恩来的两条亲笔题词。这两条口号一方面蕴含着对死于皖南事变同志们的哀悼，另一方面则是对国民党不顾民族大义，在抗日战争时期破坏抗战团结的强烈谴责，在社会上引起了强烈的反响。皖南事变后，在与国民党的宣传战中，党还充分利用抗日根据地和海外的电台进行宣传，并将标语口号融入党的宣传文件中，通过电台向世界发出中国共产党的声音，反驳国民党就皖南事变的虚假宣传。由此可见，党在与国民党的宣传战中充分利用标语口号宣传范围广和情感动员强的特点，通过报刊和广播等宣传媒介向社会宣传国民党反共的阴谋罪行，从而有效争取社会舆论的支持。"马克思和恩格斯十分重视社会舆论的地位和作用，一向提倡要通过报刊对社会舆论进行一定的引导"[1]。党的宣传工作者们在宣传实践中不仅利用报刊作为标语口号的宣传媒介，还进一步利用广播电台宣传党的标语口号，揭露国民党发动皖南事变背后的反共阴谋。对此，社会各界对国民党在皖南事变中的所作所为大多持谴责态度。例如国民党的"老党员甚至说出这样做恐致自取灭亡，国民党人员亦多忧虑愤慨，表示此事做得过火"[2]，海外侨界对皖南事变中蒋介石的行为进行谴责，英美各国也不赞成蒋介石对中国共产党的军队采取敌对行动。最终，蒋介石迫于压力，公开保证国民党不会再发动"剿共"的军事行动，国共合作抗日得以继续维持。由此可见，在国共宣传战中，党的标语口号作为党宣传实践中的利器，无论是口头宣传还是书面宣传

---

[1] 苏仟雅、刘刚：《近十年我国马克思主义新闻观研究的回顾与展望》，《山西大同大学学报》（社会科学版），2024年第2期。

[2] 卢毅、罗平汉、齐小林：《抗日战争与中共崛起》，北京，东方出版社，2015年，第102页。

都能起到良好的宣传效果。

第三，"发展进步势力，争取中间势力，孤立顽固势力"。对于国民党中的投降派和反共顽固派，毛泽东提出"反对那些投降派和反共顽固派"①的口号，要求党员干部一手拿枪一手拿笔，积极与帝国主义以及顽固分子展开斗争。在与国民党的宣传战中，针对国民党顽固派一而再、再而三地挑衅，党中央也进行了适时的反击，同国民党顽固派开展了"有理、有利、有节"的斗争，制定了一系列对于国民党顽固派的策略方针并通过标语口号在党内开展宣传。

"人不犯我，我不犯人；人若犯我，我必犯人"是党在抗日时期对于国民党顽固派在国共合作时期制造一系列摩擦反共事件的警告。同时也反映了党对于国民党顽固派的方针政策。抗战时期，党针对国民党尤其是其中的顽固分子企图再次挑起内战，发动一系列反共事件的行为进行揭露，将国民党顽固派的阴谋公之于众。有效打击顽固派的同时也争取了社会舆论的支持。

二、"中国人不打中国人"

"中国人不打中国人"②，这一口号源自《总政治部关于伪军工作的指示》，是党对伪军提出的宣传口号。抗日战争时期，党中央十分重视对伪军的工作，提出"对已有的伪军进行瓦解工作，削弱其战斗意志，争取伪军对抗日的同情与帮助，争取伪军反正"的工作方针。为了进一步落实对伪军工作的指示，党中央加强对伪军的宣传工作。对此，党对伪军提出以下标语口号。

首先，从民族大义的角度，党对伪军提出"中国人不打中国人""不要帮助日本人来压迫中国人""中国同胞大家联合共同抗日"③等口号。这些标语口号通过强调"中国人"三个字，启发伪军的民族觉醒。为了进一步加强对伪军的宣传，一方面，党的宣传工作者们深入伪军内部，与伪军交流，并在交流的

---

① 《团结一切抗日力量，反对反共顽固派》（1940年2月1日），载《毛泽东选集》（第二卷），北京，人民出版社，1991年，第717页。

② 中共中央宣传部：《中国共产党宣传工作简史》（上卷），北京，人民出版社，2022年，第124页。

③ 中国人民大学中共党史系资料室：《中共党史教学参考资料——抗日战争时期》（中），北京，中国人民大学出版社，1980年，第106～107页。

过程中对其策反。另一方面，在战场上，战士们将标语口号通过对伪军喊话的形式对他们进行宣传。其次，标语口号通过向伪军揭露日军的阴谋动员伪军与日军开展斗争。"中国人只当中国兵，反对替日本当炮灰"[①]，党创作的标语口号通过向伪军宣传日本帝国主义的阴谋，让伪军充分意识到日军对其的欺骗和利用，从而进一步策反伪军。针对日军将伪军与其本国的军队区别对待，动辄打骂伪军，引发伪军与日军之间矛盾的情况，党中央对伪军提出"反对日本兵的打骂""与日本军队待遇平等"[②] 等一系列口号，进一步加深日军和伪军之间的矛盾，从而动员伪军调转枪头对向日本军队。最后，"留下骂名万古传"，这句口号出自一张八路军制作的瓦解伪军传单，中国人自古十分看重名声名誉，用这一口号向伪军宣传有利于击垮伪军的心理防线，从而转向同日军斗争。

在"中国人不打中国人"这一口号的宣传下，党中央又制定了一系列针对伪军的口号对伪军进行宣传（见图4-7）。伪军中的大部分人被唤起民族情感和

图4-7　八路军制作的瓦解伪军的传单
（中共中央宣传部：《中国共产党宣传工作简史》（上卷），第124页）

[①] 中共中央宣传部：《中国共产党宣传工作简史》（上卷），北京，人民出版社，2022年，第116～124页。

[②] 《中央军委总政治部关于太平洋战争爆发后对敌伪及敌占区人民的宣传与工作的指示》（1941年12月17日），载中共中央文献研究室、中央档案馆编：《建党以来重要文献选编（1921—1949）》（第18册），北京，中央文献出版社，2011年，第760页。

良知，他们纷纷向中国共产党及其军队投诚并与日军开展斗争，壮大了抗日民族统一战线，沉重打击了日本军队，推动抗日战争取得最终胜利。

三、"汉奸卖国贼必须严惩"

"汉奸卖国贼必须严惩"[①]，这一口号被印在《解放日报》社论的大标题中，体现了党中央对于汉奸叛国投敌行为的警告。抗日战争时期，汉奸一词，专指投靠日本侵略者，出卖祖国或民族利益的人。"汉奸卖国贼必须严惩"等口号的提出，一方面，是对汉奸及摇摆不定者产生震慑，提出警告，发出的最后通牒；另一方面，也是向广大群众、社会各界人士严申中国共产党对待汉奸卖国贼的态度，并号召抗日军民铲奸除恶。

第一，在揭露汉奸卖国投敌罪行方面。汪精卫公布卖国协定后，党中央立即提出了"反共就是汪精卫分裂抗日统一战线的阴谋，打倒汪派汉奸""拥护抗战到底的国策，反对汪精卫的卖国协定"[②]等口号，提出"普遍扩大反汪反汉奸的宣传，坚决揭穿一切投降分裂的阴谋，从思想上政治上打击投降派与反共派"[③]。对此，在宣传实践中，党的宣传工作者们将这些口号公开发布，在各地大量分发传单、张贴告示、发表文章演说等进行宣传。在党的宣传工作者们的努力下，广大爱国群众纷纷响应，在全国范围内掀起反投降反汉奸的热潮。

第二，在对汉奸进行警告方面。"当汉奸者杀无赦""打倒汉奸汪精卫""当了汉奸，不得好死"[④]，这些极具震慑性的口号体现了党对汉奸坚决打击的态度。抗日战争时期，汉奸与日寇狼狈为奸，在战区援助敌人，在后方横行霸道。针对汉奸的行为，毛泽东提出"严厉地镇压汉奸。这个问题现在已经到

① 太岳书社编辑：《时论文选》（第5辑），山西，太岳新华书店，1945年，第18页。
② 毛泽东：《克服投降危险，力争时局好转》（1940年1月28日），载中共中央文献研究室、中央档案馆编：《建党以来重要文献选编（1921—1949）》（第17册），北京，中央文献出版社，2011年，第89～90页。
③《中共中央关于目前时局与党的任务的决定》（1940年2月1日），载中共中央文献研究室、中央档案馆编：《建党以来重要文献选编（1921—1949）》（第17册），北京，中央文献出版社，2011年，第103页。
④ 位杰：《中国共产党在抗日战争时期标语口号的效用探析》，《延安党校学报》，2022年第2期。

了极严重的程度。"认为"要真正镇压汉奸，只有人民起来和政府合作，才有可能"①。对此，党的宣传工作者创造了大量警示汉奸、反对卖国投敌行为的标语口号。这些标语口号被张贴在全国大街小巷，在广大群众间口口相传，对汉奸群体造成了一定的心理压力。

第三，在号召广大群众打倒汉奸方面。"逮捕大汉奸卖国贼交人民公审！""没收罪大恶极汉奸卖国贼的资产，立即救济工人农民及一切贫民！"②这些标语口号被印在各大刊物，张贴在大街小巷之中。抗日战争时期，对于汉奸投敌卖国的行为，党中央积极号召广大群众以及党员干部团结起来打倒汉奸。在宣传过程中，党的宣传工作者们通过表演话剧、编歌谣、贴标语等方式，进一步宣传关于打倒汉奸的口号。在宣传工作者们的努力下，关于打倒汉奸的口号遍布大街小巷，被人们广泛传唱，起到了良好的宣传效果，有效激发了广大群众以及党员干部对汉奸的仇恨，从而加入打倒汉奸的队伍当中。

"当汉奸者杀无赦"是中华民族对卖国投敌者严重的警告。抗日战争时期党中央对于汉奸制定了一系列讽刺性的标语口号，对汉奸起到了极强的警示作用。党对于汉奸的宣传攻势有效击溃了汉奸的心理防线，对于瓦解汉奸组织，打击日军起到了重要的作用（见图4-8）。

图4-8　墙壁上的标语（陶永灿：《老标语：中国墙壁上的历史》，第57页）

---

① 《和英国记者贝特兰的谈话》（1937年10月25日），载《毛泽东选集》（第二卷），北京，人民出版社，1991年，第376页。
② 浙江省档案馆编：《浙江革命历史档案选编——抗日战争时期》（上），杭州，浙江人民出版社，1987年，第448页。

四、"打倒压迫你们的日本军阀"

抗日战争时期，中央宣传部在《关于反敌伪宣传工作的指示》中提到"对敌军的宣传方针，在于瓦解敌军，但必须估计到敌军士兵的觉悟程度，不要提出过高的口号，不要把过高的政治任务与具体的宣传任务混为一谈。"[①] 对此，在对敌军的宣传实践中，党提出了以下标语口号：

第一，党在创作标语口号时利用日本士兵不满意长官打骂的情绪进行创作，从而增长他们懈怠的意志，挑起他们对日本军阀的不满。首先，"日本士兵们！起来吧！倒转枪来吧，打倒压迫你们的日本军阀，与中国的工农弟兄团结起来！"[②] 这一口号频繁出现在中共告日本士兵们的宣传文件当中。抗日战争时期，党中央在对敌军的宣传过程中其宣传重点主要集中在对日军普通士兵的宣传，通过激化日军内部矛盾以达到瓦解敌军的目的。这与当时日军内部严格的等级制度有关，日本受传统的武士道精神影响，日本内部等级制度森严，日本军阀在军队具有极高的统治地位，对普通士兵具有绝对的生杀大权，因此日本普通士兵长期受军阀的压榨和残酷统治。对此，党在宣传过程中巧妙地将日本军阀放在日军普通士兵的对立面，提出"日本士兵诸君勿为财阀军阀发财而牺牲！""日本士兵诸君要想解放，只有回日本国打倒压迫你们的日本军阀、地主、资本家！"[③] 的口号，激发日军内部士兵对军阀统治的不满，从而激化日军内部矛盾，进一步瓦解敌军。

第二，党在创作标语口号时通过激起日本士兵思家思乡、厌战的情绪进行创作，增长他们悲观的情绪。抗日战争时期，中国共产党在与日军的宣传战中，首先，为激起士兵思家思乡的情绪，提出了"日本士兵兄弟要想回家与父母妻子团圆，只有团结起来反对侵略战争，打死压迫你们的长官。""日本军阀

① 中共中央宣传部办公厅、中央档案馆编研部编：《中国共产党宣传工作文献选编（1937—1949）》，北京，学习出版社，1996年，第210页。

② 中共中央宣传部：《中国共产党宣传工作简史》（上卷），北京，人民出版社，2022年，第121～123页。

③ 中国人民解放军历史资料丛书编审委员会编：《八路军·文献》，北京，解放军出版社，1994年，第161页。

侵略战争的失败，就是日本士兵回家解除痛苦的机会！"①"你们的家属正为你们祷告，不要死了，教他们哭"②等口号，这些口号向日本普通士兵强调他们作为丈夫、子女、父亲的身份，从而加深他们的思乡情绪，削弱他们的战斗意志。其次，在对日军的反战宣传中，中共提出"反对日本政府，反对战争扩大""同中国人民讲和退伍回国"等口号，这些口号对日本士兵进行反战宣传，从而达到在日本士兵中制造反战情绪的效果。

第三，党在创作标语口号时将党优待俘虏的政策凝练成宣传口号对日军进行宣传。"到我们这边来，我们绝不虐待你们，绝不乱杀你们。""我们绝不虐杀一个没有武装或解除武装的日本士兵！"③党中央对日军提出大量优待俘虏的口号，并用实际行动向日军证明党对日军俘虏的优待政策。针对日军俘虏，党发布了《第十八集团军政治部关于优待日军俘虏的规定》《总政治部关于对日军俘虏工作的指示》等文件，其中包含了对日军优待的政策。党中央对俘虏除在生活上给予保障外，在思想上积极对其进行教育，在教育过程中针对俘虏制定了长期、适当的教育计划，启发其阶级觉悟。对于愿意回去的，经过宣传教育，向他们展示八路军的友善和方针政策，使他们意识到日军侵略的本质以及对八路军的虚假宣传后将其放回。在宣传工作中，党的宣传工作者们还通过张贴画报的形式，将标语口号翻译成日文印发在传单上对日军进行宣传。"我们欢迎由日军跑过来的弟兄们，绝对优待俘虏"④，这一口号出自新四军政治部印发的漫画传单上。这一口号分别以日文和英文的形式呈现，便于日军理解。

"日本军阀是日华人民的共同敌人"这一口号反映了党在与日寇宣传战中的宣传方针。抗日战争时期，党的对敌宣传主要集中在日军中的普通士兵，其宣传目的是"向日本国内人民、在华日人和日本士兵展开一个大规模的反战宣

---

① 中国人民解放军历史资料丛书编审委员会编：《八路军·文献》，北京，解放军出版社，1994年，第161~162页。
② 中共中央宣传部：《中国共产党宣传工作简史》（上卷），北京，人民出版社，2022年，第112~123页。
③ 中共中央宣传部：《中国共产党宣传工作简史》（上卷），北京，人民出版社，2022年，第121页。
④ 中国国家博物馆编：《抗日战争时期宣传画》，上海，上海人民出版社，2015年，第216页。

传"①。对此，党围绕宣传反战思想、党的优待俘虏政策等进行标语口号创作，通过标语口号对日本普通士兵进行教育并取得了一定的成效。

第四节｜争取国际力量支援："全世界反法西斯阵线胜利万岁！"

"全世界反法西斯阵线胜利万岁！"② 是党为"动员各国人民组织国际统一战线，为着反对法西斯而斗争，为着保卫苏联、保卫中国、保卫一切民族的自由和独立而斗争"③ 所提出的口号。抗日战争时期，党十分注重加强抗战对外宣传，强调"集中一切力量反对日本法西斯军阀侵略者，加紧国外宣传，力争国外援助，实现对日制裁"④。对此，党的标语口号在国际宣传实践中，通过报刊、广播、外国记者等宣传媒介，强调党在世界反法西斯力量中的重要作用，倡导反法西斯各国联合起来共同与法西斯势力斗争到底。

① 中共中央宣传部：《中国共产党宣传工作简史》（上卷），北京，人民出版社，2022年，第122～123页。

②《中共中央为抗战四周年纪念宣言》（1941年7月7日），载中共中央文献研究室、中央档案馆编：《建党以来重要文献选编（1921—1949）》（第18册），北京，中央文献出版社，2011年，第491页。

③ 毛泽东：《关于反法西斯的国际统一战线》（1941年6月23日），载中共中央文献研究室、中央档案馆编：《建党以来重要文献选编（1921—1949）》（第18册），北京，中央文献出版社，2011年，第441页。

④《中央军委总政治部关于太平洋战争对敌伪及敌占区人民的宣传与工作指示》（1941年12月17日），载中共中央文献研究室、中央档案馆编：《建党以来重要文献选编（1921—1949）》（第18册），北京，中央文献出版社，2011年，第759页。

一、"打倒日本军阀"

"打倒日本军阀"①是毛泽东会见中外记者西北参观团时提出的口号，体现的是中国人民抗日战争在打倒日本军阀、抵御法西斯势力入侵、维护世界和平上的关键作用。中国的抗日战争不仅是中华民族维护民族利益的正当防卫，在拖住日本侵略步伐，阻碍法西斯势力的扩张，维护世界和平上同样发挥了巨大的作用。中国共产党作为抗日战争的中流砥柱，对于抵御日本侵略，阻碍法西斯势力扩张的功绩是伟大的。抗日战争时期，中华民族以血肉铸就民族脊梁，用生命构筑起护卫中华的钢铁长城。有效阻碍了日军的进攻，打击了世界法西斯势力，对于维护世界和平做出了巨大的贡献。在抗日战争中，中国共产党在国际上积极开展宣传，报道党在抗日过程中的事迹和抗日主张，提出了大量标语口号，在国际上发出中国共产党的声音。

第一，党在国际社会提出的标语口号积极报道中国在抗日战争中展现的顽强精神和毅力，成功塑造了中国在国际社会的正面形象。"纪念七七，向全国抗战同胞致敬！向正面战场上努力作战的军队致敬！向敌后战场的八千万抗日同胞致敬！向英勇抗战的八路军新四军致敬！向沦陷区抗日同胞致敬！向援助中国抗战的美苏英邦致敬！"②这一标语口号用最简单朴素的语言展示了中国的抗日军民在与日寇抗战的过程中不惧生死，为保卫民族维护世界和平不惜流干最后一滴血的决心和党对抗日军民努力抗战的敬意。党的宣传工作者们还充分利用海外媒体宣传中国的抗战事迹。《救国时报》作为当时党在海外创办的报刊，在党的对外宣传实践中功不可没。正是《救国时报》大量向国外报道党的英勇抗战事迹，通过标语口号向世界发出中华民族抗战一声又一声的呐喊，使得许多英国、美国、苏联的记者纷纷前来中国尤其是党的抗日根据地参观访问。其中，美国记者埃德加·斯诺出版的《西行漫记》风靡全球，成为向世界

① 《毛泽东会见中外记者西北参观团的讲话》（1944年6月12日），载中共中央文献研究室、中央档案馆编：《建党以来重要文献选编（1921—1949）》（第21册），北京，中央文献出版社，2011年，第315页。

② 《中共中央发布抗战七周年纪念口号》（1944年7月6日），载中共中央文献研究室、中央档案馆编：《建党以来重要文献选编（1921—1949）》（第21册），北京，中央文献出版社，2011年，第367页。

传播党的声音和故事的重要传播媒介。

第二，党在创作标语口号的宣传实践中向国际社会强调工农群众对抗日战争的贡献。"工农大众是中国抗战的柱石，是世界反侵略阵线的先锋"①，这一口号源自周恩来在中共中央长江局机关报《新华日报》中的题词。《新华日报》作为中国共产党对外宣传的重要阵地，大量刊登印发工农大众在抗日战争中的英雄事迹并附上标语口号，"使烟囱一座座树立起来""使铁路公路一条条建立起来""使地下的宝藏能为我们所用""使生产品一批批供给战时的需要"②，这些标语口号中塑造的工农大众的英雄形象鲜明灵动，感染力极强。向世界展现出工农群众崭新的精神风貌，让世界各国了解到工农群众在抗日战争中为打倒日本军阀，维护世界和平中的巨大力量。

"打倒日本军阀"这一口号体现了毛泽东在会见西北参观团时向世界展现出的中国共产党人与日军抗战到底的决心。围绕与日军的作战，党在国际上开展了大量的宣传工作。党在国际上的各大宣传阵地将党的抗日事迹以及为此制定的标语口号传播到世界各地，一方面积极报道党在抗日战争中的英雄事迹；另一方面强调工农群众在抗日战争中的重要作用，有力塑造了中国共产党在国际社会的正面形象，为中国争取到了国际社会的支持。

二、"全世界反法西斯的联合万岁！"

"全世界反法西斯的联合万岁！"③是为响应党中央提出构建反法西斯国际统一战线所提出的口号。抗日战争时期，毛泽东在为中共中央起草的对党内的指示《关于反法西斯统一战线》中提道："在外交上，同英美及其他一切反对德

---

① 雷志松：《世界援华制日大会与中国抗日战争》，北京，人民出版社，2022年，第141页。
② 许涤新：《大后方工人对于抗战的贡献及其生活》，《新华日报》，1940年5月1日第4期。
③《中共中央关于纪念双十节的决定》（1941年10月6日），载中共中央文献研究室、中央档案馆编：《建党以来重要文献选编（1921—1949）》（第18册），北京，中央文献出版社，2011年，第638页。

意日法西斯统治者的人们联合起来，反对共同的敌人"①。对此，为了更好地与世界反对法西斯侵略的国家团结在一起，标语口号在国际上积极开展打击法西斯势力，鼓舞反法西斯各国与法西斯势力斗争到底的宣传。

第一，标语口号在宣传国际反法西斯战线上坚定世界各国战胜法西斯势力的决心。首先，"正义战争必然要战胜侵略战争"，这一口号源自毛泽东为国际反侵略运动大会中国分会成立两周年的题词，充分向世界展示了中国对于抗日战争胜利、打倒法西斯势力的决心。其次，"为民族解放而战，为世界和平而战！"② 这一口号源自周恩来为国际反侵略运动大会中国分会的题词。标语口号在宣传国际反法西斯战线上动员世界各国坚持与法西斯势力斗争到底，为世界和平而战。党在国际宣传工作中一方面争取国际力量对于中国抗日战争的支持，另一方面积极动员鼓舞世界反法西斯侵略的国家与法西斯势力斗争到底。最后，标语口号号召"中英美联合行动，武力制止日本侵略"以抵御法西斯势力在世界范围内的扩张。对此，中共中央宣传部提出"保卫泰国""保卫南洋""保卫滇缅路"③ 等口号，宣传中英美应当联合起来，共同抵御日本侵略者在亚洲战场上的扩张。

第二，抗日战争时期党在国际上提出的标语口号向盟国展现出中国与其站在同一战线的诚意以及打倒法西斯、维护世界和平的决心。"拥护莫斯科、开罗、德黑兰决定，坚决实行这些决定，在目前，积极打倒法西斯，在战后，保持长期的国际和平！"④ 这是中共中央发布抗战 7 周年纪念口号。这一口号有效巩固了国际反法西斯统一战线，使盟国认识到中国共产党对维护世界和平的决心以及对与盟国合作的诚意。

① 毛泽东：《关于反法西斯国际统一战线》（1941年6月23日），载中共中央文献研究室、中央档案馆编：《建党以来重要文献选编（1921—1949）》（第18册），北京，中央文献出版社，2011年，第441页。

② 雷志松：《世界援华制日大会与中国抗日战争》，北京，人民出版社，第2022年，第90页。

③《中共中央宣传部宣传要点——欧战局势、日本政策估计、加强调查研究工作》（1941年8月16日），载中共中央文献研究室、中央档案馆编：《建党以来重要文献选编（1921—1949）》（第18册），北京，中央文献出版社，2011年，第553页。

④《中共中央发布抗战七周年纪念口号》（1944年7月6日），载中共中央文献研究室、中央档案馆编：《建党以来重要文献选编（1921—1949）》（第21册），北京，中央文献出版社，2011年，第369页。

"全世界反法西斯的联合万岁！"这一口号体现了党在国际上为宣传建立巩固反法西斯国际统一战线的联盟，团结各国同法西斯侵略国战斗到底所付出的努力。在这一口号的宣传中，中国共产党广泛联合起可以联合的国家共同对抗世界法西斯势力，为抗日战争的胜利提供了重要的保障，同时对于维护世界和平也起到了深远的影响。

三、"反侵略的各国家和各民族团结抗战则存，自乱阵势则危"

"反侵略的各国家和各民族团结抗战则存，自乱阵势则危"[①]这一口号被刊登在《新华日报》，是党中央号召国际反法西斯侵略的国家团结起来，共同抗战发出的宣传口号。抗日战争时期，伴随着法西斯势力的日益猖獗，尤其在1939年9月德国进军波兰，第二次世界大战正式爆发后，世界反法西斯国家团结起来，共同抵御法西斯势力的扩张，维护世界和平变得尤为重要。对此，党中央在国际上积极开展团结世界各国共同抗战，同法西斯势力斗争的宣传，并强调反法西斯国家团结的重要性。

第一，标语口号体现了党在抗日战争时期团结世界反法西斯侵略国共同抗战的主张。"纪念七七，加强中国与美苏英及一切联合国的团结，争取全世界反法西斯战争的胜利，消灭一切法西斯势力！"[②]这一口号体现了抗日战争时期党积极加强与美苏英等反法西斯侵略国家团结的抗日外交。苏德战争爆发后，毛泽东结合世界形势，正式提出了组织国际反法西斯统一战线问题。1941年，毛泽东在为中共中央写的对党内的指示《关于反法西斯的国际统一战线》中提到"在外交上，同英美及其他国家一切反对德意日法西斯统治者的人们联合起来，反对共同的敌人"[③]。对此党的标语口号在宣传过程中围绕党的外交

---

① 《国际反侵略的力量团结起来》，《新华日报》，1941年12月13日。
② 《中共中央发布抗战七周年纪念口号》（1944年7月6日），载中共中央文献研究室、中央档案馆编：《建党以来重要文献选编（1921—1949）》（第21册），北京，中央文献出版社，2011年，第369页。
③ 毛泽东：《关于反法西斯的国际统一战线》（1941年6月23日），载中共中央文献研究室、中央档案馆编：《建党以来重要文献选编（1921—1949）》（第18册），北京，中央文献出版社，2011年，第441页。

指示，以团结美苏英等反法西斯侵略国家为目标。为了实现团结美苏英等反法西斯侵略国共同抗战，党的标语口号一方面宣传法西斯势力的暴行，提出"打倒法西斯奴役！"①的动员口号；另一方面强调各国团结对抗法西斯势力的重要性。

第二，对于盟国，标语口号向其宣传党在抗日战争时期对援华盟国的方针政策，展示党对与盟国团结抗战的诚意。"给来华作战的盟军以一切帮助！援助和救护盟邦飞行人员！"②党中央提出这一口号，强调对来华作战的盟军要及时给予有力的支持。抗日战争时期的党在国际上积极开展抗日宣传，为中国争取到了国际力量的援助。对此，党在发布7周年抗战口号时将这一口号列入其中并展开宣传，体现了党对国际力量援助的感激以及重视。这一标语口号向世界各国展现出中国对和平的希望以及与反法西斯国家联合抵抗法西斯势力的诚意。

"反侵略的各国家和各民族团结抗战则存，自乱阵势则危"，这一口号强调面临法西斯侵略时各国团结的重要性，也是党在国际宣传中为团结各国共同与法西斯邪恶势力抗战到底所提出的宣传口号。这是中国共产党在国际上发出的呐喊，也是中国共产党胸怀天下的体现。抗日战争时期的党在国际上积极争取国际力量，团结世界各国共同对抗法西斯势力，一方面为中国争取了宝贵的国际援助以及国际舆论的支持；另一方面推动了世界各国的团结抗战，为维护世界和平做出了巨大的贡献。

综上所述，标语口号在中国共产党抗日战争时期的宣传工作中具有举足轻重的作用，是推动抗日战争取得最终胜利的法宝。事实上，中国共产党在抗日战争时期的标语口号宣传实践也是马克思主义中国化在党的宣传工作中不断发展的体现。党的标语口号在宣传实践中始终坚持党性原则，在坚持党性原则的

① 《中共中央为抗战四周年纪念宣言》（1941年7月7日），载中共中央文献研究室、中央档案馆编：《建党以来重要文献选编（1921—1949）》（第18册），北京，中央文献出版社，2011年，第490页。
② 《中共中央发布抗战七周年纪念口号》（1944年7月6日），载中共中央文献研究室、中央档案馆编：《建党以来重要文献选编（1921—1949）》（第21册），北京，中央文献出版社，2011年，第369页。

基础上，党的宣传工作者们在宣传实践中根据中国具体实际情况，采取灵活的宣传策略宣传党的标语口号，向国内外发出了中华民族的呐喊。正是在这一声声党在那段峥嵘岁月发出的民族呐喊声中，中华民族紧密地团结在一起，在党的带领下顽强抗战，在中华大地上创造了一个又一个奇迹，谱写出了伟大的抗战史诗。正是在这一声声党在国际社会发出的中国呐喊声中，世界看到了中国为维护世界和平做出的伟大贡献，从而使党为中国有效争取了国际力量的援助和国际舆论的支持。今天，在实现中华民族伟大复兴的道路上，我们仍然需要继承弘扬党在抗日战争时期那一声声标语口号背后所蕴含的伟大精神，为中华民族伟大复兴而奋斗。

第五章

烽火丹青：
抗战美术与党的宣传工作

　　美术是"以物质材料创造可视的静态空间形象的艺术"①，是反映自然和社会生活、表达艺术家思想观念和感情的一种艺术活动。主要包括绘画、雕塑、工艺美术、建筑艺术等。美术所具有的静态性、造型性、表现性等特点，能使作品以静态形式呈现表现对象，使欣赏者可以直接感受到作者的主观情感、意志、观念等。因此，抗日战争时期，在中国这样一个文盲半文盲占绝大多数的农业大国里，"对于识字阶级，文字宣传的力量已经有限，何况我们绝大多数的民众是文盲，文字对他们，根本无效"②，而美术宣传具有文字宣传不可替代的优势。"因为文字有深浅，非尽人所能阅读，若借图画表现，可以使村夫稚子，都能一目了然。"③ 为了发动群众、揭露日军暴行、分化瓦解伪军，党的文艺骨干与美术界爱国人士利用美术作品为人易懂的形象化特点，以有趣简洁、夸张写实和鲜明风格的抗战漫画，色彩丰富、感染力强的木刻版画和油画等群众喜闻乐见的形式宣传抗战，取得了十分显著的效果。这些美术作品题材广泛，全方位描绘了抗战时期中国共产党领导全国各族人民建立抗日民族统一战线、建设抗日民主根据地、发挥党的战术智慧、加强党的自身建设、树立党的国际形象等重要内容，展现了党领导群众奋起反抗、英勇抗敌的精神面貌。

　　中国共产党的抗日美术宣传工作，"是帮助教育和直接宣传的利器""在抗战胜利上起相当的决定的意义"④。美术作品不仅彰显了民族精神，还具有鲜明的地域特色，引起各地群众的精神共鸣，是特定历史时期兼具精神和形式价值的文化产物。艺术是政治宣传必不可少的手段和媒介，"一个国家在和别个国家交战中对于美术这支军队是不可缺少的"⑤。中国共产党积极开展美术宣传，揭露了日本帝国主义的嗜杀凶残、阴险狡诈，讴歌了党领导下的解放区军民同

① 李泽厚、汝信：《美学百科全书》，北京，社会科学文献出版社，1990年，第317页。
② 《宣传与艺术》，载《闻一多全集》（第二卷），武汉，湖北人民出版社，1993年，第190页。
③ 王文英、叶文强主编：《城市语境与大众文化》，上海，上海人民出版社，2004年，第188页。
④ 罗思：《论美术的民族形式与抗日内容》，《文艺战线》（第一卷第五号），1939年11月16日。
⑤ 杨益群编著：《抗战时期桂林美术运动》（下册），桂林，漓江出版社，1995年，第416页。

仇敌忾、英勇杀敌的英雄壮举；增强了人们的信心和战斗意志、激发了人们对战斗英雄的崇敬，掀起了全民抗战热潮，推动了战争取得胜利。

第一节｜《对内与对外》：揭露社会黑暗与人民疾苦

抗日战争时期，毛泽东强调"认清中国的国情"[①]才能认清革命的对象，才能认清革命的任务。因此，中国共产党若要动员人民群众加入革命斗争、实现全民族的抗战，首要任务就是使群众认清中国国情，明白饱受屈辱苦难的根源，从而使群众产生争取自身独立解放的需要，从而为摆脱这种被剥削、被压迫的地位作斗争。据此，中国共产党在宣传工作中强调要"用一切的力量去暴露日本强盗的凶暴侵略行动，与蒋介石无耻的卖国政策及欺骗"，使人民群众清醒地认识到"日本强盗与蒋介石是灭亡中国的当前最主要最凶恶的敌人"[②]，从而激起群众内心的不满与仇恨，号召全国各族人民联合起来，去开展革命战争，争取中国的独立与解放。正是在这一思想指导下，中国共产党领导下的美术工作者以"群众生活的实际"为原料，"有计划有系统地"与日本帝国主义、国民党反动派进行坚决斗争。在美术创作过程中，首先选择能够反映社会现实的题材：一是揭露日本帝国主义的侵略罪行，唤醒民众的爱国意识；二是严厉谴责国民党反动政府的不抵抗政策；三是反映在国民党反动派统治及日本帝国主义侵略下人民群众的悲惨生活。

[①]《中国革命和中国共产党》（1939年12月），载《毛泽东选集》（第二卷），北京，人民出版社，1991年，第633页。

[②]《中央为转变目前宣传工作给各级党部的信》（1936年1月27日），载中共中央宣传部办公厅、中央档案馆编研部编：《中国共产党宣传工作文献选编（1915—1937）》，北京，学习出版社，1996年，第1199页。

一、《军权之下》：日本帝国主义的侵略

1932 年 1 月 5 日，中共中央发表《中国共产党为反对日帝国主义占领锦州号召民族的革命战争的宣言》，揭露国民党出卖民族利益、帮助帝国主义侵略和屠杀的罪行，号召全中国民众必须更加坚决地"团结起来，组织起来，武装起来"[1]。然而，由于当时广大农村地区贫穷落后，识字的人并不多，仅仅通过文字报刊的宣传远远达不到动员全体人民的效果。因此，中国共产党认为"只有利用一切这些活泼的、群众的宣传鼓动工作的形式"，才能把党的政治影响传达到广大群众中去，才能用更多的方法来"动员群众"[2]。按照这一工作思路，诸多参与反帝运动战线的美术工作者，通过创作美术作品的方式向人民揭露日本帝国主义对中国的侵略罪行。这些美术作品根据其主要内容可分为以下两类：

第一，以揭露日军对华经济、政治侵略为主要内容。一方面，日军对华的经济侵略主要表现为掠夺我国资源与对华全面封锁。因此，在揭露日军对华经济侵略上，党的文艺工作者江丰创作的木刻版画《"九一八"日军侵占沈阳城》，用冷酷的线条描绘了九一八事变后，日本在占领我国东北期间，从东北掠夺了大量的矿产、木材、粮食、钱币、文物以及大量贵重金属等，用以补充战争带来的损耗，达到"以战养战"的目的。该版画鲜明地展现了日本帝国主义入侵东北后的残酷暴行及其给当地人民带来的深重灾难。同样，受中国共产党领导的左翼文化运动影响的爱国画家张仃所创作的漫画《军权之下》，画面中展现了一个巨大的拳头，把一座小小的"湖南纱厂"建筑砸碎，里面的人奔逃而出。其中拳头被放大了很多倍，更加显得"湖南纱厂"在日本帝国主义压迫下不堪一击。该漫画以"湖南纱厂"的艰难经营为缩影，暗示了在军权的暴力作用下，湖南纱厂作为民族企业也难逃败落的命运。该漫画淋漓尽致地展现了当时日本对中国发动经济战，通过掠夺我国资源及全面封锁的手段，试图从

---

① 《中国共产党为反对日本帝国主义占领锦州号召民族的革命战争的宣言》（1932年1月5日），载中央档案馆编：《中共中央文件选集》（第8册），北京，中共中央党校出版社，1991年，第15～16页。

② 王玉、刘力波：《中国共产党坚持政治工作与经济工作相结合的探索历程及其意义》，载《社会主义研究》，2025年第2期。

经济层面瓦解中国人民抵抗的物质基础。另一方面，日军对华的政治侵略主要表现为扶植伪满洲国傀儡政权，企图实现"以华制华"。在揭露政治侵略中，同样受左翼文化运动影响的漫画家张乐平创作了《鸡与黄狼合作》，以"鸡"与"黄鼠狼"的比喻，讽刺了溥仪勾结日本帝国主义的罪恶行径。该漫画反映了当时在伪满洲国的统治下，溥仪与日本侵略者合作，勾结日寇复辟，制定了一系列压迫百姓的政策，并与日本签订了一系列卖国条约，将个人利益置于国家利益之上，展现了日本帝国主义统治的残忍和自私。由此可见，无论是版画还是漫画，都深刻地展现出面对日本帝国主义对华的政治侵略，爱国画家们通过漫画直接、生动地表达了对日本侵略者的愤怒情绪，揭示了日本帝国主义对华经济、政治侵略的罪行。

　　第二，以揭露日军对华文化侵略为主要内容。抗战时期，日本帝国主义对中国的文化侵略主要表现为进行奴化教育与毁坏中国古迹。一方面，日本侵略者通过重组教育制度、改变教育内容、强迫学生劳动等形式对沦陷区的人民进行奴化教育。因此，在揭露日军进行奴化教育方面，1937年张仃创作了漫画《奴化教育》，画面中一个孩童躺着，身上印着"中国的孩子"，同时有一双手拿着注射器，向孩童的头上进行注射，注射器上写着日军侵华时所鼓吹的"王道乐土"，孩童的脸上显露着极不愿意的表情，但却又无法反抗。该漫画反映了当时日军在沦陷区对中国人民进行奴化教育，摧毁中国的教育系统；把重点放在中小学教育上，将奴化教育从孩童抓起，以泯灭少年儿童的民族意识与国家观念，从而巩固日军统治，此举给中华民族带来了深重的灾难。另一方面，日本侵略者肆意破坏中国的文化古迹，例如漫画《敌军战败后的疯狂行为》，描绘了日军战败后将一个地区的房屋建筑和古迹全部烧毁，将一个个中国人脱光衣服绑在树上肆意羞辱、恐吓。该漫画反映了当时日本军国主义及其侵略者对中国展开持续性的侵略战争，在侵略过程中肆意破坏许多中国古代建筑，给中国国土和文化遗产带来了巨大的破坏。由此可见，漫画《奴化教育》与《敌军战败后的疯狂行为》都深刻揭示了日本帝国主义在思想文化领域对中国的侵略和统治，在精神上摧残中国人民的民族意识，从根本上蚕食中华民族生存的基础，动摇中华民族传统文化的根基的丑恶罪行。

二、《掩耳导火》：国民党的"不抵抗主义"

1933 年 5 月 30 日，苏区中央局在"五卅"8 周年纪念中，揭露了国民党一贯的不抵抗与投降出卖、镇压反帝运动和禁止一切民众的反日宣传，揭破了国民党企图通过"攘外必先安内，抗日必先剿赤"[①] 等造谣来掩盖自己卖国真相并欺骗民众。此后，中国共产党要求各级党部在当地开展广大群众的反日反帝反国民党卖国与拥护红军北上抗日的运动，动员全中国民众团结开展民族革命战争，打倒一切帝国主义和汉奸卖国贼。据此，在中国共产党的号召下，党的文艺骨干与国统区爱国画家通过创作一系列美术作品以揭露国民党不抵抗主义及其卖国行径，动员广大人民群众"抗日反蒋"。这些美术作品按照其主要内容可分为以下两类：

第一，批判国民党"攘外必先安内"的方针。"攘外必先安内"是南京国民政府成立后推行的重要方针。尽管蒋介石坚持"唯攘外应先安内，去腐乃能防蠹"[②]，但其实质就是以蒋介石为首的南京国民政府为了满足其统治集团的利益，不顾中华民族的利益，任由外敌肆意侵略。在批判国民党"攘外必先安内"的方针方面，具有代表性的有漫画《对内与对外》和《掩耳导火》。漫画《对内与对外》创作于"一二·九"运动时期，主要分为两部分。上半张图描绘了国民党政府对在街上抗议游行的群众实施武力镇压，底下群众不断地反抗与呐喊；下半张图描绘了面对敌军的进攻，国民党军队却丢盔弃甲、闻风而逃的狼狈模样（见图 5-1）。作者通过该漫画揭露了抗战初期南京国民政府置外患于不顾，对红军展开五次大规模的"围剿"，致使国内时局动荡，纷争不断。面对日本帝国主义的侵略与挑衅，国民政府却一再采取隐忍退让、力避冲突的政策。又如漫画《掩耳导火》所描绘的，一位士兵捂着耳朵准备点燃大炮，但是大炮口却对着自己，然而周围却有一群敌军大摇大摆地在路上行走着（见图 5-2）。该漫画讽刺了国民党当局一意孤行地认为在国家面临内外交困的时候只有肃清国内，才能有力量对外反击。"掩耳导火"这一行为也揭露了在以蒋

---

① 《中国共产党苏区中央局为"五卅"八周年纪念宣言》（1935 年 5 月 30 日），载中共中央书记处编：《六大以来》（上），北京，人民出版社，1981 年，第 380 页。

② 军事科学院军事历史研究会编：《国难当头》，北京，军事科学出版社，2005 年，第 26 页。

介石为首的南京国民政府统治下，国内政治一片混乱，社会矛盾重重。由此可见，漫画《对内与对外》与《掩耳导火》都揭示了南京国民政府坚持"攘外必先安内"的方针是不顾全大局的行为，只会助长日本的侵略气焰，使中国陷入更为深重的民族危机，加剧了国家内部的分裂与社会动荡，严重削弱了中华民族抵御外侮的能力，对国家统一和社会稳定构成了巨大挑战。

图5-1 《对内与对外》（张乐平：《对内与对外》，选自《人言周刊》，1935年）

图5-2 《掩耳导火》（张乐平：《掩耳导火》，选自《社会日报》，1935年）

　　第二，谴责国民党当局的畏日情绪。蒋介石一直深感军事实力不如日本，缺少抵抗的信心与决心。在九一八事变前夕，他就指出"日军在东北马上要动手，我们力量不足，不能打"[①]。由此，他指示部下如果日本进攻也不可抵抗，以免事态愈发严重，处理困难。九一八事变后，他的这种思想仍然表现得淋漓尽致，甚至认为"若抵抗日本，顶多三天就亡国了"[②]。长期以来，以蒋介石为首的国民政府由于畏日情绪的挥之不去，因此缺少抵抗的决心，造成了不抵抗政策的执行。在批判国民政府的畏日情绪方面，最具代表性的作品便是张乐平创作的漫画《爱国未遂》，以 8 张组合画的形式生动地描绘了主角"三毛"通过召集爱国群众进行反抗日本帝国主义的侵略和国民党当局的不抵抗主义；正当他们激烈地进行反抗时，却被赶来的警察制止并抓捕，最后关进了铁笼子里，笼子上还写着"捣乱分子，特此示众"。该漫画揭露了国民党当局由于受畏日情绪的影响，面对日本的侵略，始终采取不抵抗的态度，尽由日军在中国东北境内肆意妄为，使得东北的战略要地和主要城镇纷纷陷入日军之手。由于国民党对外畏惧日军实力，对内镇压人民反抗，因此进一步助长了日本侵华的野心。又如漫画《一个胆小的军人》，描绘了一个高大的军人，面对一只小老鼠时却十分恐惧，吓得帽子和枪都掉了，身体也近乎倒下。可见，该漫画以幽默诙谐的方式讽刺了国民党当局面对日军侵略时的畏惧心理，对日本采取忍辱求和、避免战争的态度。

三、《饥民》：人民的悲惨生活

　　1934 年 5 月 5 日，中共中央和共青团中央联名发表《为声讨国民党南京政府告全国劳动群众书》，剖析了日本帝国主义威逼利诱下中国陷于空前严重的民族危机当中；同时在南京国民政府统治下，战争、干涉、奴役、饥饿、卖国、白色恐怖等正在摧毁着中国。抗战时期，人民生活在水深火热之中，过着黑暗和惨苦的生活。因此，中国共产党强调一切宣传工作，要求"尽可能群众

---

① 政协全国委员会文史资料研究委员会：《文史资料选辑：第76辑》，北京，文史资料出版社，1963年，第66页。
② 杨树标：《蒋介石传》，北京，团结出版社，1989年，第262页。

化，与群众日常生活联系起来"①，能够反映群众现实生活，以更好地"发动群众斗争"②。在中国共产党的影响下，党的文艺骨干与国统区爱国画家顺应时代要求，响应党的号召，运用多样化的美术作品向群众宣传，在日本帝国主义和国民党的共同压迫下人民群众过着怎样悲惨的生活。这些美术作品按照其主要内容可分为以下两类：

第一，以揭露日军剥削、屠杀中国人民的悲惨现实为主要内容。抗日战争时期，日本帝国主义不但对中国的农民进行压迫剥削，甚至对中国人民进行惨绝人寰的大屠杀。一方面，日军抢夺当地农民粮食，强迫农民进行体力劳动。在抨击日军压迫剥削农民方面，最具代表性的是八路军印发的漫画传单《日寇抢粮毒计之五：巧立名目》（见图 5-3）。该传单描绘了一个日本军人正拖着一大袋从中国农民手里抢夺来的粮食，嘴里喊着"合作社火柴费""物资贷款""粮食储存金"。图画下方还有一段描述性文字，大致意思是：日寇占领胶东各地，假借许多名目，抢夺老百姓粮食，只 3 次便每两银弄去了 200 多斤粮食。一次以"合作社火柴费"为由逼交 14 斤，一次以"物资贷款"为由逼交 60 斤，一次

图5-3　《日寇抢粮毒计之五：巧立名目》（选自中国国家博物馆编：《抗日战争时期宣传画》，上海，上海人民出版社，2015年，第9页）

以"粮食储存金"为由逼交 120 斤。该漫画传单反映了当时日军占领一块地方后，每天都要外出抢掠，所到之处都是杀人放火。另一方面，日军侵略者对中国人民进行惨绝人寰的大屠杀。例如，最具代表性的是漫画《杀人比赛》

---

① 《宣传工作决议案》（1929年6月25日），载中共中央宣传部办公厅、中央档案馆编研部编：《中国共产党宣传工作文献选编（1915—1937）》，北京，学习出版社，1996年，第893页。

② 何一成、杨湘川主编：《中国共产党思想政治教育史》，长沙，湖南大学出版社，2011年，第124页。

图5-4 《杀人比赛》（选自《老漫画中的中国史》，北京，东方出版中心，2019年，第221页）

（见图5-4）。该漫画反映了1937年11月在侵华日军由淞沪战场向南京进军的途中，日军第16师团片桐部队富山大队的两名杀人成性的日军少尉向井敏明和野田毅，突发奇想，提出进行灭绝人性的"砍杀百人大竞赛"，以谁先杀满100人为胜利。在这幅漫画中，可以看到两个日军刽子手野兽般的狞笑，以及他们手中刃口已砍得残缺的屠刀。在他们的身后，是倒在血泊中的手无寸铁的中国百姓。

第二，以反映国民党统治下人民的悲惨生活为主要内容。如党的文艺工作者胡一川所创作的版画《饥民》，描绘了在国民党统治下，底层人民群众贫困潦倒的生活现状。画面中一家三口无处可去，母亲已经倒在地上，奄奄一息，父亲单手靠在推车上思考着，脸上满是悲伤与无奈。该漫画反映了抗日战争时期，国民政府残酷压榨百姓，使人民处于水深火热中。贪官污吏对百姓横征暴敛、巧取豪夺，致使饥荒，使百姓生计凋敝，最后将人们逼上绝路的残忍暴行。又如木刻版画《负伤的头》，该作品刀法粗犷质朴，刻画了一位头缠绷带的被打伤了的工人，他的眼中满是仇恨，但是脸上却露出了一丝镇定与坚毅，直观地反映了劳动人民的疾苦以及对国民党当局腐败统治的抗争。该版画展现了在国民党的统治下，工人要面临工资降低、工作时间延长、工作量增加、工作待遇恶化与失业恐慌等困境，以及资本家借口整顿生产发展实业，以加重工作，延长时间，减低工资，大批开除男工，代以童工、女工，加紧剥削的残忍现实。

相关美术作品还有很多，如漫画《一条死龙》、版画《家破人亡》等，它们都表现了日本帝国主义对中国的侵略罪行和国民党反动派的不抵抗主义所造成的后果，展现了中国人民在日本帝国主义和国民党当局的压迫、剥削下的悲惨生活。这类美术作品的发表，在群众中产生了极大的反响，使群众看到了日本帝国主义的真实面目，清醒地认识了国民党反动派的欺骗宣传，深深激起了群众对侵略者的仇恨；促使他们进一步投身于保卫国家的斗争中，为推动抗日民族统一战线的形成奠定了深厚的群众基础。

第二节 |《全民抗战的巨浪》：团结协作共筑抗日长城

习近平总书记曾指出"全民族抗战是中国人民抗日战争胜利的重要法宝"[①]。纵观十四年抗战，中国共产党在这场波澜壮阔的民族解放战争中，团结了一切可以团结的力量，倡导建立抗日民族统一战线，反对顽固派的妥协、分裂、倒退，发动广泛的游击战争，动员全体人民共同抗战。在中国共产党的领导下，党的文艺骨干与国统区爱国画家以美术作品向人民群众进行宣传。在创作题材的选取上，首先是宣传抗日民族统一战线的形成，如《抗战总动员》《现在，我们一致对外》《全民抗战的巨浪》等；其次是宣传巩固抗日民族统一战线，开展反投降、反分裂、反摩擦的斗争，如《坚持抗战、反对投降》《我正在后退》《反对分裂投降》等；三是宣传党的战术智慧——开展游击战争，如《麻雀战显神通》《注意，这里有铁蛋》《地道战》等。

一、《抗战总动员》：抗日民族统一战线的形成与发展

1935 年 12 月中共中央政治局在瓦窑堡召开会议，提出党的策略路线是"发动，团聚与组织全中国全民族一切革命力量"[②]去反抗日本帝国主义的侵略，标志着中国共产党克服"左"的关门主义错误，不失时机地举起了抗日民族统一战线的大旗。据此，中国共产党始终坚持美术是"文化战线上重要的一环的

---

① 习近平：《在纪念中国人民抗日战争暨世界反法西斯战争胜利69周年座谈会上的讲话》（2014年9月3日），《人民日报》，2014年9月4日第2版。

②《中共中央关于目前政治形势与党的任务决议》（1935年12月25日），载中央党史研究室张闻天选集传记组编：《张闻天文集》（二），北京，中共党史出版社，1993年，第32页。

艺术宣传的先锋"[①]的宣传工作经验，号召党的文艺骨干与爱国画家为动员全国民众造成"陷敌于灭顶之灾的汪洋大海"[②]，奔走呼号、宣传鼓动，以美术作品宣传抗日民族统一战线，呼吁全国各族人民一致抗战。其中最具代表性的有版画《抗战总动员》、漫画《现在，我们一致对外》及《全民抗战的巨浪》等作品。

首先，瓦窑堡会议明确提出建立抗日民族统一战线的号召，为团结一切可以团结的力量和我党统一战线工作提供了理论根据，指明了发展方向。在抗日民族统一战线理论的指导下，中国共产党积极动员并团结全国各族人民参与到抗日救亡的伟大斗争中。这一时期涌现出许多反映全民抗战精神的艺术作品，其中版画《抗战总动员》（见图5-5）尤为突出。

这幅作品生动刻画了那个战火纷飞的时代，中国共产党积极动员并团结全国各族人民参与到抗日救亡的伟大斗争中，体现了中华民族在国难当头之际所展现出的凝聚力和顽强斗志。画面中：英勇无畏的战士们手持步枪，坚定地迈向战场；军官紧握手枪，镇定自若地指向战斗的方向；而戴着草帽、手持梭

图5-5 《抗战总动员》（选自中国国家博物馆编：《抗日战争时期宣传画》，第22页）

---

① 杨益群编著：《抗战时期桂林美术运动》（下册），桂林，漓江出版社，1995年，第416页。
② 《论持久战》（1935年5月），载《毛泽东选集》（第二卷），北京，人民出版社，1991年，第480页。

镖的农民兄弟们也毫不犹豫地投身于这场保家卫国的正义之战。所有人朝着同一个方向——硝烟弥漫之处奋勇前行，那里正是他们用血肉之躯筑起防线的地方。通过这样一幅版画，不仅展现了当时中国人民同仇敌忾、共赴国难的决心与勇气，同时也以艺术的形式生动再现了在抗日民族统一战线政策指引下，全民共同抗敌的历史风貌。又如创作于 1936 年的漫画《大中华民族抗日救国大团结万岁》，通过描绘了战士们排成一列，团结一致对抗日本侵略者的画面。每一个人物形象都栩栩如生，每一个细节无不透露出作者对全民抗战精神的深刻理解和独到诠释。这不仅是对那段波澜壮阔历史的真实记录，更是对抗战时期中华民族不屈不挠精神的礼赞。

其次，西安事变的和平解决，促进了抗日民族统一战线的建立。西安事变爆发后，张学良给毛泽东和中共中央发电报，邀请派代表赴西安共商抗日救国大计。此后，各方代表经过反复磋商，达成"停止内战，共同抗日"的各项主张，西安事变终于获得和平解决。创作于 1937 年 2 月的漫画《现在，我们一致对外》，正是以西安事变和平解决为历史背景，生动展现了国共两党握手言和、共同抵御外敌入侵的画面。这幅漫画淋漓尽致地描绘了国民党与共产党代表面带微笑地握手，身后则是日本帝国主义侵略者；生动形象地表达出对国共合作的支持和抗战胜利的信心，反映了人民群众对于停止内战、团结御侮的深切期盼，激发了爱国热情，促进了全民抗战的形成。

最后，《中共中央为公布国共合作宣言》的发表，标志着以国共两党第二次合作为基础的抗日民族统一战线的正式形成。1937 年 9 月中国左翼美术家联盟成员蔡若虹创作了漫画《全民抗战的巨浪》。画面中高举刺刀、拳头和手榴弹的中国军民形成"汹涌咆哮的巨浪"，一野牛状的日本侵略军正要被"巨浪"所吞没，背景是闪电划过的夜空。该漫画展现了 1937 年日本帝国主义发动了全面的侵华战争，国共两党为了共同抵抗日本侵略者，开展第二次国共合作，以团结全国各族人民共同抵御外敌。在第二次合作中，国共两党放下了党派之争，携手合作，共同承担起了抗日救国的重任。国共两党派出了大量的军队和干部，共同投入到了抗日战争的前线。两党的军队和干部互相配合，共同打击日本侵略者。由此可见，漫画《全民抗战的巨浪》是"在正确的抗敌政治主张的领导下，作有助抗战的有效的政治传播"①，向人民群众宣传了第二次国共合作促成了全国人民空前的大团结，促进了抗日民族统一战线的形成，为抗日战争的胜利创造了有利的条件；同时，这幅作品通过生动的画面和深刻的寓意，极大地激发了民众的爱国热情与抗战士气，成为凝聚民心、鼓舞士气的重要媒介，展示了中国人民在面对外来威胁时所展现出来的坚韧不拔的精神风貌。

二、《坚持抗战 反对投降》：反投降、反分裂、反摩擦的斗争

抗日民族统一战线形成后，国民党中不识大局、固执成见的顽固分子，不顾民族危亡的大局，仍然坚持以反共为中心任务，以瓦解中国共产党的政权。因此，国民党与共产党之间发生了一系列摩擦事件。然而，中国共产党从抗战全局出发，始终站在维护抗日民族统一战线、推动全民族抗战的立场上，坚持抗战、团结、进步的方针，开展反投降、反分裂、反摩擦的斗争，对国民党顽固派的反共阴谋给予坚决反击，为全民族抗战的胜利创造了条件。在中国共产党的领导下，党的文艺骨干与爱国画家坚持"艺术就是宣传"②的重要思想，积极创作美术作品，揭露国民党"消极抗日、积极反共"的阴谋，宣传了中国共产党积极开展反投降、反分裂、反摩擦的斗争，维护抗日民族统一战线。其中具有代表性的作品有《坚持抗战 反对投降》《我正在后退》《反对分裂投降》。

其一，开展反投降斗争。毛泽东曾指出投降是当前形势中的主要危险，反共必然分裂抗日团结，破坏抗战；指出必须用一切努力去反对投降和分裂。在宣传反投降方面，最具代表性的作品是胡一川创作的木刻版画《坚持抗战 反对投降》（见图5-6）。画面中一位战士骑在马上，手舞大刀，向着日本侵略者砍去；旁边还有一位系着头巾的勇士，手执长矛，刺向侵略者的胸膛。他们的样子英勇而坚定。该版画色彩鲜明，线条轮廓分明，充满了时代感；同时交代了创作背景：面对日军的疯狂进攻以及大片国土的沦陷，国内一些人开始动摇了抗战意志；与此同时，抗日民族统一战线内部也发生投降的危险。国民党内

---

① 陈池瑜：《中国现代美术学史》，哈尔滨，黑龙江美术出版社，2000年，第141页。
② 吴继金：《晋绥根据地的抗日美术宣传》，《新闻春秋》，2018年第2期。

确定了"防共、限共、溶共、反共"的方针，掀起了反共高潮，加剧了抗战的严峻性。《坚持抗战 反对投降》也反映了面对日本帝国主义的侵略和国内投降主义的猖獗，中国共产党及时发动反投降斗争，有力地打击了各种公开的和隐藏的投降行为，遏制了投降逆流；有力地维护了抗日民族统一战线的存在和发展，最大限度地团结了抗战力量。

图5-6 《坚持抗战，反对投降》（选自中国国家博物馆编：《抗日战争时期宣传画》，第47页）

其二，开展反摩擦、反分裂斗争。由于国民党在同共产党合作抗日的过程中始终坚持片面抗战的路线，并没有放弃限制共产党和人民抗日力量发展的方针；因此，他们采取各种手段，削弱共产党领导的抗日力量，限制人民的抗日和民主活动，造成了两党之间的摩擦和矛盾。对此，中国共产党坚持反摩擦、反分裂斗争，维护和发展抗日民族统一战线。在宣传反摩擦、反分裂方面，最具代表性的作品是漫画《我正在后退》。画面中，一位八路军战士正追着日本侵略军打，而追在八路军的后面打的是蒋介石的军队，三人团团转互相追击；同时，蒋介石一手拿着"军令统一"的文件，一手拿着枪，企图以破坏"军令统一"为借口限制八路军独立抗战。该漫画描绘了当时抗日战争转入战略相持阶段，国民党顽固派开始转向消极抗日、积极反共。又如版画《反对分裂投降》。画中，八路军战士与农民并肩，手持武器，高举写有"反共就是亡华"的旗帜，向破坏和平的敌人发起攻击。该版画从侧面展现了国民党反动派破坏统一战线，企图实行军事上包围、政治上打击、经济上封锁的政策，并不断地制造反共摩擦、分裂事件等罪行。由此可见，漫画《我正在后退》、版画《反对分裂投降》揭露了国民党顽固派破坏团结抗战、分裂投降、发动内战的阴谋；宣传了中国共产党坚持团结抗战，同国民党顽固派反共摩擦活动展开了针锋相对的斗争，坚定维护抗日民族统一战线。

三、《麻雀战显神通》：党的战术智慧

在全国抗战新形势下，中国共产党认为，要使人民军队这支力量承担起贯彻执行党的全面抗战路线的任务，关键是实行党的军事战略的转变，即"从国内正规战争向抗日游击战争的转变"[1]。因此，中国共产党开始采用战略统一下的独立自主游击战争，发挥了人民军队的政治优势和军事优势。据此，在党领导下的美术工作者以版画、油画等形式向人民群众宣传党的战术智慧，彰显了中国共产党在游击战争中的核心地位，表明了游击战争是支撑中国长期抗战、巩固全民族抗战的重要形式，能够在全面抗战时期"把全国民众动员组织起来参加抗战"[2]。其中最具代表性的美术作品有版画《麻雀战显神通》和宣传画《注意，这里有铁蛋》《地道战》等。

首先，版画《麻雀战显神通》描绘了"麻雀战"时敌人人仰马翻的画面。画面中，远处一座山峰浓烟滚滚；近处几个民兵一边开枪射击一边吹着号角迷惑敌人。山岩下方，两个偷袭了敌人的民兵，掩饰不住兴奋之情；山岩上方，还有两个民兵跑动的身影。该版画反映了"麻雀战"是以分散小群兵力灵活机动地对敌实施突然袭击的作战，是游击战的一种有效战法。其主要特点是小分队多股行动，忽聚忽散，出没无常，巧妙灵活，隐蔽突然地杀伤、消耗、迷惑和疲惫敌人，以积小胜为大胜，正规部队、游击队和民兵均可组织实施。抗日

---

① 中共中央党史研究室：《中国共产党历史 第一卷（1921—1949）》（下册），北京，中共党史出版社，2011年，第477页。

② 任弼时：《怎样渡过抗战的困难时期》，《新华日报》，1938年2月14日第4期。

战争中，麻雀战主要在山区实行。山区地势复杂、道路崎岖，当日伪军进入根据地后，民兵们像麻雀一样满天飞翔，时聚时散，到处打击敌人，而日伪军则因人地生疏，只能在大道上盘旋挨打，对他们无可奈何。因此，该版画通过描绘游击战争中的"麻雀战"，展现了党的战术智慧。

其次，宣传画《注意，这里有铁蛋》以丰富的情节和生动的形象表现了在共产党领导下的全民抗战景象（见图5-7）。作品将时间设置在秋收季节，背景是"鬼子来抢粮了"。画面描绘了农民利用自制的土地雷埋设在日本侵略军行进的路上，当他们不慎触发时，引发了爆炸，导致他们或伤亡惨重，或四处逃窜的场景，展现了中国人民的智慧。该宣传画将这些典型形象集中在一个统一的空间里，用一个有代表性的瞬间，艺术地展现了他们英勇顽强的风采英姿。这幅宣传画不仅通过视觉元素传递出强烈的反侵略信息，同时也深刻体现了抗战时期农民的生活状态和顽强斗争的精神。

图5-7　《注意，这里有铁蛋》（选自中国国家博物馆编：《抗日战争时期宣传画》，第77页）

最后，宣传画《地道战》情节生动，形象鲜明（见图5-8）。画面中一位游击战士自井中敏捷跃出，向日军发起猛烈攻击，其攻势令敌军猝不及防。画面以暖色调为主，营造出紧张而激烈的战斗氛围。背景中的房屋和地上散落的武器增强了画面的真实感和紧张感。这幅画也很好地反映了人民群众的聪明机智以及平原游击队生龙活虎的气概。地道战是在中国抗日战争时期，在华北、冀中平原上抗日军民利用地道打击日本侵略者的作战方法。地道

图5-8　《地道战》（选自中国国家博物馆编：《抗日战争时期宣传画》，第76页）

战战法从晋察冀边区保定清苑的冉庄开始经过不断地发展，从单一的躲藏成为能打能躲、防水防火防毒的地下工事，并逐渐形成了房连房、形成了内外联防，互相配合，打击敌人。在中国共产党的领导下，游击队员利用地道与日本

侵略者展开英勇斗争，用不屈的精神和超人的智慧，筑就了坚固的"人民第一堡垒"，谱写出一曲人民战争的壮丽诗篇。

党的文艺骨干与爱国艺术家们通过创作美术作品有力地宣传了抗日民族统一战线的形成，宣传了中国共产党开展反投降、反分裂、反摩擦的斗争取得胜利，宣传了党在抗战中开展独立自主的游击战的战术智慧，进而支撑中国长期抗战、巩固全民族抗战；促进了人民群众拥护中国共产党的领导，激发了抗日救国的热情。

第三节 |《提高抗日军民文化水平》：抗日民主根据地的建设

抗日民主根据地是贯彻和实现中国共产党新民主主义理论的先进阵地，中国共产党始终以"极大的努力，巩固抗日民主根据地"[①]。因此，为了使抗日民主根据地真正成为政治民主、民族团结、经济发展、政府廉洁的社会。中国共产党在紧张的军事斗争间隙，对抗日民主根据地进行了卓有成效的建设。据此，党的文艺骨干通过创作美术作品向群众宣传了中国共产党领导下的抗日民主根据地的建设，扩大了抗日民主根据地和中国共产党的影响力，也汇集了来自各方的力量共同进行抗日斗争。在创作题材的选取上，首先是宣传军民团结的和谐画面，如《游击队女战士》《妻子送夫上战场》《军民合作、抗战胜利》《军民一家》等；其次是宣传开展文化教育，如《团结一切抗日的知识分子》《提高抗日军民文化水平》等；再次是宣传大生产运动，如《八路军生产》《纺线线》《拥护咱们老百姓自己的军队》等；最后是宣传整风运动，如《区政府办公室》《乡村干部会议》。

[①] 中共中央党史研究室：《中国共产党历史 第一卷（1921—1949）》（下册），北京，中共党史出版社，2011年，第591页。

一、《军民合作 抗战胜利》：军民一家亲

"兵者，国之柱石；民者，国之根基。"① 中国共产党创建和领导的新型人民军队，既来自人民，又不能脱离人民；党全心全意为人民服务的宗旨就是这支军队的宗旨。因此，全面抗战时期，党中央站在战略全局的高度，为渡过难关、取得抗战胜利，积极密切军民关系，搞好军民团结，建立了军政军民"同呼吸、共命运、心连心"的血肉相连，实现了军民大团结，形成了"军民鱼水情，军民一家亲"的良好局面。军民合作"一方面作为实施全民抗战的一种实践方式，另一方面也作为激励民众抗战热情，激发国家民族的观念，贯穿整个抗战时期"② 。据此，在抗日民主根据地的党的文艺骨干通过美术宣传，展现了军民团结一致、患难与共的美好和谐画面。

其一，动员民众参军，巩固统一战线。根据地民众是支持中共武装斗争和抗日根据地建设的后备力量，因此，中国共产党通过广泛发动群众，动员群众参军，提高了民众参加抗日军队的自觉性。在宣传动员民众参军方面，最具代表性的是漫画《游击队女战士》。在画面中，女战士不避艰难险阻，奔波在高山密林里，出没于敌人据点间，勇敢机智地传递信件、情报；为小分队和游击队购买运送粮食、药品等急需物资，一次次出色完成游击队交给的任务。该漫画反映出在中国共产党的号召下，爱国女同胞毅然决然加入军队，走上战场，为党和革命奉献自己的一份力量。又如漫画《妻子送夫上战场》，描绘了一位妻子在丈夫临行前，为其准备包袱，并目送其上战场，展现了当时参军报国之光荣。由此可见，漫画《游击队女战士》《妻子送夫上战场》都反映了当时在中国共产党的动员下，人民齐心协力，纷纷走出家门，加入军队、走上战场，为抗击日本侵略军贡献出自己的力量，巩固、发展了抗日民族统一战线。

其二，宣传军民团结。为了巩固敌后抗日民主根据地，必须"增进根据地

---

① 桑叶：《有一种伟力叫军民同心》，《新湘评论》，2022年第15期。
② 丁澜翔：《从战场到生产线——"军民合作"图像与抗战共同体的表征》，《文艺理论与批评》，2017年第4期。

党政军民之间的团结"①。坚如磐石的军民团结，是我党我军的优良传统和特有政治优势，也是人民军队无往而不胜、无敌于天下的重要法宝。在宣传军民团结方面，最具代表性的作品是党的文艺工作者彦涵创作的木刻年画《军民合作 抗战胜利》（见图5-9）。作品借鉴了中国传统"门神"的创作技法，用战士取代"门神"，将秦叔宝、尉迟恭的形象换成了八路军、民兵。反映了这一年解放区老百姓家中年画变成了新的"门神"——守护他们的八路军、民兵。该年画描绘了当时抗日民主根据地军民团结的融洽氛围和边区人民一心一意跟党走、齐心协力战敌寇的革命热情。又如党的文艺工作者杨涵的版画《军民一家》，刻画了八路军与人民军民一家亲的场景。画面中两位八路军战士在一户农家院子中，一位高举着灯笼，一位拉着孩子玩耍。全家因为他们的到来显得格外高兴，以写实手法刻画了中国共产党优待抗日军人家属，人物形象生动，营造出热闹、融洽的气氛。该版画展现了当时中国共产党军队与人民和谐相处、团结互助的热烈氛围；宣传了人民军队和老百姓更为紧密地团结在了一起的美好画面，树立了党的优良形象。

图5-9　彦涵：《军民合作，抗战胜利》，1944年，现收藏于中国美术馆

① 中共中央党史研究室：《中国共产党历史 第一卷（1921—1949）》（下册），北京，中共党史出版社，2011年，第593页。

二、《团结一切抗日的知识分子》：开展文化教育

中国共产党领导抗日民主根据地军民在大力加强政治和经济建设的同时，还大力开展"文化教育建设"①。抗战时期，中国共产党为了赢取抗日战争的胜利和广泛提高国民的文化水平与政治觉悟，提出团结、吸收、培养知识分子。同时，为改变根据地农村民众落后的文化状况，党在各根据地开展了一系列的文化扫盲运动，由知识分子教授文化知识，宣讲抗战的革命道理及政策。这些措施在提高根据地民众文化水平的同时，也极大地促进了根据地群众思想的解放。据此，党的文艺骨干通过美术作品，向人民大众宣传了党尊重、重视知识分子，努力提高抗日军民的文化水平，树立了党的优良形象。其中，具有代表性的作品有《团结一切抗日的知识分子》《提高抗日军民文化水平》等。

一方面，尊重、重视根据地知识分子。随着知识分子的加入，抗日队伍的知识文化水平得到了提升，同时知识分子加入革命队伍也对根据地文化建设的发展做出了卓越的贡献。因此，抗战时期中国共产党坚持尊重和重视知识分子。例如，版画《团结一切抗日的知识分子》，描绘了当时在根据地，中国共产党的军人、知识分子、群众洽谈的热闹场面。该版画反映了中国共产党对待知识分子的政策：首先是大量吸收知识分子加入军队、党的学校、政府工作；使中国共产党的人才组织规模得到发展壮大；其次是保护、尊重和优待知识分子，以体现中国共产党团结和吸收知识分子的决心，吸引大批知识分子全心全意地为中国共产党的革命事业做出自己的贡献；最后是认可、支持知识分子。党充分维护知识分子的权利，认可、支持知识分子所从事的工作。力图从重视知识分子政治地位和政策优待以实现对知识分子的"争取"和联合抗战的需求。由此可见，版画《团结一切抗日的知识分子》形像地展现了中国共产党对待知识分子的态度，并且通过宣传教育，促使一部分知识分子思想发生改变；使其由改良转向革命，成为中共党组织吸收和培养的干部基础。

另一方面，提高根据地人民文化水平。抗战时期，中国共产党提出倡导知识分子与工农群众相结合的政策，旨在提高根据地群众文化水平；主要开展了

---

① 中共中央宣传部编：《中国共产党宣传工作简史》（上卷），北京，人民出版社，2022年，第131页。

识字班运动，极大降低了根据地文盲率，提高了农民的文化素质和政治觉悟。其中，最具代表性的作品是木刻版画《提高抗日军民文化水平》。画面中一位高大威武的八路军干部正在激情满满地向群众宣讲，只见他左手拿书，右手握拳，有力地高高举起。同时一脚迈向前方，一脚立地，肢体动作坚定而有力。与他相对而坐的是两位妇女，以及站在两人身后的一女两男。五个人都一致地把目光投向正在讲课的八路军干部，聚精会神地听讲着，十分认真的样子。从面部表情看，五位学习文化的群众年龄不一，尤其是在画面最前方坐在木头上的男性，俨然已是人到中年了，但他双手紧握课本，抬头仰望教员的神情流露出的是对文化知识的渴望和对难得的学习机会的珍惜。从人物衣着来看，包括八路军在内的六位画面人物从头到脚穿戴整齐，干净整洁。就环境而言，这幅作品描绘的是一个"阅书室"，室内背景处的书架、中国地图和书写着"提高抗日人民的文化与理论水平"的标语，以及教员身边的书桌和凳子，将一个朴素的学习场景做了简单而明确的交代。由此，这幅作品实现了宣传抗战、团结人民、教育人民、打击敌人的作用；描绘了根据地军民在知识分子的影响下，认真学习文化知识的动人场景，呈现了中国共产党宣传抗战、团结知识分子、教育人民、打击敌人的英勇形象（见图5-10）。

图5-10 《提高抗日军民文化水平》（选自中国国家博物馆编：《抗日战争时期宣传画》，第168页）

三、《八路军生产》：大生产运动

"加强抗日民主根据地的经济建设"①是中国共产党领导抗日军民独立坚持长期敌后抗战的重要部分。因此，抗日战争期间中国共产党领导开展了大生产运动，这是一次重大经济建设运动，其目的在于打破敌人之封锁，实现生产自给，克服边区与抗日根据地的物质困难，减轻民众之负担。在大生产运动期间，中国共产党发挥党组织的领导作用，提出要全面地发动群众生产活动，争取"男女老幼及游民分子"②皆参与生产。据此，党的文艺骨干以生动形象的美术作品再现了大生产运动的盛况，赞扬了妇女劳作的英勇形象，宣传了中国共产党的大生产运动政策，深入人心，鼓舞了人们参加大生产运动的热情，为争取抗日战争的胜利奠定了基础。其中，具有代表性的作品有《八路军生产》《纺线线》《拥护咱们老百姓自己的军队》等。

一方面，反映生产盛况。在大生产运动中，我们党组织部队、机关等单位一起参与生产；通过帮助农村群众开展大生产运动，使广大农村群众获得充足的粮食和日用品，解决物资匮乏的问题，大力支援抗战事业。反映边区生产运动盛况的代表作是《八路军生产》。画面描绘了南泥湾条件恶劣，但是三五九旅的八路军战士始终自力更生、奋发图强，用自己的双手和汗水，把荒无人烟的南泥湾，变成了到处是庄稼、遍地是牛羊的"陕北的好江南"。该画作向人民群众宣传了南泥湾的生产故事：八路军全旅上下一律参加生产劳动，各级领导以身作则，广泛开展劳动竞赛，极大地激发了指战员的劳动积极性。"1943年，第359旅开荒种地10万亩，产粮1.2万石，实现了粮食、经费、肉菜全部自给。1944年，全旅开荒地增加到26万亩，产粮3.6万石。"③《八路军生产》展现了当时边区人民生产的热情与生产的盛况，表现了劳动人民对生活和土地的热爱，宣传了中国共产党强大的领导力与正确的政策。

① 中共中央党史研究室著：《中国共产党历史 第一卷（1921—1949）》（下册），北京，中共党史出版社，2011年，第597页。
②《中共中央政治局关于减租生产拥政爱民及宣传十大政策的指示》（1943年10月1日），载中共中央宣传部办公厅、中央档案馆编研部编：《中国共产党宣传工作文献选编（1937—1949）》，北京，学习出版社，1996年，第537页。
③ 李蓉：《中华民族抗日战争史》，北京，中央文献出版社，2005年，第442页。

另一方面，促进妇女解放。在大生产运动中，农村妇女们通过纺织支援前线，坚持抗战。因此，在宣传妇女解放方面，以木刻作品居多，因为"木刻作品的主题选择、图像策略、图像话语等不是对大生产运动的简单'再现'，而是包含着形象重塑的使命。"[①] 其中，最具代表性的是木刻版画《纺线线》，描绘了 13 位女性共同纺线的劳动场面。画面中 11 位女性正在操作纺车，还有两人正在收线；她们所有人都留着短发，穿着灰布军装；尽管画面中没有表现她们的脚，但从其健壮的身材推测，理应是自然的"天足"。因此，她们的形象既是女学生、知识女性，又代表了边区女干部，是当时"新女性"的代表。又如党的文艺工作者古元创作《拥护咱们老百姓自己的军队》。画面中描绘了一个正在纺织的妇女，她坐在挂着"丰衣足食、建立家务"对联的窑洞门口纺线。该版画反映了大生产时期，纺线既是拥军的必要手段，又能产生改善农民生活的经济效益，展现了妇女为支援抗战，辛苦劳作的形象。由此可见，两幅版画均描绘了妇女参与纺织运动，辛勤劳作、支援抗战的英勇形象；同时也从侧面展现出纺织运动在获得经济效益的同时，也给底层劳动妇女带来了满足感、自豪感和尊严，促使边区的妇女解放。

四、《乡村干部会议》：延安整风运动

抗日战争以来，党的组织得到很大发展，但在广大新党员身上还存在着非无产阶级思想；同时，老党员也要进一步提高思想觉悟，以适应新的形势任务。因此，1942 年 2 月，毛泽东作《整顿党的作风》和《反对党八股》的报告，"全面阐明整风的任务和方针"[②]，在全党引起了热烈反响。延安整风运动是一次马克思列宁主义教育运动，是用正确认识克服错误认识、用无产阶级思想克服非无产阶级思想的思想革命运动。因此，在中国共产党的领导下，党的文艺骨干通过创作美术作品，向群众宣传了全党开展整风运动对于推进马列主义和中

---

① 郑艳：《延安大生产运动时期纺织主题木刻版画研究》，《中国国家博物馆馆刊》，2022年第5期。
② 中共中央党史研究室著：《中国共产党历史 第一卷（1921—1949）》（下册），北京，中共党史出版社，2011年，第617页。

国革命的具体实践相结合具有重大的意义，为抗日战争和中国革命的胜利奠定了思想基础。其中，具有代表性的作品有版画《区政府办公室》《乡村干部会议》等。

（1）整顿党的作风。整风运动是要求全党在学习的基础上广泛开展调查研究，纠正党内原有的错误思想，学会运用马克思主义的立场、观点、方法研究和解决中国革命的具体问题。因此，在反映整顿党的作风方面，具有代表性的是版画《区政府办公室》（见图 5-11）。该画创作于 1943 年，以明快的单线轮廓和简练的刀法，用阳刻线将人物凸显出来，点画之间传达出人物的神韵，颇有写意传神的意味，显出时代气氛与民族艺术风格。画面生动展现了区政府办公室内的繁忙景象，办公人员各司其职、忙碌不已，体现了整风运动后全党在纠正错误思想、运用马克思主义的立场观点和方法解决实际问题上的显著进步。一位头戴军帽、面带胡须的中年干部正专心倾听一位身着传统陕北服饰的妇女的诉求，妇女焦急的神情与周围环境形成了鲜明对比，突显了基层工作者对待民众问题的认真态度。靠窗位置，两位同志相对而坐，其中一人执笔疾书，另一人则满怀期待地注视着登记簿，身旁放置的行李卷象征着他长途跋涉

图5-11 《区政府办公室》（选自中国国家博物馆编：《抗日战争时期宣传画》，第163页）

前来寻求帮助。该版画不仅反映了基层党务工作者严谨负责的工作作风，更深刻体现了中国共产党在整风运动之后，如何以更加科学的方法论指导实践，积极解决群众的实际困难，展示了党紧密联系群众、依靠群众智慧解决问题的良好风貌。

（2）开展批评与自我批评。延安整风运动的重要原则是"知无不言、言无不尽，言者无罪、闻者足戒"，具体做法是开展批评与自我批评。版画《乡村干部会议》将画面聚焦于一间简朴的屋子内，乡干部们围坐在一起，他们面容专注，气氛严肃而热烈。尽管他们来自不同的家庭，但此刻他们的心紧紧相连，共同讨论着如何更好地通过实际行动贯彻党的政策，服务人民群众。在这次会议中，干部们不仅详细探讨了具体的措施，还开展了深刻的批评与自我批评。每一位参与者都坦诚地反思自己的工作方法和思想态度，勇于承认不足，并积极寻求改进之道。该版画不仅生动描绘了基层干部在整风运动后积极参与党内学习教育与组织群众的场景，也从侧面反映了当时党内开展整风运动时坚持实事求是的辩证唯物主义的思想路线，使干部在思想上大大地提高一步，使党达到空前的团结；展现了整风运动正式开始后，毛泽东等领导人不仅对犯过错误的党内同志进行批评，而且带头作自我批评，营造了"与人为善、团结同志，同时又敢于批评、帮助同志"的良好局面。

党的文艺骨干与爱国艺术家们通过创作美术作品有力地宣传了抗日民主根据地的建设，宣传了中国共产党积极促进军民团结合作，共筑抗日长城；开展文化教育，发挥知识分子的作用，提高抗日民主根据地军民文化水平；开展大生产运动，解决物资匮乏问题，支援抗战前线；开展党内整风运动，及时纠正思想错误；使人民群众更加信任、拥护党的领导，为抗战取得胜利奠定坚实基础。

第四节 |《伪军的三条路》：开展反敌伪与对外宣传

中国共产党认为只有向国际社会揭露日本帝国主义的侵略暴行，讲好中国共产党积极抗日的故事，才能赢得国内外的广泛认同，为抗战胜利争得一定的舆论、道义和智力支持。同时，必须对敌伪展开大规模的反战宣传，以瓦解敌人意志，揭露敌人灭华阴谋。因此，中国共产党积极开展反日伪宣传和对外宣传工作。一方面，中国共产党强调对敌伪的宣传工作应"富于刺激，具有感情的煽动作用，以促进日军厌战怠战。"① 另一方面，中国共产党通过创办各式各样的对外宣传刊物，以扩大我党我军的国际影响，赢得国际社会的支持与援助。在中国共产党的领导下，党的文艺骨干以美术作品向日军、伪军和国际社会进行宣传。在创作题材的选取上，首先是对日军的宣传，如《朝死路上走》《日兵之家》《我们欢迎日军跑过来的兄弟们，绝对优待俘虏》等；其次是向伪军宣传，如《伪军弟兄请你仔细想想》《伪军的三条路》《五路军走哪一条路？》等；最后是向世界宣传中国共产党抗日的故事，如创办《中国通讯》《晋察冀画报》等期刊。

一、《朝死路上走》：瓦解日军的宣传

瓦解敌军是中国共产党军队政治工作三大原则之一。1938年抗战进入相持阶段，日军速战速决灭亡中国的计划破灭，日本军队中开始出现厌战情绪。因此，八路军在经过防御阶段的作战后，积累了对日军作战经验，在分析敌情我情的基础上，决定进一步加强瓦解日军工作。此后，中国共产党着手开始调查、搜集日军信息，并根据战争形势，创作、编辑和印刷各种对日军宣传的美术作品，以"削弱和摧毁日本法西斯军队的战斗力"②，涣散其组织，用以配合党在军事上的抗击，取得战争的最后胜利。其中，最具代表性的作品有《朝死路上走》《日兵之家》《我们欢迎日军跑过来的兄弟们，绝对优待俘虏》。

其一，以揭露日军战争性质，唤起日军思乡情绪为主要内容。中国共产党认为宣传品内容应抓住日本士兵情绪，"以激动敌军的反战及思乡情绪，减弱

---

① 刘型：《八路军两年来敌军政治工作的总结》，《八路军军政杂志》，1939年第1卷第10期。
② 谭政：《论敌军工作的目的与方针》，载《谭政军事文选》，北京，解放军出版社，2006年，第93～95页。

其战斗意志，"①增加其悲观懈怠的情绪，以削弱其战斗力，最后瓦解其部队。因此，一方面，在揭露日军战争的性质上，最具代表性的作品是漫画《朝死路上走》。该漫画将笨重的坦克和瘦弱的日本平民、骄横的日本军阀和可怜的日本平民作鲜明对比。在画面中，一位日本军官坐在一辆巨型坦克上，坦克上写着"侵华军费七万万万元"，巨型坦克压着两个受伤的日本平民往前方万丈深渊行驶去。《朝死路上走》揭露了日本军阀发动侵华战争是以牺牲日本人民的血汗为代价，消耗的巨额军费给日本带来了沉重的负担；揭穿了日本统治者对下层士兵、平民百姓的欺骗及其发动战争的侵略性质，进而触发士兵思乡情绪。另一方面，在唤起日军思乡情绪上，最具代表性的作品是党的文艺工作者徐灵创作的木刻《日兵之家》。该版画刻画了一个侵华日军士兵之母望着屋内凄然而卧的儿媳和孙儿默默祈祷；描绘了日本人民盼儿、盼夫、盼父的老少三代已经陷入贫困状态，挣扎在死亡线上。由此可见，中国共产党通过宣传日本国内人民生活悲惨，勾起了日本士兵思念家乡、盼望战争尽早结束的情绪，在瓦解日军战斗意志上产生了强烈的情感共鸣。

其二，以宣传八路军的俘虏政策为主要内容。由于民族隔阂和日本军阀的欺骗，日军在与八路军交战中，起初对当俘虏十分恐惧。因此，为了使日军了解党的俘虏政策，八路军制定优待俘虏政策，"利用艺术化的宣传方法"②向日军宣示将平等对待日军俘虏。在宣传中国共产党的俘虏政策方面，最具代表性的是漫画传单《我们欢迎日军跑过来的兄弟们，绝对优待俘虏》（见图5-12）。在画面中，一个八路军军人张开双手，欢迎对面跑过来的一个日本士兵，两个人的脸上都露出了微笑，烘托出一片和平愉快的氛围；同时，传单中还配有文字"我原是××部队的××士兵，现在被俘在八路军里。八路军不杀日本俘虏……逃过来吧，优待你们！"该传单表明了中国共产党对待日军俘虏的态度：首先，对于被我军俘虏的日军，不许杀之并须优待之；其次，对于自发前来的日本士兵，应保障其生命安全；第三，对在战场上受伤的人，"应依阶级

---

① 中共中央宣传部编：《中国共产党宣传工作简史》（上卷），北京，人民出版社，2022年，第121页。

② 王欣媛：《抗日战争时期中国共产党对日军宣传工作研究》，《延安大学学报》（社会科学版），2010年第5期。

图5-12　《我们欢迎日军跑过来的兄弟们，绝对优待俘虏》
（选自中国国家博物馆编：《抗日战争时期宣传画》，第216页）

友爱医治之"[1]；第四，对于愿返回故乡者，应给予路费。传单宣传了反战情绪。中国共产党通过对俘虏政策的美术宣传，揭穿了日本法西斯发动侵华战争的阴谋，提高日本士兵的思想觉悟，宣传了党的优待俘虏政策；使日本士兵逐渐认清日本法西斯军阀的欺骗性演说，增加对中国共产党的好感，一定程度上加速消磨了日军的战斗性。

二、《伪军弟兄请你仔细想想》：瓦解伪军的宣传

伪军是抗战时期日寇通过威逼利诱中国人形成的特殊群体，是日寇意欲同化国人灭亡中国的工具。九一八事变后，日军势力逐步渗透中国，他们开始组建并利用伪军作为其侵华行动的帮凶。抗日战争时期，敌强我弱的国情决定了必须重视敌军工作，开展对敌宣传。因此，中国共产党将对伪军的宣传工作作为抗日战争时期的重要工作之一，通过对伪军开展宣传工作，扩大和巩固了抗日民族统一战线，为夺取抗日战争的胜利创造了有利的条件。据此，在党的领导下，党的文艺骨干通过创作美术作品，团结一切可以团结的力量，发动对伪

[1]《第八路军总指挥部关于日军俘虏政策的命令》（1937年10月25日），载中国人民解放军历史资料丛书编审委员会：《八路军文献》，北京，解放军出版社，1994年，第82页。

军的宣传攻势，为抗战胜利提供保证。其中，最具代表性的作品有《伪军弟兄请你仔细想想》《伪军的三条路》《五路军走哪一条路？》等。

其一，动摇伪军思想。具有代表性的是 1941 年晋察冀军区政治部印发漫画传单《伪军弟兄请你仔细想想》（见图 5-13）。这张传单描绘了一位坐在地上托腮沉思的身穿军服的伪军，头顶上浮现出他思考着自己同样作为中国人，何以忍心去伤害自己的同胞；自己家中的儿子和父母忍饥挨饿，盼望自己早日回家；以及自己在战场上被日军利用，成了日军"挡箭牌"。当时，这张传单被张贴和分发后，不禁让驻足观看的伪军产生深深的自责和愤怒不甘的各种情绪。"漫画作为一种革命性的战斗武器比照片和文字更能形象直观地使读者看到敌人的丑陋面目"①。《伪军弟兄请你仔细想想》直观地反映了很多士兵都是被迫加入伪军的，他们都怀有爱国情感；只要以国家民族的正义去感化他们，是可以使他们回头的；因此应想尽一切办法动摇伪军思想，争取伪军反正抗日。

图5-13 《伪军兄弟请你仔细想想》（选自中国国家博物馆编：《抗日战争时期宣传画》，第234页）

其二，分化瓦解伪军。伪军是"日军'以华制华'毒计的产物"②。因此，党高度重视对伪军的分化瓦解作用，提出对伪军应当以消灭和争取，反正和瓦解同时并进，对不同的伪军采取不同的政策。总的原则是争取同情分子，控制

---

① 李茜雅：《〈晋察冀日报〉中的漫画与抗战政治宣传》，《保定学院学报》，2024年第2期。
② 中共中央宣传部编：《中国共产党宣传工作简史》（上卷），北京，人民出版社，2022年，第123页。

两面派，打击坚决作恶的分子。第一，在争取同情分子方面，具有代表性的作品是招贴画《五路军走哪一条路？》。画面中一个伪军徘徊在歧途中，一边画着为日本鬼子宣扬的反共反人民的道路，一边画着为日本鬼子所仇视的共同坚持敌后抗战的道路。他的内心充满了挣扎与矛盾，这种摇摆不定的心理状态也为中国共产党争取他们投降反正提供了可能。该画反映了当时中国共产党对伪军的宣传方针是努力争取同情分子，使他们同情抗日，直接或者间接帮助抗日事业；孤立日寇，使其不能够建立强有力的伪军和伪政权，最后经过他们进行瓦解敌军工作。第二，在打击作恶分子方面，具代表性的作品是漫画《伪军的三条路》。画中描绘了伪军的三条道路。第一条路是甘心当汉奸，日久天长，日寇不相信，枪毙活埋——死；第二条路是死心作恶不改，自绝国人，国法难容，被抗日军民逮捕——死；第三条路是不叛祖国，暗中抗日，反正杀敌，戴罪立功——光明。该漫画清晰地说明了在对伪军的宣传中，"漫画的显著特点是以直观形象的方式传递文字所无法完全表达的信息"[1]，反映了当时我党对待伪军中的顽固作恶分子的政策是：对顽固与人民为敌、死心塌地为日军卖命的首恶分子，则坚决予以打击。在除掉首恶分子过程中，首先做宣传工作，对其罪行予以揭露并警告，除掉后贴出布告，在基础好的地方开群众大会公审，以教育伪军，在心理上打击了作恶分子，激发了伪军投诚反正的心理，并使其意识到只有团结一致抗日救国才是真正的出路。由此可见，《伪军弟兄请你仔细想想》《五路军走哪一条路？》《伪军的三条路》都说明了在对伪军的宣传中，"只有充分利用、发挥每种宣传方式的功效，才能完成具体的宣传任务，"[2]体现了中国共产党的坚持"分化瓦解伪军，争取伪军反正"[3]的原则对坚持敌后抗战具有积极作用。

---

[1] 包志国、陈宇翔：《"中共图像史"：研究视域、构想及展望》，《中共福建省委党校（福建行政学院）学报》，2021年第6期。

[2] 冯秀香、黄锦柠：《抗战时期中国共产党对伪军标语宣传探究》，《吕梁学院学报》，2023年第1期。

[3] 中共中央党史研究室：《中国共产党历史 第一卷（1921—1949）》（下册），北京，中共党史出版社，2011年，第591页。

三、《晋察冀画报》：向世界讲述红色中国的故事

为向世界人民宣传中国共产党领导的抗战，争取国际社会的支持和援助，中国共产党高度重视对外宣传，积极主动向世界讲述中国共产党的故事，讲述党领导下抗日军民的故事，扩大了中国革命和中国共产党的国际影响。因此，中国共产党首先通过创办对外宣传刊物，以扩大我党我军影响。对外宣传刊物是抗日战争时期党对外宣传抗日根据地和中央方针政策的重要载体。中国共产党通过外宣刊物，将真实的战斗生活反映给国际社会，扩大了中国革命和中国共产党的国际影响，逐渐在国际社会树立了中国共产党的优良形象。其中最具代表性的外宣刊物是《中国通讯》《晋察冀画报》。

《中国通讯》用事实阐明中共立场、表达中共声音，是党的对外传播事业规模化、专业化的起步。该期刊是于 1941 年 3 月由中共中央宣传部在延安创办的第一份外文期刊，是中国共产党专业化、定期化对外传播事业的开端。《中国通讯》积极报道军民抗日情况，以客观事实、亲历与见闻以及切身感受，展示中国人民艰苦卓绝的抗战。中国共产党邀请被八路军营救、经晋察冀边区转到延安的外国人为《中国通讯》撰稿，讲述自己的亲历见闻，介绍自己所见到的边区军民抗日情境以及日本侵略者的暴行。

《晋察冀画报》是由中国共产党创办的第一本以摄影为主体的综合性刊物。其中首期画报全面反映了晋察冀边区抗战多年来的战斗和建设成就。刊登的照片包括八路军初创晋察冀抗日根据地时的各种战况，如收复涞源、蔚县、平型关等城镇要隘；有著名的黄土岭战斗、大龙华战斗、百团大战等重大战斗和战役；有边区子弟兵战斗生活、狼牙山五壮士、群众支前、青年参军、军民鱼水关系等；有边区生产运动和民主政权建设；有对日寇暴行的控诉、八路军优待俘虏及敌伪投诚、日人反战同盟支部活动；有边区新民主主义艺术、教育、出版事业的发展。其以鲜明的斗争品格、强烈的现实关注、图文并茂的艺术形式、精美大方的印刷装帧，向抗日军民奉献精神食粮，向日本侵略者投掷精神炸弹，扩大了中国共产党的影响。由此可见，中国共产党创办的这些外宣刊物，对于向世界人民宣传中国共产党领导的抗战，争取国际社会的支持和援助，以及向世界讲述中国共产党的故事都发挥了重要作用。

在党的领导下，大批美术工作者将艺术追求融入民族救亡图存的时代大潮，创作出了许多彰显民族抗战意志的经典之作。这些诞生于烽火之中的丹青画卷将伟大抗战精神凝固成视觉史诗，在中华民族的精神图谱上留下了闪光的一页。党的文艺骨干、爱国画家用画笔激励民众抗击外来入侵者的斗志，极大地鼓舞了人们战胜侵略者的勇气和信心，同时，在动摇敌方的士气中也发挥了重要的作用。中国共产党将历史的真实以一幅幅美术作品切切实实地记录下来；同时这些美术作品的宣传也削弱了日本士兵和伪军的作战意志，促使他们在思想上形成对战争的厌恶情绪，对争取整个抗日战争的胜利发挥了一定的作用。抗战十四年，美术发挥着匕首和投枪的作用，中国共产党所领导的美术工作者们是这场民族救亡运动中的一支强有力的生力军。

第六章

革命演绎：

抗战戏剧与党的宣传工作

张闻天在担任中共中央宣传部部长时曾提出，要利用戏剧这种"活泼的、群众的宣传鼓动工作的形式"，以公开的方式扩大宣传鼓动工作的范围，把我党的政治影响传到"工厂中、农村中、学校中、兵营中的广大的群众中去"①。由此可见，在中国共产党领导的宣传鼓动工作中，戏剧占有举足轻重的地位。"戏剧"，是一种"综合的艺术"，包含话剧、活报剧、歌剧和地方戏曲等剧种，具备着诸多艺术的特质："包容着音乐的节奏，诗歌的韵律，图画的形色，雕刻的姿势，跳舞的动态，小说的情节，建筑的写实等"②。在戏剧演出时，往往只需要简单的设备或"利用自然场景为舞台"，就可以使观众"忘我"地"进戏"③中来。即使是面对不识字的观众，也可以使其直接地感知其中讲述的故事情节，沉溺于剧中故事和情感，似乎"与演员同在一地点"④一同生活着。正因此，在抗日战争时期，中国共产党以戏剧作为宣传的有力武器，更广泛地动员群众参与到抗战救亡的队伍中来。正如著名民主人士李公朴在评论边区戏剧创作和演出时所述："多少壮丁"只因看了一出戏剧，便"自觉的、坚决的"加入到抗战部队；"不少顽固分子"在看了戏剧演出后"悔过自新"⑤。总之，在这一时期，中共领导下的戏剧工作者以剧本配合抗日战争过程中的客观形势，通过演绎揭露劳苦大众痛苦根源、宣扬民众爱国意识与民族意识以及破除封建迷信、摒弃陋习等题材的戏剧，鼓舞民众积极抗战，激发民众革命斗志，为抗战凝聚起磅礴的力量。

---

① 张闻天：《论我们的宣传鼓动工作》（1932年11月18日），载中共中央宣传部办公厅、中央档案馆编研部编：《中国共产党宣传工作文献选编（1915—1937）》，北京，学习出版社，1996年，第1093页。
② 洪深：《洪深文集》（二），北京，中国戏剧出版社，1988年，第622页。
③ 晋察冀革命文化史料征集协作组编：《晋察冀革命文化艺术大事记》，石家庄，花山文艺出版社，1998年，第22页。
④ 洪深：《洪深文集》（二），北京，中国戏剧出版社，1988年，第622页。
⑤ 晋察冀革命文化史料征集协作组编：《晋察冀革命文化艺术大事记》，石家庄，花山文艺出版社，1998年，第19页。

第一节｜反映现实中的苦难：活的艰难与死的凄惨

毛泽东曾指出，只有"认清中国的国情"，才能"认清中国革命的对象"，才能认清"中国革命的任务"①。因此，中国共产党要实现动员广大群众加入革命队伍这一目标，首先要让群众认清现实生活的黑暗和惨苦，认识到苦难的根源，从而使群众产生出对获得自身解放的迫切希望，进而为摆脱这种被剥削、被压迫的地位作斗争。据此，中国共产党在宣传鼓动工作中强调，要把"目前国际国内或当时当地所发生的事情向群众解释"，从各方面对"异民族残暴奴役"及"旧社会内各种压迫人民的黑暗"进行揭露，使群众能够认识到侵略者、封建势力和官僚资本主义的真实面目，从而激起群众内心的不满与仇恨，"引导他们到革命的道路上去"②。正是在这一思想指导下，中国共产党领导下的戏剧工作者以"群众生活的实际"为原料，"有计划有系统地"与封建思想、帝国主义及资产阶级进行"坚决斗争"③。在戏剧创作过程中，首先选择能够反映社会背景的题材：一是为揭露帝国主义国家间相互勾结的丑陋行径以及帝国主义统治下普通民众的悲惨生活；二是为揭露封建统治者的卖国行径和封建地主对民众的压迫；三是为揭露以蒋介石为首的南京国民政府的本质及在军阀统治下给人民带来的沉重灾难。

一、《不要忘了》《放下你的鞭子》

1932年党中央在《中央致上海反帝大同盟党团的一封信》中指出，自九一八、"一·二八"以来，在日本帝国主义及其他英美法意帝国主义的劫掠

---

① 《中国革命和中国共产党》（1939年12月），载《毛泽东选集》（第二卷），北京，人民出版社，1991年，第633页。
② 《中央宣传部关于党的宣传鼓动工作提纲》（1941年6月20日），载中共中央宣传部办公厅、中央档案馆编研部编：《中国共产党宣传工作文献选编（1937—1949）》，北京，学习出版社，1996年，第256页。
③ 江西省文化厅革命文化史料征集工作委员会，福建省文化厅革命文化史料征集工作委员会编：《中央苏区革命文化史料汇编》，南昌，江西人民出版社，1994年，第249页。

下，"千百万中国工农兵士劳苦民众横被践踏屠杀"，因此外国帝国主义作为"中国反动统治的最高组织者与支配者"，是"中国革命主要敌人之一"①。继而在1933年6月8日发表的《中央致各级党部及全体同志的信》中又对建立"反帝运动中的统一战线"提出迫切需要，指明了反帝统一战线的行动纲领和具体的行动方式。信中指出：我党要夺取反帝运动的领导权，就要"深入到一切有群众的地方和组织"并参加各类群众运动，使用"群众易于了解和接受"②的方式，让群众通过自身经验，相信党的领导的正确，并走上革命的道路。在这一行动纲领的指导下，诸多参与反帝运动战线的戏剧工作者，通过创作戏剧的方式告诉群众，在帝国主义压迫下的大众是过着怎样黑暗和惨苦的生活。这些戏剧根据其主要内容可分为以下两类：

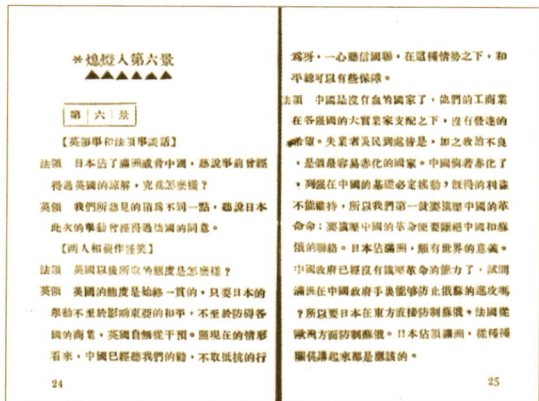

图6-1 《不要忘了》影印版剧本（欧阳予倩：《不要忘了》，广州，广州剧联出版，1932年，第24～25页）

第一，以揭露帝国主义相互勾结为主要内容。如中国共产党领导的中国左翼戏剧联盟成员——欧阳予倩创作的《不要忘了》（见图6-1）。该剧为多场景活报剧，讲述了从日本帝国主义发动万宝山事件开始，中经九一八、"一·二八"，直到"李顿调查团"来华的一系列故事。剧中揭露了帝国主义者为了各自利益、瓜分中国的野蛮行径：一是英、法两国领事为维持列强在中国的地位，维护自身既得的利益，不仅支持日本占领满洲以"防止苏俄的进攻"，并安排"国际联盟"出面与日本交涉中国问题，把中国的命运交由"国际决定"，把"存亡的问题整个的交给国

---

① 《中央致上海反帝大同盟党团的一封信》（1932年2月11日），载中共中央宣传部办公厅、中央档案馆编研部编：《中国共产党宣传工作文献选编（1915—1937）》，北京，学习出版社，1996年，第1070页。

② 《中央致各级党部及全体同志的信（节选）》（1933年6月8日），载中共中央宣传部办公厅、中央档案馆编研部编：《中国共产党宣传工作文献选编（1915—1937）》，北京，学习出版社，1996年，第1127～1134页。

际处理"；还以"列强公管"的方式"肃清"中国的革命，把中国变成英、法等
国公共的殖民地，形成"中部北部由日本负责，南部由法国负责，中部由英国
负责"，并"开发各种的富源"①的局面。二是日本为解决上海"排日运动"带
来的威胁，将"排日运动"扩大为"排外运动"，以联合多方列强对该运动加以
干涉，并把上海变为自己的"礼物"，"邀请"英、美"赞助"其提出的"大上
海的计划"②。可见，话剧《不要忘了》生动形象地勾画出日、美、英、法等帝
国主义既狼狈为奸，一致与中国人民为敌；又钩心斗角，互相之间争权夺利的
侵略者本质。该剧在广州一个中学演出时，因内容尖锐，学生情绪激动，"演不
到一半警察就去抓人，只得中途停演"③。

第二，以揭露帝国主义统治下普通民众的悲惨生活为主要内容。如由凤歌
创作的短剧《狗咬》，描写了上海的一件实事，讲述了在帝国主义统治下上海
租界的中国人民过着甚至连狗都不如的生活。在该剧中，一对英国夫妇家养的
狗咬伤了送信的邮差，对此英国夫妇没有丝毫歉意，声称中国人都很坏，而邮
差的行为是"敲竹杠"，自家的狗则是"西洋国"这一"文明地方出产的"；面
对索要赔偿的邮局调查员，英国夫妇甚至讨价还价，认为"两块钱太贵"，一
块"洋钱"就可以让邮差买新衣服穿；当邮差不堪羞辱，举起肩上的信件要打
狗时，英国夫妇叫来印度巡捕"阿三"；"阿三"出现后不问事实真相，看到邮
差是中国人，便要将其"拖到巡捕房去"，最终调查员打了圆场带离了邮差。④
此剧真实地反映出在帝国主义统治下的上海，中国普通老百姓过着毫无人权，
遭受屈辱只能忍气吞声，无法反抗的生活。话剧《狗咬》的演出，激发了广大
群众内心中对帝国主义的不满与仇恨，也教育了群众，只有通过反抗才能获得
自身的解放。又如话剧《放下你的鞭子》（见图6-2），讲述了九一八事变后东
北人民在日本帝国主义的残暴统治下的悲惨遭遇。在该剧中，一对父女从东
北沦陷区逃出来，流离失所、以卖唱为生；一日，女儿香姐在卖唱时因饥饿难

① 欧阳予倩：《不要忘了》，广州剧联出版，1932年，第24～26页。
② 欧阳予倩：《不要忘了》，广州剧联出版，1932年，第31～37页。
③ 欧阳予倩：《欧阳予倩文集》（第一卷），北京，中国戏剧出版社，1980年，第533页。
④ 汪木兰，邓家琪编：《中央苏区戏剧集》，南昌，百花洲文艺出版社，1992年，第343～346页。

耐，晕倒在地，其父为让其继续卖唱，举起鞭子连续抽打她，剧内围观观众中一名青年工人十分愤怒，上台阻止并大声高呼："放下你的鞭子！"[①] 夺下了其父的皮鞭，并加以指责；随后老父和香姐向众人诉说了日本侵华、家乡沦陷等辛酸之事；最后，全场高呼"大家联合起来，一齐去打倒我们的仇人！"[②] 1937年9月，该剧在南昌湖滨公园演出时，当演到女儿香姐哭诉因日本侵占东北，"杀人放火，抢劫奸淫"无恶不作，害得她与其父无奈四处流浪时，周围许多观众"也为之心酸泪落"，对其父女的遭遇表示深切的同情，并"纷纷掏钱给她们"，金额多到用铜锣都接不下，只能"拿出抗战后援会募捐专用的大竹筒来装钱"。[③] 可见，该剧使用街头剧的表演方式，配合演员高超的演技以及接近生活的剧本内容，使得群众更为直观地感受到日本侵略军的暴行带给中国普通民众的苦难，将观众代入其中产生共鸣，推动了民众抗战意识的觉醒。

图6-2 《放下你的鞭子》演出场景（吴潇怡，夏静：《把街头当舞台——抗敌演剧队以戏剧展演鼓舞抗日》，《光明日报》，2015年9月3日）

---

① 张国威编：《放下你的鞭子》，汉口，战时读物编译社，1938年，第7页。
② 张国威编：《放下你的鞭子》，汉口，战时读物编译社，1938年，第18页。
③ 吴识沧：《追记抗战初期南昌市抗日宣传文艺工作》，载中国人民政治协商会议江西省南昌市文史资料研究委员会编：《南昌文史资料选辑》（第3辑），南昌，政协南昌市委员会文史资料研究委员会，1985年，第62～63页。

此类题材剧目还有很多，如活报剧《疯魔的灭亡》、话剧《粉碎帝国主义》等，它们都表现了帝国主义侵略者的残暴及在帝国主义统治压迫下人民生活的悲惨现状。这类剧目的宣传演出，在群众中产生了极大的反响，演出效果明显，使群众认识到了侵略者的真实面目，深深激起了群众对侵略者的仇恨，使得他们进一步投身于保卫祖国的革命斗争中。

二、《赛金花》《丁赞亭》

1931年11月15日党中央发布的《中国无产阶级革命文学的新任务》中提出作家们必须"描写地主对于农民的剥削及地主阶级的崩溃"，真实地反映出"广大的贫民生活"，[①] 教化农民阶级认识到封建阶级的剥削本质。此后，党内文艺工作者周扬又指出"在半殖民地的中国，民众的压迫者和剥削者一方面是帝国主义，另一方面也就是封建势力"，封建势力依托于帝国主义，甚至"比帝国主义更直接地来压榨勤劳大众"，因而在"现阶段的文学"[②] 中要把封建势力与帝国主义相联系，揭露出封建统治者对侵略者的卖国求荣的丑陋行径，使观众联想到封建统治下的黑暗的、腐败的现实。据此，戏剧创作者以揭露封建统治者的卖国行径和封建地主对民众的压迫为目标，创作出诸多具有代表性的剧目。

第一，在揭露封建统治者的卖国行径方面，具有代表性的有戏剧《赛金花》（见图6-3）。该剧为一部七幕历史讽喻话剧，由左翼戏剧运动的主要领导者之一的夏衍创作。此剧以清末北

图6-3　戏剧《赛金花》中"赛金花"一角的原型（曾繁：《赛金花外传》，上海，上海大光书局，1936年）

---

① 《中国无产阶级革命文学的新任务》（1931年11月15日），载中共中央宣传部办公厅、中央档案馆编研部：《中国共产党宣传工作文献选编（1915—1937）》，北京，学习出版社，1996年，第1060页。

② 周扬：《现阶段的文学》（1936年6月25日），载中共中央宣传部办公厅、中央档案馆编研部：《中国共产党宣传工作文献选编（1915—1937）》，北京，学习出版社，1996年，第1224页。

京名妓赛金花在"庚子事件"中的一个插曲为线索，描写了八国联军入侵北京后，清政府在侵略者面前摇尾乞怜、投降求荣，"私通外国，帮着洋人欺负咱们中国人"①的丑态，讽刺了清末官场的腐败和丑恶，揭露了封建统治者和侵略者的卑污灵魂与丑陋行径，从而使观众联想到封建统治下统治阶级卖国政策导致的黑暗的、腐败的社会现实，激发观众内心中的悲愤与不满。据戏剧家张庚记载：《赛金花》于1936年在上海公演，期间"连续二十二场满座"，观众达3万人次，不仅轰动了上海文化界，还在整个上海社会引起轩然大波，甚至连"最落后的小商人"都被深深感触，是"话剧争取广大观众"②的一次成功案例。

第二，在揭露封建地主对民众的压迫方面，具有代表性的有话剧《丁赞亭》。该剧是由吴强、林果等四人根据封建地主恶霸"丁子亭"这一真实人物及其故事改编而成的三幕话剧。讲述了一个根据地的大地主"丁赞亭"，表面上伪装成积极拥护抗日民主政权的样子，实则因自觉利益受到损害，于是暗中抗拒减租减息，"用阴险卑鄙的手段，威逼、利诱家丁"将革命群众的领袖牛长根杀害，再买通新四军刚收编的特务大队长企图隐藏凶手，最终被"侦查破案"，被抗日人民政府依法查办的故事。剧中刻画出了典型的封建反动地主形象，揭露了以"丁赞亭"为代表的大地主"反人民的罪恶"。在戏剧演出时，不仅引起群众的反响，更引起了党的领导人的高度重视。代理新四军军长职务的陈毅同志曾到场观看，并在演出结束后专门主持召开座谈会"肯定这个戏的剧本和演出成功"③，并与剧作者反复讨论其中的人物与剧情设定。

三、《包得行》《为谁牺牲》

抗日战争时期，中国官僚资产阶级的代表——以蒋介石为首的南京国民政

① 夏衍：《赛金花》，上海，生活书店，1937年，第25页。
② 张庚：《一九三六年的戏剧》（1936年11月30日），载刘子凌编：《话剧与社会——20世纪30年代中国话剧文献史料辑》，北京，人民出版社，2014年，第193页。
③ 吴强：《新四军文艺活动回忆》，《新文学史料》，1980年第4期。

府，对中国民众开展了"加紧的掠夺剥削"①。对此，中国共产党在《中央局关于目前形势与我们的任务的提纲》《中央为转变目前宣传工作给各级党部的信》《中央宣传部关于展开对国民党宣传战的指示》等多项文件中反复强调要以一切最广泛、最深入的宣传方式，暴露国民党的残酷烧杀与独裁统治，文件中指出了国民党的反动政策和官僚资本的巧取豪夺，揭露了工人、农民、城市小资产阶级受到的残酷的压迫和剥削，以及这些行径所导致的"中国民族不可挽救的危机与不可克服的经济浩劫"②。而戏剧就是中国共产党人在当时的条件下借以揭露国民党的本质及军阀统治带给人民沉重灾难的一项有效工具。

第一，在揭露国民党的军阀统治下带给人民沉重灾难方面，具有代表性的有话剧《包得行》。该剧是由剧作家洪深创作的四幕话剧，通过无业游民包占云（即包得行）卖身顶替壮丁的故事，揭露了破坏抗战的国民党顽固派的罪行和地方大小官吏以抗日为名，敲诈勒索，营私舞弊，鱼肉百姓的黑暗现实。例如，在国民党抓壮丁时，原本年满十八岁未及四十五岁的男子"都有当兵的义务，谁先谁后凭抽签，谁先抽到谁该先去"，但保甲长借抽壮丁的事情，趁机发"洋财"，"敲诈有钱人，压迫没钱人"，让"该去的反倒躲过不去"，而"不该去的人硬拉去"，"张大着眼睛欺骗老百姓"。致使乡里有钱有势的人，"不费一个钱，儿子也不会去当壮丁"，而普通民众虽未抽签，名字却出现壮丁名册中，只有用"八十""二百六"甚至"四百块"，才能免于当兵。③此剧诞生后，洪深带领剧团团员多次使用"四川方言"进行演出，"效果极好"，被"评论界认为这是值得重视的演出手段"④。

第二，在揭露国民党的本质方面，具有代表性的有话剧《为谁牺牲》。该剧由党内戏剧家李伯钊、钱壮飞、胡底共同创作（见图6-4）。此剧创作目的是

①《中国无产阶级革命文学的新任务》（1931年11月15日），载中共中央宣传部办公厅、中央档案馆编研部编：《中国共产党宣传工作文献选编（1915—1937）》，北京，学习出版社，1996年，第1054页。
②《中央局关于目前形势与我们的任务的提纲（节选）》（1934年12月15日），载中共中央宣传部办公厅、中央档案馆编研部编：《中国共产党宣传工作文献选编（1915—1937）》，北京，学习出版社，1996年，第1183～1184页。
③ 洪深著，郑伯奇主编：《包得行》，上海，上海杂志公司，1940年，第5～10页。
④ 石曼：《重庆抗战剧坛纪事》，北京，中国戏剧出版社，1995年，第41页。

李伯钊等人对毛主席曾提出的，"要想尽各种办法"让中国共产党领导下的官兵明白他们是"为谁牺牲，为谁送命"①，这一指示的积极响应。剧中以一名青年农民为主角，以其先后两次被国民党抓去当兵的悲惨遭遇为主线，讲述了该青年先是被国民党拉去江西"剿匪"，在国民党"围剿"失败后被红军俘虏，最后红军给予遣散费助其归家的故事。在其被俘期间，该青年感受到了共产党与国民党在本质上的区别：红军非但没有像国民党那般蛮横对待他，反而实行优待政策，并且在得知他有归家意愿后，给予其遣散费以帮助青年回家与妻子团聚。正因如此，该青年在第二次被国民党抓去当兵后，毅然决然参加红军。话剧《为谁牺牲》以强烈的对比，揭露了以蒋介石为首的南京国民政府欺骗与残酷的本质。据李伯钊本人回忆：宣传队在十五军全军士兵大会上演出该剧时，台下观众"一片静寂"，只偶尔发出"饮泣声"和"使人气闷的长叹"；该剧落幕后，观众甚至久久未鼓掌叫好，一度使演职人员"怀疑演出的效果"；直到观众中突然发出一声"打倒蒋介石！打倒国民党！中国共产党万岁！"的怒吼，"全场就像烧开了锅的水似的沸腾起来"，口号声"此起彼伏""响彻云霄"。②

李伯钊　　　　　　　　钱壮飞　　　　　　　　　胡　底

图6-4　党内戏剧家（《中央苏区文艺丛书》编委会编：《中央苏区戏剧集》，武汉，长江文艺出版社，2017年）

---

① 中共中央文献研究室编：《毛泽东传》（第一卷），北京，中央文献出版社，2011年，第280页。
② 《中央苏区文艺丛书》编委会编：《中央苏区文艺史料集》，武汉，长江文艺出版社，2017年，第309页。

第二节 | 宣传抗战思想：共赴国难，视死如归

　　1936 年 1 月 27 日发表的《中共中央为转变目前宣传工作给各级党部的信》中指出，在当时的情况下"必须以最痛切、最警惕的"方式向全中国民众宣传"亡国灭种的大祸已经近临"在中国民众的头上，因此要把"不愿当亡国奴的中国人不分阶级、派别、团体、队伍"的"联合在一条战线上以民族革命战争"的方式去"战胜共同的主要敌人"。[①] 在这一时期，中国共产党人以戏剧作为号角，通过向民众表达强烈的共同精神和情绪，引起民众的情感激荡，获得民众的共鸣，以唤醒民众爱国之心、激发民众民族意识，激起民众革命的热情，鼓舞中华民族奋起抗战，共赴国难，视死如归。在创作题材的选取上，一是以激发民众的爱国热情为主，如京剧《梁红玉》《桃花扇》《木兰从军》等；二是以宣传民族独立精神为主，如历史剧《碧血花》《海国英雄》等；三是以鼓动积极抗日、联合抗日的革命精神为主，如话剧《流民三千万》《把眼光放远一点》等。

一、《梁红玉》《木兰从军》

　　抗日战争时期，中国共产党的戏剧工作者将满腔的爱国情绪深深糅进了戏剧创作和表演中。但由于该时期国民党反动派在其统治区实行严厉的宣传封锁政策，对文化宣传等宣传工作进行打压，如在《中国国民党中央宣传部告国人书》中，国民党把上海的"文化救国会"等爱国组织，刻意曲解为意图"利用'救国'的呼声"，"掩护"组织中的"叛逆行为"，以达到"颠覆政府"[②] 目的的

[①]《中共中央为转变目前宣传工作给各级党部的信》（1936年1月27日），载中国社会科学院新闻研究所编：《中国共产党新闻工作文献选编》（上卷）（1921—1949），北京，新华出版社，1980年，第83页。

[②]《中国国民党中央宣传部告国人书》（1936年2月11日），载中共中央党史资料征集委员会编：《第二次国共合作的形成》，北京，中共党史资料出版社（现中央党史出版社），1989年，第296页。

图6-5　欧阳予倩（《欧阳予倩文集》编辑委员会：《欧阳予倩文集（第一卷）》，北京，中国戏剧出版社，1980年）

组织。在种种政策的加持下，国统区直接表达爱国情怀的戏剧难以找到生存空间，剧作者们需要另辟蹊径，通过隐喻或改编的方式来表达爱国情怀，宣传爱国思想。因此，该题材的戏剧剧目大多是由历史人物及其相关事件改编而成，借"历史兴亡之事，以暗合现实动乱之秋"[①]，力图激发民众的爱国主义情感，宣传革命思想。其中最负盛名的有戏剧家欧阳予倩（见图6-5），创作的《梁红玉》《桃花扇》《木兰从军》等戏剧。

《梁红玉》讲述了南宋时期韩世忠将军与其夫人梁红玉御敌于金山、黄天荡打败金兵的故事。该剧成功地塑造了一个充满大丈夫气概、有雄才大略、满腔爱国热情的女英雄的形象，激励着人们为国家的尊严和领土完整而奋斗。该剧在内容上，不仅鼓动妇女面对国家危难要和男子一般进行爱国运动，提出"国难当头天人愤，眼看神州要陆沉，快赶强盗出国境，男女齐起共担承"[②]；而且，也极大地鼓动民众群体加入到爱国运动中，正如剧本中最后一句台词"快快打开仓库把兵器分与众百姓，一同追击敌人去者！"[③]。《梁红玉》在1937年被欧阳予倩改编为京剧本子后，曾多次由"中华戏团"在上海演出，深得观众的欢迎和赞扬。时隔一年，该剧又被欧阳予倩带去桂林，改编为桂剧，演出时"轰动了桂林市"，连演"28场"，"盛况不衰"。[④]

《桃花扇》改编自清代戏曲家孔尚任所著的同名作品。根据抗战的需要，欧阳予倩对戏剧中名妓"李香君"、艺人"柳静亭"、乐工"苏昆生"等人物

---

① 田本相、宋宝珍：《中国百年话剧史述》，沈阳，辽宁教育出版社，2013年，第197页。

② 欧阳予倩：《梁红玉》，汉口，上海杂志公司，1938年，第5页。

③ 欧阳予倩：《梁红玉》，汉口，上海杂志公司，1938年，第73页。

④ 广西艺术研究院、广西社会科学院主编：《欧阳予倩与桂剧改革》，南宁，广西人民出版社，1986年，第13页。

进行了"新的塑造"①，把剧中人物划分为以李香君为首的忠贞爱国者和以马士英为首的卖国求荣者两大阵营，形成"忠"与"奸"的对立。再将这种对立与"民族矛盾"相结合，从而体现出以"李香君"等人的"爱国之心和民族气节的崇高性质。"②。该剧赞颂了被压迫、被歧视、处于社会最底层的劳苦大众坚贞爱国的情操，有力地激发了人民群众的革命精神。《桃花扇》的演出同"《梁红玉》一样轰动了桂林市"，首演时连演了"33 场"后，"群众还一再要求续演下去"③。

《木兰从军》是欧阳予倩于 1939 年为当时的桂剧实验团创作并导演的。该剧以古代木兰代父从军的故事为基础，同时融入了抗战意识，满腔热情地歌颂了为抗敌救国驰骋沙场的巾帼英雄"花木兰"。剧中的花木兰一角不仅代表女性，更代表着新的希望：剧中以花木兰父亲"身经百战而不堪重负"的形象暗指"当时的中国"，以"木兰无长兄"暗示当时的中国陷入了"后继无人"的危险，作为女子的花木兰"武艺高强、替父从军"则意味着彼时的中国还"存在着尚待发现的希望"。欧阳予倩通过此剧力图感召出人们心中的爱国主义精神，鼓舞人民群众抗敌救亡的信心和勇气。该剧同样被多次演出，"群众争相观看，也是盛极一时"④。

欧阳予倩将抗战救亡、鼓励革命的思想与传统戏曲相结合，并对传统戏曲加以改造，使戏曲呈现出更多爱国主义精神，极富感染力，发挥出很好的宣传鼓动作用。抗日战争时期，中国共产党领导的剧作家们借以爱国主义思想为题材的戏剧，展现了内心的爱国之切与恨贼之深，宣扬了以爱国主义为核心的抗争精神，激起了广大群众的爱国之心，唤醒了民众的抗战意识。

---

① 田本相、宋宝珍：《中国百年话剧史述》，沈阳，辽宁教育出版社，2013年，第107页。
② 田本相、宋宝珍：《中国百年话剧史述》，沈阳，辽宁教育出版社，2013年，第107页。
③ 广西艺术研究院、广西社会科学院主编：《欧阳予倩与桂剧改革》，南宁，广西人民出版社，1986年，第13页。
④ 广西艺术研究院、广西社会科学院主编：《欧阳予倩与桂剧改革》，南宁，广西人民出版社，1986年，第14页。

二、《明末遗恨》《郑成功》

图6-6　阿英（《阿英文集》，北京，生活·读者·新知三联书店，1981年）

抗日战争时期，中国共产党始终重视对民族独立精神的培育与宣传，如1935年12月21日上海文化界马相伯等人面对日益沉重的"中华民族的危机"，在《上海文化界救国运动宣言》中呼吁民众组织起来，采取有效手段，争取民族独立解放。在宣言中，他们提出：争取民族解放"不单是中国人民的天经地义，而是任何被压迫民族的天经地义"，因此要"尽量组织民众"，只有"一心一德的拿铁和血与敌人作殊死战"，才是"中国民族的唯一出路"。①1938年6月24日党中央发布的《中央关于中共十七周年纪念宣传纲要》重申了九一八之后，中共提出的"以神圣的民族自由战驱逐日寇出中国，保持中国领土主权的完整的口号。"② 因此，中国共产党领导下的剧作家们，以鼓舞中华民族奋起抗战实现民族解放为目标，从民族历史的经验教训和民族英雄的典范意义中汲取历史的精神和历史的力量。具有代表性的有党内剧作家阿英（见图6-6）在上海"孤岛"时期创作的《碧血花》《海国英雄》等历史话剧。

《碧血花》（演出时名为《明末遗恨》）（见图6-7），作于1938年，取材于南明余怀的《板桥杂记》。该剧讲述了明末将门之后"葛嫩娘"，虽因家破人亡，沦为歌妓，但在国难当头之际，勇于投身战场，坚守阵地，绝不投降，为了民族的尊严和国家的利益，愿意献出自己生命的故事。剧中，在面对同为妓女的王微波劝降时，葛嫩娘不为所动，并表示"我们是明朝的人，我们要不忠

---

① 《上海文化界救国运动宣言》（1935年12月21日），载中共中央宣传部办公厅、中央档案馆编研部编：《中国共产党宣传工作文献选编（1915—1937）》，北京，学习出版社，1996年，第1192～1193页。

② 《中央关于中共十七周年纪念宣传纲要》（1938年6月24日），载中共中央宣传部办公厅、中央档案馆编研部编：《中国共产党宣传工作文献选编（1937—1949）》，北京，学习出版社，1996年，第22页。

图6-7 《碧血花》演出剧照（魏如晦：《四幕历史剧碧血花》，上海国民书店印行）

于明朝这就是不顾良心"，"不愿做鞑子的奴隶"；[①] 在死亡面前，葛嫩娘一身浩然正气，怒斥敌人，并咬下舌头将满口鲜血喷向敌人，最终英勇就义。作者从葛嫩娘这一角色出发，刻画了一位"慷慨悲壮的巾帼英雄"，展现了葛嫩娘不屈不挠的民族气节，同时发掘出根植于民间的、普遍的民族精神，为"中华民族屹立于世界民族之林"提供"精神源泉"。[②] 该剧在当时产生了热烈的演出效果，据党内戏剧工作者于伶回忆：该剧在演出时，观众对于舞台中呈现的台词、情绪与动作，产生了"强烈的共鸣"；由中国共产党创办的报纸刊物"连日连篇"发表评论及赞扬文章；在上海璇宫剧院连续演了两个月，"每天日夜两场"皆"客满"。[③]

《海国英雄》（又名《郑成功》），作于1940年。此剧围绕"郑成功"展开，选取了其毕生中几个重大的转折点，塑造出了一个活生生的民族英雄的形象。在剧中，面对清军入侵、大敌当前的局面，郑成功及其父郑芝龙对于"战"与

---

① 魏如晦：《碧血花》，上海国民书店印行，1939年，第149～150页。
② 田本相、宋宝珍：《中国百年话剧史述》，沈阳，辽宁教育出版社，2013年，第359页。
③ 于伶：《默对遗篇吊阿英》，载《阿英文集》，北京，生活·读书·新知三联书店，1981年，第23～24页。

"降"的问题产生矛盾，这一矛盾最终"发展到不可开交的地步"①。之后郑成功毅然决然和父亲决裂，独自领导起抗清运动，直至生命最终时刻。由此凸显出郑成功百折不挠、坚韧不拔的民族精神。该剧于 1940 年 9 月 27 日在上海"璇宫"首演，在最初演出的几天时间里，尽管遇到了"公共租界的公共汽车和电车罢工"及"狂风暴雨使整个'孤岛'陷入水的包围之中"，但剧社仍然依照原有计划完成了每日两场连演一周的演期，台下的观众也始终保持踊跃，"这种情况在'孤岛'演剧史上是少见的"②。据此，这既体现出该剧剧情的吸引力、演员表演的感染力，又反映出该剧在对当时上海民众民族独立思想的宣传方面具有一定成效。

三、"把眼光放远点，打走鬼子再回家"

局部抗战时期，中国共产党在《中央为转变目前宣传工作给各级党部的信》中指出，必须以"最痛切、最警惕"的宣传方式，大力"宣传抗日联军、抗日救国政府及其纲领"，使中国人联合在一条战线上去"战胜共同的主要敌人"③。全面抗战时期，毛泽东提出必须动员报纸、刊物、宣传团体、文化艺术团体等及其他一切可能力量，宣传鼓动前线官兵、后方守备部队、沦陷区人民、全国民众，主张抗战到底，抗战才有出路，号召全民族团结起来，以达到全国一致继续抗战之目的。④对此，各地纷纷响应党中央的号召，开展一系列抗日救亡文艺活动。其中戏剧活动较为活跃，戏剧工作者们把舞台当战场，以台词为利剑，力图鼓舞沦陷区、陕甘宁边区及大后方群众联合起来、奋起抗日。

---

① 田本相、宋宝珍：《中国百年话剧史述》，沈阳，辽宁教育出版社，2013年，第359页。

② 应国靖：《"有口皆碑，誉腾孤岛"——记〈海国英雄〉的演出》，《上海戏剧》1982年第3期。

③《中央为转变目前宣传工作给各级党部的信》（1936年1月27日），载中共中央宣传部办公厅、中央档案馆编研部编：《中国共产党宣传工作文献选编（1915—1937）》，北京，学习出版社，1996年，第1201页。

④《中央关于中共十七周年纪念宣传纲要》（1938年6月24日），载中共中央宣传部办公厅、中央档案馆编研部编：《中国共产党宣传工作文献选编（1937—1949）》，北京，学习出版社，1996年，第25～26页。

　　一是在鼓动普通群众联合抗日方面。话剧《流民三千万》由剧作家赛克创作于九一八前夕，是抗日文艺的开山之作，也是第一个反映东北人民抗日斗争的剧目。剧中讲述了东北沦陷区的同胞在日本帝国主义铁蹄下过着非人的牛马不如的生活，最终因无法忍受而进行坚决斗争的故事。1937 年 12 月，上海影人剧团在成都上演《流民三千万》等剧目并引起巨大轰动，"成都观众都疯了，不但戏院门前像集市一样热闹，就连住地附近也是川流不息的人群。看化妆，认演员，加之采访与会谈，天天都是应接不暇，有时甚至影响到开幕，不得不婉言谢绝"；但成都在当时是一个军阀统治根深蒂固的地区，其警备司令严啸虎为阻止该剧的继续演出，在上演《流民三千万》时，他闯进剧场并指着天幕上象征光明前途的红日，声称是日本国旗，剧团在为敌寇作宣传，接着下达"立即停演，限三日出境"的命令；然而群众的眼是雪亮的，影人剧团所遭受的迫害，引起了强烈的民愤，文艺界、新闻界、教育界以及广大青年学生们纷纷前来声援，并责问当局抗日宣传何罪之有；最终严啸虎不得不让步，但因害怕演出带来的宣传鼓动的影响，提出了"剧团必须更换名称，否则不许在成都地区演出"及"所有演职员一律改名易姓，否则不允许刊登广告"[①] 的要求。

　　二是在鼓舞士兵积极抗日方面。独幕剧《把眼光放远一点》是 1942 年底由胡丹佛执笔创作出的一部优秀的话剧。该剧讲述了抗日战争时期一家村民参军抗日的故事：村内一对兄弟两人各有一子在部队当兵，老大夫妻支持儿子抗日，其子大刚抗日意志也坚若磐石。而老二夫妻贪财好利，唆使儿子二傻开小差回家，并想让他到"敌人岗楼"自首，领取"居住证"，以为只要向日军自首便可安居乐业。谁料日军凶残，根本不理。后来老大一家对老二一家进行有理有据的劝说："你不把日本鬼子打走，就有安生日子给你过啦？"如果"你也不打日本，我也不打日本，全中国都像你，那日本就能打出去啦？"因此要"把眼光放远点，打走鬼子再回家，到那时候才会有安生的日子"。[②] 最终老二夫妇幡然醒悟，其子二傻又归队参加抗日斗争。此剧对"老二夫妇眼光短浅、

---

① 陈虹：《抗战中的上海影人剧团：更为后会知何地？忽漫相逢是别筵》，《北京青年报》，
　　2022 年 7 月 25 日。
② 白绍华整理：《八路军抗战文艺作品整理与研究（话剧卷）》（下册），武汉，武汉大学出
　　版社，2015 年，第 5 页。

自私狭隘的小农意识"给予了热辣的讽刺，赞颂了老大一家"抗日爱国的思想"，[①] 从而鼓励士兵要坚持斗争、坚强革命的意志。《把眼光放远一点》第一次在延安演出时就"立刻得到了它的观众"[②]，取得了广泛的好评。据党内文艺工作者牧虹回忆：该剧在 1942 年曾获"鲁迅艺术金奖委员会"季奖，次年秋天于晋察冀繁峙县更是演出"共十多次"[③]。

以抗日救国为主题的剧目还有《哈尔滨之夜》《查路条》《卢沟桥》等，通过这类作品，中国共产党的剧作家们有力地控诉了日本侵略者的可耻罪行，宣传了抗战中民众的智慧与斗争，唤醒了抗日斗争中普通民众对和平、自由的渴望，点燃了民众抗日救国的热情，彰显出全民族统一起来建立牢固的统一战线共同抵御外敌的决心。

第三节 │ 加强根据地建设：顽强生命力的张扬

1940 年 9 月 10 日党中央发布的《中央关于发展文化运动的指示》中提出各根据地的文化运动要注重对"抗日军队抗日人民的政治水平及文化水平"加以普及与提高，相较于全国各地而言，"各根据地干部军队与人民的理论政治及文化水平"[④] 要更高。随后毛泽东又进一步指出人民生活中"存在着文学艺术原料的矿藏""是一切文学艺术的取之不尽、用之不竭的唯一的源泉"[⑤]。因此，这一时期的中国共产党的戏剧工作者站在人民的立场上，从人民生活中选取创

---

① 史仲文、胡晓林主编：《新编中国民国史》（下册），北京，人民出版社，1995年，第232页。

② 白绍华整理：《八路军抗战文艺作品整理与研究（话剧卷）》（下册），武汉，武汉大学出版社，2015年，第1页。

③ 冀中火线剧社等：《把眼光放远点》，北京，中国人民文艺杂志社，1945年，第1～2页。

④《中央关于发展文化运动的指示》（1940年9月10日），载中共中央宣传部办公厅、中央档案馆编研部：《中国共产党宣传工作文献选编（1937—1949）》，北京，学习出版社，1996年，第162页。

⑤《在延安文艺座谈会上的讲话》（1942年5月），载《毛泽东选集》（第三卷），北京，人民出版社，1991年，第860页。

作素材，从政权建设、军队建设、经济建设、文化建设等层面，把选举、司法调解、减租减息、征兵入伍、军民关系、生产运动、识字运动、破除迷信、卫生教育、军队整风等内容作为剧目主题，宣传我党与民众共同奋斗的革命精神与顽强的生命力，达到加强根据地建设的目标。

一、《选举去》《刘巧儿告状》《减租生产大家好》

抗日战争时期，中国共产党为积极开展抗日游击战争，领导人民群众建立了一批能够"达到保存和发展自己、消灭和驱逐敌人之目的"[①]的革命根据地。在根据地建设中，政权建设是首要的也是根本的问题。对此，中国共产党从人民群众的利益和需求出发，在根据地实行"三三制"选举制度、建立司法制度、实施减租减息的土地政策等制度和政策。此外，以毛泽东为代表的中共领导人更进一步地提出，在各根据地要"发动民众"去"建立或巩固当地的抗日政权"[②]。因此，中国共产党领导下的戏剧工作者把宣传教育选举制度、司法制度、土地政策等内容作为戏剧的主要选材。

在宣传选举制度方面，剧作家们创作出诸多作品，如平山县东岗南村剧团创作的《选举》，定北县台头村剧团创作的《盲婆参选》《民主选举》等剧目。此类剧目的演出对老百姓产生很大的影响，有老百姓在看了秧歌剧《选举去》后说道："过去婆姨不爱开会，看这戏里的婆姨也一样重要啊！""咱们今年可要好好选，再不马马虎虎选了"。[③]此外，在实际的选举中，剧团也通过该类戏剧演出为选举做宣传：以平山县岗南村为例，该村"在选举劳动英雄时"，剧团通过演出《选举》，"把平时不参加生产的二流子任玉田"[④]的真实形象搬到剧中，与"劳动英雄"形成鲜明对比，从而鼓舞民众通过选举的方式选出英雄

① 《抗日游击战争的战略问题》（1938年5月），载《毛泽东选集》（第二卷），北京，人民出版社，1991年，第418页。
② 《抗日游击战争的战略问题》（1938年5月），载《毛泽东选集》（第二卷），北京，人民出版社，1991年，第424页。
③ 杨梦丹：《陕甘宁边区乡村民主政治建设研究》，北京，人民出版社，2015年，第159页。
④ 郑立柱：《革命新剧与民众动员：以抗战时期的晋察冀边区为例》，《福建论坛》，2023年第1期。

模范。

在宣传司法制度方面，具有代表性的有宣传婚姻法的秦腔《刘巧儿告状》。该剧改编自陕甘宁边区陇东分区的一件真实的民事案件。剧中讲述了陕甘宁边区农村少女"刘巧儿"，自小便被父亲做主，与"赵柱儿"订下娃娃亲；但之后刘巧儿父亲因贪图钱财，要将刘巧儿嫁给年长刘巧儿二十余岁的财主王寿昌；刘巧儿在得知这一消息后，绝不应允，并私自嫁予赵柱儿；由此，刘巧儿父亲到县政府告状，县政府随后派石裁判员前去审判。面对石裁判员，刘巧儿勇敢地为自己争取婚姻自主的权利，说道"咱边区不是婚姻自主么？我愿意跟柱儿，不愿意嫁旁人，政府就不该强迫我！"①最终县政府的马专员赶到并进行调查走访，了解了刘巧儿父亲卖女儿的经过，又采用群众断案的方式解决了这宗案件，刘巧儿的婚姻如愿以偿。戏剧《刘巧儿告状》以艺术渲染的方式，把此真实案件的"法律示范效应"扩大化，使得"买卖、包办婚姻的恶习受到了"巨大的冲击，推动了根据地的民众逐步接受"自由、文明、平等的婚姻观念"②。

在宣传土地政策方面，具有代表性的有宣传减租减息的郿鄠戏《王德锁减租》（又名《减租生产大家好》）。剧中以贫农"王德锁"为主角，讲述了原本"斗争性不强"的王德锁，在农会干部的教育和帮助下，坚定地参加到减租运动中的故事。该剧借助王德锁对于"是否参加减租运动"这一观念产生的思想冲突，向观众以及如王德锁一般"具有旧社会所给予"的"软弱性和散漫性"③的农民，讲解了减租减息的目的、具体内容、实施方式等细节内容。戏剧《王德锁减租》的演出产生了很好的宣传效果：以"七月剧社为例"，该剧社自1939年7月成立后，7年间共演出该剧"一百多场，观众达二十多万"④；1944年春节期间，"七月剧社在岚县界河口演出"该剧时，"剧中'穷人翻身要靠自己'的口号声响起，台下齐声响应"，并有观众认为该剧若是早几年来演，"咱

① 袁静：《刘巧儿告状》，载《延安文艺丛书》编委会编：《延安文艺丛书》（戏曲卷），长沙，湖南文艺出版社，1987年，第317页。
② 杨梦丹：《陕甘宁边区乡村民主政治建设研究》，北京，人民出版社，2015年，第395页。
③ 杨戈：《关于〈王德锁减租〉》，载中国作家协会陕西省分会编：《山西革命根据地文艺资料》，太原，北岳文艺出版社，1987年，第834页。
④ 穆欣：《晋绥解放区鸟瞰》，太原，山西人民出版社，1984年，第126～127页。

们早减彻底了"，更有干部表示看一次《王德锁减租》比"开几天会都顶事"①。

二、"抗战到底要军民合作在一起"

中国共产党始终认为，要实现军事战争的胜利离不开一支强大的军队。因此，在抗日战争时期，中共高度重视通过广泛地动员群众参军和强调军民团结，为抗战凝聚起磅礴力量。例如在《敌后形势与我军政治工作》中党中央明确提出"政治工作的中心任务应当是鼓励军民的斗志"，应当用一切形式向军人和老百姓讲述：无论面对多么恶劣的环境，无论面对多么严重的困难，"只要军民斗志很坚决，只要军民很团结，我们一定能胜利"②。因而，鼓励民众参军和宣传军民团结是中国共产党领导下的戏剧工作者创作的重要题材。

一是在鼓励民众参军、壮大武装力量方面，比较著名的有长征时期创作的剧目《我当红军去》。该剧为四幕话剧，主要内容为一位在社会最底层的长工，因无法忍受地主的压迫和剥削，跑到城市里去做工人，在工作过程中发现工厂厂主为在家乡压迫过他的地主，于是怒而投奔白军，谁知"白军军官却又是老地主的少爷"。尽管剧中劳工的身份在不断转换，但"皮鞭换了军棍，他仍然逃不出被压迫的命运"。最终在红军到来时，长工感受到了光明，找到了未来的希望，于是高呼："我当红军去！"③加入了红军队伍。该剧在当时受到群众广泛的欢迎，对于鼓励民众参军起到了很大的作用，甚至于"一些具备一定文化知识的各级红军指战员"也加入到作品的演出中，如红2、6军团在部队到达黔西等地后，连续演出四场该剧，深受当地群众喜爱。④

二是在宣传军民团结、同仇敌忾方面，比较著名的有歌剧《军民进行曲》等。该剧由王震之编剧，冼星海作曲，采用了口语化的歌词，民谣风格的歌曲

① 韩晓莉：《革命与节日：华北根据地节日文化生活：1937—1949》，北京，社会科学文献出版社，2019年，第239页。
② 《敌后形势与我军政治工作》（1942年9月9日），载中共中央宣传部办公厅、中央档案馆编研部编：《中国共产党宣传工作文献选编（1937—1949）》，北京，学习出版社，1996年，第452页。
③ 葛一虹主编：《中国话剧通史》，武汉，武汉大学出版社，2015年，第183页。
④ 黄亚楠：《试论红军长征中的文艺工作》，《军事历史》，2016年5期。

（见图 6-8）。剧中以军民之间由于相互不信任导致矛盾到最终相互信任、同仇敌忾为主线，诠释了中国军民团结抗战的主题。在剧中，因前方抗日的部队力量薄弱，老百姓纷纷逃难，李老伯的儿子李强原本负责转运抗日部队中的伤员，但因畏惧敌人的战火，丢下伤员，逃跑回家。为此，保障伤员转运工作的战士陈彪追到李老伯家中，要找出李强并给予处罚，李老伯则加以阻挠，引发军民之间的冲突。随后，李老伯一家在见证了日本人进村要挟百姓、强抓壮丁、强迫慰安等残暴行径后，幡然悔悟，下定决心要军民团结，与日本人抗战到底。正如该剧的主题歌中唱的那样："抗战到底要军民合作在一起 / 抗战胜利要军民合作来争取 / 军民是一家 / 都是大中华民族的好子弟 / 在抗战中我们更亲密 / 生生死死都是为了保卫自己"[①]，此剧让民众感受到了军民合作、坚持抗战的重要性。该歌剧在演出时，无论在何处表演，"都吸引着成千上万的观众，为之流泪，为之欢欣"[②]，在增强军民团结共同抗日方面起到了很大的宣传鼓动作用。

图6-8 《军民进行曲》主题歌（鲁艺编译部编辑：《新歌选集》，
上海，辰光书店印行，1939年，第22页）

---

① 鲁艺编译部编辑：《新歌选集》，上海，辰光书店印行，1939年，第22页。
② 左超英：《歌剧〈军民进行曲〉在桂林》，《新文化史料》1995年第5期。

这一类作品数量还有很多，如《参加八路军》《子弟兵与老百姓》《无敌民兵》等。该类题材的戏剧在当时产生了很好的宣传效果，使群众思想觉悟有了很大的提高：一方面，认识到中国共产党缔造和领导的红军、八路军、新四军是工农群众自己的队伍，要军民一心、共御外侮；另一方面，认识到要积极地加入到抗战队伍中，为幸福的生活与安定的社会而奋斗。正如邓颖超曾在文章《为创造一百万铁的红军而斗争》中提到的那样：通过戏剧等宣传方式向工农群众解释抗战的任务，使得群众在生动活泼的动员中"如潮水般"[1]加入抗战队伍。

三、"男女老少一齐干，咱们的生活要改善"

农民是中国革命的主力军，农业是农民的生活支柱，鼓励发展农业既可以增加粮食供给，为坚持抗战提供必要的物质基础，又可以改善军民生活水平。因此，中国共产党在《中共中央政治局关于减租生产拥政爱民及宣传十大政策的指示》等文件中明确提出要全面地发动群众生产活动，争取"男女老幼及游民分子"[2]皆参与生产。为响应党的号召，边区的戏剧工作者以大生产运动为主旨，开展戏剧创作，这些戏剧可以根据主要内容分为以下两类：一是鼓励生产运动，反映生产运动盛况；二是以宣传劳动模范来提高民众的生产积极性。

在直接反映边区生产运动盛况方面，具有代表性的有由鲁迅艺术学院宣传队演出的秧歌剧《兄妹开荒》（见图6-9）。该剧讲述了陕甘宁边区抗日根据地青年农民响应政府号召，积极开荒生产的故事。在剧中由"兄"假装懈怠劳动，"妹"对其规训，劝其"响应政府增加生产、加紧开荒的号召"，进而形成一种"规训"与"被规训"的关系；面对妹妹的指责，哥哥连忙向妹妹解释自己是假意懈怠，实则已开垦了一上午的大荒地；最终两人比赛垦荒，"坚持把这片荒地开垦完才回去吃晚饭"，展现出对劳动生产充满热情、明朗、快活的

---

① 汤家庆：《中央苏区文化建设史》，厦门，鹭江出版社，1996年，第132页。
② 《中共中央政治局关于减租生产拥政爱民及宣传十大政策的指示》（1943年10月1日），载中共中央宣传部办公厅、中央档案馆编研部编：《中国共产党宣传工作文献选编（1937—1949）》，北京，学习出版社，1996年，第537页。

边区"新农民"形象。① 此剧中兄妹二人以严肃的口吻告诉观众要加紧生产、积极劳动、努力开荒，只有"男女老少一齐干"，生活才能得以改善，人民也就能"吃的好来／穿也穿得暖"。②《兄妹开荒》在演出后，取得了非常热烈的反响，民众"可以说是百看不厌"③，毛泽东在看过该剧后也称赞该剧是"为工农兵大众服务的样子"④。

图6-9　秧歌剧《兄妹开荒》剧照（吴印咸摄，载于王建平：《镜头对准人民——延安秧歌剧〈兄妹开荒〉剧照引发的回忆》，《光明日报》，2022年5月25日）

在宣传大生产运动中的英雄模范方面，具有代表性的有秧歌剧《刘顺清》。该剧依照三五九旅发生的真实故事创作而成，讲述了该旅的战士们在人烟稀少的南泥湾进行大生产运动的生动事迹。在剧中"刘顺清"及其所带领的连队所驻扎且意欲开垦的金盆湾、南泥湾一带，原先是"冷冷落落少人烟"，"密密的梢林满山长，豺狼虎豹是大祸患"。⑤ 但他们"毫不以为苦"，充满信心地执行上级交代的开荒任务，先是自力更生，共同解决了农具问题，之后又开始集体

① 陈帆整理：《八路军抗战文艺工作整理与研究》（戏曲曲艺卷），武汉，武汉大学出版社，2015年，第104～105页。
② 王大化等集体创作：《兄妹开荒》，郑州，中原新华书店印行，1949年，第12页。
③ 赵超构：《延安一月》，北京，中国国际广播出版社，2013年，第104页。
④ 中共中央党史和文献研究院编：《毛泽东年谱》（第二卷），北京，中央文献出版社，2023年，第427页。
⑤ 李继凯、冯超、王奎等：《书写劳动人民：延安时期重要作家作品研究》，西安，陕西师范大学出版总社，2022年，第74页。

开荒，逐渐改变了荒林、荒地的容貌。作者在剧中成功地塑造了刘顺清这一不过 19 岁，但"始终充满着革命的乐观主义精神"，具有"卓越的组织才干"和"相当出色的宣传鼓动才能"①的领导干部形象。《刘顺清》由抗战时期陕甘宁边区的部队文艺团体——联政宣传队演出，"演出方式简便"，"演出用品多是就地取材或向群众或部队借用"，此外无需借助舞台，只要在一块较为平坦的地方，挂上"'联政宣传队'字样的横布幅"②，就能引得观众前去观看演出。

总之，该题材的戏剧在一定程度上激发了农民的生产热情和劳动积极性，促进了地方经济的发展。从延安边区农田面积的变化，就能够直观地体现出当时农民高涨的生产热情：如"1940 年耕地面积 1174.2082 万亩，1943 年扩大到 1338.7213 万亩，总产量 184 万石，余粮 22 万石"③。

四、《夫妻识字》《破除迷信》《讲卫生》

近代的中国是一个以农业生产为主的半殖民地半封建国家，农民的基数相对较大，"广大劳苦群众文化程度较低，识字的较少"④，还受到许多封建落后思想的束缚。正如毛泽东在《文化工作中的统一战线》中所指出的：在一百五十万人口的陕甘宁边区内，还有一百多万文盲，两千个巫神，迷信思想仍对群众有影响，这些都是群众"脑子里的敌人"⑤。因此，亟须通过教育提升农民文化水平，破除封建思想藩篱，使群众同自身的文盲、迷信和不卫生习惯作斗争。正是在这一需求下，中国共产党领导下的戏剧工作者以戏剧的方式，潜移默化地教育民众，达到加强文化建设的目的。这些戏剧作品可根据其中的

---

① 闻记：《学习八路军老战士的艰苦奋斗精神——重读秧歌剧〈刘顺清〉》，《戏剧报》，1960年Z3期。
② 戴碧湘：《浅水堂剩稿》，北京，民族出版社，1994年，第63页。
③ 米晓蓉、刘卫平主编：《陕甘宁边区大生产运动》，西安，陕西师范大学出版社，2014年，第13页。
④ 杨尚昆：《转变我们的宣传鼓动工作》（1933年2月），载中共中央文献研究室编：《文献和研究》（1984年汇编本），北京，人民出版社，1986年，第206页。
⑤ 毛泽东：《文化工作中的统一战线》（1944年10月30日），载中共中央宣传部办公厅、中央档案馆编研部：《中国共产党宣传工作文献选编（1937—1949）》，北京，学习出版社，1996年，第565页。

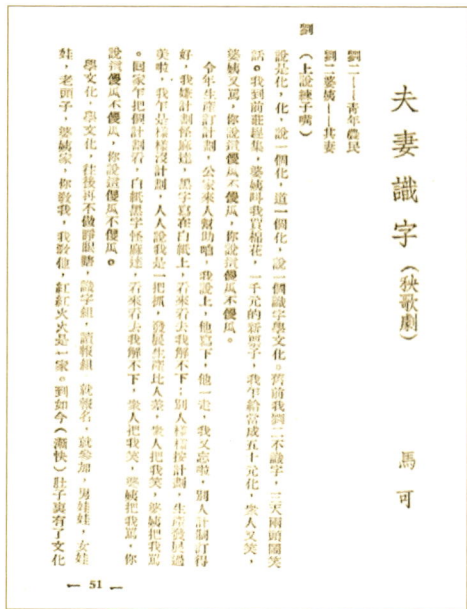

图6-10　秧歌剧《夫妻识字》剧本（司马文森：《秧歌剧与花灯戏》，智源书局印行，1949年，第51页）

主题分为三个方面：

第一，以开展识字教育为主题的戏剧。具有代表性的有秧歌剧《夫妻识字》《睁眼瞎子》《小姑贤》等剧目。《夫妻识字》（见图6-10）是由我国著名作曲家马可创作的秧歌剧，讲述了刘二夫妻互帮互学的故事，讴歌了农民群众热烈开展学文化运动和创造生动活泼的自我教育形式的生动事迹；该剧曾在延安、华北、东北等地广泛演出，深受广大群众的欢迎。《睁眼瞎子》讲述了村中一家农户，最初不让家中女儿识字，之后因男主人不识字在收到家中大儿子来信后，找"半吊子"的邻居读信，读错信件内容，认识到不识字的坏处，对于读书这件事的态度从"女娃子念书又不能中状元、考秀才"[1]转为年轻人更应该读书，"小娃娃进学校不分贫贱，小伙子入夜校不误生产，婆姨家在炕上也能把书念，三年内除文盲计划周全"[2]的故事；《小姑贤》讲述了李老婆极力阻挠其儿媳参加识字班，却允许自己女儿参加，在发现儿媳私下里学识字后对其恶言相加，并捏造儿媳打她以撺掇儿子离婚，最终经过妇女主任教育转变了思想态度的故事。此类戏剧实际上是边区"识字运动"的缩影，在这一时期存在很多"夫妻同桌""父子同学"上识字班的情景，如在晋察冀抗日根据地，就曾有过一位年近六旬的"老太太"与其八岁的"孙女"一同"去识字班上课"[3]的事情。

---

① 碧波编：《睁眼瞎子》，上海，新华书店印行，1946年，第9页。
② 碧波编：《睁眼瞎子》，上海，新华书店印行，1946年，第37页。
③ 郑立柱：《华北抗日根据地农民精神生活研究》，北京，人民出版社，2014年，第35页。

第二，以破除迷信思想为主题的戏剧，具有代表性的有《神仙怕打》《河神娶妻》等戏剧。《神仙怕打》由党内宣传工作者赵守一于 1939 年创作，该戏剧通过使"神仙"当众出丑，变得狼狈不堪，揭露了封建宗法制度对人民群众思想上的控制，宣传了科学思想，有助于民众逐渐挣脱封建迷信思想的束缚。《河神娶妻》改编自中国民间传说故事，讲述了邺城县令西门豹亲至河边送亲，并揭穿和尚把民女投河求雨的骗术，进而将和尚处决，百姓幡然醒悟，河神娶妻事遂绝的故事。此外，中国共产党领导下的戏剧家们还创作出戏剧《破除迷信》《瞎子算命》等。该类戏剧的演出，不仅改变着根据地群众对巫神等迷信思想的崇拜和信仰，而且使得很多巫神"改邪归正"并主动"揭露"自身"骗人的目的和手段"①；如曾有巫师在"改行"时，把自己"驱魔逐鬼"的"用具"，"献给政府做展览"，让更多人了解"巫医与庸医"，② 引起群众反封建迷信的意识。

第三，以宣传卫生观念为主题的戏剧。具有代表性的有《脏婆娘》《讲卫生》《马川的婆姨》等戏剧。《脏婆娘》讲述了一位极度不注意个人卫生和居住环境的妇女，并因为这种习惯成为一位"脏妇女"的故事。《讲卫生》以宣扬人人讲卫生的好习惯以及批评不讲卫生的旧习惯为主要内容。《马川的婆姨》则以被庸医和阴阳先生害得几乎死掉的真实人物"马川婆姨"为主人公，该剧在 1944 年 7 月定边县卫生运动周中公演，马川婆姨本人也来观看演出并与观众聊道：剧中所演皆为真实。戏剧工作者通过以宣传卫生观念为主要内容的戏剧，以通俗的语言和群众喜闻乐见的方式，向群众说明了不讲卫生的危害性，并描绘了男女老少都讲卫生的美好前景，对于加强民众卫生观念起到了重要作用。

综上所述，抗日战争时期戏剧工作者们在党中央的指导下，创作出一系列以教育群众为主的戏剧，对于促进民众思想改造起到了重要的作用。正如胡乔木在《欢迎科学艺术人才》中提到的：利用地方戏等民间艺术，使得人民伴随着"落后散漫的小农经济"而产生的"落后意识、迷信、旧习等"已逐渐"被

---

① 王荣花：《中共革命与太行山区社会文化的变迁（1937—1949）》，北京，人民出版社，2017年，第107页。
② [美]福尔曼：《北行漫记》，陶岱译，北京，解放军文艺出版社，2002年，第91页。

新的意识、观念和知识所代替"。[1]

五、《同志，你走错了路》

1942 年 1 月 26 日毛泽东在《中宣部宣传要点》中指出 "以前偏重党外宣传"，现在 "决定加上党内宣传"，要对党内 "主观主义与宗派主义的思想与行动" 进行 "彻底的认真的深刻的斗争"[2]。1942 年 5 月 23 日毛泽东在延安文艺座谈会上又进一步指出文艺是人民大众的，其中也包括 "武装起来了的工人农民即八路军、新四军和其他人民武装队伍"，同时 "人民大众也是有缺点的"，应当通过 "人民内部的批评与自我批评来克服"[3] 这些缺点。由此，在这一时期，中国共产党领导下的戏剧工作者创作出许多优秀的戏剧，以剧中角色相互批评和自我批评的方式，反映党内存在的主观主义与宗派主义等错误思想，并对党内落后分子积极争取与教育。

在反映党内存在的错误思想方面，具有代表性的有话剧《同志，你走错了路》（见图 6-11）。《同志，你走错了路》于 1944 年由姚仲明、陈波儿等人集体创作，该剧 "反对了阶级投降主义" 及 "民族投

图6-11　话剧《同志，你走错了路！》剧本封面，（姚仲明，陈波儿等集体创作：《同志，你走错了路！》，新中国书局刊行，1949年，封面）

---

[1] 胡乔木：《欢迎科学艺术人才》（1941年6月10日），载中共中央宣传部办公厅、中央档案馆编研部：《中国共产党宣传工作文献选编（1937—1949）》，北京，学习出版社，1996年，第248页。

[2] 毛泽东：《中宣部宣传要点》（1942年1月26日），载中共中央宣传部办公厅、中央档案馆编研部：《中国共产党宣传工作文献选编（1937—1949）》，北京，学习出版社，1996年，第310～312页。

[3] 吴秀明、李杭春主编：《中国现代文学作品选评》，杭州，浙江大学出版社，2005年，第846～857页。

降主义"，表扬了"阶级气节"与"民族气节"，既有"自我批判"，又有歌颂赞扬，是第一部"反映了我党和八路军的内部生活及其思想斗争"①的艺术作品。在剧中以八路军内部在战争中的两种思想斗争为主线，讲述了八路军某部联络部长吴志克，推行"一切通过统一战线"的右倾机会主义路线，又对国民党顽固派的反共降日活动丧失警惕，使他所领导的支队遭到严重损失，最终在支队政治部主任"坚持党对统一战线的领导权"②下，挽救了支队的故事。《同志，你走错了路》在延安公演后引起了强烈反响，连续演出的几个月内场场爆满，各机关学校和部队甚至把其作为整风学习的辅导内容，要求干部、学员前去观看。

在对党内落后分子积极争取与教育方面，具有代表性的有剧目《李国瑞》。《李国瑞》于 1944 年由剧作家杜烽创作，根据八路军部队在"坦白运动"中一位从落后转变为先进的典型——"李国瑞"的真人真事写成。该剧讲述了李国瑞虽然有多年军龄，但自由主义思想严重，不求上进、脏话连篇，只想装病躲避劳动和打仗。这就让混入部队的敌特发现了机会并妄图带他一起投敌。好在经过指导员的耐心教育，同志们的诚恳帮助以及开展坦白运动后，李国瑞的思想开始转变，并在整风运动中主动承认自己的错误，痛改前非，走上进步的道路，最后成为一名勇敢杀敌的战斗英雄的故事。该剧真实地反映出"部队内部的矛盾和士兵的思想问题"，被称为在当时"反映子弟兵的少有的成功作品"③。话剧《李国瑞》在边区第二届群英会上，被边区第二届群英大会主席团夸赞为"文艺为工农兵服务的范例"，有利于在整风运动中"争取与教育落后分子"。④

---

① 周扬：《序言》，载姚仲明、陈波儿等集体创作：《同志，你走错了路！》，新中国书局刊行，1949 年，第 1 页。

② 田本相、宋宝珍：《中国百年话剧史述》，沈阳，辽宁教育出版社，2013 年，第 379 页。

③ 贾冀州：《解放区戏剧研究》，北京，人民出版社，2013 年，第 213 页。

④ 晋察冀日报史研究会编：《晋察冀日报史：1937—1948 年》，北京，人民出版社，1993 年，第 251 页。

第四节 | 开展"政治攻势"：精诚团结促成和平阵线

"政治攻势"是指中国共产党针对"敌伪军和伪政权"，进行"思想、心理攻势"的"一种宣传活动"[1]。在抗日战争中，中国共产党根据抗日战争形势的发展，分析了开展"政治攻势"的必要性、可能性和艰巨性，明确了宣传工作的目的，并通过戏剧宣传等方式对敌伪开展宣传工作，取得了很好的宣传效果，促进"中国的抗日统一战线和世界的和平阵线相结合"[2]。在对敌伪宣传的戏剧题材选择方面，按照宣传主体可以分为：面对汉奸、敌特、伪军以及日军的宣传。

一、"这是汉奸的下场"

"汉奸"是一个特定"历史概念"，在抗日战争时期意为："中华民族中"以违背良心、出卖中国利益的方式，"投靠外国侵略者"[3]的人。随着政治攻势的深入开展，中国共产党领导下的戏剧创作者把关注重点聚集在汉奸群体身上，剧目中一方面不掺杂感情地揭露汉奸出卖祖国利益的丑陋行径，使得汉奸认清自己的卖国投敌的罪行；另一方面在亲情伦理关系中嵌入汉奸与民众的冲突，力图通过亲情感化汉奸。

在揭露汉奸出卖祖国利益的丑陋行径方面，具有代表性的有《布袋队》（见图6-12）。剧中，原是区长的"韩老二"，因跟着日本人可以获取更多利益而成为汉奸。一日，韩老二因奉"东洋朋友"的命令，"调查""有碍邦交"的人民抗敌军"布袋队"，来到了地主唐廷恩家中。在唐廷恩家中，因其外甥王立生无意间暴露了自己"布袋队"代表的身份，韩老二将其外甥绑起来，接连

---

[1] 晋察冀革命文化史料征集协作组编：《晋察冀革命文化艺术大事记》，石家庄，花山文艺出版社，1998年，第40页。

[2] 《中国共产党在抗日时期的任务》（1937年5月3日），载《毛泽东选集》（第一卷），北京，人民出版社，1991年，第253页。

[3] 刘新如：《历史的拷问——抗战期间"汉奸现象"的文化透视与现实反思》，《解放军报》，2015年7月13日。

采用利诱、威胁，甚至要用火盆中烧着的柴烧王立生肋下，借以套出关于"布袋队"的情报。王立生慷慨陈词，痛斥韩老二的卖国行为，说道："看鬼子和鬼子的走狗，能把咱们爱国的老百姓，斩尽杀绝；还是咱们，总有那么一天，把他们统统赶出中国去！"最终"布袋队"及时赶到，王立生夺过韩老二手中的枪，并用绳子将其绑住，说道："这是汉奸的下场！"① 该剧通过描写王立生与韩老二之间尖锐的冲突，使观众深刻感受到爱国民众的可敬与汉奸的"反人民"的可憎行径。《布袋队》在抗战初期的上海和苏北抗日民主根据地都曾公演过，并

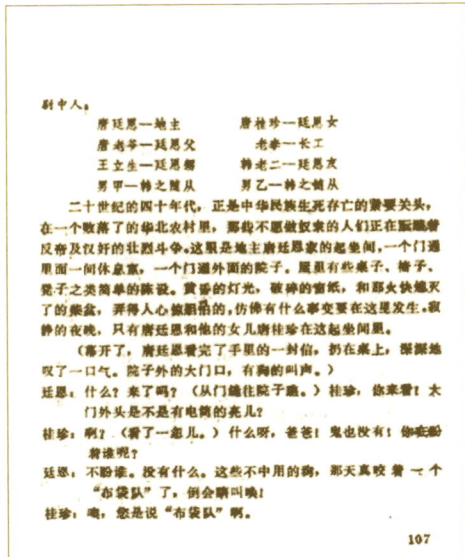

图6-12　戏剧《布袋队》剧本（扬帆：《扬帆自述》，第107页）

收到了极佳的演出效果。如该剧在演出时，随着剧情的推进，群众的情绪也逐渐加深，以致出现了有人高声呼喊要打死汉奸的情况。

　　在亲情伦理关系中嵌入汉奸与民众的冲突方面，具有代表性的有话剧《东北之家》。该剧由章泯创作，讲述了在民族大义面前，尽管面对的汉奸是自己的"哥哥"，也要舍弃亲情与之斗争到底的故事。剧中的"哥哥"一角无恶不作，彻底地丧失做人的原则和底线，宛如"毒药"：为了完成日军交代的任务，不仅逼死邻居，甚至密谋将妻子和妹妹送进慰劳队里，成为全家"最恶毒的敌人"。其妹却是坚定的爱国者，正因如此，对于她而言如何处理与哥哥的关系成为一道难题。但是"哥哥又怎么样，敌人总归是敌人"并且"咱们的敌人应该在咱们的手里"②，最终妹妹选择大义灭亲，下毒药将哥哥杀死。该剧人物对比鲜明，人物刻画真实生动，剧情发展曲折跌宕，很能吸引观众。

---

① 扬帆：《扬帆自述》，北京，群众出版社，1989年，第107～131页。
② 张庚编：《打回老家去》（戏剧集），上海，戏剧出版社，1937年，第217～238页。

该题材的剧目还有《母亲》《查路条》《三岔口》等。通过该类剧目的演出宣传，无情地鞭挞了汉奸群体出卖祖国利益的丑陋行径，同时着力刻画普通群众为抗战胜利不懈奋斗的奉献精神，形成了强烈对比，在瓦解汉奸和传达爱国呼声方面起到了很好的宣传鼓动作用。

二、"特务要认清，特务快觉醒"

抗日战争时期，我党把反敌特斗争作为一项重要工作。如 1943 年 7 月 11 日党中央在《中央总学委关于在延安进行反对内战保卫边区的群众教育的通知》中提出要"加紧反特务斗争的宣传教育工作"[①]。由此，在中国共产党的领导下，戏剧工作者以戏剧表演的形式对特务展开宣传工作。

具有代表性的有秧歌剧《三个女婿拜新年》（见图 6-13）。该剧于 1944 年创作，主要讲述了晋绥边区民众与国民党特务作斗争的故事。剧情围绕王大妈一家展开，王大妈丈夫早逝，膝下有一子三女。大女儿嫁给榆林府的生意人，大女婿落入特务圈套，企图到抗日根据地进行破坏活动；二女儿嫁给贫苦农民，二女婿如今是村上的民兵队长；三女儿嫁给不务正业的二流子；儿子银娃则为村中民兵。大年初七那日，王大妈捎信叫女儿和女婿们回家团聚。游手好闲的三女婿在与三女儿吵了一架后，蹲在路边等大女婿，心怀鬼胎的大女婿支开大姐后，交代三女婿将毒药投到丈人村里的村公所水井里去，"把那些村干部们统统毒死"。三女婿虽胆小怕事，但在大女婿的威逼利诱下答应"只干这一回"。然而，三女婿因手里拿着东西在井边鬼鬼祟祟地转悠，使民兵银娃生疑，而后被银娃追到家中责令其交出毒药并讲清来源。心虚的大女婿阻拦三女婿说出实情，而身为民兵的二女婿则劝道：现在"政府是实行毛主席的宽大政策"，只要三女婿说出实情，二女婿就出面找政府，担保不杀三女婿。三女婿这才道出是大女婿给的毒药并让他投毒。众人接着追问大女婿为何干这种伤天害理的事，大女婿不肯交代，二女婿建议大家先离开，让大姐留下独自问其

①《中央总学委关于在延安进行反对内战保卫边区的群众教育的通知》（1943年7月11日），载中共中央宣传部办公厅、中央档案馆编研部编：《中国共产党宣传工作文献选编（1937—1949）》，北京，学习出版社，1996年，第519页。

图6-13 秧歌剧《三个女婿拜新年》剧照（晋绥基金会：《战斗剧社之三》，
《吕梁晚报》2015年5月6日）

丈夫。大姐动之以情，晓之以理，三女婿又进来告诉大女婿，他已经懂得毛主席提出的宽大政策，劝大女婿坦白。大女婿终于说出是榆林府的特务王老五主使，并表示今后要学好，报答政府。在秧歌剧的最后，作者借剧中角色的口吻，用"特务要认清，特务快觉醒，宽大政策最英明，悬崖勒马快回头，执迷不悟难逃生"①的台词，劝慰特务要认清自身出卖民族、陷本民族人民于水深火热中的现实。

在党中央的高度重视和戏剧工作者的不懈努力下，该题材的戏剧在反特斗争中成效斐然：不仅发动基层群众参与到反特工作，对可疑人员及其可疑行为进行大量的检举和揭发，极大地压缩了敌人的活动空间，保证了反特工作的延续性；而且还宣传了中国共产党对敌特的宽大政策，即除坚决不愿悔改者外，不问其过去行为如何，一律实行宽大政策，争取对其感化转变，给予政治上与生活上的出路，不得加以杀害、侮辱、强迫自首或强迫写悔过书。②

三、"走吧，和我们一道去把日本帝国主义赶出去！"

1941年3月20日发布的《中央宣传部关于反敌伪宣传工作的指示》提出

---

① 陈帆整理：《八路军抗战文艺作品整理与研究》（戏曲曲艺卷），武汉，武汉大学出版社，2015年，第48～82页。
② 中共中央党校科研办公室编：《陕甘宁边区参议会》，北京，人民出版社，1984年，第191页。

对伪军伪政权的宣传方针在于：要积极、努力地对伪军开展争取工作，始终把"中国人不打中国人，不要帮助日本人来压迫中国人，中国同胞联合起来共同抗日等等"作为主要口号，以增强其对日的不满情绪，"逐渐启发其民族觉悟，争取其对抗战的同情"，使其能够"直接或间接地帮助抗日事业"，让日寇无法"建立强有力的伪军和伪政权"①，处于孤立无援的状态。由此，戏剧工作者创作出了一系列以揭露伪军及家属受日本侵略者欺压的真相为主要内容的戏剧，借以宣传鼓动伪军摆脱侵略者的欺压，获得自身及家人的解放，并加入到抗战队伍中。由于此类戏剧在剧情设定中，通常以规劝的方式推进剧情，表达主旨，因此可以按照规劝的主体分为亲属对伪军开展规劝和中国共产党领导下的战士对伪军开展规劝。

在亲属对伪军开展规劝的戏剧中，以《刘二姐劝夫》《慰劳》等剧目为代表。歌剧《刘二姐劝夫》由张克夫、晨耕、孙福田共同创作，讲述了一个遭受日军侮辱的伪军家属刘二姐，劝说自己当伪军的丈夫改邪归正、弃暗投明的故事。该剧在敌占区演出过上百场，剧中刘二姐语重心长的规劝打动了许多伪治安军和伪警备队人员的心。话剧《慰劳》由西北战地服务团演出，讲述了一个真实的故事。剧中一名伪军队长的妻子被日本军官抓去后，又被当作"慰劳品"赏给他人，伪军队长不堪羞辱，"当场打死日本军官"，"投诚了八路军"。该戏剧在演出后产生极大的影响力：在敌占区给伪军演出时，时常满座哭泣，甚至有伪军小队长在看完演出后，"当夜就请求敌工部的同志给他安排任务"②。

在中国共产党领导下的战士对伪军开展规劝的戏剧中，较为经典的、有代表性的是独幕话剧《三江好》（见图 6-14）。该剧讲述了一名东北义勇军的将领因曾率军转战黑龙江、松花江、牡丹江一带痛歼日伪军、威震三江而得名"三江好"。在一个夜晚，三江好为逃离敌人的缉捕化装成卖唱老人，到码头等待前来接应的同志，结果遇到了伪军。面对在码头巡逻的受过日寇迫害的东北伪

① 《中央宣传部关于反敌伪宣传工作的指示》（1941年3月20日），载中共中央宣传部办公厅、中央档案馆编研部编：《中国共产党宣传工作文献选编（1937—1949）》，北京，学习出版社，1996年，第210～211页。
② 晋察冀革命文化史料征集协作组编：《晋察冀革命文化艺术大事记》，石家庄，花山文艺出版社，1998年，第41页。

满警长，三江好对其晓以民族大义并向警长讲述其家中亲人在家乡沦陷后的悲惨遭遇，最终使得警长幡然悔悟，表示"不愿意杀自己的同胞"。最终伪警长将阻止三江好离开的士兵枪杀，并怀着对敌人的仇恨，与三江好一同投入为全民族争取自由解放的抗日斗争中。正如该剧中最后一句台词"弟兄们，走吧，和我们一道去把日本帝国主义赶出去！"①该剧的演出对分化瓦解敌伪人员，宣传全民抗战起了很好的作用。它与《最后一计》《放下你的鞭子》同为抗战初期演出次数最多的独幕剧，被戏剧界合称为"好一计鞭子"。

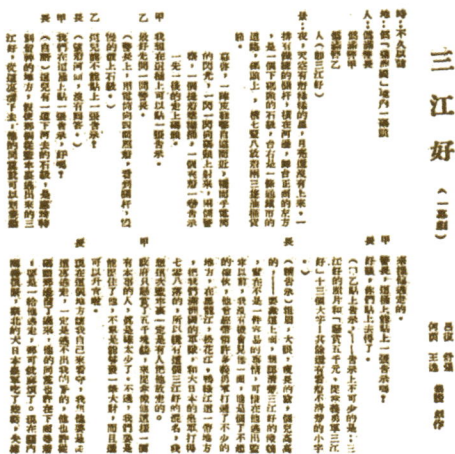

图6-14　话剧《三江好》剧本（田汉，马彦祥：《抗战戏剧》（第一卷第四期），第136页）

此类题材的戏剧，揭破了日寇所加与伪军的欺骗与麻醉，揭破了日寇所用的屠杀与怀柔的两面政策，强化了民众对敌人的仇恨程度，提高了伪军的民族自觉，使得更多人加入到抗日的队伍中同爱国军民一起保家卫国，达到了不错的宣传鼓动效果。如屯村群众剧团到离敌据点三四里地的沦陷区表演关于日本人利用伪军残害中国人，最后又把伪军残害内容的戏剧时，"几个伪军家属都哭了起来，让他们的儿子不再当伪军"②。

---

① 田汉、马彦祥：《抗战戏剧》（第一卷第四期），汉口，华中图书公司发行，1938年，第140～141页。

② 山西省文学艺术工作者联合会：《山西文艺史料》（第2辑），太原，山西人民出版社，1959年，第91页。

四、"我还是爱日本，但爱日本也得先打倒日本的军阀"

1941 年 3 月 20 日党中央发布的《中央宣传部关于反敌伪宣传工作的指示》中，明确提出要对日军开展宣传，在宣传中要展现出当前日本士兵思家思乡、厌战反战及"不满意长官打骂的情绪"，使士兵产生"悲观、懈怠的意志"，削弱其战斗力量，以"瓦解敌军"[①]。同年 11 月 15 日又发布了《中央、军委关于向日本军民进行反战宣传的指示》提出要"向日本国内人民，在华日人和日本士兵展开"大规模的反战宣传，重点说明"日本军阀及政府所采取的冒险政策完全是危害日本的"[②]。因此，在抗日战争时期，如何做好瓦解日军的工作也是戏剧工作者们需要考虑的重要问题。

在展现日本士兵消极作战情绪方面，存在话剧《这不是她的错》等剧目。该剧讲述了一名被迫参战的日本平民，在军营中时常遭受日本军官的打骂侮辱，又因被迫残害中国民众而愧疚于心，索性去随军妓院，结果发现接待他的正是充当"慰安妇"的妻子，妻子羞愧难当投井自杀，最终这名士兵手持"通行证"投奔了新四军。剧中反映出日本法西斯对日本劳苦人民的剥削和压迫，在当时的日军士兵中产生了一定影响，使得日本士兵厌战气氛日益浓重，起到了反战宣传的良好效果。

在揭露日本法西斯政府采取的冒险政策对日本的危害方面，有《河内一郎》等剧目（见图 6-15）。该剧由丁玲创作，讲述了日本士兵河内一郎被派往中国做侵华战争的工具，在残酷的战争中逐渐觉醒，认识到日本帝国主义者发动侵略战争的反动本质，认识到中国人民的良善，以及给两国民众造成的不幸，最终转变立场，表示"我还是爱日本，但爱日本也得先打倒日本的军阀，我现在是为日本而战，为世界的和平而战"[③]，要铲除战争的恶魔。总之，该剧

---

① 《中央宣传部关于反敌伪宣传工作的指示》（1941年3月20日），载中共中央宣传部办公厅、中央档案馆编研部编：《中国共产党宣传工作文献选编（1937—1949）》，北京，学习出版社，1996年，第210页。

② 《中央、军委关于向日本军民进行反战宣传的指示》（1941年11月15日），载中共中央宣传部办公厅、中央档案馆编研部编：《中国共产党宣传工作文献选编（1937—1949）》，北京，学习出版社，1996年，第294页。

③ 丁玲：《河内一郎》，生活书店发行，1938年，第79页。

揭露了日本侵华战争"给中日两国人民带来的沉重灾难和精神创伤"[1]，指明了日本士兵的唯一活路就是通过与日本法西斯斗争来反对日本军国主义的压迫、反对这场侵略战争，也只有这样他们才能摆脱日本军阀的欺压而获得自身和家人的解放。茅盾曾对话剧《河内一郎》高度赞扬，称该戏剧为"坚强我们信心的作品"[2]。

图6-15　话剧《河内一郎》剧本封面（丁玲：《河内一郎》，封面）

① 贾冀州：《解放区戏剧研究》，北京，人民出版社，2013年，第9页。
② 茅盾：《河内一郎》，《茅盾全集》（21），北京，人民文学出版社，1991年，第477页。

第七章

音像传播：

广播电影与党的宣传工作

广播和电影是现代科学技术发展的产物，它们在为人们提供一种新型娱乐方式的同时，兼有音像记录、信息传播和宣传教育等功能。因此，中国共产党十分重视利用广播和电影开展宣传工作。然而，由于技术和器械条件等方面的限制，中国共产党直到全面抗战时期才正式成立了广播电台和电影团。尽管如此，中国共产党还是利用一切条件竭尽全力做好这两项工作。其中，新华广播电台创立时正值国民党顽固派制造震惊中外的皖南事变，于是中国共产党通过新华广播电台的无线电波及时有力地对外揭露了国民党顽固派蓄意制造国共摩擦的阴谋，坚定地维护了抗日民族统一战线。新华广播电台还经常播发新闻，宣传中国共产党的施政纲领和抗日民主根据地建设，以及八路军、新四军的英勇战绩，从而使中国共产党赢得了人们的普遍支持与拥护。电影因其生动形象的动态影像而深受人们青睐，所以，中国共产党克服困难拍摄了系列新闻纪录影片，在当时起到了巨大的宣传效应，同时为后世保留了珍贵的影像文献记录。鉴于此，本章拟从广播和电影两个方面论述全面抗战时期中国共产党的宣传工作。

第一节｜空中传音：中国共产党的广播宣传

广播电台拥有报刊和文字传播所不具有的突出优点，即它通过无线电波传播，一般群众只需要拥有一台普通的收音机即可直接听到中国共产党的声音，这既可以避免因敌人破坏和干扰而使中国共产党出版的报刊难以传送出去的限制，又不必经过专门机构使用专门收报设备接收后再译电的烦琐过程。因此，全面抗战时期，中国共产党的广播事业的发展，从空中打破了日军和国民党顽固派的新闻封锁，在向国内外传播抗日根据地军民斗争的实况，宣传中国共产党的各项政策和主张等方面，发挥了重要而积极的作用。[1] 然而，比较遗憾的是，截至目前，尚未找到这一时期正式记录的广播稿件。[2] 因此，笔者虽然竭尽所能爬梳各种史料留存的蛛丝马迹，但也只能选撷其中若干方面进行论述，以求管中窥豹。

一、XNCR 之歌：新华广播电台的创立

作为现代信息传播的重要途径之一，中国共产党一贯重视无线电广播事业，认为它是"对外宣传最有力的武器"[3]。朱德曾强调说："电台是党的喉舌，通过电台向全国全世界人民宣传共产党的方针、政策"，可见"电台工作很重要啊！"[4] 事实上，早在全面抗战爆发前后，中共中央就多次提出建立广播电台的任务，但因缺乏设备和技术人才，广播电台一直没有建成。后来，中国共产党克服各种困难，突破各种封锁，通过各种渠道搞到了一些无线电器材。[5] 尤其值得一提的是，1940 年 3 月周恩来由苏联回国时，历经艰险带回一部广播发射机。[6] 另外，中央军委三局在这之前已经恢复了通信学校，积极培养无线电技术人员。如此一来，中国共产党基本具备了建立广播电台的物质和技术条件。[7]

随即，中共中央决定成立广播委员会，领导广播电台的筹建工作，周恩来任广播委员会主任，成员包括中央军委三局局长王诤、新华社社长向仲华

[1] 刘云莱：《新华社史话》，北京，新华出版社，1988 年，第 21 页。

[2] 彭芳群：《延安新华广播战地通讯的特色研究》，载隋岩、哈艳秋主编：《新闻传播学前沿 2020》，北京，中国国际广播出版社，2021 年，第 85 页。

[3] 《中宣部关于电台广播的指示》(1941 年 5 月 25 日)，载新华社新闻研究部编：《新华社文件资料选编》（第一辑），北京，新华社新闻研究所，1981 年，第 10 页。

[4] 阙明：《筹建新华广播电台的日子》，载《星火燎原全集》（第 17 卷），北京，解放军出版社，2009 年，第 237 页。

[5] 杨兆麟、赵玉明：《人民大众的号角——延安（陕北）广播史话》，北京，中国广播电视出版社，1986 年，第 3～4 页。

[6] 师哲：《周恩来带回了第一台广播发射机》，中国广播电视学会史学研究委员会、北京广播学院新闻传播学院新闻系编：《延安（陕北）新华广播电台回忆录新编》，北京，中国广播电视出版社，2000 年，第 70～74 页。

[7] 杨兆麟、赵玉明：《人民大众的号角——延安（陕北）广播史话》，北京，中国广播电视出版社，1986 年，第 3～4 页。

等。① 5月，周恩来去重庆工作后，广播电台筹建工作改由朱德负责。7月，王净主持召开了广播电台筹备会议，宣布电台的筹建工作由朱德总负责，财政部部长李富春、中央直属财政处处长邓发负责经费，王净负责业务，刚从抗日军政大学毕业调来的阚明负责具体筹建工作。② 8月，周恩来点名曾在清华大学无线电工程系就读过的傅英豪和其妻子唐旦到延安参与筹建广播电台。10月，赶到延安的傅英豪被任命为中央军委三局直属九分队队长，九分队是广播电台在中央军委三局的编号。③ 资料显示，1940—1941年延安新华广播电台创办初期，新华社广播科负责广播稿件编辑，科长李伍，编辑陈笑雨、王唯真，播音员徐瑞璋（麦风）、姚雯、萧岩；军委三局九分队负责机务，队长傅英豪，政委周浣白，主要成员有汤翰璋（丁戈）、毛动之、苟在尚、唐旦、徐路、吴兴周、赵洪政、黄德媛、张川治、屈遂心、赵戈。④ 其中，萧岩是1941年6月才调至新华广播电台担任播音员。⑤

经过精心筹备和多次调试，新华广播电台终于到了试播的时候。在此之前的一天下午，朱德来到新华广播电台视察筹备工作，对全体人员表示慰问，高度评价了他们的工作，并说："听说就要试播了，这是件大喜事。目前战争形势很紧张，日本鬼子对根据地进行了大'扫荡'，国民党顽固派配合日本鬼子大举进攻我们的根据地，我们的电台一定要狠狠地揭露敌人的阴谋诡计，团结全国人民一心抗战到底，夺取抗日战争的最后胜利。"⑥ 1940年12月30日上午8时，以XNCR为呼号的延安新华广播电台正式对外播音，中国共产党领导下创

① 杨兆麟、赵玉明：《人民大众的号角——延安（陕北）广播史话》，北京，中国广播电视出版社，1986年，第4页。

② 阚明：《筹建新华广播电台的日子》，《星火燎原全集》（第17卷），北京，解放军出版社，2009年，第237页。

③ 傅英豪：《周副主席调我到延安创建广播电台》，中国广播电视学会史学研究委员会、北京广播学院新闻传播学院新闻系编：《延安（陕北）新华广播电台回忆录新编》，北京，中国广播电视出版社，2000年，第82～83页。

④ 《歌声穿过80年，那时他们正青春——〈XNCR之歌〉复刻记》，央视网，2024年6月10日。

⑤ 萧岩：《延安播音生活回忆》，中国广播电视学会史学研究委员会、北京广播学院新闻传播学院新闻编：《延安（陕北）新华广播电台回忆录新编》，北京，中国广播电视出版社，2000年，第111页。

⑥ 阚明：《筹建新华广播电台的日子》，《星火燎原全集》（第17卷），北京，解放军出版社，2009年，第238页。

建的第一个人民广播电台宣告诞生。^①新华广播电台之所以使用 XNCR 为呼号，是因为根据国际有关规定，X 是中国电台使用的代号，NCR 是新华广播电台的英文缩写。后来，12 月 30 日被定为中国人民广播诞生纪念日。^②

　　刚开始，延安新华广播电台的广播时间是每日一次 2 个小时（19—21 时），波长 28 米。^③后来改为每天播音两次 3 个小时（分别是上午 10—11 时，下午8—10 时），除报道国际国内及抗战消息外，并经常有音乐、名人讲演、科学常识、日语、革命故事等。^④1941 年 4 月 1 日后，又增加到每天播音三次 4 个小时（分别是：14—15 时，波长 30.5 米，周率 9800 千周；18—19 时，波长 61米，周率 4940 千周；22—24 时，波长 61 米，周率 4940 千周）；播放内容除每日音乐外，22 时一节为广播中共中央重要文件、《新中华报》、《解放日报》社论和重要文章、国际国内重要新闻及重要通知、紧要文件等。^⑤12 月 3 日，延安新华广播电台增加了日语广播节目，来自日本的女青年原清志（即原清子）担任日语播音员，每周播一次，每次半小时。^⑥

　　为了加强电台广播工作，中共中央宣传部于 1941 年 5 月 25 日作出专门指示，要求按下列各点执行：

　　（一）广播内容应以当地战争及政治、军事、经济、文化教育等各方面的具体活动为中心，并以具体事实来宣传根据地的意义与作用。

① 刘云莱：《新华社史话》，北京，新华出版社，1988 年，第21页。
② 《关于将人民广播诞生纪念日改为一九四〇年十二月三十日的通知》（1980年12月23日），载中央人民广播电台研究室、北京广播学院新闻系：《解放区广播历史资料选编（一九四〇——一九四九）》，北京，中国广播电视出版社，1985年，第3页。
③ 《陕甘宁边区每日广播》，载中央人民广播电台研究室、北京广播学院新闻系编：《解放区广播历史资料选编（一九四〇——一九四九）》，北京，中国广播电视出版社，1985年，第58页。
④ 《新华社启事》，载中央人民广播电台研究室、北京广播学院新闻系编：《解放区广播历史资料选编（一九四〇——一九四九）》，北京，中国广播电视出版社，1985年，第59页。
⑤ 杨兆麟、赵玉明：《人民大众的号角——延安（陕北）广播史话》，北京，中国广播电视出版社，1986年，第15页。
⑥ 毛动之：《延安台开设日语广播的回忆》，载中国广播电视学会史学研究委员会、北京广播学院新闻传播学院新闻系：《延安（陕北）新华广播电台回忆录新编》，第116页。《原清志谈延安日语广播》，载中国广播电视学会史学研究委员会、北京广播学院新闻传播学院新闻系：《延安（陕北）新华广播电台回忆录新编》，北京，中国广播电视出版社，2000年，第123页。

（二）广播材料应力求短小精彩，生动具体，切忌长篇大论，令人生厌的空谈。

（三）广播均应采用短小的电讯形式，每节平常以三百至五百字为适当，至多不得超过一千字；当地负责同志的讲演与论文，如有特别重要意义的，应摘要广播，至多亦不得超过一千字。

（四）每节电讯应一次广播完结，不得拖延时日，至多不得超过两天广播的时间。①

然而，在全面抗战时期的艰难岁月里，延安新华广播电台的播音工作充满了挑战和坎坷。1943年，延安新华广播电台因发射机的发射管失效而在没有备份的情况下，不得不暂时中止了语言广播。此后，根据中共中央的指示，在国统区、沦陷区工作的一些同志冒着生命危险，千方百计地买到了一批通讯器材，并冲破重重阻挠，送到了延安。延安新华广播电台工作人员经过努力，利用现有材料，重新设计组合了一台新的发射机，并克服了发电的问题，于1945年9月初恢复了播音。②中国共产党的声音，人民的声音通过电波再次传向了四面八方，为配合抗战胜利后的解放事业的胜利发展做出了突出贡献。

二、同室操戈，相煎何急：空中揭露皖南事变真相的声音

1938年10月，随着广州、武汉的沦陷，中国抗日战争转入战略相持阶段。此时，日本面临战线过长，兵力、财力、物力不足，敌后抗日根据地的威胁等问题，这迫使其不得不调整对华政策。11月18日，日本陆军省起草了《1938年秋季以后的对华处理方略》，将其占领地区划分为"以确保安定为主之治安地区与以消灭抗日势力为主之作战地区"，并决定"为了迅速恢复治安，应固定配置充分的兵力"，而作战区配置之兵力仅限于适应形势所需要的最小限度。

---

① 《中宣部关于电台广播的指示》（1941年5月25日），新华社新闻研究部编：《新华社文件资料选编》（第一辑），北京，新华社，1981年，第10页。
② 苟在尚：《无线电广播史上的奇迹——回忆延安新华广播电台初创时期的机务工作》，北京广播学院新闻系编选：《中国人民广播回忆录》，北京，广播电视出版社，1983年，第28～31页。

12 月 6 日，日本陆军省通过了该方针。[1]

　　日本所谓"治安区"实际上是指中国共产党领导的敌后抗日根据地，该方针的制定表明日本对华政策的重大转变，即对国民政府改为政治诱降为主、军事进攻为辅，而以主要兵力进攻中国共产党及其领导的敌后抗日根据地。为了诱降国民政府，日本通过各种渠道与重庆方面进行了多次秘密接触，如"桐工作""孔祥熙路线""姜豪路线""司徒雷登路线""钱永铭路线"等。[2]

　　显然，重庆国民政府并没有与日本最终达成妥协，但它却利用这种接触，一方面借此向美英苏施加压力，争取获得援助；另一方面为其在国内搞反共摩擦服务。[3] 正是在这样的背景下，国民党顽固派才屡次制造事端，掀起一轮又一轮的反共高潮。1940 年 10 月，国民政府军事委员会正副参谋长何应钦、白崇禧致电八路军总司令朱德、副总司令彭德怀和新四军军长叶挺，要求全国范围内正在坚持抗战的新四军与八路军全部在一个月内奔赴黄河以北。[4]

　　面对国民党当局的造谣诬蔑和无理要求，中共中央一方面以朱德、彭德怀、叶挺、项英的名义复电予以驳斥；另一方面为顾全大局，表示愿将江南正规部队北调。[5] 1941 年 1 月 4 日，奉命北移的新四军军部及所属皖南部队 9000 余人途经安徽泾县茂林地区时，突遭国民党军队 7 个师八万余人的包围袭击。除 2000 余人突出重围外，大部壮烈牺牲和被俘。军长叶挺在同国民党谈判时被扣押，副军长项英在突围中被杀害。[6] 1 月 17 日，国民政府军事委员

① 日本防卫厅防卫研究所战史室：《日本军国主义侵华资料长编——〈大本营陆军部〉摘译》（上），成都，四川人民出版社，1987 年，第 459～460 页。

② [日]今井武夫：《今井武夫回忆录》，《今井武夫回忆录》翻译组译，上海，上海译文出版社，1978 年，第 135～198 页。

③ 李良志：《皖南事变前中共中央对形势的分析》，载中共中央党史研究室、中央档案馆编：《中共党史资料》（第 69 辑），北京，中共党史出版社，1999 年，第 96 页。

④ 《何应钦白崇禧致朱彭总副司令叶挺军长皓代电》（1940 年 10 月 19 日），载《皖南事变》编纂委员会编：《皖南事变》，北京，中共党史出版社，1990 年，第 82 页。

⑤ 《为顾全大局挽救危亡朱彭叶项复何应钦白崇禧佳电》（1940 年 11 月 9 日），载中央档案馆编：《中共中央文件选集》（第 12 册），北京，中共中央党校出版社，1991 年，第 665～669 页。

⑥ 中共中央党史研究室：《中国共产党历史 第一卷（1921—1949）》（下册），北京，中共党史出版社，2011 年，第 115 页。

会宣布新四军为"叛军"，取消新四军番号。[①] 这就是震惊中外的皖南事变。

皖南事变发生后，中国共产党连续发表通电，利用报刊的力量揭露了国民党顽固派反共的阴谋，从舆论上开展针锋相对的斗争。中国共产党利用报刊展开舆论战的情况已如前文所论，毋庸赘述。事实上，除借用报刊展开舆论宣传外，中国共产党还充分发挥了刚刚建成的新华广播电台空中传播的作用。

1月22日下午，通讯员骑马将当天的广播稿送至新华广播电台，其紧张的神情令傅英豪意识到该稿件的重要性，打开稿件才知是毛泽东为揭露国民党顽固派蓄意制造皖南事变的阴谋而起草的《中国共产党中央革命军事委员会发言人对新华社记者的谈话》[②]。中国共产党指出，皖南事变酝酿已久，"目前的发展，不过是全国性突然事变的开端而已"；中国共产党认为，日本急于解决中日战争，故策动中国内部的变化，其目的是"借中国人的手，镇压中国的抗日运动"，皖南事变实际上是亲日派分子将"此种计划表面化的开端"；中国共产党指出，国民政府军事委员会1月17日的命令，包含着严重的政治意义，因为"发令者敢于公开发此反革命命令，冒天下之大不韪，必已具有全面破裂和彻底投降的决心"，但日寇和亲日派总是要失败的；中国共产党警告"那班玩火的人"：立即悬崖勒马，取消1月17日命令，承认自己的错误，惩办事变祸首，恢复叶挺自由，交还皖南新四军全部人枪，抚恤伤亡将士，撤退"剿共"军，释放一切爱国政治犯，废止一党专政，逮捕亲日派首领等；至于重庆当局诬蔑新四军"叛变"的说法，中国共产党指称其纯粹是自相矛盾，不打自招，"向全国人民泄露了日本帝国主义的计划"。[③]

播音员徐瑞璋后来回忆时说："我们知道，皖南事变发生以后，国民党当局开动宣传机器，造了很多的谣言，还加强了对我们的新闻封锁，我们早就憋了一肚子气。接到稿件，我们连晚饭也不想吃了，早早地进了播音室，点上小油灯，一遍又一遍地备稿。播音时间一到，我先播一遍，小姚又重播一遍。我们

---

① 《国民政府军事委员会关于解散新四军的通电》（1941年1月17日），载《皖南事变》编纂委员会编：《皖南事变》，北京，中共党史出版社，1990年，第124页。

② 傅英豪：《第一座红色广播电台》，载《星火燎原全集》（第6卷），北京，解放军出版社，2009年，第23页。

③ 《为皖南事变发表的命令和谈话》（1941年1月20日），载《毛泽东选集》（第二卷），北京，人民出版社，1991年，第771～777页。

几乎拼出了全身的力气，想使每句话，每个字都像子弹一样，射进国民党顽固派的胸膛！冬夜是寒冷的，可是我们播完音的时候，却已经满头大汗了。"①

傅英豪回忆当时徐瑞璋、姚雯播报的情形说："在整个广播过程中，她们几乎拼出了全身的力量，使每一个字音都深深地印入听众的心里。你听，她们播出了对国民党亲日派的严重警告：'如若他们怙恶不悛，继续胡闹，那时，全国人民忍无可忍，把他们抛到茅厕里去，那就悔之无及了。'那种充满了对敌人的蔑视和对人民力量的自信的语调，至今还深深地留在我的记忆里。"②

总之，这是延安新华广播电台成立后，对外广播的第一条具有重大意义的消息，也是中国共产党第一次成功地利用广播电台对外宣传。这种新的宣传媒介，打破了敌、伪、顽对中国共产党和抗日民主根据地的新闻舆论封锁，使中国共产党的声音通过电波回响于苍穹之上，深刻揭露了国民党顽固派消极抗日、积极反共的立场，有力地反击了国民党顽固派发动的反共高潮，坚定地维护了抗日民族统一战线。正如傅英豪所说："这正是另一条战线上的胜利啊！"他深刻地感受到"自己是战斗在一个光荣而极为重要的岗位上"③。

三、党的施政纲领：边区根据地建设

抗日民主根据地是中国共产党贯彻落实全面抗战路线的坚强阵地，是中国人民夺取抗日战争全面胜利的重要保障。因此，中国共产党十分重视抗日民主根据地的建设，除利用上文所论之宣传媒介开展宣传活动外，它还通过创立不久的延安新华广播电台的无线电波进行了空中宣传。据笔者目力所及，当时延安新华广播电台播报过的此类稿件有《陕甘宁边区施政纲领》《选举工作中的宣传工作》等，以及反映抗日民主根据地大生产运动的秧歌剧《兄妹开荒》

---

① 徐瑞璋：《重返延安忆当年》，载中国广播电视学会史学研究委员会、北京广播学院新闻传播学院新闻系编：《延安（陕北）新华广播电台回忆录新编》，北京，中国广播电视出版社，2000年，第109～110页。

② 傅英豪：《第一座红色广播电台》，载《星火燎原全集》（第6卷），北京，解放军出版社，2009年，第24页。

③ 傅英豪：《第一座红色广播电台》，载《星火燎原全集》（第6卷），北京，解放军出版社，2009年，第24页。

《南泥湾》等。

《陕甘宁边区施政纲领》由陕甘宁边区中央局提出经中共中央政治局批准，于 1941 年 5 月 1 日正式对外公布。为宣传《陕甘宁边区施政纲领》，中共中央曾于 4 月 27 日作出指示，要求各地开展广泛的宣传教育工作。中共中央认为："此纲领之发布，适当国内外形势发生激烈变化，国民党施行黑暗统治，全国人民彷徨无主之际，实具有严重政治意义。"① 因此，中共中央要求："除令边区党以此加重教育并且切实遵照实施外，在国民党区域、日本占领区域及海外侨胞中，须广泛散布此纲领，在重庆、香港、上海、菲律宾、星加坡、纽约等地须召集座谈会，征求各界意见与批评，在其他压迫严重地方则秘密散布。"② 中共中央还指示华北华中各抗日民主根据地及八路军新四军"须与当地已经发布之纲领一并加以讨论"，其中有些为当地尚未提出者，尤须着重讨论。③ 中共中央还强调，关于"三三制"的实施，尤须利用此纲领上之条文，对党内进行深刻的教育，因为这关涉中国共产党能否领导全国革命取得胜利。④

在此背景下，延安新华广播电台对外播报了《陕甘宁边区施政纲领》全文。该纲领总计 21 条，涵盖了中国共产党在政治、经济、军事、文化教育等方面的原则和政策，包括抗日民族统一战线、"三三制"、减租减息、发展工农业生产和商业流通、扫盲运动等。

关于抗日民族统一战线，中国共产党在《陕甘宁边区施政纲领》中强调："团结边区内部各社会阶级，各抗日党派，发挥一切人力、物力、财力、智力，为保卫边区，保卫西北，保卫中国，驱逐日本帝国主义而战。""坚持与边区境外友党友军及全体人民的团结，反对投降分裂倒退的行为。"⑤

---

① 《中央关于发布陕甘宁边区施政纲领的指示》（1941年4月27日），载中央档案馆编：《中共中央文件选集》（第13册），北京，中共中央党校出版社，1991年，第88页。

② 《中央关于发布陕甘宁边区施政纲领的指示》（1941年4月27日），载中央档案馆编：《中共中央文件选集》（第13册），北京，中共中央党校出版社，1991年，第88页。

③ 《中央关于发布陕甘宁边区施政纲领的指示》（1941年4月27日），载中央档案馆编：《中共中央文件选集》（第13册），北京，中共中央党校出版社，1991年，第88页。

④ 《中央关于发布陕甘宁边区施政纲领的指示》（1941年4月27日），载中央档案馆编：《中共中央文件选集》（第13册），北京，中共中央党校出版社，1991年，第88～89页。

⑤ 《陕甘宁边区施政纲领》（1941年5月1日），载中央档案馆编：《中共中央文件选集》（第13册），北京，中共中央党校出版社，1991年，第90页。

　　关于"三三制"，中国共产党在《陕甘宁边区施政纲领》中表示："本党原与各党各派及一切群众团体进行选举联盟，并在候选名单中确定共产党员只占三分之一，以便各党各派及无党无派人士均能参加边区民意机关之活动与边区行政之管理，在共产党员被选为某一行政机关之主管人员时，应保证该机关之职员有三分之二为党外人士充任，共产党员应与这些党外人士实行民主合作，不得一意孤行，把持包办。"①

　　关于减租减息政策，中国共产党在《陕甘宁边区施政纲领》中强调在土地已经分配区域，保证取得土地的农民之私有土地制；在土地未经分配区域，保证地主的土地所有权及债主的债权，但"须减低佃农租额及债务利息，佃农则向地主缴纳一定的租额，债务人缴纳一定的利息"。该纲领还规定了政府的职责，即"对东佃关系及债务关系加以合理的调整"。②

　　关于工农业生产和商业流通，中国共产党在《陕甘宁边区施政纲领》中规定："实行春耕秋收的群众动员，解决贫苦农民耕牛、家具、肥料、种子的困难，今年开荒六十万亩，增加粮食产量四十万担，奖励外来移民。""奖励私人企业，保护私有财产，欢迎外地投资，实行自由贸易，反对垄断统制，同时发展人民的合作事业，扶助手工业的发展。"中国共产党还提出要"实行合理的税收制度"，使大多数人民均能负担抗日经费。③

　　关于军事问题，中国共产党在《陕甘宁边区施政纲领》中提出："提高边区武装部队的战斗力，保障其物质供给，改善兵役制度及其他后方勤务的动员制度，增进军队与人民的亲密团结。同时加强抗日自卫军少先队的组织与训练，健全其领导系统。""加强优待抗日军人家属的工作，彻底实施优抗条例，务使八路军及一切友军在边区的家属得到物质上的保障与精神上的安慰。"④

---

①《陕甘宁边区施政纲领》（1941年5月1日），载中央档案馆编：《中共中央文件选集》（第13册），北京，中共中央党校出版社，1991年，第91页。

②《陕甘宁边区施政纲领》（1941年5月1日），载中央档案馆编：《中共中央文件选集》（第13册），北京，中共中央党校出版社，1991年，第92页。

③《陕甘宁边区施政纲领》（1941年5月1日），载中央档案馆编：《中共中央文件选集》（第13册），北京，中共中央党校出版社，1991年，第92页。

④《陕甘宁边区施政纲领》（1941年5月1日），载中央档案馆编：《中共中央文件选集》（第13册），北京，中共中央党校出版社，1991年，第90～91页。

关于文化教育，中国共产党在《陕甘宁边区施政纲领》中提出："继续推行消灭文盲政策，推广新文字教育，健全正规学制，普及国民教育，改善小学教员生活，实施成年补习教育，加强干部教育，推广通俗书报，奖励自由研究，尊重知识分子，提倡科学知识与文艺运动，欢迎科学艺术人才，保护流亡学生与失学青年，允许在学学生以民主自治权利，实施公务人员的两小时学习制。"①

总之，《陕甘宁边区施政纲领》全面体现了中国共产党团结抗战的基本路线和根据地建设的基本方针，②是中国共产党局部执政的理论构建和实践的有益尝试。因此，有学者认为，从党的局部执政理论与实践、从其所具有的法律效力以及在管党治党中产生的实际效果上分析，该纲领分别具有"执政方略"属性、"准宪法"属性及"党内法规"属性。③中国共产党对《陕甘宁边区施政纲领》的广泛宣传，使人们清晰地了解了中国共产党抗日建国的各项政策，尤其是抗日民族统一战线政策、"三三制"原则以及保护私有财产等政策，产生了积极深远的影响。《陕甘宁边区施政纲领》公布两个多月后，在上海出版发行的外文报纸《字林西报》和中文报纸《申报》相继报道了该纲领。④虽然还不知《字林西报》是从何种途径得到了《陕甘宁边区施政纲领》，但它的报道已经说明了该纲领对外传播的广泛性，延安新华广播电台的广播无疑是其中对外宣传的重要手段之一。

1943年春，王大化、李波等根据大生产运动中涌现出来的劳动模范事迹，创作了秧歌剧《王小二开荒》。该剧通过农民王小二兄妹二人对唱，反映了在中国共产党领导下，农民群众努力开荒，积极开展大生产运动的情景。当时，该剧一经演出，就收到了人们如潮的好评。人们奔走相告，一传十，十传百，

<hr/>

① 《陕甘宁边区施政纲领》（1941年5月1日），载中央档案馆编：《中共中央文件选集》（第13册），北京，中共中央党校出版社，1991年，第92～93页。
② 中共中央党史研究室：《中国共产党的九十年（新民主主义革命时期）》，北京，中共党史出版社，2016年，第231页。
③ 侯斌：《论〈陕甘宁边区施政纲领〉的三重属性》，《西北大学学报（哲学社会科学版）》，2021年第1期。
④ 贺永泰、张芳芳：《〈字林西报〉〈申报〉对〈陕甘宁边区施政纲领〉的传播》，《文史杂志》，2023年第3期。

很快传遍了十里八乡。当时人们不说看的是《王小二开荒》，而是亲切地说看了《兄妹开荒》。于是，《兄妹开荒》便代替了原来的剧名，在群众中广泛传开了。[①] 1943 年 4 月 25 日和 26 日，《解放日报》分两次全文刊载了《兄妹开荒》词曲谱。4 月 26 日，《解放日报》还配发了由王大化撰写的《从〈兄妹开荒〉的演出谈起——一个演员创作经过的片断》一文。[②] 这些进一步扩大了《兄妹开荒》的影响力。

《兄妹开荒》演出后不但受到人民群众的喜爱，其欢快的音乐表现形式也得到了延安新华广播电台的青睐。延安新华广播电台开始曲第一首使用的是《渔光曲》，第二首采用的就是《兄妹开荒》。[③] 于是，随着延安新华广播电台的电波，《兄妹开荒》传至大江南北、长城内外，有效地宣传了中国共产党领导下的抗日民主根据地大生产运动。

四、节日纪念：劳动节、建党节与十月革命

重大节日、纪念日是开展宣传活动的重要时机，中国共产党历来重视重大节日、纪念日的宣传。早在 1925 年 2 月中共中央宣传部就曾提出："关于对外宣传，在某一时内亦须规定一个共同的大纲，尤其对于各种带有全国性的运动及各种普通的纪念日，都须预定一计划，令各地方斟酌进行之。"[④] 同年 4 月中共中央在第二十二号通告中也强调："本党宣传工作亟须切实整顿，以后凡遇各种纪念日及大的宣传运动，各地于遵照中央宣传大纲实行之后，当迅速将宣

---

① 李波：《往事的追忆》，载中国人民政治协商会议全国委员会文史资料委员会《文史资料选辑》编辑部编：《文史资料选辑》（第25辑），北京，中国文史出版社，1991年，第84～85页。

② 王大化：《从〈兄妹开荒〉的演出谈起——一个演员创作经过的片断》，《解放日报》，1943年4月26日。

③ 王今诚编著：《延安志》（下册），北京，中共党史出版社，2021年，第518页。

④《宣传部工作之进行计划》（1925年2月6日），载中共中央宣传部办公厅、中央档案馆编研部编：《中国共产党宣传工作文献选编（1915—1937）》，北京，学习出版社，1996年，第627页。

传之经过，报告于中央。"[①] 全面抗战时期，中国共产党建立了相对稳定的抗日民主政权，从而有了较充分的条件利用重大节日、纪念日来宣传党的政策与主张。[②] 因此，当延安新华广播电台创立后，每逢重大节日、纪念日，中国共产党通过空中电波亦对外进行了广泛宣传。

1941 年"五一"国际劳动节，是延安新华广播电台创立后的第一个重大节日。这一天，延安新华广播电台播报了《全国人民团结起来反对日本帝国主义的进攻》一文[③]。该文指出："今年五一节，为全世界劳动人民力争和平反对战争之伟大节日，当此资本主义制度已临末日，各个帝国主义集团正拼你死我活的时候，……各国人民已日益明了，惟有他们团结起来才能结束帝国主义战争，并最后地消灭战争发生的根源，推翻资本主义，建设人民和平的新世界。"文章进而指出，自去年德日意结成同盟后，国民党统治人士认为日美斗争从此激化，日本已无力侵华，美国必大量援华，于是放手反共，发动了第二次反共高潮，制造皖南事变，发表解散新四军的反革命命令。然而，局势的发展并未如国民党当局所愿：日本虽加入三国同盟，但仍保其半独立性作用；日本虽积极南进，但对华进攻仍不可免。因此，日本天天希望国共破裂，亲日派迎合日本之要求，大搞分裂倒退的活动。文章认为："在此烽火满天的国际环境中，在此民族敌人企图最后灭我的东方环境中，国共只有团结，中国只有进步才是唯一出路，否则就会灭亡。"在文章最后，中国共产党号召全国各党各派一切爱国人士团结起来，反对日本帝国主义的进攻；号召工人农民及一切爱国人民团结起来，于五一节检阅自己的力量，配合全世界劳动人民的斗争，反对中华民族

①《中共中央通告第二十二号——纪念日与大的宣传运动过后应报告宣传工作情况及效果》（1925年4月），载中共中央宣传部办公厅、中央档案馆编研部编：《中国共产党宣传工作文献选编（1915—1937）》，北京，学习出版社，1996年，第635页。

② 有学者指出，新民主主义革命时期中国共产党发起、组织的各种纪念活动，依据不同的纪念对象，大致可分为三种类型：一是对国际共运重要人物、事件、节日的纪念；二是对近代中国重要人物、事件、节日的纪念；三是对中国共产党自身重大节日、重要事件与革命先烈的纪念。参见陈金龙：《略论民主革命时期中国共产党的纪念活动》，《中共党史研究》，2007年第6期。

③ 有资料记载称，当时延安新华广播电台广播的是《新中华报》的文章《伟大的国际劳动节》，参见杨兆麟、赵玉明：《人民大众的号角——延安（陕北）广播史话》，第17页。但笔者查阅《新中华报》，未找到该文，上述所载文章标题可能有误，似应为1941年5月1日《新中华报》刊登的文章《全国人民团结起来反对日本帝国主义的进攻》。

敌人的进攻，争取抗战的胜利[1]。

1941 年 11 月 7 日，毛泽东来到延安新华广播电台，通过电波向外界发表了广播演讲，以此纪念伟大的十月革命 24 周年。毛泽东在讲演中结合国内和国际形势，强调了团结抗日的重要性与必要性。毛泽东指出："目前全人类的任务是团结起来反对法西斯，而全中国人民的任务则是团结起来反对日本的进攻。现在这两种团结都有大大加强的必要。"毛泽东呼吁英美人民必须努力去战胜本国政府与国会内部一部分不明大义的人，把世界反法西斯的斗争推向更高的阶段。关于中国的局势，毛泽东判断目前正处在"向前更进一步的转折点"，因此他强调说："我们全国的人民和全国的军队，一定要保卫我们每一个抗日阵地，一定要打碎敌人的进攻阴谋。全国人民一定要更好的团结起来，……准备一切反攻的条件，以便及时的驱逐日本强盗出中国。"毛泽东在最后说："我们共产党人一向是呼吁加强团结的，处在这个敌人新进攻的前夜，改善抗战营垒中各方面的相互关系，更为迫切的需要。……我们相信，只要全国真正的团结一致，日本的进攻必能阻止，反攻的准备必能办到，驱逐敌人的目的是必能实现的。"[2]

除国际劳动节、十月革命等重要纪念日外，党比较看重的是对中国共产党成立的庆祝和宣传。然而，正如有研究者所指出的那样，中国共产党成立后，一直没有进行有计划、有规模、有程序且公开的纪念建党活动。[3]1936 年 7 月，中国共产党驻共产国际代表团在莫斯科举行了中国共产党成立 15 周年庆祝活动，这是中国共产党历史上的第一次。在这次庆祝活动期间，中共一大代表陈潭秋不仅在《共产国际》上发表了回忆文章《第一次代表大会的回忆》，而且在举行的纪念会上作了报告；中国共产党驻共产国际代表团其他成员也写了《十五年来的中国共产党》等文章和一些参考材料。[4]然而，此时中国共产党尚未明确它成立的具体时间，陈潭秋在回忆文章里也只是笼统地说中国共产党成

---

① 《全国人民团结起来反对日本帝国主义的进攻》，《新中华报》，1941年5月1日。

② 《毛泽东同志发表广播讲演》，《解放日报》，1941年11月7日。

③ 郑学富：《"七一"建党纪念日的由来》，《解放军报》，2022年6月26日。

④ 《第一次代表大会的回忆》（1936年7月），载陈潭秋：《陈潭秋文集》，北京，人民出版社，2013年，第240～246页；《在庆祝中国共产党成立十五周年纪念会上的报告提纲》（1936年7月），载陈潭秋：《陈潭秋文集》，北京，人民出版社，2013年，第247～252页。

立的时间为1921年7月下半月。①

1938年5月，毛泽东发表了《论持久战》的演讲，他在演讲中提到："今年七月一日，是中国共产党成立的十七周年纪念日。"②这是中共中央领导人首次提出7月1日是中国共产党成立的纪念日，同时又逢全面抗战爆发一周年，因此中国共产党十分重视党成立17周年的纪念和宣传活动。1938年6月24日，中共中央颁布了《关于中共十七周年纪念宣传纲要》，该纲要强调宣传须围绕中国共产党的性质、中国共产党肩负的基本任务、中国共产党17年的革命历史，及中国共产党与抗日斗争、抗日民族统一战线之关系等七个方面展开，这为全面抗战爆发以来中国共产党首次庆祝建党17周年展开各种宣传定下了基调。③以此为契机，中国共产党于是年将建党17周年与抗战一周年结合起来，普遍开展了丰富多彩的纪念活动，如举行歌咏、话剧、戏剧等文艺演出，举办图画展览，开展演讲比赛、工作竞赛等，举行悼念阵亡将士及死难同胞大会等。④

1939年和1940年的"七一"前后，庆祝中国共产党成立周年的活动规模虽然比较小，但《新中华报》也适时发表了社论和时评，高度评价了中国共产党成立以来的革命历史，歌颂了中国共产党为争取民族独立、人民解放而进行的不懈斗争。⑤

1941年是中国共产党成立20周年，相较往年，这一年的纪念活动有两个

①《第一次代表大会的回忆》（1936年7月），载陈潭秋：《陈潭秋文集》，北京，人民出版社，2013年，第240页。
②《论持久战》（1938年5月），载《毛泽东选集》（第二卷），北京，人民出版社，1991年，第440页。
③《中央关于中共十七周年纪念宣传纲要》（1938年6月24日），载中共中央宣传部办公厅、中央档案馆编研部编，《中国共产党宣传工作文件选编（1937—1949）》，北京，学习出版社，1996年，第22～23页。
④《从"七一"到"七七"纪念周，抗大是怎样筹备的?》，《新中华报》，1938年6月25日；红虹：《边区青年在抗战周年及中共十七周年宣传周中的任务》，《新中华报》，1938年6月25日；《迎接抗战一周年》，《新中华报》，1938年6月25日；《七日上午举行盛大追悼大会，由洛甫同志致开会词，高岗同志主祭，并由毛泽东同志领导举行抗日阵亡将士纪念碑奠基典礼，青年日商人日情况亦异常热烈!》，《新中华报》，1938年7月10日。
⑤《社论：中国共产党十八周年》，《新中华报》，1939年6月30日；《时评：光荣奋斗的十九年》，《新中华报》，1940年7月5日。

突出的特点：一是中国共产党在中央文件《关于中国共产党诞生二十周年、抗战四周年纪念指示》中首次将 7 月 1 日作为党诞生的纪念日，明确了"七一"为建党节的规定。① 二是成立不久的延安新华广播电台首次参与建党节的纪念和宣传。据记载，为了庆祝中国共产党成立 20 周年，延安新华广播电台对外广播了张如心的《在毛泽东的旗帜下前进》等文章。② 张如心在文章中高度评价了以毛泽东为代表的中国共产党人为马克思主义中国化而做出的创造性贡献，他指出，中国共产党成立 20 年来，已经"积累了许多宝贵而丰富的革命经验"，"丰富了发展了马列主义的理论"，而推动马克思主义中国化的主要的典型的代表是毛泽东，《论持久战》《论新阶段》《新民主主义论》等经典著作就是毛泽东将马克思主义和中国革命实践相结合的产物，是马克思主义中国化的伟大结晶。③ 文章最后向人们呼吁"高举着毛泽东同志的创造性底马克思—列宁主义的光荣旗帜"，"向着中华民族解放光明的胜利坦途迈进"！④ 通过空中电波，这富有激情的声音传向了四面八方，令人心潮澎湃，坚定了人们在伟大的中国共产党领导下夺取抗日战争最终胜利的信念！

　　然而，一是因为战争年代的广播稿件未能留存下来，二是因为 1943 年延安新华广播电台在发射管发生故障后不得不中止了语言广播，所以有关中国共产党通过广播庆祝和宣传建党的活动记录仅限于 1941 年，这不能不说是件遗憾之事。即使如此，依据《解放日报》等报刊的记载，中国共产党在此后的每年建党节前后都举行了丰富多彩的纪念和宣传活动，但限于本节讨论之主题，

---

① 《中央关于中国共产党诞生二十周年、抗战四周年纪念指示》（1941年6月），载中央档案馆编，《中共中央文件选集》（第13册），北京，中共中央党校出版社，1991年，第140页。

② 杨兆麟、赵玉明：《人民大众的号角——延安（陕北）广播史话》，北京，中国广播电视出版社，1986年，第17页。

③ 张如心：《在毛泽东的旗帜下前进》，《解放》，1941年4月第127期。

④ 张如心：《在毛泽东的旗帜下前进》，《解放》，1941年4月第127期。

对此不再赘述。①

　　总之，中国共产党每逢重大节日，通常将该纪念活动与国内外局势的变化相结合，以构建中国共产党的形象为中心，重点宣传中国共产党的纲领、方针和政策。毫无疑问，延安新华广播的广播宣传在中国共产党形象构建方面发挥了积极作用，它突破了敌伪顽对抗日根据地严密而残酷的封锁，打破了地域上的限制，使距离延安较远的各抗日根据地，使国统区、沦陷区，乃至国外的人们，都能够直接收听到来自中国共产党的声音。因此，广播宣传使人们对中国共产党的革命者形象产生了直观的良好印象，使中国共产党赢得了广大人民群众的热烈拥护和坚定支持，为中国共产党领导全国人民夺取民族民主革命胜利奠定了坚实的基础。

---

① 关于1942—1945年建党节前后中国共产党的纪念和宣传活动，当时报刊记载的数量繁多，不胜枚举，以下仅以《解放日报》为例略举数例：《中国共产党中央委员会为纪念抗战五周年宣言》，《解放日报》1942年7月7日；《中国共产党中央委员会告抗日根据全体党员和八路军新四军将士书》，《解放日报》1942年7月7日；《迎接"七一""七七"八路军印刷厂生产竞赛》，《解放日报》1942年5月26日；《纪念党二十一周年，华北新华日报社员工电党中央诸同志致敬》，《解放日报》1942年7月4日；《热烈庆祝党的光辉节日，晋冀鲁豫纪念"七一"，晋察冀文化界成立整风委员会》，《解放日报》1942年7月8日；《中共北方局等规定"七一"至"七七"为宣传周》，《解放日报》1943年6月25日；《昨举行"七一"纪念晚会，毛泽东同志作报告》，《解放日报》1943年7月2日；《本市各机关学校热烈纪念"七一"，苏北鲁中纷纷举行庆祝》，《解放日报》1943年7月3日；《陇东党政军纪念"七一"，抗大总校致电各分校》，《解放日报》1943年7月4日；《马栏纪念"七一"大会上模范党员张清益受奖，学习他团结群众为民谋福利精神》，《解放日报》1943年7月5日；《绥德分区向中央与西北局致敬，抗大致电毛泽东同志朱总司令》，《解放日报》1943年7月6日；《社论：中国共产党创立二十三周年》，《解放日报》1944年7月1日；《边区被服局支部热烈纪念"七一"，拥护毛主席及党中央》，《解放日报》1945年7月2日；《晋察冀、华中分局直属各机关纪念"七一"，拥护毛主席及党中央》，《解放日报》1945年7月6日；《太行各界热烈庆祝中共二十四周年》，《解放日报》1945年7月10日；《苏北涟水东佃雇农集会，庆祝我党诞生二十四周年》，《解放日报》1945年7月26日；《广东区党委纪念"七一"大会，电毛主席及新中央致敬》，《解放日报》1945年8月5日。

第二节│人民的画面：中国共产党的电影宣传

全面抗战爆发后，为适应全民族抗战的需要，更广泛地宣传中国共产党的纲领、方针和政策，以及中国共产党领导的人民军队的武装斗争与抗日民主根据地的建设，中国共产党于 1938 年 9 月成立了"八路军总政治部电影团"，1942 年 5 月改称"八路军联防军政治部电影团"，人们通常称其为"延安电影团"。[1] 全面抗战时期，延安电影团在极其困难的情况下，拍摄制作了多部影片，既通过镜头为后世留下了非常珍贵的影像资料，又通过电影放映有效地开展了宣传工作，为中国共产党的形象构建发挥了积极作用。

一、人民电影的先锋：延安电影团的创立

众所周知，1895 年 12 月 28 日是公认的"电影世纪"正式开始的日子，法国人卢米埃尔兄弟在这一天首次公开放映了他们摄制的影片，宣告了电影时代的到来。[2] 第二年，电影传入中国，上海徐园"又一村"放映了"西洋影戏"，这被认为是中国第一次电影放映。[3] 但有学者认为，当时放映的并不是电影，而是幻灯片，电影初到上海的时间应为 1897 年 5 月，首演地点为礼查饭店；至于首演的具体日期以及电影初到上海是否就是电影初到中国，则由于资料所限，尚不敢妄加推断。[4] 暂且不论电影传入中国的具体时间为何，毋庸置疑的是，在此之后，上海、北京、天津等大中城市放映电影的活动与日俱增，这也催生了中国电影摄制事业的诞生和发展。1905 年，由京剧名家谭鑫培主演的

---

① 吴筑清、张岱编著：《中国电影的丰碑：延安电影团故事》，北京，中国人民大学出版社，2008 年，第 56 页。

② 杜云之：《中国电影七十年（1904—1972）》，台北，台湾地区电影事业发展基金会电影图书馆出版部，1986 年，第 2 页。虞吉：《中国电影史》，重庆，重庆大学出版社，2017 年，第 1 页。

③ 程季华主编：《中国电影发展史》（第一卷），北京，中国电影出版社，1980 年，第 8 页。

④ 黄德泉：《中国早期电影史事考证》，北京，中国电影出版社，2012 年，第 17、29 页。

《定军山》被拍摄成戏曲短片，标志着国产电影的诞生。①

由此不难发现，电影在传入中国后，以表现力强、形象生动、便于普及的特点，迅速成为人们喜闻乐见的一种艺术形式。② 随着电影业的发展，人们深切感受到"电影作为一种传播媒介所带来的巨大的社会影响"，换言之，此时的电影事实上成为了"一门独立的艺术形式"，变成了传播媒介。③ 有学者据此认为，当电影从发明到成为媒介，就不可避免地有了表达制作者意愿的目的，而苏联社会主义现实主义电影的出现，真正让电影成为了宣传的工具。④ 正如列宁所指出的那样："在一切艺术中，对我们来说，最重要的就是电影。"⑤ 在此背景下，中国共产党很早注意到了电影的宣传功能，如瞿秋白在 1924 年就指出，电影作为宣传工具是非常重要的，它无孔不入，就是说电影是很深入的，很普及的。⑥

但是，拍摄、制作并发行一部影片并非易事，而中国共产党早期又身处残酷的斗争环境，更遑论开展电影宣传工作了。即使如此，中国共产党并未放弃这种努力。1931 年 9 月，中国共产党领导的左翼戏剧家联盟通过了《最近行动纲领》，该纲领提出："除演剧而外，本联盟目前对于中国电影运动实有兼顾的必要。除产生电影剧本供给各制片公司并动员加盟员参加各制片公司活动外，应同时设法筹款自制影片。"⑦ 这标志着中国共产党领导的左翼电影的兴起，也是中国共产党早期以电影为媒介开展宣传活动的初步尝试，为后来革命电影事业的发展积累了经验。

---

① 程季华主编：《中国电影发展史》（第一卷），北京，中国电影出版社，1980年，第14页。
② 中国人民解放军总政治部文化部编：《电影放映机》，北京，中国电影出版社，1980年，第1页。
③ 仝美慧：《电影传播学》，昆明，云南大学出版社，2019年，第2页。
④ 仝美慧：《电影传播学》，昆明，云南大学出版社，2019年，第2页。
⑤ 中共中央马克思恩格斯列宁斯大林著作编译局编译：《列宁全集》（第四十二卷），北京，人民出版社，1987年，第594页。
⑥ 阳翰笙：《左翼电影运动的若干历史经验》，广播电影电视部电影局党史资料征集工作领导小组、中国电影艺术研究中心编：《中国左翼电影运动》，北京，中国电影出版社，1993年，第2页。
⑦《中国左翼戏剧家联盟最近行动纲领》（1931年9月），广播电影电视部电影局党史资料征集工作领导小组、中国电影艺术研究中心编：《中国左翼电影运动》，北京，中国电影出版社，1993年，第18页。

据不完全统计，截至1937年，共有70余部左翼电影应运而生。[1] 其中，由电通电影制片公司摄制的《风云儿女》是代表作品之一，电通电影制片公司是在党的电影小组的直接领导下于1934年春建立的，当时电影小组直属于党的中央文化工作委员会。[2]《风云儿女》通过青年诗人辛白华由逸乐生活走上抗日前线的转变和大学生梁质夫的毅然参加抗日斗争，反映了九一八事变后广大知识青年不同程度的觉醒和成长，也曲折地反映了全国人民一致要求抗日的热烈愿望。尤其是由田汉作词、聂耳作曲的影片主题歌《义勇军进行曲》以奔放豪迈的革命热情、高亢激昂的旋律唱出了人民和时代之声，该歌曲后来成为中华人民共和国国歌。[3]

1937年全面抗战爆发后，国共两党实现第二次合作，周恩来等参加了国民政府军事委员会政治部的领导工作，其中政治部第三厅由郭沫若担任厅长，阳翰笙任主任秘书，该厅负责抗日宣传工作。在中国共产党的组织领导和方针指导下，隶属于政治部第三厅的中国电影制片厂在1938年1月至10月的短短半年多时间里，拍摄完成了《保卫我们的土地》《热血忠魂》《八百壮士》（见图7-1）3部故事片和50部左右的纪录片、新闻片、卡通歌集片等。这些影片几乎都是以抗战为题材，有力地配

图7-1　《八百壮士》剧照（选自《抗战电影》，郑州，河南大学出版社，2018年，第91页）

---

[1] 广播电影电视部电影局党史资料征集工作领导小组、中国电影艺术研究中心编：《中国左翼电影运动》，北京，中国电影出版社，1993年，第229～344页。有学者认为，"左翼电影"这一概念具有极大的模糊性，一部影片是否属于左翼电影在实际操作中带有很大程度的主观随意性，故1949年以后中国大陆关于左翼电影的统计数量各不相同，先后有35部、50部、74部等说法。参见萧知纬：《三十年"左翼电影"的神话》，《二十一世纪》，2007年总第103期，第45～46页。

[2] 卢粹持：《有关中国左翼电影运动的组织史资料》，载广播电影电视部电影局党史资料征集工作领导小组、中国电影艺术研究中心编：《中国左翼电影运动》，北京，中国电影出版社，1993年，第1084～1085页。

[3] 程季华主编：《中国电影发展史》（第一卷），北京，中国电影出版社，1980年，第386～387页。

合了抗日战争，发挥了战斗的作用。①

在此期间，集编导演于一身享有"千面人"盛誉的袁牧之经阳翰笙、陈波儿的介绍，与中国共产党取得了联系。袁牧之很早就参加了左翼文化运动，并因拍摄《风云儿女》《马路天使》《桃李劫》（见图7-2和图7-3）等进步电影而蜚声影坛，此时他虽然还不是中国共产党党员，但对延安向往已久。袁牧之向中国共产党提出了到延安和华北前线拍摄电影的想法，这不仅得到了周恩来等人的同意和支持，而且还受到周恩来的邀请，请他到延安负责筹建中国共产党自己的电影机构并担任编导。中国共产党的决定超出了袁牧之的意料，经过慎重考虑后，他接受了中国共产党的邀请。②

图7-2 《马路天使》剧照（选自《抗战电影》，第75页）

图7-3 《桃李劫》剧照（选自《抗战电影》，第39页）

之后，袁牧之在征得中国共产党同意后，又动员曾与他有过多次合作的摄影师吴印咸一起去延安。1938年8月，袁牧之和吴印咸在周恩来的安排下顺利抵达延安。③ 9月，八路军总政治部电影团正式宣告成立。当时，电影团由以

① 程季华主编：《中国电影发展史》（第二卷），北京，中国电影出版社，1980年，第19页。
② 钱筱璋：《延安电影团始末》，中国人民解放军文艺史料编辑部编：《中国人民解放军文艺史料选编（抗日战争时期）》（第一册），北京，解放军出版社，1988年，第156～157页；吴筑清、张岱编著：《中国电影的丰碑：延安电影团故事》，北京，中国人民大学出版社，2008年，第36～38页。
③ 吴筑清、张岱编著：《中国电影的丰碑：延安电影团故事》，北京，中国人民大学出版社，2008年，第53页。

下人员组成：总政治部副主任谭政兼任团长，李肃任政治指导员，袁牧之为艺术及编导负责人，吴印咸为技术及摄影负责人；另外还有摄影徐肖冰，总务魏起，场记叶苍林、王旭等。延安电影团的成立，标志着中国共产党领导的革命根据地电影事业由此开端。①

1939年9月，八路军总政治部成立了电影放映队，最初成员有余丰、吴德礼、席珍、唐泽华，余丰任队长。② 1940年6月，八路军总政治部将电影放映队合并至电影团，下设摄影队和放映队，吴印咸主持团的日常工作并兼任摄影队队长，余丰为放映队队长。③ 1942年5月，中共中央军委决定成立陕甘宁晋绥联防军，电影团遂划归联防军总政治部管辖，其直接领导是总政治部宣传部部长肖向荣。9月，为了减轻人民负担，克服抗日根据地的困难，中国共产党在各抗日根据地实行精兵简政。按照这一政策要求，再加上电影团当时面临制片材料紧缺的状况，电影团本应属于精简之列，但肖向荣和吴印咸认为电影团的业务骨干分散后再集中就比较困难了，经向上级陈述利害关系，最终电影团的建制被保留了下来。④ 1941年6月到达延安后参加电影团工作的钱筱璋后来对此回忆说："当时电影团正没有电影工作可做，是可以裁并和精简的。党经过考虑，为了保存当时仅有的这批电影干部，以待时机，仍然把电影团这个机构保存下来，人员也没有分散。这样的处理，除了说明党对电影事业的特殊重视外，再也不能有什么别的解释了！"⑤ 之后，电影团以极其有限的胶片拍摄了许多珍贵的影像，并通过放映电影和举办影展等方式，生动形象地宣传了抗日民主根据地军民的战斗和日常生活，有力地配合了中国共产党纲领、方针和政策的宣传工作。

总之，延安电影团成立的意义十分重大，正如有评论充满感情地说："电影团成立了，虽然人少力薄，条件十分简陋，但它毕竟是党的电影事业的一颗强

---

① 钱筱璋：《八路军总政治部电影团编年纪事》，《当代电影》，1998年第6期。
② 钱筱璋：《八路军总政治部电影团编年纪事》，《当代电影》，1998年第6期。
③ 钱筱璋：《八路军总政治部电影团编年纪事》，《当代电影》，1998年第6期。
④ 钱筱璋：《八路军总政治部电影团编年纪事》，《当代电影》，1998年第6期。
⑤ 钱筱璋：《最初的甘苦》，袁牧之等：《解放区的电影》，北京，中国电影出版社，1984年，第31页。

壮种子，是星星之火，必将在全国范围形成燎原之势。它好像初生的婴儿，尽管十分脆弱，但充满着生命的活力，显示出远大的前程。它以战斗的姿态揭开了中国电影史上划时代的一页，开创了党的人民电影的新世纪。"[1]

二、记录历史：新闻电影的摄制

电影团成立后，袁牧之根据在武汉时与周恩来商定的拍摄计划，首先决定以《延安与八路军》为题拍摄一部反映中国共产党及其领导的八路军开展武装斗争和日常生活的新闻电影。经过一段时间对延安生活的体验和观察，袁牧之拟定了拍摄提纲，具体包括以下四个部分：

（1）抗战爆发后，全国各地进步青年学生纷纷来到延安。

（2）介绍延安政治、经济与文化等方面的实况，包括中共中央领导和机关，以及延安居民生活、工作和社会生活等各方面的情况。

（3）介绍八路军的战斗生活和敌后抗日根据地的情况。

（4）全国各地来到延安的青年，经过学习之后，又奔赴前方各去工作。[2]

经中共中央同意后，以袁牧之为首的电影团就开始了为期一年多的拍摄工作。1938年10月1日，电影团在陕西中部的黄帝陵前拍摄了《延安与八路军》的第一组镜头，钱筱璋后来把它称为其事业中第一个有意义的"10月1日"。[3] 1940年初，时任前方八路军总部政治部主任傅钟对电影团所拍的这第一组镜头赋予了更深层的意义，他说："1937年8月洛川会议之后，我随朱、彭和任弼时等同志也去过黄帝陵，在轩辕庙大殿里，朱总司令还说，清明节前毛主席代表红军和苏区写的《祭黄帝陵文》，就是我们开赴抗日前线的《出师表》。表明我们代表着全民族的利益，誓死为驱逐日寇出中国而血战到底！所

---

① 吴筑清、张岱编著：《中国电影的丰碑：延安电影团故事》，北京，中国人民大学出版社，2008年，第57页。

② 吴筑清、张岱编著：《中国电影的丰碑：延安电影团故事》，北京，中国人民大学出版社，2008年，第58～61页。

③ 钱筱璋：《最初的甘苦》，袁牧之等：《解放区的电影》，北京，中国电影出版社，1984年，第30页。

以我们大家，对于影片从黄帝陵开始，认为意义深远。"①

在黄帝陵完成拍摄后，电影团又到延安南 40 公里的鄜县（今富县）茶坊镇的大道上，拍摄络绎不绝奔赴延安的青年学生。除此之外，袁牧之还邀请有亲身经历的抗日军政大学和陕北公学的部分学生协助拍摄，再现他们在崎岖的山路上艰辛跋涉、不绝于途的场景。② 在延安，电影团将延安的自然风貌、党中央领导人的活动、活跃的民主政治生活、生产运动、自力更生的经济建设、蓬勃发展的文化教育、文学艺术活动等，均摄入镜头，当作《延安与八路军》的素材。③ 延安作为全面抗战时期中共中央所在地，是日军经常空袭的目标，为揭露日军狂轰滥炸的罪行，12 月某日电影团在城西山上拍摄了日机轰炸延安的情景。④

1939 年初，电影团完成了在延安的拍摄后，决定到华北敌后去拍摄。在电影团出发前，毛泽东接见了袁牧之、吴印咸、徐肖冰等。毛泽东鼓励他们说："你们现在是英雄无用武之地，不能发挥你们的能力，但将来的工作是很多的。""现在拍长征就不可能，过几年你们就能拍了。"⑤ 在晋绥、晋察冀等各抗日根据地，电影团拍摄了党政军领导人和八路军战士的战斗、生活、建设等方面的大量镜头，也拍摄了人民群众支前、民兵活动等场景，为制作《延安与八路军》新闻电影储备了许多素材。⑥

吴印咸后来回忆这段经历时说，当时给他留下极深印象、终生难忘的是和加拿大援华医生白求恩共同生活的日日夜夜，其中永远挥之不去的记忆是白求恩在孙家村外的小庙里做手术的场景。1939 年 10 月，日军向晋察冀边区发

---

① 傅钟：《光荣属于艰苦奋斗的创业者——纪念延安电影团成立五十周年》，载吴筑清、张岱编著：《中国电影的丰碑：延安电影团故事》，北京，中国人民大学出版社，2008年，第368页。

② 吴筑清、张岱编著：《中国电影的丰碑：延安电影团故事》，北京，中国人民大学出版社，2008年，第65～66页。

③ 吴筑清、张岱编著：《中国电影的丰碑：延安电影团故事》，北京，中国人民大学出版社，2008年，第66页。

④ 钱筱璋：《八路军总政治部电影团编年纪事》，《当代电影》，1998年第6期。

⑤ 徐肖冰：《〈延安与八路军〉及其他》，载袁牧之等：《解放区的电影》，北京，中国电影出版社，1984年，第10页。

⑥ 钱筱璋：《八路军总政治部电影团编年纪事》，《当代电影》，1998年第6期。

动了"冬季扫荡"，正准备回国筹集资金和药品的白求恩毅然决定留下来参战。在敌人逼近、形势万分紧急的情况下，吴印咸抓住时机，拍下了白求恩聚精会神为伤员做手术时的经典一幕。也就是在这一次手术中，白求恩划破了手指，不久又在手术中中了毒，于 11 月 12 日不幸以身殉职。[①] 后来，毛泽东写了著名的《纪念白求恩》一文，高度评价了白求恩的国际主义精神、毫不利己专门利人的精神，呼吁人们学习他毫无自私自利之心的精神，并说："从这点出发，就可以变为大有利于人民的人。一个人能力有大小，但只要有这点精神，就是一个高尚的人，一个纯粹的人，一个有道德的人，一个脱离了低级趣味的人，一个有益于人民的人。"[②]

为了真实记录八路军的战斗场面，电影团成员有时冒着生命危险和战士们战斗在前线。有一次，电影团成员计划在井陉煤矿附近的正太铁路上，以敌人火车疾驶而过为背景，拍摄游击队的活动。为此，电影团成员竟找到敌占区维持会长带他们躲在一个晚上打信号用的炮楼里，寻机拍下了非常珍贵的镜头。[③]

电影团前后跋山涉水 1000 余公里，费时一年多，最终完成了拍摄任务。由于当时延安不具备影片后期制作的条件，经中共中央研究，决定派袁牧之到苏联去，一方面制作《延安与八路军》，另一方面考察苏联电影事业，学习其经验以为借鉴。[④] 然而，令人痛心和遗憾的是，随着苏德战争的爆发，袁牧之带到苏联的底片和样片遗失于混乱之中，《延安与八路军》就这样夭折了。幸运的是，袁牧之在离开前，将一部分内容相近的 16 毫米底片留在了延安，从而使吴印咸在前线拍摄的部分八路军历史资料得以保留，其中包括白求恩大夫的宝贵资料。新中国成立后，中央军委总政文化部八一电影制片厂曾派人去苏

---

① 吴印咸：《延安影艺生活录》，载艾克恩编：《延安文艺回忆录》，北京，中国社会科学出版社，1992 年，第 269～270 页。

② 《纪念白求恩》（1939 年 12 月 21 日），载《毛泽东选集》（第二卷），北京，人民出版社，1991 年，第 659～660 页。

③ 徐肖冰：《〈延安与八路军〉及其他》，载袁牧之等著：《解放区的电影》，北京，中国电影出版社，1984 年，第 10～11 页。

④ 钱筱璋：《延安电影团始末》，载中国人民解放军文艺史料编辑部编：《中国人民解放军文艺史料选编（抗日战争时期）》（第一册），北京，解放军出版社，1988 年，第 160 页。

联找回了一些《延安与八路军》的影片资料。①

有关资料和著作显示，《延安与八路军》遗存的素材虽然不是很多，但其记录的内容却非常丰富，包括日军实施暴行后的惨状、八路军指战员如聂荣臻等开会和工作的场景、晋察冀军区召开精神总动员大会的情况、庆祝反"扫荡"胜利大会的情景，以及根据地举行选举、繁荣的市场、八路军的日常生活、军民积极开展生产等。②

《延安与八路军》拍摄完成后，电影团所剩余的胶片已为数不多，原本还希望从外界补充胶片，这时因边区被封锁，也变得渺茫了。因此，电影团决定充分利用剩余的少量胶片，改为拍照片为主，以照片来反映边区的政治、军事、经济、文化等各方面的活动，继续承担党的宣传任务。③ 即使如此，每逢党举行重大活动时，电影团仍然利用有限的胶片拍摄了一些经典画面，为党留下了极其珍贵的历史纪录。中华人民共和国成立后，根据钱筱璋的整理，这些留存的原始资料片有：（1）日本工农学校及其他；（2）南泥湾；（3）庆祝辛亥革命卅周年大会；（4）延安各界纪念抗战五周年；（5）给朱总司令献旗；（6）白求恩在野战医院；（7）延安各界庆祝百团大战胜利大会；（8）延安女大；（9）贺龙、关向应在前方；（10）抗日根据地群众活动；（11）唐县精神动员大会；（12）国际青年节大会；（13）延安九一扩大运动会；（14）陕甘宁边区第二届参议会；（15）庆祝十月革命节大会；（16）前方根据地情况；（17）刘志丹移灵；（18）张浩同志出殡；（19）兵工厂、医院、制药厂；（20）晋察冀野战医院；（21）前方兵工厂、自卫队、儿童团、妇救会活动；（22）前方游击队活动；（23）西赤村欢送新战士大会；（24）晋察冀三分区精神动员大会；（25）聂荣臻老总材料；（26）敌后军民活动材料；（27）延安庆祝红军成立25周年及反攻胜利大会；（28）鲁艺宣传队秧歌运动；（29）中国共产党第七次代表大会。④

---

① 吴筑清、张岱编著：《中国电影的丰碑：延安电影团故事》，北京，中国人民大学出版社，2008年，第106～107页。

② 吴筑清、张岱编著：《中国电影的丰碑：延安电影团故事》，北京，中国人民大学出版社，2008年，第107～109页。

③ 钱筱璋：《八路军总政治部电影团编年纪事》，《当代电影》，1998年第6期。

④ 吴筑清、张岱编著：《中国电影的丰碑：延安电影团故事》，北京，中国人民大学出版社，2008年，第241页。

在上述影片资料中，《南泥湾》（见图7-4）是电影团在延安摄制的唯一一部完整的影片，由吴印咸、徐肖冰利用剩余的少量的16毫米柯达正片拍摄而成。[①]之后，周从初、钱筱璋又克服了冲洗和剪辑的困难，终于完成了影片《南泥湾》的制作。[②]影片最初的片名并不是《南泥湾》，而是《生产与战斗结合起来》，这是负责编辑影片解说词的钱筱璋从《八路军军政杂志》所刊载的社论中摘取来的。[③]影片上映后，人们则亲切地将此片称为《南泥湾》，久而久之，就成了原片名的别称。

图7-4 《南泥湾》剧照（选自《抗战电影》，第115页）

《南泥湾》反映的是大生产运动的模范典型集体八路军三五九旅屯垦南泥湾，将昔日的荒山野岭变成"陕北的好江南"的伟大壮举。难能可贵的是，影片拍完时，吴印咸请毛泽东为影片题字。毛泽东愉快地接受了，挥笔写了"自己动手，丰衣足食"8个大字。吴印咸用摄影机将毛泽东题字的神采拍摄了下来，造就了永恒的经典画面。后来，这组镜头作为序幕加在了影片的开头，对

[①] 钱筱璋：《一部在延安诞生的影片——忆〈南泥湾〉的摄制》，载袁牧之等：《解放区的电影》，北京，中国电影出版社，1984年，第17~18页。

[②] 吴筑清、张岱编著：《中国电影的丰碑：延安电影团故事》，北京，中国人民大学出版社，2008年，第202页。钱筱璋：《一部在延安诞生的影片——忆〈南泥湾〉的摄制》，载袁牧之等：《解放区的电影》，北京，中国电影出版社，1984年，第18页。

[③] 钱筱璋：《一部在延安诞生的影片——忆〈南泥湾〉的摄制》，载袁牧之等：《解放区的电影》，北京，中国电影出版社，1984年，第19页。

全片起到了画龙点睛的作用，加重了影片的政治意义。[①]

除此之外，电影团拍摄的影片《陕甘宁边区第二届参议会》，反映了会议亲密团结、民主讨论、共商国家大事的情景。《中国共产党第七次全国代表大会》则是党的历次全国代表大会中第一次拍下来的纪录影片，系统地记录了大会的全貌。总之，这些影片都是革命的重要史料、历史的见证，随着时间的推移，其价值愈显珍贵。[②]

三、影像宣传：延安时期的电影放映

以电影为媒介开展宣传工作，不仅包括摄制影片，而且包括放映电影，以及放映电影期间的宣传活动。因此，1939 年 9 月，当党组织将席珍和唐泽华由延安抗日军政大学调至刚成立的放映队时，有关负责人郑重地对他们说，电影是综合性艺术，是近代科学的产物，是进行政治宣传工作的重要手段之一，要他们担负起这个革命任务，安心搞一辈子电影放映工作。[③]席珍后来回忆说："按照领导指示，把电影当作一种政治工作来完成。因此，我们不是单纯地放映电影或是简单地讲解影片内容及其教育意义，我们是随时结合形势及当时当地的情况，进行现实教育。""观众从这些影片及随着影片放映同时宣讲的各种材料，得到很多教育和鼓舞。"[④]

当时，由于条件限制，放映队所放映的影片十分有限。根据影片的来源，放映队所放映的影片主要有五种类型，分别是：[⑤]

第一，1938 年 8 月中国共产党驻共产国际代表王稼祥从苏联带回的影片，

[①] 钱筱璋：《延安电影团始末》，载中国人民解放军文艺史料编辑部编：《中国人民解放军文艺史料选编（抗日战争时期）》（第一册），北京，解放军出版社，1988年，第164～165页。

[②] 钱筱璋：《延安电影团始末》，载中国人民解放军文艺史料编辑部编：《中国人民解放军文艺史料选编（抗日战争时期）》（第一册），北京，解放军出版社，1988年，第162～163页。

[③] 席珍：《延安电影团的放映队与观众》，载袁牧之等：《解放区的电影》，北京，中国电影出版社，1984年，第22页。

[④] 席珍：《延安电影团的放映队与观众》，载袁牧之等：《解放区的电影》，北京，中国电影出版社，1984年，第24页。

[⑤] 吴筑清、张岱编著：《中国电影的丰碑：延安电影团故事》，北京，中国人民大学出版社，2008年，第131～132页。

分别是：《列宁在十月》《我们来自喀琅斯达得》《夏伯阳》《祖国儿女》《十三勇士》《远东边疆》《假如明天战争》《粉碎敌巢》《马戏团》等。

第二，1940年周恩来从苏联带回的影片，如《列宁在十月》《列宁在1918》《大战张鼓峰》等。

第三，1942年以后周恩来从重庆陆续带到延安的反映苏联卫国战争的新影片，如《斯维尔德洛夫》《女战士》《虹》《苏联新闻简报》《保卫斯大林格勒》《奥洛尔大会战》《苏联红军收复诺沃罗西斯克》等。

第四，延安电影团摄制的影片，如《生产与战斗结合起来》《陕甘宁边区第二届参议会》等，另外还有电影团根据《延安与八路军》留存的部分影像制作而成的《白求恩大夫》片段，根据苏联影片剪辑制作的《苏联红军是一支不可战胜的力量》等。

第五，美军赠送的影片，包括联合国新闻24套，如《盟机轰炸汉堡》《美军攻克塔瓦拉瓦岛》《德黑兰会议》等；此外，还有彩色卡通片《流浪的金丝雀》《大胆的蛙》，以及幻灯片多套。

因为电影片源有限，所以许多影片都是多次重放，其中放映次数最多的是《列宁在十月》《列宁在一九一八》《十三勇士》《我们来自喀琅斯达得》《夏伯阳》和《生产与战斗结合起来》等。[①] 在放映的影片中，最受人们欢迎的是电影团摄制的《生产与战斗结合起来》（即《南泥湾》）。这是因为其他影片多数是苏联与美国电影，人们往往听不懂、看不明白，虽然放映队队员在现场会进行解说，但总是有点差强人意。《生产与战斗结合起来》则不同，它是中国共产党的电影团自己摄制的影片，反映的内容与当时的革命斗争是紧密结合的，所以与观众的思想感情是一致的，很自然地受到人们的青睐，尤其是在部队放映时，战士们看到自己上了银幕，感到异常亲切和激动。[②] 更可贵的是，放映队想方设法把原本是无声电影的《生产与战斗结合起来》改造成了有声电影，其方法是：当影片放映时，放映队在银幕后面用手摇马达带动扩大器，用小喇

---

① 席珍：《延安电影团的放映队与观众》，载袁牧之等：《解放区的电影》，北京，中国电影出版社，1984年，第23页。

② 钱筱璋：《延安电影团始末》，载中国人民解放军文艺史料编辑部编：《中国人民解放军文艺史料选编（抗日战争时期）》（第一册），北京，解放军出版社，1988年，第166页。

叭当话筒，把留声机播放的音乐和现场解说传送到全场，使无声电影瞬时变成了"有声电影"，增强了影片的艺术感染力。有一次影片放完后，周恩来特意走到银幕后面了解配音的方法，极力夸奖这个土法"有声电影"。[①]

正因为如此，当年《生产与战斗结合起来》举行首映礼时，轰动了整个延安古城。多年后，吴印咸对首映礼的盛况仍记忆犹新，他说："战士、干部、老乡络绎不绝地涌入礼堂，有些人走了十几里山路赶来。当他们看到宝塔、延河，看到硕果累累，遍地花香的南泥湾，看到自己所熟悉的战士的脸庞，掌声、欢呼声便像春雷乍响，幸福的暖流在每个人心中流淌，延安的人们亲切地称它为'南泥湾'。"[②] 1943 年 2 月 5 日，《解放日报》也报道了《生产与战斗结合起来》在延安举行首映礼的盛况。据报道，朱德、叶剑英、贺龙、徐向前、谭政、肖向荣等到场观影，他们盛赞该片："为纪录影片中不可多得之佳作，尤以在边区物资困难之条件下尚能摄制如此优秀之影片，殊为难能可贵。"朱德等还叮嘱放映队要将该片在延安普遍放映以广为宣传。在此之后，各机关单位纷纷向放映队接洽放映事宜，而放映队当即决定年假期间不休息，自 2 月 3 日至 13 日连续放映，以应人们观影之需求。[③]

放映队放映的电影片源虽然有限，且受到各种困难条件的限制，但他们的放映活动依然比较频繁。肖向荣在《1943 年留守兵团政治部宣传部工作报告》中谈及放映队当年的工作成绩时说，全年放映电影 99 次，其中到西南部队放映 61 次，其余则是在延安各机关。[④] 放映队能够取得如此成绩，这在当时已属不易。当然，放映队的放映活动也是有计划安排的，具体来说：一是由组织根据重大活动和会议、重大节庆日、重大事件、重要单位等情况安排放映，二是根据各单位的要求，放映队再结合自己的时间表酌情安排。此外，放映队也经常在陕甘宁边区开展巡回放映，这时他们会安排一条路线，在线路上的大村镇

---

① 钱筱璋：《延安电影团始末》，载中国人民解放军文艺史料编辑部编：《中国人民解放军文艺史料选编（抗日战争时期）》（第一册），北京，解放军出版社，1988年，第165页。

② 吴印咸：《延安影艺生活录》，载艾克恩编：《延安文艺回忆录》，北京，中国社会科学出版社，1992年，第273页。

③《南泥湾影片连日在各处放映，大众俱乐部排定晚会日程》，《解放日报》，1943年2月5日。

④ 吴筑清、张岱编著：《中国电影的丰碑：延安电影团故事》，北京，中国人民大学出版社，2008年，第121页。

和驻守部队逐个放映。^①

多年以后，有人评价延安电影团放映队说："放映队是宣传队，宣传抗日，宣传中国共产党的宗旨和政策；他们是文化队，传播进步的文化，传播各种信息；他们是工作队，了解基层的情况，推动基层的工作；他们是长征队，徒步跋山涉水走遍了陕甘宁边区。"^②诚哉斯言，电影放映是中国共产党宣传工作的重要组成部分，其价值和意义由此可窥一斑。

---

① 吴筑清、张岱编著：《中国电影的丰碑：延安电影团故事》，北京，中国人民大学出版社，2008年，第120～121页。
② 吴筑清、张岱编著：《中国电影的丰碑：延安电影团故事》，北京，中国人民大学出版社，2008年，第126页。

结　语

正所谓"殷忧启圣，多难兴邦"①。近代中国处于"覆屋之下、漏舟之中、薪火之上，如笼中之鸟、釜底之鱼、牢中之囚"②，中华民族遭受了前所未有的劫难，国家蒙辱、人民蒙难、文明蒙尘。因此，争取民族独立、人民解放，实现国家富强、人民幸福就成为先进的中国人孜孜以求的目标与梦想。面对劫难，中国人民和中华民族奋起抗争，救亡与图存就成为时代最强音，无数仁人志士奔走呼号，进行了可歌可泣的斗争，但皆屡败屡战。太平天国运动、洋务运动、戊戌变法、义和团运动、辛亥革命接连而起，"各种救国方案轮番出台，但都以失败告终。"③"四万万人齐下泪，天涯何处是神州？"④中国的路在何方？正是中国共产党团结带领全国各族人民用奋斗与牺牲成为担当民族复兴的时代先锋、民族脊梁，深刻改变了近代以降中华民族发展的方向和进程，深刻地改变了中国人民和中华民族的前途和命运，深刻地改变了世界发展的趋势和格局。在党的领导下，经过百余年的浴血奋斗，开启了古老中国凤凰涅槃、浴火重生的新征程。只有创造过辉煌的民族才懂得复兴的真谛，只有遭受巨大苦难的民族才对复兴如此的期待与珍惜。饮水思源，历史雄辩地证明"没有中国共产党，就没有新中国，就没有中华民族伟大复兴"⑤。

抗日战争的胜利是近代以来中华民族抵御外来侵略所取得的第一次完全意义上的胜利，为中华民族的伟大复兴开辟了光明的前景。彼时"一个积贫积弱

---

① 习近平：《在纪念全民族抗战爆发七十七周年仪式上的讲话》，《人民日报》，2014年7月8日。
② 姜义华、张荣华编：《康有为全集》第4集，北京，中国人民大学出版社，2007年，第67页。
③ 习近平：《在庆祝中国共产党成立100周年大会上的讲话》，《求是》，2021年第14期。
④ 谭嗣同：《有感一章》，载《谭嗣同全集》，北京，三联书店，1954年，第488页。
⑤ 习近平：《在庆祝中国共产党成立100周年大会上的讲话》，《求是》，2021年第14期。

的国家"①，靠什么战胜"不可一世的日本军国主义、夺取胜利"②？其决定因素在于"以爱国主义为核心的伟大民族精神"③，其关键在于"中国共产党的中流砥柱作用"④，其重要法宝在于"全民族抗战"⑤。抗日战争的历史昭示我们，落后必挨打，强大才有尊严。抗日战争的历史同样昭示我们，在中国共产党的领导下，只要全体中国人民团结一致，万众一心，就没有克服不了的困难，战胜不了的敌人。抗战历史不朽，抗战精神不灭。2025年即将迎来抗日战争胜利80周年，中国共产党一向重视对抗日战争胜利的纪念，我们纪念抗战胜利并不意味延续仇恨，其目的在于"铭记历史、缅怀先烈、珍爱和平、开创未来"⑥。不延续仇恨并不否认我们有所痛恨，痛恨的是否认侵略、美化战争与殖民统治的历史虚无主义行径，"历史就是历史，事实就是事实，任何人都不可能改变历史和事实"⑦。中华民族拥有比"海洋、天空更为宽广的胸怀，但我们的眼睛里也决容不下沙子"⑧。

抗日战争不仅是中日两国军事力量和经济实力的较量，更是两国民族精神与国家意志的较量，而后者在某种程度上往往发挥着决定性作用。因此，中国共产党始终把宣传工作摆在极为重要的位置，深刻洞悉宣传工作对党的事业发展全局的历史性、关键性重要作用，突破重重阻碍推进宣传工作。党始终把宣传工作作为发动群众、组织群众、武装群众、打击敌人的开路先锋，积极探索完善宣传

---

① 习近平：《在纪念中国人民抗日战争暨世界反法西斯战争胜利69周年座谈会上的讲话》，《人民日报》，2014年9月4日。

② 习近平：《在纪念中国人民抗日战争暨世界反法西斯战争胜利69周年座谈会上的讲话》，《人民日报》，2014年9月4日。

③ 习近平：《在纪念中国人民抗日战争暨世界反法西斯战争胜利69周年座谈会上的讲话》，《人民日报》，2014年9月4日。

④ 习近平：《在纪念中国人民抗日战争暨世界反法西斯战争胜利69周年座谈会上的讲话》，《人民日报》，2014年9月4日。

⑤ 习近平：《在纪念中国人民抗日战争暨世界反法西斯战争胜利69周年座谈会上的讲话》，《人民日报》，2014年9月4日。

⑥ 习近平：《在纪念中国人民抗日战争暨世界反法西斯战争胜利70周年大会上的讲话》，《人民日报》，2015年9月4日。

⑦ 习近平：《在纪念全民族抗战爆发七十七周年仪式上的讲话》，《人民日报》，2014年7月8日。

⑧ 习近平：《在纪念中国人民抗日战争暨世界反法西斯战争胜利69周年座谈会上的讲话》，《人民日报》，2014年9月4日。

工作的思想理念、方针原则、政策策略、阵地队伍建设等，与国内外一切反动势力进行艰苦卓绝的思想舆论斗争，形成了"唤起工农千百万，同心干"[①]的强大力量。

　　抗日战争时期，中国共产党为广泛向社会各界传播党的声音、宣传党的主张，搭建了诸多宣传媒介。这些种类繁多、内容丰富、形式多样的宣传媒介，对不同类别的受众都起到了显著的宣传效果，其作为舆论宣传的物质载体对动员人民群众积极参与革命、党的意识形态建设、党的良好形象塑造等方面的工作都发挥了重要作用。本研究尝试以抗日战争时期党的主要宣传媒介为经，以宣传工作的主要内容和方式为纬，力图梳理党的宣传媒介是如何自觉肩负起以笔为枪、团结全国人民战胜日本帝国主义的历史使命，为纪念中国人民抗日战争暨世界反法西斯战争胜利 80 周年略尽绵薄之力，希冀为当下的宣传思想文化工作提供经验与启迪。

---

① 毛泽东:《渔家傲·反第一次大"围剿"》，载《毛泽东诗词鉴赏》，南京，江苏古籍出版社，2001年，第46页。

主要参考文献

一、文献、资料类

1. 《列宁全集》（第 5 卷，第 21 卷，第 39 卷，第 42 卷），中共中央马克思恩格斯列宁斯大林著作编译局编译，北京，人民出版社，1986 年，1987 年、2013 年、2017 年。

2. 《毛泽东选集》（一至四卷），中共中央毛泽东选集出版委员会编，北京，人民出版社，1991 年。

3. 《毛泽东文集》（一至三卷），中共中央文献研究室编，北京，人民出版社，1993 年、1996 年。

4. 《毛泽东新闻工作文选》，中共中央文献研究室、新华通讯社编，北京，新华出版社，1983 年。

5. 《毛泽东军事文集》，中共中央文献研究室、中国人民解放军军事科学院编，北京，军事科学出版社、中央文献出版社，1993 年。

6. 《毛泽东传》（一至二卷），中共中央文献研究室编，北京，中央文献出版社，2011 年。

7. 《毛泽东年谱》（一至二卷），中共中央党史和文献研究院编，北京，中央文献出版社，2023 年。

8. 《周恩来选集》（上卷），中共中央文献编辑委员会编，北京，人民出版社，1980 年。

9. 《周恩来年谱》（上下卷），中共中央文献研究室编，北京，中央文献出版社，2007 年。

10. 《刘少奇年谱》，中共中央文献研究室编，北京，中央文献出版社，1996 年。

11. 《朱德选集》，中共中央文献研究室编辑委员会编，北京，人民出版社，1983 年。

12. 《毛泽东周恩来刘少奇朱德论党的宣传工作》，中共中央宣传部编，北京，中共中央党校出版社，1989 年。

13. 《江泽民文选》（第二卷），中共中央文献编辑委员会编，北京，人民出版社，2006 年。

14. 《张闻天文集》（第二卷），中央党史研究室张闻天选集传记组编，北京，中共党史出版社，2012 年。

15. 《张闻天文集》（第三卷），中央党史研究室张闻天选集传记组编，北京，中共党史出版社，2012 年。

16. 《习仲勋文选》，《习仲勋文选》编辑委员会编，北京，中央文献出版社，1995 年。

17. 《胡乔木谈新闻出版》，《胡乔木传》编写组编，北京，人民出版社，2015 年。

18. 彭真：《关于晋察冀边区党的工作和具体政策报告》，北京，中共中央党校出版社，1997 年。

19. 中共党史人物研究会编：《中共党史人物传》（第 64 卷），北京，中央文献出版社，1997 年。

20. 中共党史人物研究会编：《中共党史人物传》（第 8 卷、第 29 卷），西安，陕西人民出版社，1983 年，1986 年。

21. 中共中央党史研究室、中央档案馆编：《中共党史资料》（第 46 辑，第 69 辑），北京，中共党史出版社，1993 年、1999 年。

22. 中共中央党史研究室：《中国共产党历史 第一卷（1921—1949）》上下册，北京，中共党史出版社，2011 年。

23. 中共中央党史研究室第一研究部译：《联共（布）、共产国际与抗日战争时期的中国共产党》（第 18 卷），北京，中共党史出版社，2020 年。

24. 中共中央党史资料征集委员会征集研究室：《中共党史资料专题研究集——抗日战争时期》，北京，中共党史资料出版社，1989 年。

25. 中共中央党校党史教研室资料组编：《中国共产党历次重要会议集》，上海，上海人民出版社，1982 年。

26. 中共中央党校党章研究课题组：《中国共产党章程汇编（一大—十八大）》，北京，中央党校出版社，2013 年。

27. 中共中央书记处编：《六大以来》（上），北京，人民出版社，1981 年。

28. 中共中央文献研究室、中央档案馆编：《建党以来重要文献选编（1921—1949）》，北京，中央文献出版社，2011 年。

29. 中共中央文献研究室编：《文献和研究》（1984年汇编本，1986年汇编本），北京，人民出版社，1986年。

30. 中共中央宣传部办公厅、中央档案馆编研部编：《中国共产党宣传工作文献选编》，北京，学习出版社，1996年。

31. 中国广播电视学会史学研究委员会、北京广播学院新闻传播学院新闻系编：《延安（陕北）新华广播电台回忆录新编》，北京，中国广播电视出版社，2000年。

32. 中国抗日战争军事史料丛书编审委员会：《中国抗日战争军事史料丛书 八路军回忆史料（6）》，北京，解放军出版社，2015年。

33. 中国人民解放军历史资料丛书编审委员会编：《八路军·参考资料》，北京，解放军出版社，1992年。

34. 中国人民解放军历史资料丛书编审委员会编：《八路军文献》，北京，解放军出版社，1994年。

35. 中国人民解放军历史资料丛书编审委员会编：《新四军文献》，北京，解放军出版社，1995年。

36. 中国人民解放军文艺史料编辑部编：《中国人民解放军文艺史料选编抗日战争时期》（第一册），北京，解放军出版社，1988年。

37. 中国人民解放军总政治部文化部编：《电影放映机》，北京，中国电影出版社，1980年。

38. 中国人民政治协商会议全国委员会文史资料委员会《文史资料选辑》编辑部编：《文史资料选辑》，北京，中国文史出版社，1992年。

39. 中国社会科学院新闻研究所编：《中国共产党新闻工作文件汇编》（上下），北京，新华出版社，1980年。

40. 中央档案馆、辽宁省档案馆、吉林省档案馆、黑龙江省档案馆编：《东北地区革命历史文件汇集》（1931年7月—1932年1月），北京，中央档案馆，1988年。

41. 中央档案馆、河北省档案馆编：《河北革命历史文件汇集》甲（第10册—第11册），北京，中央档案馆；河北，河北省档案馆，1997年。

42. 中央档案馆编：《中共中央文件选集》，北京，中共中央党校出版社，1991年。

43. 中央人民广播电台研究室、北京广播学院新闻系编：《解放区广播历史资料选编（一九四○——九四九）》，北京，中国广播电视出版社，1985年。

44. 中央统战部、中央档案馆编：《中共中央抗日民族统一战线文件选编》（下册），北京，中国档案出版社，1986年。

45. 新四军和华中抗日根据地研究会编：《新四军和华中抗日根据地史料选》（第 1 辑），上海，上海人民出版社，1982 年。

46. 新华社新闻研究部编：《新华社文件资料选编》（第一辑），北京，新华社，1981 年。

47. 文化教育研究会编：《敌我在宣传战线上》，文化教育研究会，1941 年。

48. 太岳书社编辑：《时论文选》（第 5 辑），山西，太岳新华书店，1945 年。

49. 陕西省档案馆、陕西省社会科学院编：《陕甘宁边区政府文件选编》，北京，档案出版社，1987 年。

50. 鲁艺编译部编辑：《新歌选集》，上海，辰光书店印行，1939 年。

51. 晋察冀日报研究会编：《1939—1948〈晋察冀日报〉通讯全集》（1944 年卷）（上），北京，中共党史出版社，2012 年。

52. 复旦大学新闻系新闻史教研室编：《中国新闻史文集》，上海，上海人民出版社，1987 年。

53. 复旦大学历史系编译：《日本帝国主义对外侵略史料选编（1931—1945）》，上海，上海人民出版社，1983 年。

54. 第二战区民族革命战争战地总动员委员会编：《战地总动员：民族革命战争战地总动员委员会斗争史实》，太原，山西人民出版社，1986 年。

55. 北京广播学院新闻系编选：《中国人民广播回忆录》，北京，中国广播电视出版社（现中国广播影视出版社），1983 年。

56. 《中国抗日战争军事史料丛书》编审委员会编：《中国抗日战争军事史料丛书　新四军参考资料（8）》，北京，解放军出版社，2015 年。

57. 《中国抗日战争军事史料丛书》编审委员会编：《中国抗日战争军事史料丛书　八路军参考资料（7）》，北京，解放军出版社，2015 年。

58. 《延安文艺丛书》编委会编：《延安文艺丛书》（戏曲卷），长沙，湖南文艺出版社，1987 年。

59. 《冼星海全集》（第一卷），广州，广东高等教育出版社，1989 年。

60. 《闻一多全集》（第二卷），武汉，湖北人民出版社，1993 年。

61. 《洪深文集（二）》，北京，中国戏剧出版社，1988 年。

62. 《东北抗日联军史料》编写组：《东北抗日联军史料》（上），北京，中共党史资料出版社，1987 年。

二、著作类

1. 《习近平谈治国理政》，北京，外文出版社，2014年。

2. 中共中央宣传部：《中国共产党宣传工作简史》（全两册），北京，人民出版社，2022年。

3. 中共中央北方局资料丛书编审委员会编：《中共中央北方局·抗日战争时期》（上），北京，中共党史出版社，1999年。

4. 中国国家博物馆编：《抗日战争时期宣传画》，上海，上海人民出版社，2015年。

5. 仲子通：《抗战与歌曲》，上海，商务印书馆，1938年。

6. 虞吉：《中国电影史》，重庆，重庆大学出版社，2017年。

7. 杨兆麟、赵玉明：《人民大众的号角——延安（陕北）广播史话》，北京，中国广播电视出版社，1986年。

8. 小林清：《在华日人反战组织史话》，北京，社会科学文献出版社，1987年。

9. 吴筑清、张岱编著：《中国电影的丰碑：延安电影团故事》，北京，中国人民大学出版社，2008年。

10. 王荣花：《中共革命与太行山区社会文化的变迁（1937—1949）》，北京，人民出版社，2017年。

11. 田汉、马彦祥：《抗战戏剧》（第一卷第四期），汉口，华中图书公司发行，1938年。

12. 田本相、宋宝珍：《中国百年话剧史述》，沈阳，辽宁教育出版社，2013年。

13. 日本防卫厅防卫研究所战史室：《日本军国主义侵华资料长编——〈大本营陆军部〉摘译》（上），成都，四川人民出版社，1987年。

14. 欧阳予倩：《欧阳予倩文集》（第一卷），北京，中国戏剧出版社，1980年。

15. 米晓蓉、刘卫平主编：《陕甘宁边区大生产运动》，西安，陕西师范大学出版社，2014年。

16. 麦新、孟波编选：《大众歌声》，上海，上海大众歌声社，1938年。

17. 刘子凌编：《话剧与社会——20世纪30年代中国话剧文献史料辑》，北京，人民出版社，2014年。

18. 刘良模：《民众歌咏ABC》，昆明，云南省立民众教育馆民众歌咏团，1937年。

19. 刘贵田、郭化光、王恩宝：《中共满洲省委史研究》，沈阳，沈阳出版社，2001年。

20. 林之达主编：《中国共产党宣传史》，成都，四川人民出版社，1990年。

21. 良友歌咏社：《抗战新歌》，上海，良友歌咏社，1937年。

22. 李运亨：《群众运动宣教工作资料选编》（增订本），石家庄，河北人民出版社，1994年。

23. 李达：《抗日战争中的八路军一二九师》，北京，人民出版社，1985年。

24. 雷志松：《世界援华制日大会与中国抗日战争》，北京，人民出版社，2022年。

25. 金仲华、钱俊瑞：《永生》，上海，生活书店，1936年。

26. 贾冀州：《解放区戏剧研究》，北京，人民出版社，2013年。

27. 韩晓莉：《革命与节日：华北根据地节日文化生活：1937—1949》，北京，社会科学文献出版社，2019年。

28. 葛一虹主编：《中国话剧通史》，武汉，武汉大学出版社，2015年。

29. 高天、杲晟：《战火中的歌声：抗战歌曲百首回顾》，上海，复旦大学出版社，2005年。

30. 杜忠明：《延安文艺座谈会纪实》，北京，中央文献出版社，2012年。

31. 程季华主编：《中国电影发展史》（第一卷），北京，中国电影出版社，1980年。

32. 陈志昂：《抗战音乐史》，济南，黄河出版社，2005年，第88页。

33. 步平、王建朗主编：《中国抗日战争史》（第1卷），北京，社会科学文献出版社，2019年。

34. 艾克恩编：《延安文艺回忆录》，北京，中国社会科学出版社，1992年。

35. 《八路军抗战文艺作品整理与研究》（话剧卷），白绍华整理，武汉，武汉大学出版社，2015年。

36. 《八路军抗战文艺工作整理与研究》（戏曲曲艺卷），陈帆整理，武汉，武汉大学出版社，2015年。

37. [日] 井上清：《日本军国主义》（第三册），马黎明译，北京，商务印书馆，1985年。

38. [日] 今井武夫：《今井武夫回忆录》，《今井武夫回忆录》翻译组译，上海，上海译文出版社，1978年。

39. [美] 福尔曼：《北行漫记》，陶岱译，北京，解放军文艺出版社，2002年。

40. [美] 埃德加斯诺：《红星照耀中国》，董乐山译，北京，人民文学出版社，2016年。

41. [美] 施拉姆：《大众传播媒介与社会发展》，金燕宁等译，北京，华夏出版社，1990年。

42. [美] 杰克贝尔登：《中国震撼世界》，邱应觉等译，北京，北京出版社，1980年。

43. [美] 哈罗德 D. 拉斯韦尔：《世界大战中的宣传技巧》，张洁等译，北京，中国人民大学出版社，2003年。

44. [美] J. 弗莱曼（原译佛里门）著，周扬（周起应）译：《苏联的音乐》，上海，良友图书印刷公司，1932 年。

45. [加拿大] 马歇尔麦克卢汉：《理解媒介：论人的延伸》，何道宽译，南京，译林出版社，2019 年。

46. [荷兰] 丹尼斯麦奎尔：《麦奎尔大众传播理论》（第 4 版），崔保国等译，北京，清华大学出版社，2006 年。

三、期刊论文类

1. 习近平：《在庆祝中国共产党成立 100 周年大会上的讲话》，《求是》，2021（14）。

2. 习近平：《在纪念中国人民抗日战争暨世界反法西斯战争胜利 75 周年座谈会上的讲话》，《共产党员》，2020（19）。

3. 郑立柱：《革命新剧与民众动员：以抗战时期的晋察冀边区为例》，《福建论坛》，2023（01）。

4. 赵新利：《日本有关中共抗战时期宣传工作档案评介》，《中共党史研究》，2022（02）。

5. 易继苍、李雅静：《中国共产党宣传机构设置百年回眸》，《浙江工业大学学报》（社会科学版），2021（01）。

6. 以明：《巩固统一战线应有的认识》，《统一战线》，1938（04）。

7. 阳翰笙：《抗战戏剧运动应做到的几件事》，《抗战戏剧》，1937（01）。

8. 熊飞：《抗战戏剧的任务》，《抗战戏剧》，1937（02）。

9. 萧劲光：《八路军留守兵团的生产运动》，《八路军军政杂志》，1939 年 1 月 15 日。

10. 王学文：《对敌军宣传工作的方针与方法》，《八路军军政杂志》，1941（10）。

11. 王欣媛：《抗日战争时期中国共产党对日军宣传工作研究》，《延安大学学报》（社会科学版），2010（05）。

12. 王鹏、罗嗣炬：《从政治社会化角度论抗战时期陕甘宁边区的教育》，《党史研究与教学》，1995（03）。

13. 陶希晋：《论党在目前环境与任务下的宣传部门工作问题》，《共产党人》1940（07）。

14. 谭政：《论敌军工作的目的与方针》，《八路军军政杂志》，1939（09）。

15. 钱筱璋：《八路军总政治部电影团编年纪事》，《当代电影》，1998（06）。

16. 刘型：《争取伪军反正的几点意见》，《八路军军政杂志》，1939（8）。

17. 林彪：《平型关战斗的经验》，《解放》，1937（25）。

18. 李富春：《全国人民武装起来！》，《解放》，1937（17）。

19. 黎平：《争取抗战伟大胜利，反对民族失败主义》，《解放》，1937（15）。

20. 凯丰：《论全面的全民族抗战》，《解放》，1937（16）。

21. 金伯文：《〈论持久战〉在中共抗日根据地的阅读与接受》，《抗日战争研究》，2019（03）。

22. 黄正林：《地权、佃权、民众动员与减租运动》，《抗日战争研究》，2010（02）。

23. 黄旦：《"耳目"与"喉舌"的历史性变化：中国百年新闻思想主潮论》，《新闻记者》，1998（10）。

24. 皇甫晓涛、王龙珺：《中国共产党大宣传工作理念的理论基础与历史实践》，《当代传播》，2022（04）。

25. 胡正强：《毛泽东媒介批评实践与思想论略》，《南京理工大学学报（社会科学版）》，2010（05）。

26. 樊亚平：《"弥漫的宣传"：延安时期"大宣传"管窥——以〈西行漫记〉为中心》，《出版发行研究》，2023（12）。

27. 丁澜翔：《从战场到生产线——"军民合作"图像与抗战共同体的表征》，《文艺理论与批评》，2017（04）。

28. 程中原：《中国共产党与抗日民族统一战线的建立》，《抗日战争研究》，2005（03）。

29. 陈金龙：《略论民主革命时期中国共产党的纪念活动》，《中共党史研究》，2007（06）。

30. 蔡前：《八路军抗战以来敌军工作经验》，《八路军军政杂志》，1939（5）。

31. 包志国、陈宇翔：《"中共图像史"：研究视域、构想及展望》，《中共福建省委党校（福建行政学院）学报》，2021（06）。

32. 《一年余以来的华北抗战——一九三八年八月二十九日在延安抗大的演讲》，《解放》，1938（53）。

33. 《为动员一切力量争取抗战胜利而斗争》，《解放》，1937（15）。

34. 《庆祝第八路军胜利》，《解放》，1937（18）。

35. 《各方对第八路军抗战胜利贺电（一）》，《解放》，1937（20）。

36. 《对敌宣传标语口号》，《八路军军政杂志》，1940（08）。

四、报纸类

1. 《中央日报》1932 年。
2. 《红旗周报》1932 年。
3. 《伪满洲国政府公报》1932 年。
4. 《红色中华》1933 年—1937 年。
5. 《国闻周报》1933 年。
6. 《生活日报星期增刊》1936 年。
7. 《新中华报》1937 年—1941 年。
8. 《大公报》（上海版）1937 年。
9. 《新华日报》1938 年—1945 年。
10. 《抗敌报》1940 年。
11. 《解放日报》1941 年—1945 年。
12. 《新华日报》（华北版）1941 年。
13. 《晋察冀日报》1941 年。
14. 《抗战日报》1942 年。
15. 《人民日报》2014 年—2021 年。
16. 《解放军报》2015 年—2022 年。
17. 《北京青年报》2022 年。

后　记

　　本书是浙江工业大学马克思主义学院中国近现代史纲要研究所与浙江武义宣传部多年共谋共商共研的辛苦结晶。

　　本书从立题到付梓的过程，离不开所有参与者的关心与支持。课题组各位同仁克服了时间短、任务重的困难，共同商讨，认真完成各自的撰写任务，最终使本书得以顺利面世。易继苍撰写第一章、第四章、第五章、第六章；屈胜飞撰写第二章、第七章；杨菁撰写第三章。除了本书作者的努力外，浙江工业大学马克思主义学院研究生郑书迁、张云芸、孙海歌在文献资料搜集、整理等方面做了大量工作，尤其感谢时任中共浙江武义县委宣传部童咏雷部长为本书出版所做的各种努力。本书文献资料搜集、整理难度大，研究内容广泛、体例庞杂，在资料、方法和观点方面难免存在诸多不尽如人意之处，恳请专家学者们批评指正。

　　书稿付梓之际，衷心感谢浙江省委宣传部、浙江省社科联、金华市委宣传部、武义县委宣传部等相关部门和领导的鼓励与支持，感谢浙江工业大学社科院、浙江省思想政治理论课易继苍名师工作室为本书的出版提供经费支持，感谢清华大学出版社编辑们所做的不懈努力。

易继苍

2025 年 5 月于杭州